权威·前沿·原创

皮书系列为
"十二五""十三五""十四五"时期国家重点出版物出版专项规划项目

BLUE BOOK

智 库 成 果 出 版 与 传 播 平 台

中国社会科学院创新工程学术出版资助项目

世界能源蓝皮书

BLUE BOOK OF WORLD ENERGY

世界能源发展报告（2022）

ANNUAL DEVELOPMENT REPORT ON WORLD ENERGY (2022)

中国社会科学院大学（研究生院）国际能源安全研究中心

主　　编／黄晓勇

副　主　编／陈卫东　王永中

执行副主编／王　炜

社会科学文献出版社

SOCIAL SCIENCES ACADEMIC PRESS（CHINA）

图书在版编目（CIP）数据

世界能源发展报告.2022/黄晓勇主编.—北京：
社会科学文献出版社，2022.8
（世界能源蓝皮书）
ISBN 978-7-5228-0440-8

Ⅰ.①世…　Ⅱ.①黄…　Ⅲ.①能源工业-研究报告-
世界-2022　Ⅳ.①F416.2

中国版本图书馆 CIP 数据核字（2022）第 127003 号

世界能源蓝皮书
世界能源发展报告（2022）

主　　编／黄晓勇
副 主 编／陈卫东　王永中
执行副主编／王　炜

出 版 人／王利民
责任编辑／王晓卿
责任印制／王京美

出　　　版／社会科学文献出版社·当代世界出版分社(010)59367004
　　　　　　地址：北京市北三环中路甲 29 号院华龙大厦　邮编：100029
　　　　　　网址：www.ssap.com.cn
发　　　行／社会科学文献出版社（010）59367028
印　　　装／三河市东方印刷有限公司

规　　　格／开 本：787mm×1092mm　1/16
　　　　　　印 张：29.25　字 数：441 千字
版　　　次／2022 年 8 月第 1 版　2022 年 8 月第 1 次印刷
书　　　号／ISBN 978-7-5228-0440-8
定　　　价／168.00 元

读者服务电话：4008918866

世界能源蓝皮书编委会

主编简介

黄晓勇　1956 年出生，1982 年毕业于中国人民大学世界经济专业，教授，博士生导师，兼任全国日本经济学会副会长、中国社会科学院大学（研究生院）国际能源安全研究中心主任，曾任中国社会科学院研究生院院长，主要研究方向为世界经济和国际能源安全问题。著有《中国节能管理的市场机制与政策体系研究》等，主编"世界能源蓝皮书"、"能源安全研究论丛"（《中国的能源安全》《中国能源的困境与出路》）和《天然气人民币》等论著，在《人民日报》（理论版）、《人民论坛》、《经济日报》等发表学术文章多篇。

陈卫东　先后毕业于中国海洋大学地球物理勘探专业、北京大学光华管理学院、中国政法大学经济法硕士班，拥有理学学士、MBA、经济法硕士学位。中国海油能源经济研究院（中国海洋石油总公司政策研究室）原首席能源研究员，教授级高级经济师。在石油天然气行业工作 40 年，拥有石油地球物理/地质勘探、石油企业管理、石油企业战略规划设计执行、国有石油企业重组上市、资本市场筹融资和媒体公关、油田服务企业跨国并购等运作和管理的丰富经验。北京中关村民德智慧能源科技创新研究院院长，东帆石能源咨询（北京）有限公司董事长，兼任中国社会科学院大学（研究生院）与美国杜兰大学合作举办的能源管理硕士项目行业导师，中国人民大学客座教授，中国社会科学院大学（研究生院）国际能源安全研究中心特聘研究员，中国能源研究会理事、经济专业委员会副主任委员，并受聘为国家发展和改革委能源局、新华社等多个部门的能源专家，以及中华能源基金会、中国能源网、达沃斯经济论坛议程理事会理事，美国亚洲研究局太平洋能源论坛顾问和中美能源二轨对话专家等国内外知名社会团体和非政府组织的专家顾问。曾任中国石油企业协会常务理事、中国石油学会物探专业委员会副主席、中国地球物理学会理事、香港特许秘书公会联席成员。在《财新周刊》、《中国石油石化》、《能源》（国务院国资委主管)、《财经》及香港《凤凰周刊》、《信报》等杂志上发表专栏文章数百篇。

王永中 中国社会科学院世界经济与政治研究所国际大宗商品研究室主任、研究员，经济学博士、博士后，博士生导师，主要研究方向为国际投资、大宗商品和货币经济。曾在日本经济研究中心和美国波士顿大学进行学术访问研究。著有《中国外汇冲销的实践与绩效》和《中国主权财富投资的理论、问题与对策》，在《世界经济》、*China & World Economy*、《经济学动态》等期刊发表学术论文数十篇，主持国家社科基金以及中国社会科学院、国家部委、地方政府、金融机构和中央企业交办与委托的课题十余项。

王 炜 博士，曾赴日本东京大学留学，现任中国社会科学院大学科研处处长、中国社会科学院大学（研究生院）国际能源安全研究中心秘书长。主要研究方向为外国问题，曾发表相关论文，出版专著、译著多部。

摘　要

随着疫情逐渐缓和，世界经济进入上行通道，世界能源市场对石油的需求强劲反弹。俄乌冲突深刻影响世界地缘政治大格局，冲击国际能源市场，加快全球能源转型。2021 年以来，国际原油价格持续大幅上涨并高位波动。未来一两年，疫情防控放松和经济较稳定复苏会带动石油消费需求，高油价总体上会吸引资金进入石油勘探开发行业，但"碳达峰""碳中和"降低了油气企业增加石油勘探开发投资的意愿，且高油价叠加欧洲对俄罗斯化石能源行业依赖程度的降低会加快石油替代的进程。

2021 年，国际天然气市场供应侧受多种因素影响增长不如预期，全球天然气供需收紧，国际三大市场气价持续飙升，创历史新高，天然气成为能源大宗商品中的"涨价王"。全球 LNG 市场已由买方市场向卖方市场倾斜。"十四五"时期是我国天然气发展的关键时期，也是天然气市场化改革的实践落地时期。"十四五"末期将形成"气气竞争"的市场格局，中国天然气的价格也将从政府制定向市场制定转变，实现市场化目标。

2021 年，全球煤炭消费同比增长 6%，燃煤发电量和国际市场煤炭价格均创下历史新高。在"碳中和"进程中，各国对煤炭的准确定位有助于形成确保经济和社会安全的新型低碳能源系统。电力行业是非化石能源替代煤炭最关键的领域。自 2020 年提出"碳达峰""碳中和"目标后，我国能源行业尤其是煤炭行业受到较大影响，2021 年甚至因对煤炭消费的控制而出现电力短缺的现象。

疫情以来，中国经济减速主要还是受到最终消费支出的拖累，外需发挥了正向拉动作用。2021年，国外疫情反复加剧全球供应链紧张，我国出口超预期增长，生产用电需求连续多月超预期，第二产业用电量同比增长率超过10%，两年平均增长率超过6%，远超同期GDP增长率。2021年全年无论是新能源发电还是传统火电，市场表现均大幅超过市场宽基指数。我国发电装机容量与发电量大幅增长，可再生能源发电装机容量与发电量占比大幅提升，电源结构更加绿色低碳。电力消费方面，传统高耗能行业仍是电力消费主体，但高精尖行业用电量增长迅速，同时，新能源汽车等新型电力消费主体也在不断增长。风能、太阳能等可再生能源的发电量增速较快，但煤电仍是我国主体电源，此外，绿色电力交易等新型电力消费模式不断涌现，电力行业的绿色智能化转型步伐进一步加快。"碳达峰""碳中和"目标下，能源电力行业绿色转型加速，电力消费将保持稳定的增长，电力负荷与用电量曲线逐步分离，能源电力供应形势复杂，保供难度之大前所未有。构建清洁能源电力安全供应体系，需坚持以数字化为抓手，统筹供给侧改革和需求侧改革，着力解决无电可用、有电限用交织的问题。

2020年后，全球碳排放总量需控制在5000亿吨二氧化碳当量以内，按照当前发展趋势，21世纪中叶难以达成净零目标，化石能源相关碳排放量持续增长。进一步推动可再生能源规模化部署、工业制造业减排升级、交通运输业绿色转型、建筑能效提升和负碳技术开发利用成为中国零碳发展重点领域。但是，目前，全球非化石燃料以及可再生替代能源的供应尚不足以满足能源消费需求，较高的能源价格以及各国对能源安全的关注使能源多样化的必要性和紧迫性进一步提升。

随着世界经济复苏，锂消费规模扩大，市场价格再创新高。在国际"碳中和"的大背景下，随着电动车、储能电站等产业的不断扩张，国际锂市场将成为影响全球能源和经济格局的重要因素。"十四五"规划明确提出，储能是建设现代化基础设施体系的重要一环，随着"碳达峰"的不断推进，储能技术的发展和应用有助于促进可再生能源消纳，对实现"碳达峰"目标具有重要作用。

2021年，核能的低碳价值得到国际社会的进一步重视，核能正在全面更新在能源系统中的角色和作用。干热岩与可燃冰是新型优质资源，我国的储量十分丰富，研究干热岩与可燃冰对保护生态文明、实现"碳达峰"与"碳中和"目标具有重要意义。

绿色金融是一个关键的解决方案，其是依靠排放交易、信贷、债券和ESG 投资等金融机制，以减少温室气体排放的途径。我国城市所处的发展阶段和碳排放的要求差异显著，"碳达峰"目标约束下的城市转型面临巨大的压力，基于此，本书综合 Mann-Kendall 和 DEA 模型，在"碳达峰"约束条件下，对各个城市的绿色发展情况进行了评估，构建了城市绿色发展与碳排放达峰指数。

俄乌冲突及地缘政治风险加快了能源供给格局"东移"及全球能源安全战略的调整步伐。从长期来看，巨大的市场力量和政治意愿正在试图重新绘制全球能源供应版图。各国在加快能源转型的同时，不断深化能源结构调整；在以安全和可负担的方式进行绿色能源转型及推进气候政策实施过程中，推动全球能源结构调整和能源资源重构的进程。同时，美国重返《巴黎协定》，宣布 2050 年实现"碳中和"和新的减排目标；多国推出碳排放交易、碳税和碳边境调节税等政策；在《联合国气候变化框架公约》第 26 次缔约方大会（COP26）上，近 200 个国家签署《格拉斯哥气候公约》，都将对国际经贸格局及全球资源配置产生深远影响。

关键词： 碳中和　碳达峰　能源市场　绿色金融　能源格局

目 录 ⟋⟍

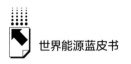
IV 热点篇

V 前沿篇

VI 附 录

皮书数据库阅读**使用指南**

总 报 告

General Report

B.1
全球能源局势与中国能源发展

陈星星　王　炜　黄晓勇*

摘　要： 随着新冠肺炎疫苗接种速度加快，经济增长和石油需求强劲反弹，俄乌冲突等地缘政治因素叠加影响，2021 年，世界原油价格多期波动，天然气区域市场结构性供需失衡，全球燃煤发电量创新高，可再生能源发电量增幅有所下降，多种因素推动全球电力需求增长 6% 以上。2022 年，"碳达峰""碳中和"进一步减少石油开发投资，俄乌冲突推升全球天然气价格，煤炭需求和可再生能源装机容量纪录再创新高，全球电力需求增速放缓。2021年，中国煤炭供需矛盾持续加剧，"保供稳价"促进煤价回归合理区间，但液化天然气（LNG）进口价格话语权仍然偏弱，可再生能源发电量稳步增长，电力生产绿色低碳化趋势显著。未来，中国新增进口管道气（PNG）主要来自俄罗斯，2030 年前，

---

* 陈星星，中国社会科学院数量经济与技术经济研究所副编审；王炜，中国社会科学院大学科研处处长，中国社会科学院大学（研究生院）国际能源安全研究中心秘书长；黄晓勇，教授，中国社会科学院大学（研究生院）国际能源安全研究中心主任。

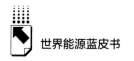

中国煤电装机容量预计达峰，电力信息化市场机遇重现。建议中国形成"气气竞争"的天然气市场，发挥煤炭的"兜底"保障作用，推动电力系统、电网结构和能源系统演进、创新和多元迭代，构建"绿色+数字"能源交易中心，推动"碳达峰""碳中和"目标顺利达成。

关键词： 全球能源　俄乌冲突　中国能源　"碳达峰""碳中和"目标

　　2021 年来，随着全球新冠肺炎疫苗接种率提高，主要经济体持续推出宽松的货币政策，货物贸易呈现强劲复苏态势，国际投资信心增强，全球经济恢复增长。然而，由于变异病毒传播，部分国家疫情反复，全球经济前景仍存在较大的不确定性，经济复苏情况日趋分化。2021 年，全球能源需求复苏，天然气价格飙升，煤炭消耗上升，煤电和可再生能源发电创下有史以来的最大增幅，全球电力行业二氧化碳排放量跃至历史新高。[①] 受俄乌冲突影响，全球能源价格持续上涨，煤炭价格大幅攀升，地缘政治风险加剧全球能源供应短缺。[②] 2021 年，中国能源产量稳定增长，能源利用效率显著提升，能源消费结构优化，终端用能电气化水平提升。根据国家统计局的调查数据，2021 年，中国能源消费总量为 52.4 亿吨标准煤，比 2020 年增长5.2%。[③] 随着增产保供政策的持续推进，2021 年，中国原煤生产速度继续加快，比 2020 年增长 4.7%；原油生产增速回落，天然气生产增速放缓。由于国内外煤炭价格倒挂，进口煤价优势不再，预计中国煤炭价格在未来一段时间内仍会受到传导影响。随着全球能源减排形势日益严峻，在技术

---

① 《电力市场报告》，国际能源署，2022 年 1 月。

② 《综述：美专家认为乌克兰局势或加剧全球能源供应短缺》，新华网，http://www.news.cn/fortune/2022-02/26/c_ 1128418578.htm。

③ 《中华人民共和国 2021 年国民经济和社会发展统计公报》，中华人民共和国中央人民政府网，http：//www.gov.cn/xinwen/2022-02/28/content_ 5676015.htm。

进步和成本下降的驱动下，全球能源向低碳化、智能化、数字化、多元化和全球化加速转型。未来，储能、油气、氢能、核聚变能等领域都有可能出现颠覆性新技术，根本性改变能源的前景。2022年，世界总体格局继续发生深刻变化，中国经济形势依然严峻。上述情况无疑会对世界能源市场及中国的能源发展战略产生诸多影响。本报告的相关分析即基于此而做出的。

一 2021年世界能源发展概况

（一）世界原油价格多期波动，俄乌冲突致油气产能下滑

2021年以来，新冠肺炎疫苗接种速度加快，经济增速和石油需求强劲反弹，OPEC+增产速度慢于预期，美国推出无上限量化宽松政策和刺激性财政政策，欧洲能源危机特别是俄乌冲突等因素，导致国际原油价格出现持续快速上涨并高位波动的情况。

布伦特原油价格从2021年初的50美元/桶左右（见表1）一度升至2022年的高点接近130美元/桶，增长约1.6倍，目前在100美元/桶左右的高位波动（见图1）。两次回调主要发生在2021年的7~8月和11月。2021年，国际油价呈现多期波动的特征，大致划分为五个阶段：第一阶段为2021年初到2021年7月，国际油价持续上涨；第二阶段为第一次回调阶段，从2021年7月持续到2021年8月中旬，主要由OPEC+增产和德尔塔病毒引发疫情加剧导致；第三阶段为2021年8月下旬到2021年10月下旬，是国际油价的反弹期；第四阶段为2021年11月至2021年12月初，是震荡回调期，主要由于奥密克戎病毒大流行引发市场恐慌；第五阶段为2021年12月初到2022年3月，是国际油价的第二个反弹期，主要受到俄乌冲突以及美西方对俄全面制裁、西方油气贸易企业抵制俄石油产品影响，国际原油价格急剧上涨。

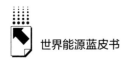
表 1　布伦特原油价格

单位：美元/桶

时间	价格	时间	价格
2021 年 1 月 29 日	55.24	2021 年 9 月 30 日	79.11
2021 年 2 月 26 日	66.06	2021 年 10 月 29 日	83.74
2021 年 3 月 31 日	63.98	2021 年 11 月 30 日	70.99
2021 年 4 月 30 日	67.32	2021 年 12 月 31 日	77.26
2021 年 5 月 28 日	69.75	2022 年 1 月 31 日	92.66
2021 年 6 月 30 日	76.26	2022 年 2 月 28 日	103.32
2021 年 7 月 30 日	76.32	2022 年 3 月 31 日	110.30
2021 年 8 月 31 日	72.63	2022 年 4 月 14 日	106.80

注：由于篇幅所限，仅显示统计时间内每个月份最后一天价格。
资料来源：Wind 金融数据库。

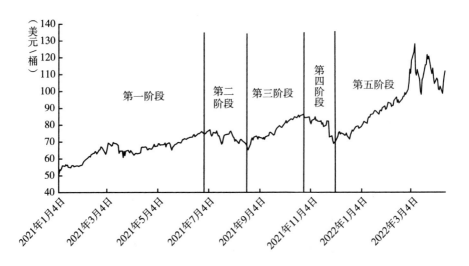

图 1　布伦特原油价格

资料来源：Wind 金融数据库。

俄乌冲突是对全球原油供应格局变动产生深远影响的一个重要地缘政治事件。俄罗斯是油气超级大国，与美国、沙特共同主导全球石油供应格局。俄欧在石油领域相互高度依赖，欧洲是俄罗斯最主要的石油出口市场，而俄罗斯是欧洲最主要的能源进口来源国。美西方制裁将严重削弱俄油气的出口、投资和生产能力，叠加 OPEC 增产意愿不足与"碳中和"引致的油气投资意愿低落，未来全球油气产能可能会大幅下滑。美西方的制裁导致全球石油商品分化为俄石油和其他石油两种类型，国际石油基准价格将继续高位波动，而俄石油价格相对于国际石油基准价格将维持大幅折扣。

（二）天然气区域市场结构性供需失衡状况突出，主要市场价格再创新高

2021 年，国际天然气市场主要受全球经济复苏、美元严重超发、长期低价格、极端天气、全球能源转型等因素影响，需求超预期复苏。供应侧，在前期低价和疫情影响下，上游油气勘探开发投资不足，叠加极端天气影响，产量增长受限，2020 年，全球天然气采储比为 48.8%（见图 2），约为 2019 年的 1/4。欧洲市场过快的能源转型带来能源供应接续不足，供应紧张波及亚洲市场，区域市场供需失衡凸显，气价创历史新高。

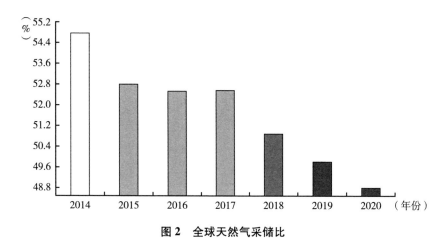

图 2　全球天然气采储比

资料来源：《BP 世界能源统计年鉴》，第 70 版，英国石油公司，2021。

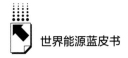

2021 年，全球天然气消费在经历历史性下降后出现强劲增长，消费量超过疫情前水平，达到 3.99 万亿立方米，同比增速达 4.6%，超过过去十年的平均增速（2.0%）。供应方面，受到极端天气影响，北美地区天然气产量增长不如预期。受气田减产、无新增液化天然气出口能力、老项目频繁停产检修等因素影响，传统 LNG 出口国供应增长乏力。2021 年，全球天然气产量为 4.18 万亿立方米，较上年上升 3.8%，由上年的负增长（-3.7%）转为正增长。全球天然气市场供需呈现趋紧态势，不同区域市场的供需程度不同，呈现区域结构性供需失衡。

2021 年，北美洲天然气消费量回升，欧洲天然气消费量显著下降，亚洲天然气消费量增长强劲。2020 年全球部分国家与地区天然气消费量及占比见图 3、表 2、图 4。由于年初美国得克萨斯州等地遭遇暴风雪天气，年中和第三季度的干旱天气及飓风致使北美地区多次遭遇极端天气，北美地区天然气产量小幅下行，但产量仍约占全球的 30%。中亚俄罗斯地区产量受欧洲和亚洲需求增长带动，保持 5.7% 的增速，产量为 9308 亿立方米。卡塔尔和澳大利天然气产量保持稳定，同比增速分别为 1.5% 和 0.5%。2021 年，

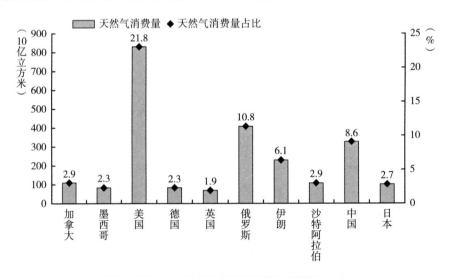

图 3　2020 年全球部分国家天然气消费量及占比

资料来源：《BP 世界能源统计年鉴》，第 70 版，英国石油公司，2021。

受 2016~2017 年全球液化天然气项目投资低迷影响，全球新增液化天然气出口能力仅为 600 万吨，同比大幅缩减 71%，为近七年最低水平。2021 年，全球天然气贸易在疫情后持续复苏，管道气和 LNG 贸易均出现不同幅度的增长，二者的贸易量之和增至 1.33 万亿立方米，增量约为 810 亿立方米，同比增速由 2020 年的-2.9%大幅回升至 6.5%。

表 2　2020 年全球部分地区天然气消费量及占比

单位：10 亿立方米，%

	北美洲	中南美洲	欧洲	独联体国家	中东地区	非洲	亚太地区	经合组织	非经合组织	欧盟
消费量	1030.9	145.6	541.1	538.2	552.3	153	861.6	1757.7	2065.1	379.9
占比	27	3.8	14.2	14.1	14.4	4.0	22.5	46	54	9.9

资料来源：《BP 世界能源统计年鉴》，第 70 版，英国石油公司，2021。

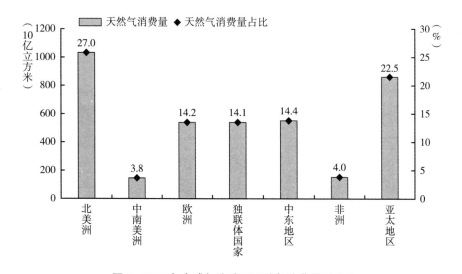

图 4　2020 年全球部分地区天然气消费量及占比

资料来源：《BP 世界能源统计年鉴》，第 70 版，英国石油公司，2021。

2021 年，全球主要市场天然气价格大幅上涨，刷新纪录。截至 2022 年 3 月 10 日，中东 LNG 离岸价为 35.5 美元/百万英热单位，中国 LNG 市场价为 8103.5 元/吨（见图 5），远高于 2021 年平均水平。欧洲供应收紧，需求小幅增加，库存跌破近五年低位，TTF 现货价格大幅上行并引领亚洲现货价格上涨。东北亚 LNG 进口均价随油价走高，LNG 现货价格因区内经济复苏需求强劲、区外资源竞争激烈、TTF 价格联动而强势上涨。美国极端天气频发叠加 LNG 出口大幅提升，需求增长、供应收紧，HH 现货价格同比上涨。美欧亚三地 LNG 现货年均价之比为 1∶4.1∶3.7，欧洲现货年均价首次高于亚洲现货年均价，欧亚价格相关性有所增强。2021 年，经济和环保因素推动东北亚 LNG 需求快速增长，叠加欧洲气价高企的联动影响，东北亚 LNG 现货到岸年均价为 14.5 美元/百万英热单位，创历史新高。

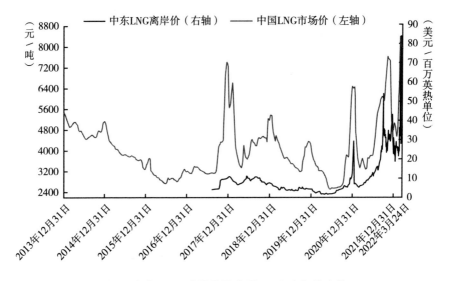

图 5　中东 LNG 离岸价及中国 LNG 市场价走势

资料来源：金联创，国家统计局网站。

（三）中印美助推煤炭需求增加，全球燃煤发电量创新高

受疫情以及各国新能源发展的影响，2021 年，全球煤炭消费量为 79.06 亿吨原煤，同比增长 9.61%，与 2008 年全球金融危机发生前的水平相当，煤

炭需求增量比所有可再生能源需求增量总和高出 60%[①]。煤炭需求增加主要来自中国、印度和美国的推动。2021 年，中国煤炭消费量同比增长 4%（1.48亿吨），印度煤炭消费量同比增长 17%（1.25 亿吨），美国煤炭消费量同比增长 17%（7400 万吨）[②]。1980~2020 年世界煤炭消费量及生产量见表 3、图 6。

表 3　1980~2020 年世界煤炭消费量及生产量

单位：千短吨

年份	消费量	生产量	年份	消费量	生产量
1980	4055406	4151845	1986	4735241	4953642
1981	4089489	4183146	1987	4918474	5076796
1982	4178378	4351307	1988	5064964	5187392
1983	4305546	4394094	1989	5077778	5269231
1984	4508954	4615167	1990	4983905	5184358
1985	4679905	4832718	1991	4866062	5002344
1992	4750095	4894741	2007	7435461	7327370
1993	4755161	4767326	2008	7588728	7566269
1994	4784828	4858372	2009	7653732	7670350
1995	4921565	4945783	2010	8225521	8197435
1996	5023784	5056566	2011	8695152	8644572
1997	4951105	5060248	2012	8944466	8869291
1998	4923959	5035792	2013	9015858	8976932
1999	4940566	4969173	2014	8902126	8868855
2000	5195997	5125260	2015	8622175	8668424
2001	5266258	5364734	2016	8395255	8146358
2002	5397999	5422062	2017	8478105	8381903
2003	5826949	5814225	2018	8597609	8711156
2004	6317447	6254729	2019	8466229	8846254
2005	6721049	6652623	2020	8112819	8377125
2006	7092668	7019256			

注：1 短吨相当于 0.907 吨，1 千短吨相当于 907 吨。
资料来源：IEA。

---

① 《全球能源回顾 2021》，IEA，2022。
② 《全球能源回顾 2021》，IEA，2022。

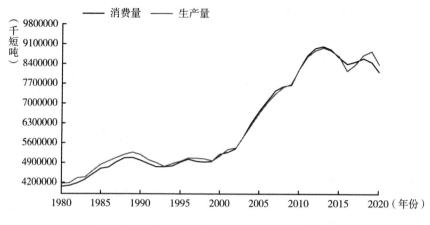

图 6 1980~2020 年世界煤炭消费量及生产量

注：1 短吨相当于 0.907 吨，1 千短吨相当于 907 吨。

资料来源：IEA。

2021 年，全球燃煤发电量为 10269.3 太瓦时，同比增长 9%（见图 7），创历史新高；燃煤发电在全球电力结构中的占比达 36%，比 2007 年峰值时期低 5 个百分点。印度和中国的燃煤发电量同比分别增长 12% 和 9%，创下两国的新纪录。

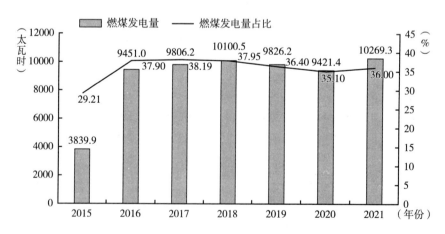

图 7 2015~2021 年全球燃煤发电量及占比变化

注：2021 年数据为预测数据。

资料来源：《BP 世界能源统计年鉴》，2016~2021 年。

2021 年，煤炭和天然气发电量合计为 800 太瓦时，天然气供应不足和创纪录高价格导致燃煤发电在美国和欧盟地区强劲反弹，在此之前，美国和欧盟地区的燃煤发电量已经连续多年下降。

2021 年，随着各国经济从新冠肺炎疫情打击中复苏，国际煤炭需求增加，煤炭价格走高。受电力需求增长支撑，加上主要产煤国生产和出口受极端天气影响暂停，全球煤炭市场整体供应吃紧，刺激煤炭价格飙升。2021年，国际煤炭市场中澳大利亚纽卡斯尔港 5500 大卡动力煤现货均价、南非理查德港 5500 大卡动力煤现货均价、欧洲 ARA 三港 6000 大卡动力煤现货均价总体均呈现上扬态势（见图 8）。

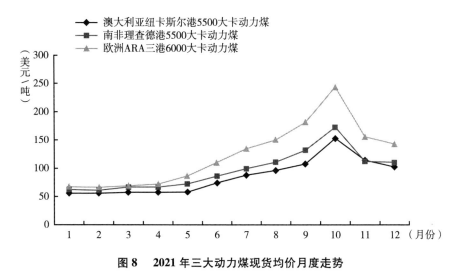

图 8 2021 年三大动力煤现货均价月度走势

资料来源：国际煤炭网。

（四）可再生能源发电量增幅下降，欧洲成为第二大市场

《BP 世界能源统计年鉴》（第 70 版）显示，2020 年，全球可再生能源发电量增长 9.7%，增幅低于过去 10 年平均水平。太阳能发电量创纪录地增长，风能发电量增长量在可再生能源发电量增长量中占比最大，几乎是往年最大增幅的 2 倍。2021 年，全球核能发电量同比增长 3.5%，从

2020 年下降近 4% 的消沉中复苏。中国是可再生能源发电量增幅最大的国家，其次是美国，欧洲整体增长 0.7 艾焦①。

根据彭博新能源财经（BNEF）发布的《2022 年能源转型投资趋势》（年度投资报告），在全球各国不断增强的气候雄心和政策行动的支持下，2021年，全球可再生能源产能达到 3064 吉瓦，较上年增长 9.14%，全球可再生能源产能增长率再次创下新高。分地区来看，亚洲可再生能源总产能增长强劲，2021 年约为 1455 吉瓦，较 2020 年增长 11.89%；欧盟可再生能源总产能约为511 吉瓦，较 2020 年增长 6.76%。国际可再生能源署（IRENA）统计的2009~2021 年世界可再生能源产能见表 4、图 9，2009~2021 年全球部分地区可再生能源总产能见表 5、图 10，2009~2021 年全球部分国家可再生能源总产能见表 6、图 11。

表 4 2009~2021 年世界可再生能源产能

单位：兆瓦

指标	2009 年	2010 年	2011 年	2012 年	2013 年	2014 年	2015 年
产能	1135599	1223355	1329886	1443923	1566148	1698319	1851651

指标	2016 年	2017 年	2018 年	2019 年	2020 年	2021 年
产能	2013932	2184709	2357495	2541688	2807265	3063926

资料来源：IRENA。

2021 年，全球对能源转型的投资创下新纪录，总额达到 7550 亿美元。首先，中国风能和太阳能装机容量在 2021 年增长了 19%，电气化交通投资也占投资的很大一部分。其次，2021 年，美国在清洁能源上的投资为 1140亿美元，比 2020 年增长 17%。几个欧洲国家也跻身前 10 名，德国、英国和法国位列前 5。欧洲国家共计为能源转型投资 2190 亿美元②。

---

① 《BP 世界能源统计年鉴》，第 70 版，英国石油公司，2021，第 2 页。
② 《2021 年全球能源转型投资约 4.7 万亿，中国占比超三成》，澎湃新闻，https://www.thepaper.cn/newsDetail_ forward_ 16752706。

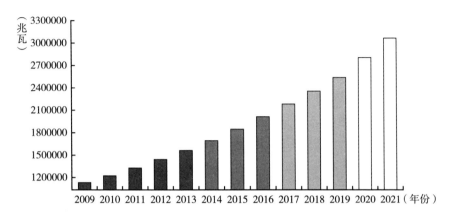

图9 2009~2021年世界可再生能源产能

资料来源：IRENA。

表5 2009~2021年全球部分地区可再生能源总产能

单位：兆瓦

年份	非洲	亚洲	欧盟	中美洲和加勒比	大洋洲
2009	26097	348838	238776	7377	17455
2010	27338	386592	265052	7669	18529
2011	27705	433520	302637	8573	20188
2012	28445	478747	319453	9510	22199
2013	30648	553516	337355	9871	23715
2014	32661	632768	352546	10457	25236
2015	34982	722324	371007	11908	26386
2016	37643	813517	387887	13520	27344
2017	43090	921480	405554	14307	28568
2018	48443	1026530	423137	15073	30778
2019	50575	1125936	450726	16235	36037
2020	53608	1301016	479193	16795	42910
2021	55705	1455712	511578	17352	45136

资料来源：IRENA。

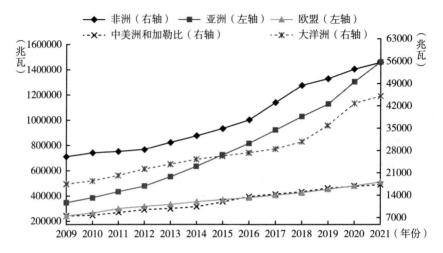

图10　2009~2021年全球部分地区可再生能源总产能

资料来源：IRENA。

表6　2009~2021年全球部分国家可再生能源总产能

单位：兆瓦

年份	中国	印度	日本	韩国	俄罗斯	法国	德国	英国	美国	新西兰	巴西
2009	205232	48304	34130	2608	47292	29293	47235	8237	127418	6509	84929
2010	233260	52329	36028	2819	47375	31717	56546	9627	137724	6650	89558
2011	267898	58053	37396	3322	47553	34793	67421	12783	146570	6650	92913
2012	302101	60456	38996	3687	49823	37095	78150	15902	164043	6841	96117
2013	359516	63589	46084	4330	50629	38692	83766	20027	170920	6930	99835
2014	414651	71889	56103	5716	51581	40563	90325	24895	180309	7133	106445
2015	479103	78579	67486	7217	51781	42799	97851	30800	195046	7173	112641
2016	541016	90411	76219	9354	51787	44845	104436	35433	215233	7186	121374
2017	620856	105253	84187	11442	52170	47820	112514	40043	229824	7207	128417
2018	695463	118195	91309	13951	52614	50539	118905	44028	245026	7251	136579
2019	758844	128428	99269	18054	53913	53463	125068	46800	263324	7285	144552
2020	899625	134455	106862	20411	54900	55574	131731	47387	292949	7425	150046
2021	1020234	147122	111860	24365	56217	59546	138151	50293	325391	7562	159943

资料来源：IRENA。

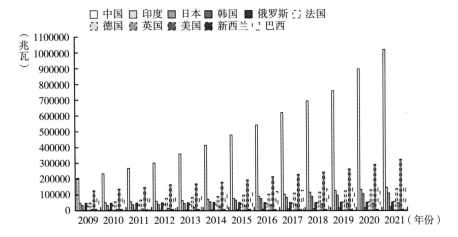

图 11　2009~2021 年全球部分国家可再生能源总产能

资料来源：IRENA。

2021 年，中国非化石能源发展迈上新台阶，可再生能源发电装机规模历史性突破 10 亿千瓦，中国成为全球增长最快的可再生能源市场。IEA 认为，2021~2022 年，欧洲将加快部署，成为仅次于中国的第二大可再生能源市场，预计每年新增装机容量增长 11%，到 2022 年达到 49 吉瓦。美国政府将陆上风能和太阳能光伏的生产和投资税收抵免额政策再延长一年，将在很大程度上影响美国 2021 年和 2022 年的陆上风能行业，陆上风电规模预测上调 25%。随着 2022 年印度实现可再生能源规模达 175 吉瓦目标期限临近，印度在 2020 年和 2021 年对可再生能源的部署逐步恢复并迎来新一轮增长，但是 2021 年 4 月以来印度新冠肺炎确诊病例的激增对印度能源短期趋势造成不确定性。2020 年，越南太阳能光伏发电装机容量快速增加，达到创纪录的 13 吉瓦，比 2019 年增长 60%。越南逐步取消 FIT，印度尼西亚和泰国的可再生能源增长相对缓慢将导致东盟可再生能源增速明显放缓。拉丁美洲可再生能源项目在巴西、墨西哥和智利投入运营，不断增长的企业 PPA 市场和拍卖计划之外的双边合同促进拉丁美洲可再生能源快速增长①。

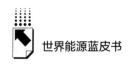
（五）发达国家发电量持续平稳，略有下滑，传统能源中天然气净发电量最高

在新冠肺炎疫情及各国积极应对气候变化等多种因素影响下，全球能源供需失衡，刺激能源价格持续高涨。强劲的经济增长、冬季偏冷、夏季偏热等多种因素推动全球电力需求增长6%以上。世界发电量仍呈上升趋势，中国的发电量持续增长，美国、加拿大、法国、德国等发达国家的发电量持续平稳，略有下滑。

根据IEA统计数据，2020年4月至2021年12月，全球能源净发电量平均值为8701648亿千瓦时，净发电量周期性变动趋势明显。2021年12月，全球能源净发电量为9256151亿千瓦时，比2020年12月的9228962亿千瓦时增长27189亿千瓦时（见图12）。

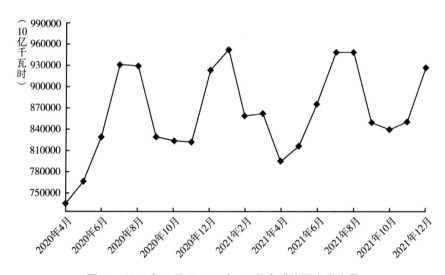

图12　2020年4月至2021年12月全球能源净发电量

资料来源：IEA。

横向对比2020年2月至2021年2月世界部分国家电力供给情况发现，在2020年4月和2020年11月有两个供应量低点。2021年2月，澳大利亚、

日本、美国、加拿大和韩国的电力供给量分别为 187299 亿千瓦时、852562 亿千瓦时、3343867 亿千瓦时、530501 亿千瓦时和 462032 亿千瓦时（见图 13）。2020 年 1 月至 2021 年 12 月全球电力进出口总量见表 7。2020 年 4 月至 2021 年 12 月全球电力进出口总量见图 14。

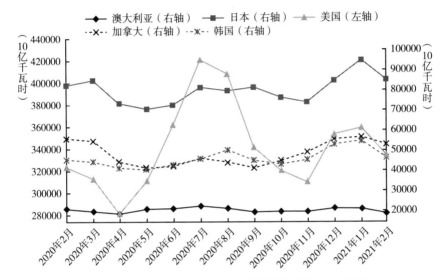

图 13　2020 年 2 月至 2021 年 2 月世界部分国家电力供给量

资料来源：IEA。

表 7　2020 年 1 月至 2021 年 12 月全球电力进出口总量

单位：10 亿千瓦时

时间	进口总量	出口总量
2020 年 1 月	46373	46374
2020 年 2 月	43053	43788
2020 年 3 月	43246	43372
2020 年 4 月	37514	39329
2020 年 5 月	40167	42410
2020 年 6 月	35869	36022
2020 年 7 月	40693	42969
2020 年 8 月	38913	39714
2020 年 9 月	37343	36607
2020 年 10 月	42196	41962

续表

时间	进口总量	出口总量
2020 年 11 月	43076	43864
2020 年 12 月	45767	46742
2021 年 1 月	44034	42228
2021 年 2 月	39773	38662
2021 年 3 月	42515	42156
2021 年 4 月	39130	40171
2021 年 5 月	39617	38961
2021 年 6 月	38042	39123
2021 年 7 月	42093	43640
2021 年 8 月	41922	42289
2021 年 9 月	40297	41193
2021 年 10 月	43211	44675
2021 年 11 月	43818	42663
2021 年 12 月	44985	44224

资料来源：IEA。

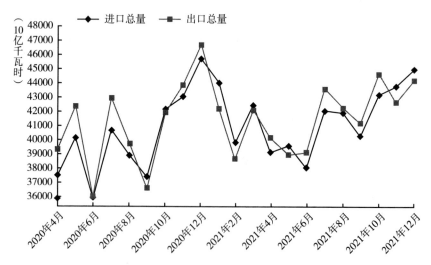

图 14　2020 年 4 月至 2021 年 12 月全球电力进出口总量

资料来源：IEA。

从传统能源净发电量看，天然气净发电量最高，2021年12月达到2702亿千瓦时（见图15）；煤、泥炭和人工煤气净发电量次之，石油和石油产品净发电量最低。2021年12月，煤、泥炭和人工煤气，石油和石油产品，核能，水力，风能，太阳能和地热能的净发电量分别是1780亿千瓦时、151亿千瓦时、1646亿千瓦时、1252亿千瓦时、1042亿千瓦时、251亿千瓦时和41亿千瓦时（见表8）。

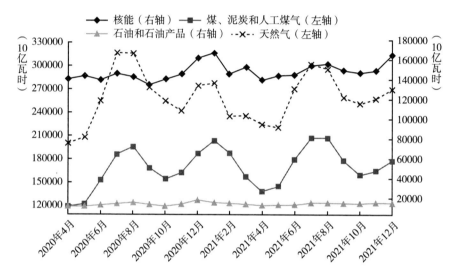

图15　2020年4月至2021年12月全球不同能源净发电量

资料来源：IEA。

表8　2020年1月至2021年12月全球不同能源净发电量

单位：10亿瓦时

时间	核能	煤、泥炭和人工煤气	石油和石油产品	天然气	水力	风能	太阳能	地热能
2020年1月	172365	181542	15298	277471	130357	90222	19434	3809
2020年2月	155077	156907	12041	249305	129237	99358	24552	3509
2020年3月	153941	145145	11729	242138	133784	88422	33131	4030
2020年4月	140104	118712	11248	200137	117305	69674	42774	3803
2020年5月	143073	122211	11599	208083	131886	66468	47306	3803

续表

时间	核能	煤、泥炭和人工煤气	石油和石油产品	天然气	水力	风能	太阳能	地热能
2020 年 6 月	139096	152869	12835	255486	125898	62961	45423	3611
2020 年 7 月	145783	186376	14120	316889	127194	59058	45977	3702
2020 年 8 月	142616	196041	15551	316257	120298	57601	45058	3698
2020 年 9 月	134432	168633	13611	272002	104702	62613	38890	3621
2020 年 10 月	140214	154940	11866	254975	111061	84311	31619	3666
2020 年 11 月	145206	162782	13907	241583	110688	86424	25252	3826
2020 年 12 月	161697	187636	18243	275066	125646	92220	21600	3970
2021 年 1 月	166729	204124	15552	277871	135687	86516	22902	4102
2021 年 2 月	145276	187931	14453	235587	123977	83396	29466	3783
2021 年 3 月	152462	157340	13917	236424	122611	95623	42017	4043
2021 年 4 月	138879	138366	12647	224563	112054	79955	49321	3923
2021 年 5 月	143589	145149	12878	220587	123380	78715	52845	3888
2021 年 6 月	144408	179247	13173	271186	120884	55247	54226	3766
2021 年 7 月	153858	207673	15394	301812	120783	56816	53698	3851
2021 年 8 月	155636	207032	15281	296550	117137	65457	50358	3836
2021 年 9 月	148821	178271	14714	259264	100551	64434	45594	3839
2021 年 10 月	146338	159704	14816	251399	98710	89931	39634	3940
2021 年 11 月	148596	164767	15280	257705	104391	91091	29472	3892
2021 年 12 月	164566	178018	15146	270167	125190	104168	25051	4127

资料来源：IEA。

根据国际能源署（IEA）的统计数据，2021 年 12 月，从不同能源净发电量占比看，天然气净发电量最高，占总净发电量的 30.48%，煤、泥炭和人工煤气，核能和水力净发电量占比分别为 20.08%、18.56% 和 14.12%（见图 16）。

二　2022年世界能源发展趋势展望

（一）"碳达峰""碳中和"减少石油开发投资，与高油价叠加助推石油替代进程

2022 年，世界石油市场基本面偏紧，形势转好，但俄乌冲突等地缘政

治溢价短期难以消除，是影响国际原油价格走势最为重要的因素，这取决于美西方对俄罗斯制裁的程度以及俄罗斯的反制程度。未来，油价总体将处于高位水平，油价波动风险加剧。全球疫情形势、地缘政治形势、伊核谈判进展、OPEC 产量政策是影响 2022 年国际油价走势的重要因素。

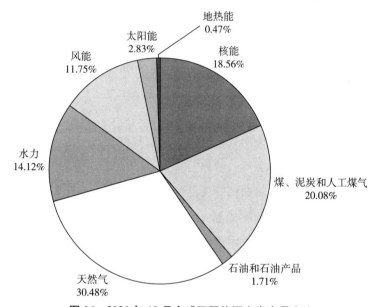

图 16　2021 年 12 月全球不同能源净发电量占比

资料来源：IEA。

　　预计 2022 年下半年至 2023 年，随着疫情防控措施放松，国际地缘政治和经济稳定复苏，石油消费需求得到提升，高油价将吸引资金进入石油勘探开发行业，但"碳达峰""碳中和"降低了油气企业增加石油勘探开发投资的意愿，加之高油价叠加，欧洲将降低对俄罗斯化石能源行业的依赖程度，从而加快石油替代进程。综合来看，预计 2022 年、2023 年，国际原油价格中枢将分别为每桶 100 美元、90 美元左右。

　　（二）俄乌冲突推升全球天然气价格，欧洲市场脆弱性增加天然气供应压力

　　2022 年，全球天然气需求增速放缓，将回归至过去 10 年 2.0% 的平均

增速，需求量约为 4.08 万亿立方米；受俄乌冲突的影响，预计全球天然气供应形势更加严峻，全球产量约为 4.28 万亿立方米，同比增速降至 2.4%。从出口量看，2021 年 12 月，美国超过澳大利亚和卡塔尔成为世界上最大的液化天然气出口国，出口量首次创下月度纪录。预计 2022 年，美国将首次成为全球最大的液化天然气供应国；澳大利亚为全球第二大液化天然气出口国，这主要取决于项目维护供应中断影响情况和旧设施对原料气供应的下降速度；卡塔尔液化天然气产量将与上年持平，其将由全球第一大液化天然气出口国降至第三大液化天然气出口国；俄罗斯是全球第四大液化天然气出口国，但产量不足前三大生产国的一半。预计 2022 年，马来西亚、印尼和巴布亚新几内亚等主要液化天然气生产国的出口量将相对稳定。俄乌局势演进等地缘政治因素大幅推升天然气价格，未来，俄乌局势及后期美国和欧洲国家对俄罗斯制裁的走向，将对国际天然气价格产生较大的影响。

俄乌冲突持续演进，国际能源大公司及金融机构等已开始为潜在的制裁进行避险操作。随着美国、日本等国家的制裁措施落地，在政府和舆论压力之下，能源公司纷纷宣布撤出或暂停在俄罗斯的投资。对于未来前景莫测的俄罗斯油气市场而言，不确定性正在增加，市场变局更加显著，这将给天然气供应带来前所未有的压力。欧洲能源自给率低、高度依赖进口，且对俄罗斯的依赖程度较高。在其能源进口中，40% 的天然气、30% 的原油和 50% 的煤炭来自俄罗斯。2021 年，俄罗斯向欧洲供应液化天然气约 1480 万吨、管道气约 1500 亿立方米（其中向欧盟供应 1390 亿立方米）。按计划，若欧洲减少从俄罗斯进口 2/3 的管道气，需新增 7700 万吨液化天然气进口量。欧洲将通过增加挪威、阿尔及利亚、阿塞拜疆和利比亚的液化天然气供应，增加节能措施和加大可再生能源利用力度来减少液化天然气进口量。然而，俄罗斯以外的天然气可替代量、欧洲基于提高能效和利用其他替代能源的可扩展空间均十分有限。

（三）煤炭需求再创新高，结构性供给不平衡或将缓解

由于煤炭需求国的拉动以及天然气价格仍将表现强劲等因素，预计

2022 年全球对煤炭的总需求量将增至 80.25 亿吨，创下新的历史纪录，这一趋势或将持续至 2024 年。2024 年的煤炭需求量预计将超过 2013 年的峰值时期，达到 80.31 亿吨。2022~2024 年，全球电力需求量将保持年均 2.4% 的增速，增加 2099 太瓦时，燃煤和燃气发电量将新增超过 220 太瓦时，在此期间，燃煤发电量将保持稳定。就全球总体而言，经济增长刺激电力需求增加，而煤炭仍是全球最主要的发电能源。

煤炭仍是印度、中国和一些东南亚国家最重要的发电能源，预计 2022~2024 年，中国的燃煤发电量将增长 4.1%，印度将增长 11%，东南亚将增长 12%[1]。从 2022 年起，印度煤炭需求量预计将以 4% 的年增长率不断上涨，短期内还没有能取代煤炭的资源。2022 年初，巴西出台最新法案，允许延长煤电补贴至 2040 年，意味着巴西至少在 2040 年之前仍将视煤炭为重要能源。

从供给端分析，2022 年，全球疫情形势好转，全球煤炭结构性的供给不平衡或将缓解；从需求端分析，国际方面，欧美在经历本次"能源问题"后，或将重启部分化石能源以作为能源储备，后期全球市场再度出现能源短缺的概率较小；从流动性分析，随着以美联储为主的全球央行开始收紧货币政策，各国利率将逐步抬升，各类资产价格估值中枢将出现下移。综合以上分析，2022 年，全球煤炭价格大概率会在目前高位的基础上有所回落，保持中高位运行，或将呈现"前高后平"走势[2]。

（四）可再生能源技术水平大幅提升，装机容量纪录再创新高

全球能源结构加快调整，可再生能源技术水平和经济性大幅提升，风能和太阳能利用实现跃升发展，规模增长了数十倍。《巴黎协定》得到国际社会广泛支持，近五年来，可再生能源提供了全球新增发电量的约 60%。2022 年，受俄乌冲突等国际因素影响，各国更加清楚地看到减少对化石能源依赖的必要性。国际能源署在《可再生能源 2021》报告中预计，2022 年，可再生能源

---

[1] 《煤炭 2021》，国际能源署，2021。
[2] 《2022 年煤炭市场展望：增速减慢是大趋势》，同花顺财经，https://field.10jqka.com.cn/20220114/c635992191.shtml。

发电量同比增长 6%，为 7.9 万亿千瓦时以上，略高于 2015~2021 年的年平均增长率。2022 年，随着中国大型项目的投产，水电新增投资将加速增长。在生物能源的带动下，其他可再生能源的扩张保持稳定，新增容量占可再生能源新增容量的 3%。

国际能源署预计 2021 年可再生能源将创下新的装机容量纪录。尽管用于制造光伏组件和风电机组的关键材料的成本在上升，但预计 2021 年新增可再生能源装机容量将增至 290 吉瓦，超过 2020 年创下的历史纪录。预计 2021 年该行业新增发电装机容量占总装机容量的比例可达 17%，创下 16000 万千瓦的年度新纪录。预计 2021 年全球风力发电量将增长 14%，接近 2200 亿千瓦时。由于风力不足，欧盟的风力发电量将下降 3%，这是 30 多年以来的首次下降。

（五）全球电力需求增速放缓，低碳发电量占比增加

由于防疫措施抑制了电力需求，2022 年，能源行业将出现反弹效应。2021 年第四季度供应短缺和能源价格高企的能源危机逐步缓解，促进经济增长。然而，能源价格的变化和新冠肺炎疫情是需求前景的主要不确定因素。预计随着反弹效应消失，能源效率措施开始显现效果，2023 年、2024 年，全球电力需求增速将放缓，将分别增长 2.6% 和略高于 2%。预计 2021~2024 年大部分电力供应增长在中国，增长量约占净增长总量的一半，其次是印度（12%）、欧洲（7%）和美国（4%）。2022~2024 年，预计可再生能源将成为电力供应增长的主要来源，平均每年增长 8%。到 2024 年，可再生能源电力供应量将占全球电力供应总量的 32% 以上（2021 年为28%），预计低碳发电量占总发电量的比例将从 2021 年的 38% 上升到 42%。

三　中国能源发展现状、趋势及思考

（一）中国能源发展现状

1. 动力煤供需矛盾持续，"保供稳价"促进煤价回归合理区间

2021 年 9 月，中国电力形势骤然紧张，广东、江苏、湖南、辽宁、吉

林等地相继发布程度不等的限电措施。受电煤紧缺、火电机组停机容量大、新能源发电规模偏小和电力负荷增长等因素综合影响,东北电网电力供应持续紧张。中国动力煤供需矛盾持续,动力煤价格走势波动较大。整体来看,产地受安监、环保及矿难影响,煤矿产量持续受限,而下游市场受超预期需求爆发影响,动力煤供应缺口扩大,煤炭价格快速上涨。10月,各主管部门密集出台调控政策、"保供稳价"政策。受政策调控及煤矿产量持续快速增加影响,动力煤价格快速回落。2021年,煤炭价格出现"先涨再跌后涨再跌"的行情,总体呈"M"字形运行,大起大落,巨幅波动(以秦皇岛港动力煤价格为例,见图17)。

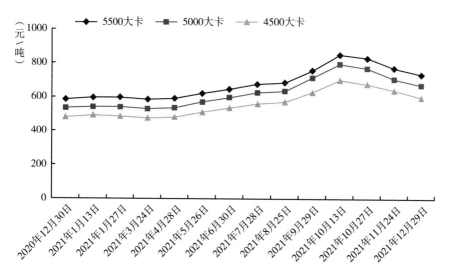

图 17 2021 年秦皇岛港动力煤价格走势

资料来源:国际煤炭网。

2021年3月,中国陆续推出保供政策,产能释放步伐放缓,煤炭市场供不应求的局面拉动煤价开始缓慢上涨。针对全国多地出现的电厂缺煤以及居高不下的动力煤价格,国家发改委于2021年10月6日、7日出台增产保供政策,对晋陕蒙主产地提出共计1.9亿吨的增产保供任务。10月中旬,国家发改委连续发文,协同其他部门密集出台各项政策,对煤炭生产和运行进行合理合法的干预和引导。中国政府为平衡市场而进行的快速的政策干预对煤炭价格产生了直接影响,自2021年10月下旬起,煤价企稳回落态势明显,带动国际煤价逐渐回归合理区间。

2. 中国液化天然气(LNG)进口价格话语权偏弱,天然气供应偏紧

中国天然气行业总体处于快速发展阶段,2021年,产量为1545.1万吨,近十年产量复合增长率为31.92%。从LNG产量分布看,2021年,中国华北、西北、西南地区产量分别占全国总产量的40.02%、38.73%与14.15%,它们是中国LNG主产区。2021年,中国LNG产量排名前三的省区分别是内蒙古、陕西和山西,产量分别为410.8万吨、347.1万吨和170.6万吨。

2021年,中国政府确定了推进能源革命,建设清洁低碳、安全高效的能源体系,为"十四五"能源发展方向明确基调,并制定2030年前碳排放达峰行动方案,进一步利好天然气市场。2021年,中国天然气表观消费量约为3696亿立方米,同比增长12.1%;中国进口天然气1699亿立方米,对外依存度达到44.5%;其中,中国LNG的进口量达到1105亿立方米,中国成为世界最大的LNG进口国。然而,中国在LNG进口价格上的话语权偏弱,2022年第一季度,国际LNG进口现货价格处于高位,但国内需求侧价格承受力较低,导致中国进口企业无法进口LNG现货,进行倒挂销售,这也导致出现天然气供应偏紧的局面。

3. 可再生能源发电量稳步增长,海上风电装机容量跃居世界第一

截至2021年底,中国可再生能源发电装机容量达到10.63亿千瓦,占发电装机总容量的44.8%。其中,水电装机容量达3.91亿千瓦,风电装机容量达3.28亿千瓦,光伏发电装机容量达3.06亿千瓦,生物质发电装机容量达3798万千瓦,分别占全国发电装机总容量的16.5%、13.8%、12.9%和1.6%。2021年,我国可再生能源发电量稳步增长,全国可再生能源发电量达2.48万亿千瓦时,占全社会用电量的29.8%。其中,水电为13401亿千瓦时,同比下降1.1%;风电为6526亿千瓦时,同比增长40.5%;光伏发电为3259亿千瓦时,同比增长25.1%;生物质发电为1637亿千瓦时,同比增长23.6%。水力发电量、风能发电量、光伏发电量和生物质发电量分别占全社会用电量的 16.1%、7.9%、3.9% 和 2%。2021 年，中国核电保持良好增长态势，全国运行机组数量同比增长 8.2%，装机容量同比增长 7.1%。根据国家能源局发布的 2021 年可再生能源并网运行数据，2021 年，中国风电装机容量突破 3 亿千瓦，海上风电装机容量跃居世界第一。

4. 电力生产绿色低碳化趋势显著，可再生能源消费增速放缓

2021 年，中国极端天气频发，如河南降下特大暴雨，全国平均气温创历史新高等事件增加了居民的电力需求，城乡居民生活用电量近两年的平均增长率超过 6.5%。2021 年，中国全社会用电量为 8.31 万亿千瓦时，同比增长 10.3%，第一、二、三产业用电量增速分别达到 16.4%、9.1%、17.8%。2021 年下半年，全国多个地区出现了较为严重的拉闸限电现象。从 2021 年全年来看，全国电力供需形势总体偏紧。

2021 年，中国发电装机容量达到 23.8 亿千瓦。2020 年，西部地区装机容量达到 74271 万千瓦，较第二位的东部地区高出 6884 万千瓦，"西电东送"大力支撑了东部地区的经济发展。从分省区市发电装机容量来看，山东省发电装机容量占比最多，为 7.07%。根据 BP 的统计数据计算得出，2020 年，我国发电量约占世界的 29%。分地区来看，2020 年发电量最多的为山东，发电量最少的是西藏。从发电量增速来看，西藏在"十三五"期间的平均增速达到 18.5%，位居第一。《中国电力统计年鉴 2021》显示，"十三五"期间，电源工程建设投资为 4099 亿元，火电投资占比逐年下降，2020 年占比降至 10%；风电投资占比大幅提升，2020 年占比达到 51.1%。

我国电力生产、供应的绿色低碳化成效显著。从发电与供电标准煤耗变化来看，发电与供电标准煤耗持续下降，2020 年，发电标准煤耗与供电标准煤耗分别下降到 287.2 克/千瓦时与 304.9 克/千瓦时。从发电厂用电率[①]的变化来看，发电厂用电率一直处于下降趋势，发电厂单位发电量的电力消耗在逐年下降，电力生产绿色低碳化趋势显著。

从全社会用电量变化来看，随着工业化进程的不断推进，电力消费比例

---

① 发电厂用电率：发电厂生产电能过程中消耗的电量（称发电厂用电量）与发电量的比率。

逐年提高,电气化程度逐年提升。经济发达与发电大省的电力消费多,高精尖行业用电量增长较快。可再生能源发电装机容量大幅增加,可再生能源发电量稳步增长,但可再生能源消费增速逐渐放缓。中国可再生能源消费及占世界比重见图18。中国可再生能源消费增速与世界可再生能源消费平均增速见图19。

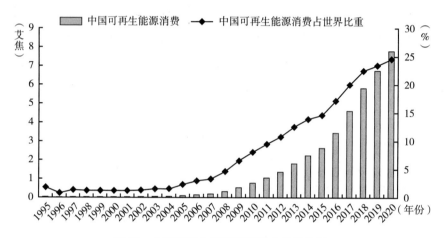

图 18 中国可再生能源消费及占世界比重

资料来源:《BP 世界能源统计年鉴》,第 70 版,英国石油公司,2021。

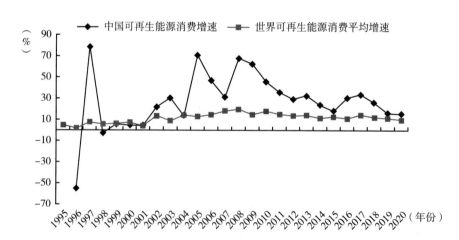

图 19 中国可再生能源消费增速与世界可再生能源消费平均增速

资料来源:《BP 世界能源统计年鉴》,第 70 版,英国石油公司,2021。

（二）中国能源发展趋势预测

1. 天然气产销量稳增，新增进口管道气主要来自俄罗斯

2022~2026 年，中国天然气产量稳步提升，新增天然气产量将更多来自非常规气田及海上气田，预计 2026 年中国天然气产量将达 2587 亿立方米。中国天然气表观消费量稳步增长，预计 2022~2026 年年均复合增长率约为5.9%，2026 年，中国天然气表观消费量有望达到 4868 亿立方米（见图20）。在供应环节，产量、PNG 进口量及 LNG 进口量均保持增长，PNG 进口量增速最快，预计 2022~2026 年年均复合增长率为 11.0%。随着沿海接收站逐步进入投运期，中国 LNG 进口量将保持快速增长，LNG 进口量占总进口量的比重继续提升。新增进口管道气主要来自俄罗斯，预计 2026 年中国天然气进口量将达到 2342 亿立方米。

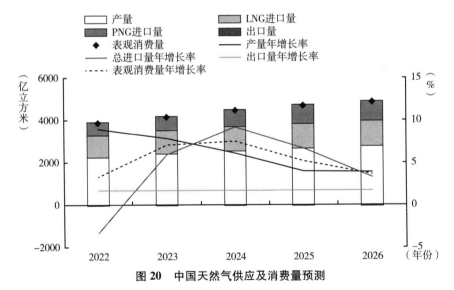

图 20　中国天然气供应及消费量预测

注：图中数据均为预测数据。
资料来源：清燃智库。

在"碳达峰"政策导向下，各地纷纷加大天然气利用力度，城燃、工业、发电等用气均受利好影响。天然气各板块用量稳步增长，但 2022 年的

高气价将在一定程度上抑制工业、发电、化工等领域的天然气需求，交通市场更是受到重挫。未来，中国天然气的发展仍然与天然气的经济性存在较大关联，中国市场化改革的最主要目的是实现市场化定价，以化解阶段性供需矛盾和价格矛盾。

2. 用煤需求季节性波动增大，2030年前，中国煤电装机容量预计达峰

2022年，中国动力煤市场将继续受碳排放与经济发展相平衡、煤炭中长期合同对发电供热企业全覆盖，以及主管部门对现货市场调控的影响，煤炭供应将持续增加，用煤需求季节性波动增大，煤炭市场趋向供需平衡，煤价运行相对平稳。但是，季节性、区域性供求紧张关系仍然存在[1]。在能源结构转型背景之下，火电的托底作用、煤炭的"压舱石"作用更加凸显，煤炭市场在中长期可能会处于紧平衡状态，煤炭行业将在"变"中行稳致远。

2025年前，中国煤电仍为电力结构的主力，预计"十四五"期间，中国电力行业用煤需求将增长约2.4%[2]。用煤需求季节性波动强度进一步提升，电力安全仍将高度依赖电力燃料供应。预计2025年，62%以上高峰负荷仍需煤电承担[3]。

随着储能技术的成熟和应用，清洁能源、核能等加快发展，2026~2030年，中国煤电装机容量或将达峰，预计电力行业用煤需求在2030年为24.5亿~25.3亿吨[4]。从发挥兜底和调节性作用的角度预测煤电发电量，"十五五"期间，全国煤电装机容量将新增0.3亿千瓦，并将在2030年达峰，达到12.6亿千瓦。从保障作用角度看，煤电发电量仍然占总发电量的近一半，煤电在电力保供中的重要地位短期内难以改变。

---

① 《2022年煤炭市场分析及煤价预测》，国际煤炭网，https://coal.in-en.com/html/coal-2611193.shtml。

② 《研究认为：全国煤电装机2030年达峰》，《中国能源报》2022年1月24日，第011版。

③ 《国网能源研究院：预计"十四五"煤电装机新增1.5亿千瓦》，《中国能源报》2021年12月13日，第12版。

④ 《电力燃料需求预测及展望：预计2025年电力行业用煤25.2亿吨左右》，北极星能源网，https://news.bjx.com.cn/html/20220322/1211804.shtml。

2031~2060 年，煤炭成为应急保供能源，按照煤电平稳削减和加速削减两种方案来考虑，2060 年，全国煤电装机容量分别为 8 亿千瓦、4 亿千瓦[①]。相对加速削减方案，平稳削减方案下电力系统容量充裕度提高 4.7 个百分点，高峰负荷平衡能力提高 3 亿千瓦。据业内相关研究，我国 11 亿千瓦煤电机组的平均服役年限仅为 12 年，运行超过 30 年的机组仅占 1.1%，投资成本尚未完全收回，加速削减方案存在较大的金融、经济和社会风险。平稳有序推进煤电削减有利于我国电力系统稳定和减少社会经济风险。

3. 新能源消纳问题得到改善，电力新业态不断涌现

我国能源革命方兴未艾，能源结构持续优化，形成了多轮驱动的供应体系，核能和可再生能源发展处于世界前列，具备加快能源转型发展的基础和优势。随着发电成本的快速下降以及"碳达峰""碳中和"目标的加持，风电与太阳能发电比例将进一步提高，根据国际能源署（IEA）发布的《可再生能源2021》预测，到 2026 年，我国风电与太阳能发电装机容量之和将达到 1200 吉瓦。此外，分布式、分散式开发将逐步成为可再生能源发电的主流模式，弃风限电、新能源消纳等问题也将得到大大改善。

《中国电力统计年鉴 2021》显示，2020 年，工业用电装机容量为 32.7 亿千瓦，高出第二位的公共服务及管理组织用电装机容量 26.5 亿千瓦。尤其电力、热力生产和供应业，以及有色金属冶炼和压延加工业等高耗能行业的装机容量较大。随着新能源汽车等新型消费主体的不断出现，充电桩、储能、分布式能源、多能互补、微电网以及综合能源服务等电力新业态不断涌现，绿色电力交易等新型电力消费新模式将不断涌现。在大数据、物联网、人工智能等新一代信息技术与电力行业融合发展的背景下，电力行业的数字化转型步伐进一步加快，数字化技术的普及也将推动发电、输电、变电、配电、用电等环节互联互通，提高发电厂和电网的效率，促进能源并网消纳，助力新型电力系统建设。

---

① 孟之绪、张凯、袁家海：《气候和安全约束下中国煤电退出路径及成本》，《煤炭经济研究》2021 年第 7 期。

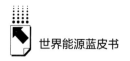

4. 新型电力系统建设进度提速，电力信息化市场机遇重现

2020 年，中国能源消费产生的二氧化碳排放量占二氧化碳排放总量的 88% 左右，电力行业的二氧化碳排放量占能源行业二氧化碳排放总量的 42.5% 左右。在"碳达峰""碳中和"政策推动下，新能源将大规模并网，催化新型电力系统在"源、网、荷、储"等不同环节的建设、升级需求，数智化作为新型电力系统的重要支撑，有望迎来全新增量市场空间。2021 年 5 月，南方电网印发的《南方电网公司建设新型电力系统行动方案（2021—2030 年）白皮书》提出，2025 年前初步具备新型电力系统基本特征，2030 年前基本建成新型电力系统，2060 年前全面建成新型电力系统并不断发展。2021 年 7 月 31 日，国家电网印发《构建以新能源为主体的新型电力系统行动方案（2021—2030 年）》，提出 2035 年基本建成新型电力系统，2050 年全面建成新型电力系统。作为"新基建"的重要组成部分，叠加"碳达峰""碳中和"目标需求驱动，新型电力系统建设进度有望进一步加快，电力信息化市场机遇再至。

（三）中国能源发展的思考

1. 形成"气气竞争"的天然气市场，提高管网利用效率

2022 年，天然气国际价格高企，保障天然气供应和价格安全是第一要求，也是天然气利用和市场化改革的前置条件。在"碳达峰""碳中和"目标推动下，未来天然气发展将向保障民生用气、推进车船用 LNG、高耗能行业重点领域节能降碳改造升级、天然气发电等方面发展。然而，天然气的发展不但需要政策保驾护航，也需要市场化机制推动形成完善的价值链和供应保障体系。因此，天然气市场化的建设过程需要多部门联合推动，步调一致，协调供需、价格和环保降碳之间的关系，有序推进天然气利用发展，逐步形成"气气竞争"的市场，实现市场化改革目标。加快管道、接收站、储备库等基础设施建设，有效提高管网利用效率，推进上游主体公平开放接入管道。

2. 发挥煤炭的"兜底"保障作用，从"一煤独大"向"多能互补"转变

在"碳达峰""碳中和"目标下，随着能源结构逐步调整，未来煤炭在中国一次能源中的地位将发生根本性转变，即从发挥"压舱石"作用的基础能源逐渐转变为发挥"兜底"保障作用的支持性能源。"十四五"期间，中国煤炭需求仍将持续增长，但由于中国煤炭区域分布不均，季节需求波动较大，且部分优质煤种的进口依赖性高，随着煤炭产能持续退出，在需求出现阶段性高涨时，产能恢复具有一定的滞后性，这会进一步加剧煤炭供需矛盾。这就需要一方面，建立具有弹性的产能调节机制，合理控制煤炭产能释放节奏；另一方面，通过经济手段将下游环节变动传导至煤炭供需市场，从而引导煤炭行业的发展方向。在"碳达峰""碳中和"目标下，要从"一煤独大"向"多能互补"转变。在煤炭需求持续稳定的"十四五"期间，要将新能源及相关上下游产品作为新的增长极，将多元化发展作为"碳达峰""碳中和"目标下提升企业竞争力的重要路径。

3. 推动电力系统、电网结构和能源系统演进、创新和多元迭代

推动电力系统朝着适应具有大规模、高比例新能源方向演进，创新电网结构形态和运行模式，加快能源系统多元化迭代，实现蓬勃演进。具体而言，一是统筹高比例新能源发展和电力系统安全稳定运行，加快电力系统数字化升级和新型电力系统建设迭代发展，全面推动新型电力技术应用和运行模式创新，深化电力体制改革。以电网为基础平台，增强电力系统资源优化配置能力，提升电网智能化水平。二是加快配电网改造升级，推动智能配电网、主动配电网建设，提高配电网接纳新能源和多元化负荷的承载力和灵活性，促进新能源优先就地就近开发利用。积极发展以消纳新能源为主的智能微电网，实现与大电网兼容互补。完善区域电网主网架结构，推动电网之间柔性可控互联，构建规模合理、分层分区、安全可靠的电力系统，提升电网适应新能源的动态稳定水平。科学推进新能源电力跨区域输送，稳步推广柔性直流输电，优化输电曲线和价格机制，加强送受端电网协同调峰运行，提高电网消纳新能源能力。三是促进能源系统加速变革，在能源系统分散化、扁平化、去中心化日益明显的趋势下，快速发展分布式能源，实现能源生产

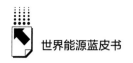
逐步朝着集中式与分散式并重方向转变，实现系统模式由以大基地大网络为主逐步朝着与微电网、智能微网并行方向转变，推动新能源利用效率提升和经济成本下降。新型储能技术和氢能有望规模化发展并带动能源系统形态发生根本性变革，构建新能源占比逐渐提高的新型电力系统，能源转型技术路线和发展模式趋于多元化。

4. 构建"绿色+数字"能源交易中心，绿色金融与碳市场助推"碳达峰""碳中和"目标达成

构建"绿色+数字"能源交易中心，借助人工智能、大数据、区块链等信息技术，整合现有地方碳交易用户终端，建立多功能一体化碳排放权交易市场数据分析平台。通过金融科技实现对目标客户的个性化管理，打造精准化碳排放权市场交易服务模式。绿色金融和碳金融是碳市场的有益补充，可以提高碳市场的流动性，确保碳市场健康发展。建议放宽金融机构准入，尤其是参与碳金融衍生品市场的交易，强化碳价格发现功能，平抑碳价格波动，促进碳金融体系多元化发展。监管机构可以制定相应的激励政策，制定碳市场发展指引，适当减免开展碳金融业务金融机构的税款。在立法先行、监管体系健全的前提下，联合银行及证券、期货、基金等金融机构，实现碳现货市场、期货/期权市场以及碳融资市场等共同发展，构建多层次立体的碳交易市场和碳金融市场，更好地激发碳市场活力，充分挖掘碳排放权这一特殊资源的价值，从而确保我国"碳达峰""碳中和"目标能够顺利达成。

特 别 报 告

Special Report

B.2

俄乌冲突重塑世界能源大格局[*]

陈卫东[**]

摘　要：　俄乌冲突重塑世界地缘政治大格局，冲击国际能源市场，加快全球能源转型。欧洲的安全防卫依靠美国，但能源供给安全依靠俄罗斯，欧洲40%的天然气、30%的石油依赖俄罗斯。针对俄乌冲突对国际油气市场的冲击，各国寻找增加供给应对方案。能源转型与俄乌冲突叠加造成油气出现巨大供应缺口，石油价格短期高位宽幅波动，天然气供需失衡，全球 LNG 价格高企将持续更长时间。能源转型重塑世界，世界政治格局与能源转型相互塑造。百年能源转型是能源发展的主要驱动力。在美西方对俄罗斯能源出口进行强力制裁的背景下，中国大量增加进口俄罗斯油气不现实，主要受自身消费能力、基础设施制约及需遵守国际贸易规则

---

　*　本报告参考世界能源理事会发布的《2022 年世界能源三角指数》，引用的数据来自 IEA 等机构发布的报告及财联社、新浪财经等财经新闻机构。

　**　陈卫东，中国社会科学院大学（研究生院）国际能源安全研究中心特聘研究员，中国海油能源经济研究院（中国海洋石油总公司政策研究室）原首席能源研究员，教授级高级经济师。

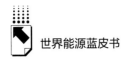

和商业信用。

关键词： 石油 天然气 俄乌冲突 能源转型 LNG 价格

一 俄乌冲突对国际油气市场造成冲击，各国寻找增加供给的应对方案

（一）俄乌冲突造成巨大供应缺口，石油价格短期高位宽幅波动，天然气供需失衡，全球 LNG 价格高企将持续更长时间

2022 年 2 月俄罗斯和乌克兰发生军事冲突。俄罗斯是当今世界第二大天然气生产国和第三大石油生产国。欧洲 40% 的天然气、30% 的石油依赖俄罗斯。俄乌冲突对国际油气市场冲击很大，尤其是短期冲击。

美国和英国已相继宣布停止从俄罗斯进口能源，但这一做法并未得到欧洲其他国家的广泛支持。路透社在 3 月 10 日公布的欧盟宣言草案显示，欧盟将逐步停止购买来自俄罗斯的能源。欧洲新闻电视台报道，欧盟把终止俄罗斯油气进口的时间设定在 2027 年底。

起初，欧美为油气留出敞口，现在来看，欧美仍有可能不惜以油价高涨为代价彻底制裁俄罗斯，让其成为"世界经济孤岛"，在经济上寻找彻底孤立俄罗斯的途径（油气出口收入占俄罗斯财政收入的 50% 以上），欧美以此为突破口。欧美停止进口俄罗斯油气，加上与其他一些国家的共同行动，短期间内将严重影响俄罗斯的财政收入。

欧洲长期依赖俄罗斯的能源供给，即使在两大阵营分治世界的冷战年代，苏联供给欧洲的石油、天然气也几乎没有中断过。俄乌冲突发生前，按计划每天有约 1.6 亿立方米的俄罗斯天然气通过乌克兰天然气管道流向欧洲。油气贸易本质上是买卖双方互惠的商业行为，制裁俄罗斯油气行业使双方都会受到伤害，即"歼敌一千，自伤八百"。

俄乌冲突进入第四周，国际能源署（IEA）先后发表了《减少欧盟对俄罗斯天然气依赖的 10 点计划》和《节省燃油再给十项建议》。

IEA 在报告中指出，2021 年，欧盟平均每天通过管道从俄罗斯进口超过 3.8 亿立方米的天然气，全年约为 1400 亿立方米。另外，还有大约 150 亿立方米由俄罗斯以液化天然气的形式交付。

IEA 的 10 点计划为：①不再与俄罗斯签订新的天然气供应合同；②通过其他天然气资源取代俄罗斯天然气；③引入最低天然气储备要求，提高市场弹性；④加快建设新的风电和光电项目；⑤尽可能提高现有可调度低排放资源（生物质能和核能）发电水平；⑥为电力"产销合一体者"提供短期避险措施；⑦加快用热泵替代燃气锅炉；⑧加快建筑物工业能效提升；⑨鼓励"产销合一体者"暂时下调恒温器温度；⑩大力推动电力系统灵活应用资源，实现多样化和零碳化发展。

10 点计划涵盖天然气供应、电力系统和终端使用部门，可以使欧盟对俄罗斯天然气进口的需求在一年内减少超过 500 亿立方米——占比超过 1/3。10 点计划与欧盟的气候目标和欧洲绿色协议的要求一致，契合 IEA 提出的到 2050 年净零排放路线图所取得的成果，其中，欧盟在 2030 年之前完全消除了对俄罗斯天然气的进口需求。如果欧洲采取这些额外的措施，那么近期进口的俄罗斯天然气可以减少 800 亿立方米以上，占比远远超过一半。

加快对清洁和高效技术的投资是解决方案的核心，但即使是非常快速的部署也需要时间来对天然气的进口需求产生重大影响。欧盟政策制定者寻求摆脱俄罗斯天然气的速度越快，对经济成本及近期碳排放方面的潜在影响就越大。受制于地理和供应安排等因素，欧盟各国的情况大不相同。减少对俄罗斯天然气的进口依赖并不简单，需要多个部门一致和持续地进行努力，同时就能源市场和安全进行强有力的国际对话。欧盟加强与替代管道拥有者和液化天然气出口国的国际合作，以及与其他主要天然气进口国和消费国的合作，将是至关重要的。

制裁俄罗斯石油出口后果很严重。目前，俄罗斯石油产量约为 1000 万

桶/日，最高约为 1100 万桶/日，2021 年出口石油约 2.3 亿吨，相当于每天出口 450 万~500 万桶。如果俄罗斯石油出口中断，市场供应就将出现 500 万桶/日的缺口。

鉴于能源危机愈发严重，IEA 向欧洲各国政府提出了节省燃油的十项建议。IEA 称这些建议不仅可以节省购买能源的资金，还可以减少温室气体排放量。①每小时限速降低 10 公里；②尽可能每周在家工作 3 天；③城市周日无车；④降低公共交通成本；⑤实施灵活的私家车限行政策；⑥促进共享经济发展，如"拼车"；⑦推动货车高效驾驶和提高货物配送效率；⑧减少使用飞机的次数；⑨减少非必要的商务航空旅行；⑩加快使用电动车和更高效的车辆。

IEA 提出的节省燃油的十项建议不仅是针对欧洲（目前，欧洲禁运俄罗斯石油）的，也是世界普适的。有咨询公司测算，如果全球普遍采纳这十项建议，那么全球可以节省 270 万桶/日的原油。开源节流，提高能源利用效率，减少能源消费一直都是能源转型和技术进步的主要动力源泉。过去十年，汽车行驶 100 公里的耗油量减少了近 50%，这是美国、欧洲石油消费达峰的主要驱动力。节能降耗是一个永恒的话题，就像人类持续不断开发新能源、保障和增加能源供给一样，其是人类文明进步的永恒推动力量。

即使最后有买家（公司或国家）不参与制裁，企业也很难和俄罗斯做交易，因为将俄罗斯移出 SWIFT，企业在支付时会面临很大的问题。SWIFT 是最大的国际支付系统，10000 多家银行通过该平台交易。将俄罗斯移出 SWIFT 会使能源格局发生很大的变化。

从历史上看，尽管 1973 年、1979 年两次石油危机期间，资源国对进口国实施石油禁运（制裁），但这是单方面的，西方并没有对资源国进行金融、支付制裁。之前，只有伊朗和朝鲜被移出 SWIFT，我们观察现在伊朗的困境，便会发现俄罗斯的处境。

（二）除了采取节省燃油措施外，各国积极寻找增加供给的应对方案

面对能源短缺和价格飙升，欧美积极寻找应对方案。第一种潜在方案是协调 OPEC 加速石油增产。由于疫情，OPEC+在 2020 年主动大幅减产，沙特阿拉伯现在的石油产量约为 870 万桶/日，与其高峰产能 1200 万桶/日相比，尚有超过 300 万桶/日的剩余产能。按照 2020 年 4 月的规划，2022 年底，沙特的产能才能完全释放。2022 年 3 月 2 日，OPEC 理事会通过的决议认为，市场尚未出现明显的供求不平衡状态，其将维持原定的产能计划不变。OPEC 国家希望把高油价的时间延长一些，以增加收入和现金流，把前两年低油价造成的现金流不足和损失弥补回来。此前，拜登和 IEA 署长让 OPEC+加快释放剩余产能，但遭到拒绝。俄乌冲突发生后，情况就不同了。一是油价太高对 OPEC 不利，会刺激替代能源（如可再生能源）发展。二是俄罗斯油气行业一旦被制裁，OPEC+形同解体，OPEC 和欧美更容易达成一致意见，恢复产能只是时间问题，如需要 3~4 个月。实际上，只要 OPEC 宣布增加石油产量，石油价格就会下跌，但不会很快跌到 90 美元/桶以下，因为 300 多万桶/日尚不足以填补俄罗斯因被制裁而减少的石油出口量。俄乌冲突如何发展仍不清晰。石油产能的释放（从达成协议、增加产能到市场交易）需要时间，100 美元/桶以上的情况有可能支撑 3~6 个月。

第二种潜在方案是释放伊朗和委内瑞拉的产能。伊核谈判接近完成，只是由于伊朗要价高（伊朗在新的国际局势下增加了谈判的砝码），谈判处于僵持状态。伊朗约有 200 万桶/日出口能力，但是制裁期间投资停滞、设备损坏，产能释放出来需要时间，尤其是谈判仍具有不确定性。伊朗是欧美平抑能源价格的一种方案中的主体。伊朗探明天然气储量位居全球前二，对于长期大量增加天然气供给，伊朗是一个重要因素。委内瑞拉被制裁多年，其产能释放出来需要更长的时间，伊朗、委内瑞拉提供 300 多万桶/日补充到市场上需要半年以上的时间。伊朗和委内瑞拉是美国对冲制裁俄罗斯石油出口的"两张牌"。俄罗斯也是参与伊核谈判的五国之一，出于对自身利益的考虑，俄罗斯暂时叫停了伊核谈判。伊朗石油何时能出口，何时能恢复到制裁前的产量和出口规模仍具有不确定性，明确这些问题估计需要半年到一年的时间。

从全球石油资源、产能以及供给角度看，目前，资源和产能并不稀缺，

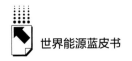

不像两次石油危机时的情况。目前，石油市场受到地缘政治的束缚，其走向与欧美的方案息息相关。但是，不管什么方案，都存在博弈过程。

第三种潜在方案是美国增产页岩油气。俄乌冲突发生前，油价已经涨到90美元/桶以上，美国三大石油公司埃克森美孚、雪佛龙、康菲，都已经宣布增加在二叠纪的产量，总共增产约40万桶/日。很多中小企业的致密油产量差不多是美国全部致密油产量的一半左右，千万不要小看这部分产能。美国增加40万~50万桶/日甚至100万桶/日也有可能。

拜登政府过去压制页岩油气的政策，现在看来要放开、调整。总的来说，这次高油价不是由于资源不足、产能不足造成的，主要是由于俄乌冲突发生后，欧美在下要把俄罗斯彻底封杀的一盘大棋，所以，目前，这样的石油市场格局不会是一个长期的格局，度过这段时间（短则半年，长则一年），油价会下跌。供需库存基本面中长期的支撑油价还是在60~80美元/桶的区间。

（三）加快能源转型进程，尽早摆脱油气依赖，欧洲才能真正实现能源独立

欧洲想要摆脱依赖俄罗斯石油和天然气，实现能源独立，只能加快对可再生能源的发展。欧洲一直是可再生能源的领导者。为了更稳妥，避免陷入能源困境，2月，欧洲议会通过了新的绿色能源投资方案，把核能和气电列入其中，其成为可以增加投资的绿电范畴。俄乌冲突导致油价高涨、天然气价格高涨，欧洲下决心加快摆脱对俄罗斯石油和天然气的依赖，加快能源转型步伐和进程。

能源价格上涨、能源转型投资增长是社会转型、地缘政治格局大转变需要支付的社会成本，欧洲多数政治家清醒认识到并愿意忍受短时间的转型痛苦。欧洲社会对因能源转型增加的成本一直有较强的承受能力，尤其是德国。俄乌冲突和对俄罗斯的油气禁运措施出台造成新的冲击：在已经很高的用能成本上又有新的附加，不仅成本增加，能源供给中断的风险也可能增加，如能源贫困人口增加产生的社会风险。如何应对能源转型风险和因战争造成的社会成本增加是欧洲政治家必须面对的现实问题。

二 能源转型重塑世界，世界政治格局 与能源转型相互塑造

（一）百年能源转型：能源三角指数与2D、3D、4D驱动力

2021年，世界能源理事会发布《世界能源三角指数》年度报告已有11年了（2010年开始发布），形成了自己的特色和体系。能源三角指数包括能源安全、能源公平和环境可持续三个指标。2021年10月，世界能源理事会发布了《2022年世界能源三角指数》。世界能源理事会将100年（1923～2022年）来的世界能源转型概括为三个阶段：①第一次世界大战、第二次世界大战期间——为了和平（战争）利用能源，以国家为主体，即2D（Diversify Supply，更国际化；Develop Better Technology，更好的技术）全球化驱动阶段；②二战后至20世纪末——为了经济发展利用能源，以市场和国家为主体，即3D（Decarbanization，去碳化；Decentralized，去中心化；Digitalization，数字化）全球化驱动阶段；③进入21世纪以来至今——为了人类和地球利用能源，以社区主体/网络社区为主体，即4D（Decarbanization，去碳化；Decentralized，去中心化；Digitalization，数字化；Disruption As Usual，供给中断常态化）全球化驱动阶段。

能源转型进入4D（去碳化、去中心化、数字化和供给中断常态化）全球化驱动时代，能源消费的主体是整个人类，要拯救地球，应对气候变化，保护环境多样性。对于4D中的"供给中断常态化"，中国在2021年经历了拉闸限电，美国得克萨斯州在2021年2月出现大停电，欧洲发生这次能源危机（气价超过石油价格两倍）。俄乌冲突或将造成石油供给中断，这不仅是资源、供给问题，还有技术、地缘政治问题，集团和集团之间的博弈问题，这已经超出了传统能源资源的问题范畴了。

供给中断常态化不仅是能源转型、新旧格局转化过程中出现的问题，也是促进能源发展的动力。这次能源转型最明显的标志就是"碳中和"。过去

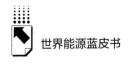

的能源转型——木材转煤炭、煤炭转石油——是技术进步和成本降低共同推动的结果。大规模供应新的能源使成本降低，技术进步水平和经济效率更高（能源安全），人们拥有更公平、更广泛和持续的社会可获得感（能源公平）。这样的话，能源供给更安全，能源获得更公平。这是由自然力量推动的，即由社会进步自然推动，不用什么协议，也没有要求谁投资、谁不投资。因为资源价值和投资收益回报是明显的，谁拥有资源谁受益，谁投资谁受益，投资收益的推动力强大。

这次能源转型以减少碳排放、实现碳中和甚至是负碳排放为目标（确保环境可持续），《联合国气候变化框架公约》缔约方大会上相关各方争吵不断，因为这次能源转型增加了一个动力——道德维度的驱动、拯救地球、拯救人类是要增加成本的，相关各方争吵的是"增加的那部分成本谁支付"，这是和以往几次大的能源转型最不相同的地方。

现阶段，能源转型被称为4D驱动能源转型，较3D驱动能源转型增加了"供给中断常态化"。这是比较突出的问题，与俄乌冲突相关的高油价是其中的一种现象而已。进行能源转型（环境可持续维度）及社会转型要支付更高的社会成本（只是早支付晚支付而已），欧洲的政治家意识到，咬牙加快转型，提高成本可以忍受，"长痛不如短痛"。

能源市场和新的地缘政治格局、新的世界格局的重塑相关，这次增加的能源成本算是整个新的大的世界格局重塑下增加的社会成本的一部分。对于能源而言，这会加快石油消费峰值的出现。

（二）能源转型的核心：从以石油为中心的能源体系转向以电力为中心的能源体系

这个路径现在能看清楚了，所有以石油为中心的资源产业、行业、设施、技术都会随着石油逐渐失去中心地位而分离，或者融入别的区块。石油公司转型是其中的一部分。所有以电力为中心的资源产业、行业、设施、技术都会"水涨船高"，这就能说明为什么宁德时代的市值超过中石油、中石化（中石油、中石化"两桶油"都是世界500强公司），为什么科技公司特斯拉的市值超过世界五大跨国石油公司的市值，为什么计算道琼斯工业指数时（2020 年）要把埃克森美孚剔除。所有这些反映在资本市场上（股市上）的现象都和正在进行的能源转型相关。能源重塑世界，能源转型正在重塑世界。俄乌冲突加快了这个进程，而不是减缓了这个进程。

（三）消费国（中国）进口成本大幅上涨，买方市场改变全球油气供应格局

中国每天进口约 1000 万桶石油，是世界最大的石油进口国，石油价格飙升当然对中国的影响很大，每桶油增加 10 美元，中国每天的进口成本就增加 1 亿美元。以 80 美元/桶为常态，油价上涨 40 美元/桶，中国每天进口成本增加 4 亿美元，全年增加近 1 万亿元人民币，这当然是很大的影响因素。油价如果上升到 130 美元/桶，中石油、中石化就要上缴特别收益金。

俄乌冲突对天然气的影响更大。天然气和电力有密切的关系，全球天然气在一次能源中占 25% 左右，其中大概 30% 的天然气用于发电，而且这一比例还会提高。欧洲已经允许投资天然气用于发电，这成为可以鼓励的"绿能投资"。中国减少碳排放的必然选择是减少煤炭消费，天然气是过渡能源，配合可再生能源以实现分布式能源发展，有鉴于此，天然气发电所占比重也会提升。

2017 年，中国进行"煤改气"，LNG 进口量大幅增加，拉动了 LNG 现货和长协价格增长。与原油价格挂钩的 LNG 长协指数斜率普遍高于 15%，并一度接近 20%。2018 年，中国 LNG 进口增速减缓，导致 2019 年 LNG 价格下跌，长协指数斜率下跌至 11% 左右，造成多个 LNG 项目最终投资决策推迟。目前，中国 LNG 的市场供求基本平衡，略有富裕，预计 2025 年后，LNG 将出现供给不足的情况。由于制裁俄罗斯天然气出口，即便美国 LNG 出口大幅增长进而成为第一大 LNG 出口国，但全球 LNG 仍将紧张进而成为紧俏货。对于 LNG 供给，从天然气田开发到基础设施、液化、接收、运输能力投资、建设都不是一蹴而就的。仅 LNG 运输船的建造就需要 30 ~ 50 个月时间。俄乌冲突使天然气供给短缺，进而导致价格高涨的冲击的时间

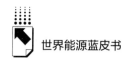

会比石油更长。现在，中国天然气发电量很少，将来会增加。中国现在已经是全球最大 LNG 进口国，这轮冲击将对中国造成较大影响。

俄罗斯每年最高天然气产量约为 7600 亿立方米，出口量在 2000 亿立方米左右，其中向欧洲出口约 1400 亿立方米，2021 年出口到中国约 100 亿立方米，另外，其向中国出口约 LNG 461 万吨。俄罗斯向中国出口天然气中断的可能性不大，但 LNG 是全球大宗商品，价格随行就市。2021 年的冬天不算冷，但欧洲电价、天然气价格很高，天然气库存大量减少，2022 年需要大量采购以补充库存。欧洲决定至 2022 年底减少 2/3 从俄罗斯进口的天然气，这很可能导致全球 LNG 价格上涨，中国购买天然气的价格也必将受到影响，需要认真应对。

美国现在天然气年产量接近 1 万亿立方米，很快将成为世界最大的 LNG 输出国，超过卡塔尔和澳大利亚。现在，澳大利亚是中国最大的 LNG 进口来源国，接着是卡塔尔，卡塔尔现在的 LNG 年产量约为 7800 万吨，未来预计增加到 1.1 亿吨，但需要一定周期。欧洲现在大概年消费 2000 多亿立方米天然气，其中，50% 左右来自俄罗斯，同时可能从美国、卡塔尔进口，以进行补充，但是调整的时间很长。

俄罗斯天然气供应中断对市场的影响比石油供应中断对市场的影响更严重。2021 年，中国进口石油下降，进口 LNG 稍微上升，2021～2022 年的冬季不太冷，煤炭依然发挥重要作用。2021 年秋天，拉闸限电给中国能源转型上了一课，"先立后破"，达成基本共识，西方制裁俄罗斯石油、天然气出口，从现在来看对中国不会造成太大冲击。

三 俄乌冲突如何影响中俄油气贸易

（一）将俄罗斯移出 SWIFT 系统造成交易支付困难，成本上升

继续进口俄罗斯油气的国家，会遇到贸易结算问题，由于需要核查是否被列入制裁清单，因此会延长交易时间，这将导致交易成本上升。

（二）中国大量增加进口俄罗斯油气不现实

即使俄罗斯油气出口在美国、欧洲受阻，中国也不可能从俄罗斯大量增加进口，甚至进口总量不减少就算不错了。第一，中国的油气消费量不可能增加太多，消费有自身的规则、规律，不会因贸易商的意志而增加。另外，与其他进口国的合同也不能撕毁，这样的话，从俄罗斯进口的油气就难以大幅增长。2021 年，中国进口原油同比下降 5.4%，20 年来首次下降，是备受全球瞩目的大事件。

第二，中国的基础设施不足。目前，中国油气管道输送能力有限，火车运力也非常有限，难以大量增加进口俄罗斯油气。另外，即使输送能力足够，也要考虑交易风险。

四　对中国能源企业的启示和建议

（一）能源转型需稳扎稳打，谨防激进

俄乌冲突对国内能源转型的短期影响不算太大，长期影响有待观察。拉闸限电、欧洲能源危机的教训深刻，告诉我们能源转型要先立后破，谨防激进。政策层面和实际操作要更加实事求是。

（二）关注国内能源企业在俄投资业务

中石油在俄罗斯有投资，规模最大的是亚马尔 LNG 项目，建议中石油与合作伙伴道达尔密切协商。

中国的石油企业应早做预案，在突发的不可抗力情况出现的情况下，确保国家利益，人员安全重于经济利益。

（三）石油央企突破体制障碍走市场化改革之路漫长曲折

石油央企承担供给保障责任，与完全市场化公司在能源转型路径选择方

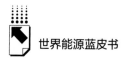

面有很大的不同。投资风险和资产回报、动用资本回报都会出现敞口和风
险。中国石油工业的市场化改革还有很大的努力空间。俄乌冲突打醒了摇摆
了几十年的欧洲政治家，其应吸取相关经验教训。

市 场 篇
Markets

B.3
2021年国际原油价格走势的回顾与展望

王永中　陈震*

摘　要：　2021年以来，受新冠肺炎疫苗接种速度加快、防疫措施放松、经济稳定复苏、供应链不畅、OPEC+增产慢于预期、美国扩张性财政货币政策、俄乌冲突等因素的影响，国际原油价格出现持续大幅上涨并高位波动的情况。展望未来一两年，疫情防控放松和经济较稳定复苏会带动石油消费需求增长，高油价总体上会吸引资金进入石油勘探开发行业，但"碳达峰""碳中和"行动降低了油气企业增加石油勘探开发投资的意愿，且高油价叠加欧洲降低对俄罗斯的化石能源行业的依赖会加快石油替代的进程。美联储加息和缩表将抑制国际油价的上涨空间。俄乌冲突等地缘政治事件是影响国际原油价格走势最为重要的因素，这取决于美西方对俄罗斯制裁的烈度以及俄罗斯的反制程度。预计2022年、2023年，国际原油价格中枢将会分别位于每桶100美元、90美元左右。

---

* 王永中，中国社会科学院世界经济与政治研究所研究员，中国社会科学院大学国际关系学院教授；陈震，中国社会科学院大学国际关系学院2021级博士研究生。

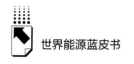
关键词： 原油价格 原油供给 原油需求 货币金融 地缘政治

2021 年以来，受新冠肺炎疫苗接种速度的加快和防疫措施的逐步放松、经济增长和石油需求的强劲反弹、生产中断和运输不畅等供给侧限制难以恢复、OPEC+增产慢于预期、美国的无上限量化货币宽松政策和刺激性财政政策、俄乌冲突等因素的影响，国际原油价格出现持续快速上涨并高位波动的情况。本报告试图在回顾过去一年原油价格变化的基础上，总结影响价格变化的原因，然后对未来一段时间内的油价进行简单的预测，以期为经济政策的制定提供一定的帮助。

一 国际原油价格走势回顾

2021 年以来，疫情防控措施的放松、全球经济增长的反弹、流动性的泛滥、供给增长受限、欧洲能源危机特别是俄乌冲突等因素导致国际原油价格急剧上升，除两个短暂特殊时期出现回调以外，国际原油价格几乎一路高歌猛进。布伦特原油价格从 2021 年初的 50 美元/桶左右一度升至 2022 年的高点接近 130 美元/桶，增长约 1.6 倍，目前在 100 美元/桶左右的高位波动。两次回调主要发生在 2021 年的 7~8 月和 11 月。第一次油价回调主要是由于 7~8 月 OPEC+增产协议的搁置和德尔塔变异病毒使疫情加剧；第二次油价回调的促成因素是 11 月底奥密克戎变异病毒大流行，导致市场再次恐慌，布伦特原油价格从 84 美元/桶左右降至低点的 65 美元/桶左右。

综观 2021 年以来国际油价的波动过程，可大致分为五个阶段。第一阶段为上涨延续期，时间为 2021 年年初到 7 月，延续了 2020 年 11 月以来新冠肺炎疫苗的突破性进展对疫情控制放松的预期和 OPEC+减产导致油价上涨的走势。第二阶段为第一次油价震荡回调期，从 7 月持续到 8 月中旬。布伦特原油价格从高点的 75 美元/桶左右跌至 62 美元/桶左右。此次油价回调主要由 OPEC+增产和德尔塔病毒使疫情加剧导致。第三阶段为第一个反弹期，从 8 月下旬持续到 10 月下旬。推动油价上涨的主要因素有：美国飓风导致墨西哥湾石油生产受到影响、全球通胀问题凸显、美元处于弱势、欧洲在 10 月出现天然气供应短缺危机。第四阶段为第二次油价震荡回调期，从 11 月开始至 12 月初，奥密克戎病毒大流行引发市场恐慌，油价先从 80 美元/桶以上跌至 65 美元/桶左右，后随着恐慌情绪的慢慢释放有所恢复。第五阶段为第二个反弹期，从 2021 年 12 月初持续到 2022 年 3 月。欧洲天然气供应短缺和天然气价格上涨传递至全球原油价格，俄乌冲突以及美西方对俄全面制裁、西方油气贸易企业抵制俄石油产品导致国际原油价格急剧上涨，一度接近 130 美元/桶（见图 1）。

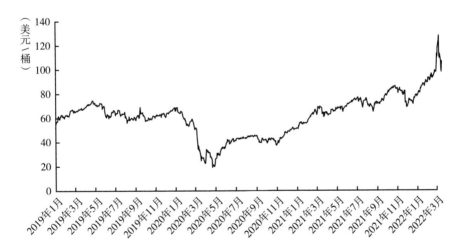

图 1　2019 年 1 月至 2022 年 3 月布伦特原油价格走势

资料来源：IEA、CEIC。

（一）上涨延续期（2021年1~7月）

在欧美国家新冠肺炎疫苗接种步伐加快和防控措施逐步放松、经济复苏势头强劲、欧美国家特别是美国的宽松货币政策和刺激性财政政策、冬季供暖带动能源需求上升等因素的共同作用下，国际原油价格在 2020 年 12 月开始了新的一波上涨。进入 2021 年后，油价上涨的势头进一步延续，并且沙

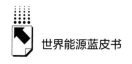

特石油生产设备在 3 月遭到也门胡塞武装袭击，使原油价格上涨的动力得到了加强。虽然在 3 月疫情出现反复，油价有所回调，但是仅持续两周便又掉头向上，直到 7 月达到阶段性高点。

2021 年前 7 个月，国际原油价格延续了 2020 年 12 月以来的快速上涨趋势。WTI 原油价格从年初的 47.5 美元/桶上涨至 7 月的最高点 75.4 美元/桶（为 2018 年 6 月以来的最高点，上涨幅度达 58.8%）；布伦特原油价格从 51 美元/桶涨至 77 美元/桶，涨幅高达 51%。3～4 月，疫情反复导致油价出现小幅下调，WTI 原油价格从 65.6 美元/桶调整到 57.7 美元/桶，布伦特原油价格从 69.2 美元/桶跌至 60.8 美元/桶。不过，国际油价很快恢复了上涨行情。

在这个阶段，需求复苏是驱动油价上涨的主导因素。欧洲经济重启和美国石油需求增加，民众外出活动强于预期，加上夏季是美国汽油消费的传统旺季，导致 7 月原油需求升至阶段性高点。WTI 原油价格与布伦特原油价格之差缩小至 1 美元/桶左右，反映了美国出现原油供不应求的状况。

油价上涨也受到货币金融因素的推动。一是全球流动性极度宽松、美元贬值导致油价上涨。美元是石油的计价和结算货币，美元贬值推动油价上涨，美联储的无上限量化宽松政策和美国政府推出的 6 万亿美元的财政刺激计划，加剧美元流动性泛滥。2021 年 4 月，美元指数比上年同期下降 8.2%。二是石油基本面信息的不确定性引发市场投机情绪。市场对于 OPEC+增产的谨慎表现，以及疫情管控放松可能引发石油消费强劲回升的预期，导致市场投资者押注油价上涨。根据美国商品期货交易委员会的数据，2021 年 6 月 15 日当周，美国原油多头和空头头寸之比飙升至 23：1，为 2018 年夏季以来的最高水平。

（二）第一次油价震荡回调期（2021年7~8月）

德尔塔变异毒株的流行和 OPEC+增产协议的达成是导致该阶段油价回调的两个主导因素。进入 7 月，德尔塔病毒开始在欧洲流行，由于变异后的病毒具有传播速度快、疾病更易发展成为危重症等特点，部分国家实行了封锁政策，导致全球经济复苏的不确定性增加，从而对油价产生了较大的负面影响。7月18日，OPEC+第19次部长会议达成了增产的协议，从8月开始增产40万桶/日。在这两个因素的共同作用下，WTI原油价格从7月初的75.3美元/桶跌至8月的66.5美元/桶，跌幅达11.7%；布伦特原油价格从77.2美元/桶降至68.2美元/桶，下跌11.7%。随后，国际油价有所回升，且反弹至7月初的高点。但是，8月，随着德尔塔变异毒株在欧洲大流行，"封锁"的范围进一步扩大，油价再度下跌，且跌幅大于7月，7~8月，WTI原油价格从74.4美元/桶下跌至62.8美元/桶，跌幅达15.6%；布伦特原油价格从76.1美元/桶跌至65.2美元/桶，跌幅为14.3%。

OPEC+增产协议的签订实际上一波三折，存在复杂博弈。在正式签订协议之前，OPEC于7月召开了两轮会议。第一次会议期间，阿联酋拒绝将原有协议延长到2022年底，并且要求将其产量基线由320万桶/日提高到380万桶/日，但沙特强烈反对阿联酋的意见，会议被迫终止。7月5日，双方预定的第二次会议依然由于存在无法解决的矛盾而被取消。在该消息的刺激下，市场认为8月OPEC+将无法如期进行增产，油价在7月5日快速拉升至77美元/桶，出现2018年11月以来的新高。7月18日，OPEC+达成协议，将原定于2022年4月到期的减产协议延长到年底，并从8月开始将每天的产量上调40万桶。同时，会议还决定从5月调整阿联酋、沙特、俄罗斯、科威特和伊拉克等国的产量基线，其中沙特和俄罗斯的产量基线上调至1150万桶/日，阿联酋的基线上调至350万桶/日，伊拉克和科威特的基线上调至15万桶/日。会议结束后的第二天，国际油价应声下跌，WTI原油期货价格下跌7.51%，布伦特原油价格下挫6.75%，创下3月以来的最大单日跌幅。

（三）第一个反弹期（2021年8~10月）

石油需求因疫情控制得较好而有所反弹，石油供给增长因飓风而受限，导致供需缺口扩大，国际油价反弹。随着疫情逐渐得到控制，特别是日本的每日新增确诊病例由过万人降至数百人，市场对经济增长和石油需求的担忧

得到缓解。8 月底，美国墨西哥湾产油区遭受飓风影响，导致美国原油供应大幅减少。投资者对原油供给的担忧使油价出现了较大幅度的上涨。进入 9月，全球各地出现不同程度的"能源荒"，欧洲由于天气炎热引发电力需求上升，而风电出力不足、天然气库存过低等因素导致天然气和电力的价格大幅上涨，进一步推动原油价格上升。中国、印度、巴西等国也不同程度地存在煤炭、电力供应短缺问题，同时，煤炭价格上涨带动原油价格上升。

能源需求逐渐增加以及天然气、煤炭等替代能源品种的价格飙升推动原油价格持续强劲反弹。WTI 原油价格从 8 月 20 日的 62.3 美元/桶升至 10 月26 日的 85.6 美元/桶，涨幅达 37.4%；相应地，布伦特原油价格由 65.2 美元/桶涨至 86.0 美元/桶，涨幅达 31.9%。

（四）第二次油价震荡回调期（2021年11~12月）

奥密克戎病毒的大流行是此轮油价大幅下跌的主因。11 月 9 日，南非首次发现奥密克戎病毒。相比德尔塔病毒，奥密克戎病毒具有更强的感染力，并且能够降低现有疫苗的效力。这为全球经济复苏蒙上一层阴影，使原油需求的不确定性上升，油价开始回调。同时，美国通货膨胀率大幅上升。11 月，美国的 CPI 同比上涨 6.8%，为 1982 年 6 月以来最大涨幅。高通胀率导致美联储加息预期强化，不利于国际油价继续上升。而且，为缓解供给短缺，美国开始释放战略储备石油，并与伊朗在 11 月 29 日重新开启了伊核协议的谈判。在这三重因素的共同作用下，国际油价在 11~12 月出现较大幅度的下跌。WTI 原油价格由 85.6 美元/桶下跌至 65.4 美元/桶，每桶下跌20.2 美元，跌幅达 23.6%；布伦特原油价格由 86.4 美元/桶下跌至 68.9 美元/桶，下跌 20.3%。

（五）第二个反弹期（2021年12月至2022年3月）

在此期间，国际原油价格创下了 14 年以来的新高，WTI 原油价格从2021 年 12 月的最低点 65.4 美元/桶上涨至 2022 年 3 月最高时的 123.6 美元/桶，上涨幅度达 89%；布伦特原油价格从 68.9 美元/桶上涨至 128.0 美元/桶，上涨幅度达 85.8%。上一次达到如此高的油价还是在 2008 年国际金融危机期间，当时 WTI 原油价格最高达 145.2 美元/桶，布伦特原油价格最高达 146.1 美元/桶。

产能不足、需求增加和俄乌冲突三大因素共同推动油价上涨。从供给侧看，根据 OPEC+增产协议，维持 3 月增加 40 万桶/日的计划，但一些国家由于前期投资的不足而无法足额完成增产协议达成的目标。从需求侧看，随着疫情逐渐得到控制，居民出行活动逐渐增加，市场对石油需求增加的预期水平越来越高，且美国近期石油库存持续走低表明石油供不应求的状况加剧，原油价格呈现上涨趋势。

俄乌冲突是导致油价飙升的最重要因素。自俄乌冲突发生以来，西方国家对俄罗斯进行了严厉的制裁，包括将部分俄罗斯银行剔除 SWIFT 系统，使俄罗斯石油贸易支付渠道在一定程度上受阻。同时，美国、加拿大和英国等明确表示拒绝购买俄罗斯原油。这些相关措施使全球原油市场的供给大大减少。在俄罗斯石油出口中，12.9%通过远东输油管道出口到亚洲，16.4%通过黑海输油管道出口到欧洲，其余 70.7%通过黑海、波罗的海、北极以及远东的港口出口到欧洲、亚洲和北美，其中，海运出口更容易受到制裁的影响。出于市场对结算困难、连带制裁以及舆论谴责的担忧，3 月 4 日，俄罗斯原油海运出口量比俄乌冲突发生前的 2 月的均值下降 40 万桶/日。

二 俄乌冲突对国际原油价格的影响

俄乌冲突是对全球原油供应格局变动产生深远影响的一个重要地缘政治事件。地缘冲突对国际原油价格的影响程度主要与三个因素相关：一是冲突发生的地点；二是冲突的影响范围；三是冲突持续的时间。当地缘政治冲突对油价产生较大影响时，冲突地点往往在全球主要产油区，如中东海湾战争、伊拉克战争等。俄乌冲突以来，国际市场原油价格飙升与俄罗斯在全球能源市场上具有举足轻重的地位有着密切的关系。在 2022 年 2 月 24 日俄罗

斯对乌克兰发动军事行动开始后两周时间内，国际原油价格快速上升，WTI
原油价格从 92.8 美元/桶上涨到 123.6 美元/桶，布伦特原油价格则从 97.9
美元/桶上涨到 128.0 美元/桶（见图 2）。

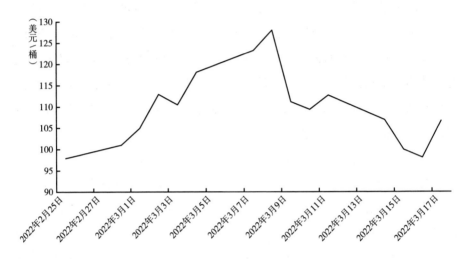

图 2　俄乌冲突以来布伦特原油价格

资料来源：CEIC。

（一）俄罗斯在全球石油供应领域的地位

俄罗斯是油气超级大国，与美国、沙特共同主导全球石油供应格局。俄
罗斯石油储量约占世界储量的 6.2%，居世界第六位，是居美国和沙特之后
的第三大产油国，石油日产量约为 1130 万桶（见图 2）。俄罗斯是第一大石
油产品出口国，是仅次于沙特的第二大石油出口国。2021 年，俄罗斯石油
及石油产品日出口量达 780 万桶（见图 4），其中，原油出口量为 500 万桶，
成品油出口量为 285 万桶。俄罗斯是 OPEC+成员国，与美国、沙特共同主
导全球原油供应格局。

俄欧在石油领域相互高度依赖。欧洲是俄罗斯最主要的石油出口市场，
而俄罗斯是欧洲最主要的能源进口来源国。欧洲石油的进口依赖度高达
97%，在石油领域，俄罗斯是欧洲的第一大进口来源国。2021 年，来自俄

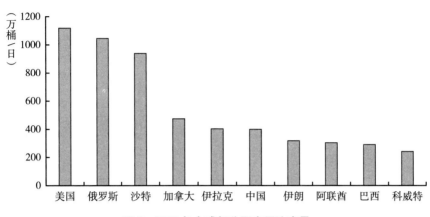

图3 2021年全球部分国家原油产量

资料来源:《BP 世界能源统计年鉴》,第 71 版,英国石油公司,2022。

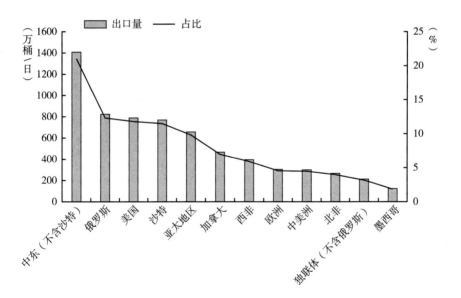

图4 2021年全球部分国家和地区石油及石油产品出口量及占比

资料来源:《BP 世界能源统计年鉴》,第 71 版,英国石油公司,2022。

罗斯的原油占欧盟进口份额的比例达 26.47%(见图5),俄罗斯出口的石油的 49% 流向欧洲。

中俄能源贸易潜力巨大,俄美石油贸易规模较小。中俄在能源领域高度互补，双边能源贸易具有巨大的发展潜力。2020年，中国进口的俄罗斯原油的量占进口总量的比例为15.4%，俄罗斯出口到中国的原油的量占出口总量的比例为20%。美国在页岩气革命后对俄罗斯石油的进口需求大幅下降，进口俄罗斯原油的量主要与国内炼化产能匹配。2021年，美国进口的俄罗斯的原油为70万桶/日，约占其石油进口量的8%。

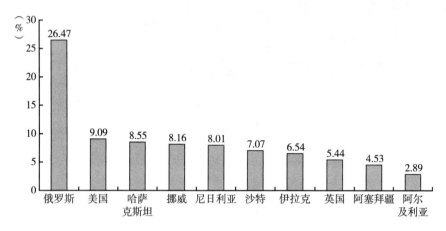

图5　2021年欧盟原油进口主要来源国家及比例

资料来源：世界贸易组织数据库COMTRADE。

（二）美西方对俄罗斯的制裁

美西方对俄能源依赖度高，特别是欧洲高度依赖俄罗斯的天然气和石油，其对俄罗斯能源的制裁投鼠忌器、留有余地，从而避免伤害自身利益。总体来看，制裁措施主要有以下五种类型。

第一，禁止或减少进口。美国宣布禁止进口俄罗斯石油、天然气和煤炭。加拿大禁止进口俄罗斯石油。英国计划在2020年底前停止购买俄罗斯石油产品。欧盟虽未跟进，但计划在2022年底前将俄罗斯天然气进口量减少2/3，并在2030年之前停止从俄罗斯购买天然气。而且，欧盟内部围绕"在多大程度上对俄罗斯进行能源贸易制裁"正在展开多轮商议和博弈。

第二，禁止设备和技术的出口与服务的提供。自 2014 年克里米亚并入俄罗斯后，美西方对某些设备（特别是石油勘探和生产设备）的出口、相关技术援助和相关服务提供施加限制或禁止措施。俄乌冲突发生以来，美西方采取的新制裁措施，如禁止向俄罗斯出售、供应、转让或出口用于炼油和提供相关服务（如技术援助和经纪服务）的特定商品和技术。

第三，限制或禁止金融服务。美国财政部将俄联邦储蓄银行（Sberbank）、俄外贸银行（VTB）、俄国有开发银行（VEB）等多家俄罗斯的系统性重要银行纳入最严厉的金融制裁 SDN 清单，冻结资产和禁止交易。同时，欧盟将俄外贸银行、俄国有开发银行等七家大型银行从环球银行金融电信协会（SWIFT）支付系统中除名，禁止向其提供用于交换财务数据的专用金融消息服务。不过，俄罗斯的最大国有银行俄联邦储蓄银行、服务能源交易的主要金融机构俄天然气工业银行不在制裁名单上。此外，俄罗斯在 SWIFT 系统中还有 300 多家中小银行。这虽然会提高俄罗斯对外贸易在获得跨境支付、开立信用证、保险等金融服务上的难度，但其油气出口的资金支付渠道仍保持开放。

第四，撤资或禁止新投资。美西方政府广泛禁止对俄罗斯能源部门的新投资，但民用核能和某些运回欧盟的能源产品例外，禁止收购或扩大参与俄罗斯活跃能源企业以及为此类企业提供资金或与其建立合资企业。迫于政治压力和股东的压力，西方石油公司和油服企业纷纷宣布从俄罗斯能源部门撤资或不再进行新的投资。英国石油公司（BP）的行为最为激进，宣称放弃俄罗斯国家石油公司（Rosneft）高达 19.75% 的股份，这可能产生 250 亿美元的损失。壳牌承诺停止购买俄罗斯原油，逐步削减在俄罗斯的油气资产。埃克森美孚将退出投资额达 40 亿美元的萨哈林 1 号油气项目。法国道达尔和德国西门子表示不再与俄罗斯签订新的能源合约，挪威国家石油公司宣布逐步停止在俄罗斯的业务。油田服务公司斯伦贝谢和哈里伯顿宣布停止在俄罗斯的新增投资活动，并逐渐削减剩余业务。

第五，制裁港口和航运企业。马士基等西方国家的船运和物流公司基本暂停所有往返俄罗斯的海运、空运的新预订业务，但食品、医疗和人道

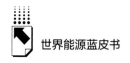

主义用品除外。俄罗斯航运企业遭受制裁导致全球能源运输能力下降。俄罗斯是国际海运市场上的一支重要力量,拥有 49 家航运公司,自有运力(船只)达 1000 艘,载重量达 2068 万吨。位于黑海的新罗西斯克港是俄罗斯第一大港。该港口被制裁导致俄罗斯通过黑海港口向欧洲出口油气的通道中断。

(三)俄乌冲突对全球石油投资、产能和价格的影响

美西方制裁将严重削弱俄油气的出口、投资和生产能力,叠加 OPEC+ 增产意愿不足与"碳中和"引致的油气投资意愿低落,未来全球油气产能可能会大幅下滑。俄乌冲突发生以来,美西方对俄罗斯的经济和金融制裁不断升级,美国明确禁止本国公司和公民投资俄罗斯油气产业,壳牌公司等西方能源企业迫于种种压力不得不停止对俄罗斯的油气投资并撤回股份,欧美能源贸易商纷纷抵制自俄罗斯的油气进口。美西方制裁和抵制俄油气产品,导致俄油气出口严重受阻,迫使俄削减产量。高盛公司认为,俄石油可用存储容量为 8000 万桶,如果出口遇到严重困难,这些库容在一个月内就可能被新增产量填满,这迫使俄不得不削减石油产能。根据国际能源署的估计,俄罗斯石油产量从 4 月开始削减 300 万桶/日,若制裁进一步升级,俄石油产量下降的幅度将更大。随着欧美油气企业停止对俄投资并禁止出口设备和技术,俄石油行业的资本性支出将减少,设备更新和技术进步的难度将提升,其未来将难以维持产能稳定。

与此同时,美国和中东国家的石油增产空间不大,仅能部分弥补俄罗斯减少的石油产量和出口量。页岩气革命使美国一跃成为全球石油生产的"三甲"之一,尽管拜登一再要求国内石油企业紧急增加产能,但石油增产需要先进行大规模的投资,短期内难以见效。沙特和阿联酋拥有较多的石油闲置产能,但对于美国要求其增加石油产量的呼吁反应冷淡。自拜登就任以来,民主党政府将沙特等国视为"非民主集团",在人权等问题上多加指责,使美国和中东国家的关系趋冷。自 2017 年以来,沙特等产油国与俄罗斯组成了 OPEC+,在调整产量、稳定油价方面进行了多次合作,已成为石

油市场上的利益共同体。目前的高油价使这些国家受益颇丰，因而OPEC+成员对增产几乎持谨慎态度，最近的OPEC+会议并未做出增加产量的决定。美西方正在重启伊核问题谈判，如果达成新的伊核协议，取消对伊朗的制裁使伊朗石油得以大规模出口，就将在一定程度上缓解全球石油供给压力。但受长期制裁的影响，伊朗的石油产能及出口量短期内难以提升，也不足以弥补俄罗斯减少的石油出口量。另外，受"碳中和"行动影响，近两年，全球油气勘探开发平均支出仅为3350亿美元，比前些年平均5250亿美元的投资大幅下跌了36%。

美西方的制裁导致全球石油商品分化为俄罗斯石油和其他石油两种类型，国际石油基准价格将继续高位波动，而俄罗斯石油价格相对于国际石油基准价格将继续维持大幅折扣。美西方能源企业出于对政治正确、制裁、运输安全和保险等问题的考虑，基本停止了与俄罗斯签署新的采购合约，大幅削减了对俄罗斯石油的购买量，致使俄罗斯石油供应过剩，而其他国家和地区的能源供应严重短缺，以至于出现国际石油基准价格快速上涨和俄罗斯石油价格大打折扣并存的现象。俄罗斯乌拉尔原油价格与布伦特原油价格之差为20~30美元/桶。俄乌冲突发生以来，由于俄罗斯石油出口严重受阻，国际石油价格出现大幅波动。布伦特原油现货价格从2021年初的50美元/桶左右一度飙升至2022年的高点128美元/桶左右，目前仍在100美元/桶左右的高位波动。预计国际油价将在100美元/桶左右的高价区间徘徊一段时间。目前，全球原油库存较低，截至2022年1月底，发达经济体的库存比近5年来的平均水平少3.35亿桶，处于2014年以来的最低水平。

三　国际原油价格走势展望

一般而言，国际原油价格基本由需求、供给、货币金融和地缘政治四个方面的因素决定。未来一两年，疫情防控措施的放松和经济较稳定复苏会带动石油消费需求增长，高油价总体上会吸引资金进入石油勘探开发行业，但"碳达峰""碳中和"行动降低了油气企业增加石油勘探开发投资

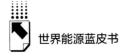

的意愿，且高油价叠加欧洲降低对俄罗斯的化石能源行业的依赖程度会加快石油替代进程。美联储加息和缩表将抑制国际油价的上涨空间。俄乌冲突等地缘政治事件是影响国际原油价格走势最为重要的因素，国际原油价格在一定程度上取决于美西方对俄罗斯制裁的强度以及俄罗斯的反制程度。综合来看，预计 2022 年、2023 年国际原油价格中枢将分别位于每桶100 美元、90 美元。

（一）原油需求

从需求端看，国际原油的需求取决于全球经济增长的状况。根据 IMF 在 2022 年 1 月发布的《世界经济展望报告》，预计 2022 年全球经济增长率在 4.4% 左右，较上一次预计的 4.9% 下调了 0.5 个百分点[①]。理由主要有五个方面：新冠肺炎疫情、全球供应链的影响、美国的货币政策、劳动力成本增加导致通货膨胀水平上升、中国经济增速因房地产萎缩而放缓。发达经济体的经济增长率预计为 3.9%，其中美国为 4.0%，英国为 4.7%，西班牙为 5.8%；新兴市场以及发展中国家的经济增长率预计为 4.8%，其中，中国为 4.8%，印度为 9.0%。不过，IMF 预计 2023 年全球经济增长率可能会进一步放缓至 3.8%，与上一次预计的数据相比高出了 0.2 个百分点。

随着 2 月俄乌发生冲突，预计未来全球经济增长速度可能会继续下调。俄乌冲突对全球经济的影响一方面表现为增速放缓，另一方面表现为通胀可能加速。俄罗斯在全球经济中的分量不算很重，但是其出口的商品主要是能源、粮食等多种大宗商品，俄罗斯被制裁后，国际能源和农产品市场将受到严重影响，尤其是欧洲，由于其对俄罗斯能源依赖高，经济可能会出现滞胀的情况。

影响石油需求的一个重要的长期因素是能源转型。从短期角度看，能源转型对原油需求的影响可能相对比较小，因为可再生能源在短期内存在诸多问题，如规模不大、稳定性低以及成本高等，难以较大幅度替代石油。从长

---

① "World Economic Outlook," International Monetary Fund, January 2022.

期角度来看，"碳达峰""碳中和"是国际大势，各国对环保问题的重视程度都在不断提高。而且，目前，化石能源价格高位波动也会加快可再生能源替代化石能源的进程。预期未来化石能源的需求将进一步被压缩，可再生清洁能源需求将不断上升。

（二）原油供给

从供给端看，影响全球石油供给主要有三个因素。第一，OPEC+是否加快增产节奏。作为全球最重要的石油生产联盟，OPEC+的一举一动对全球原油供给都会产生重要影响。根据在2022年3月OPEC+举行的月度石油生产会议，联盟会按照原计划将2022年4月原油产量提高40万桶/日。未来一段时间，OPEC+存在进一步增产的可能性，但是预计产量不会提高至疫情前的水平。第二，由于受到资本投资规模和环境监管标准的约束，美国页岩油产量恢复会受到一定的限制。第三，"碳达峰""碳中和"行动降低了国际油气厂商增加石油勘探开发投资的意愿，企业预期可再生能源将较快替代石油，高油价的状况不会持续太长时间。尽管目前油价高企难以吸引油气企业增加投资，这势必会对未来原油产量的稳定产生较大的消极影响，但是，总体来看，高油价会导致全球原油产量增加，但增幅不会显著。因此，2022年、2023年，全球原油的供给在一定程度上会呈现偏紧状态。

（三）美联储的货币政策

作为原油的计价结算货币，美元汇率变动对原油价格会产生一定影响。美元升值会使以非美元货币计价的物品的相对价格增加，由于原油计价货币是美元，因此，当美元升值导致其购买力提升时，国际油价会出现一定程度的下降。贬值则相反。影响美元升值或者贬值最直接、最重要的因素就是美联储的货币政策。一方面，国际石油结算以美元结算；另一方面，作为全球最重要的中央银行，美联储制定的货币政策会影响其他国家货币政策的制定。当美联储进入加息周期时，国际原油市场出现了一定程度的震荡。

随着美国通货膨胀水平持续上升，美联储的公开市场会议表示加息的时

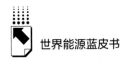

间点会比预期早一些。2022 年 1 月，美国 CPI 同比增长 7.5%，2 月同比增长 7.9%。3 月 17 日，美联储开始了自 2018 年以来的首次加息，加息幅度为 0.25%。议息会议文件显示，2022 年的加息次数可能是 6~7 次，2023 年的加息次数可能是 3~4 次。这意味着美联储进入加息周期，这会导致美元升值。从过去美元与油价之间的负相关关系来看，这意味着未来两年美联储的货币政策对油价会产生负面影响。

（四）地缘政治事件

俄乌冲突对全球原油供需和国际原油价格造成非常大的不确定性影响。从需求侧看，美西方对俄罗斯的全面制裁会给全球贸易带来较大的负面冲击，减缓经济复苏的步伐。同时，能源价格的持续高涨会给本来居高不下的通货膨胀水平造成更大的刺激，进一步阻碍全球经济复苏。这显然不利于全球石油需求反弹。从供给侧看，由于受到制裁，俄罗斯的原油出口会大幅减少，可能为 300 万~400 万桶/日。

为减轻制裁俄罗斯石油出口对国际石油市场的不利影响，美国开始积极与其他石油产出国进行沟通，例如，通过开启与委内瑞拉的对话，以及放松对伊朗的制裁等形式增加石油进口。伊核协议能否达成也会对国际原油市场的供给产生重要影响，目前，受到俄乌冲突的影响，油价出现了大幅度的上涨，这恶化了美国的高通胀问题，增强了美国与伊朗达成协议的动力。一旦进入国际原油市场，伊朗原油可以在一定程度上替代俄罗斯原油。不过，美国与伊朗达成协议面临沙特、以色列等国的反对压力，预计伊核谈判不会一帆风顺。

如果伊核协议和与委内瑞拉的对话能够取得积极成效，那么国际原油市场供给不足的情况在一定程度上会得到改善。一方面，根据国际能源署（IEA）的统计数据，如果美国放松对委内瑞拉的制裁，那么委内瑞拉每天可以出口的石油量将达到 120 万桶[1]；另一方面，根据 OPEC 在 2022 年 2 月

---

[1] "Oil Market Report, February 2022," IEA, 17 March 2022.

的报告，虽然伊朗面临制裁，但是 2022 年 1 月的原油产量依然达到 250.3
万桶/日，较上个月增长了 2.1 万桶/日。如果伊核协议能达成，预计国际原
油市场上每天将增加大约 360 万桶的原油[①]。按照美国能源信息署（EIA）
的预测，受全球低库存和俄乌冲突的双重影响，预计 2022 年 3 月布伦特原
油平均价格为 117 美元/桶，2022 年第二季度为 116 美元/桶，2022 年下半
年为 102 美元/桶，2023 年有可能降至 89 美元/桶[②]。

---

① "OPEC Monthly Oil Market Report," OPEC, January 2022.

② "Annual Energy Outlook 2022 with Projections to 2050," EIA, March 2022.

B.4
2021年世界天然气市场：
供需分析与未来展望

白　桦[*]

摘　要： 2021年，国际天然气市场发生重大变化。随着经济复苏，全球天然气需求超预期增长，受多种因素影响，供应侧增长不如预期，全球天然气供需收紧，国际三大市场气价持续飙升，创历史新高，其成为能源大宗商品中的"涨价王"。全球LNG市场已由买方市场向卖方市场倾斜。预计2022年国际天然气市场区域结构性供需失衡加剧，气价将再创新高。需要重点关注欧洲市场、能源巨头从俄罗斯撤资和未来碳储存等问题。未来，随着"碳中和"进程持续推进，全球天然气供需趋紧情况或将在5~10年内成为常态，供需两侧的多元竞争形势将进一步加剧。

关键词： 世界天然气市场　天然气供给　天然气需求　LNG　能源转型

一　世界天然气市场回顾

受资源禀赋、需求结构差异、运输能力限制等影响，难以形成统一的国际天然气市场。目前，世界天然气市场仍以区域性市场为主，近年来，区域间联动逐渐增强。2021年，欧洲和亚洲市场较往年更加密切，主要表现在供需和价格方面。此外，2021年，在区域市场联动方面，较为特殊的情况是南

---

* 白桦，经济学博士，中国石油集团经济技术研究院高级经济师，主要从事能源市场研究工作。

美天然气市场需求的增加，这给欧洲和亚洲市场带来较大的供应压力，是造成区域市场价格大幅上升的因素之一。驱动天然气价格发生变化的主要因素包括但不限于：经济发展、基于能源密度的需求、市场监管和自由化水平、环保政策、主要经济体贸易关系、地缘政治、技术创新和能源转型、边际成本等。此外，极端天气、短时供应变化以及地缘政治因素对当年气价会产生明显的影响，这些因素均存在较强的不确定性。2021年，极端天气和地缘因素表现较为明显。2021年初，业界对市场的总体看法是，在能源转型和气候政策作用下，全球天然气的常规需求增速将趋缓，供需相对宽松。2021年的市场表现让业界重新审视能源转型和天然气在未来能源结构中的作用和地位。

2021年，受经济复苏、国际油价回升、替代能源出力不足等因素影响，全球天然气消费量和产量均显著回升，但欧洲市场供需失衡、南美市场需求"异军突起"等，造成区域市场结构性供需失衡状况突出。同时，受2016～2017年液化天然气产能投资低谷影响，2021年，新增液化天然气产能创7年来新低，全球LNG市场供应持续趋紧，美国市场天然气价格显著上涨，欧亚市场天然气价格持续上升，并达到历史高位。

（一）世界天然气市场供需趋紧

2021年，全球天然气消费在经历了上年的历史性下降后出现强劲增长，消费量超过疫情前水平，达到3.99万亿立方米，同比增速达4.6%，远高于上年-2.7%的增速（见图1），超过2010～2020年的平均增速（2.0%）。全球天然气消费大幅反弹有以下三个方面原因。第一，受新冠肺炎疫情影响，2020年，全球天然气消费量下降，2021年的大幅反弹是基于上年的低基数。第二，全球新冠肺炎疫情受控缓和，促使主要地区和国家经济复苏。各国纷纷采取不同措施刺激经济发展，各部门的天然气需求显著回升。第三，欧洲能源转型过快，可再生能源出力不足，全年风力发电持续疲弱，不得不用天然气和煤炭等进行弥补。第四，极端天气的影响在2021年尤其突出，南美地区持续干旱，水力发电量大幅萎缩，区域内天然气需求超预期增长，需进口LNG弥补缺口。

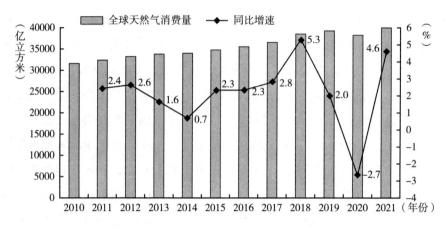

图 1   2010~2021 年全球天然气消费量

注：2021 年数据为预测数据。

资料来源：2010~2020 年数据来自《BP 世界能源统计年鉴》，第 70 版，英国石油公司，2021，https：//www.bp.com；2021 年数据来自中国石油集团经济技术研究院。

供应方面，同样受到极端天气影响，北美地区天然气产量增长不如预期。受气田减产、无新增液化天然气出口能力、老项目频繁停产检修等因素影响，传统 LNG 出口国的供应增长乏力。2021 年，全球天然气产量为 4.18 万亿立方米，较上年上升 3.8%，增速由上年的负增长（-3.7%）转为正增长。全球天然气市场供需呈现趋紧态势，不同区域市场的供需程度不同，呈现区域结构性供需失衡的状态。

1. 全球天然气消费大幅反弹

（1）北美洲天然气消费恢复正增长

2021 年，北美洲市场天然气消费量占全球的比重约为 26.4%，较上年下降 0.6 个百分点，消费量约为 10562 亿立方米，同比增速从上年的-2.3% 回升至 2.4%。其中，美国是区内最大消费国，消费量约为 8562 亿立方米，同比上升 2.9%，消费量占区域的比重约为 81%。美国消费量回升主要是由于受年初寒冷、年中高温干旱影响，国内天然气需求回升明显。同时，美国 LNG 出口大幅增长推升原料气需求。加拿大的天然气消费量为 1180 亿立方米，同比上升 4.8%。墨西哥的天然气消费量为 820 亿立方米，同比下降5.0%。

（2）欧洲天然气消费显著上升

2021年，欧洲天然气市场成为影响其他区域市场供需和价格的首要因素。全年，欧洲天然气消费量为5614亿立方米，同比增速为3.8%（上年增速为-2.2%）。主要原因是：第一，年初，欧洲大部分国家遭遇寒冬，天然气消费大幅反弹；第二，受疫情缓和、经济复苏推动，欧洲主要国家终端部门的天然气消费均有所增长；第三，欧洲部分国家能源转型步伐过快，推行较为激进的碳减排政策，对可再生能源过度依赖，但年内风力发电持续疲弱，急需天然气发电弥补缺口；第四，能源转型推升碳价和煤价，替代能源价格高企，促升天然气需求。

（3）亚太地区天然气消费增长强劲

2021年，亚太地区仍然是全球天然气消费第二大地区，仅次于北美洲。天然气消费量为9257亿立方米，同比增长7.4%，较上年0.4%的增速大幅提升，亚太地区的消费增量达641亿立方米（见图2），为全球总增量的36.4%。增长较为显著的国家主要是中国、韩国，其他国家的增速有所放缓，但由于体量大，其对消费总量的贡献仍然较大。其中，中国天然气消费受经济形势稳中向好、"碳达峰""碳中和"目标推动，消费量约为3654亿立方米，保持两位数的增速，同比增速达12.0%。受"减煤去核"政策推动，韩国部分燃煤电厂与核电厂关闭，天然气需求提振，全年消费强劲增长。需求增速放缓的国家主要为日本和印度。受煤炭消费增长、核电重启等影响，日本的天然气需求受到抑制，消费总量较上年小幅下降。受疫情反复以及高气价抑制，印度国内电力和炼油行业用气经济性下降，印度的替代能源需求旺盛挤压国内天然气需求。由于高气价抑制，东南亚等亚洲新兴天然气消费国的需求增速放缓，部分国家加大对煤炭、柴油等能源的利用力度以替代天然气。

2. 全球天然气产量由降转升

（1）主要天然气生产国产量小幅回升

2021年，全球天然气产量为41769亿立方米，较上年上升3.8%，增速

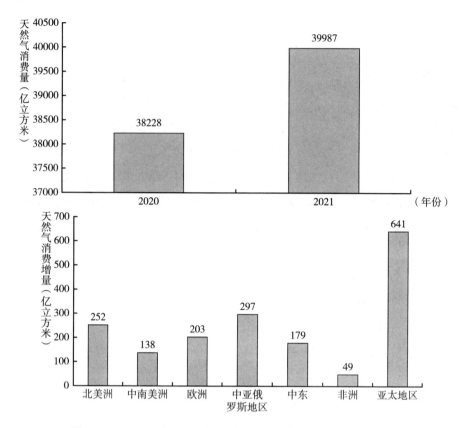

图2　2020~2021世界天然气消费量及主要地区天然气消费增量

资料来源：2020年数据来自《BP世界能源统计年鉴》，第70版，英国石油公司，2021，https：//www.bp.com；2021年数据来自中国石油集团经济技术研究院。

转正（上年为-3.7%）。从地区看，北美地区产量小幅下行，主要是因为美国年内多次遭遇极端天气。年初，美国得克萨斯州等地遭遇暴风雪天气，断电停产造成油田伴生气产量一度中断。年中和第三季度的干旱天气及飓风均在一定程度上对产量造成压力。叠加上年油气市场形势恶化导致页岩气勘探开发投资大幅回落，上游气田产量下降。北美地区全年产量为12160亿立方米，同比下降0.1%（上年降幅为0.9%）。中亚俄罗斯地区产量受欧洲和亚洲需求增长带动，保持5.7%的增速，产量为9308亿立方米，较上年的增速（-5.9%）大幅反弹（见表1）。从国家看，美国和俄罗斯依然居前两位，产量合计占全球产量约 42.7%。美国的产量约为 1.02 万亿立方米，同比下降 0.4%；俄罗斯的产量约为 7623 亿立方米，同比上升 10.1%。卡塔尔和澳大利亚的天然气产量保持稳定，增速分别为 1.5% 和 0.5%。

表1　2017~2021 年世界分地区天然气产量

单位：亿立方米，%

区　域	产量					2021 年增速
	2017 年	2018 年	2019 年	2020 年	2021 年	
北美洲	10234	11356	12283	12170	12160	-0.1
中南美洲	1701	1665	1662	1418	1404	-1.0
欧　洲	2540	2415	2293	2016	2500	24.0
中亚俄罗斯地区	8719	9192	9361	8807	9308	5.7
中　东	6775	6842	7052	6867	7068	2.9
非　洲	2313	2463	2509	2404	2620	9.0
亚太地区	6075	6248	6635	6564	6709	2.2
总　计	38358	40180	41795	40245	41769	3.8

注：2021 年数据为预测数据；部分地区历史数据统计口径有调整。
资料来源：中国石油集团经济技术研究院。

（2）全球新增天然气液化出口能力为近七年来最低

2021 年，受 2016~2017 年全球天然气液化项目投资低迷影响，全球新增天然气液化出口能力仅为 600 万吨，同比大幅缩减 71%，为近七年来的最低水平。2021 年，全球 LNG 产能增至 4.63 亿吨，增速由上年的 4.8% 降至 1.3%，连续两年下降（见图 3）。2021 年，新增项目为 2 个，共计 2 条生产线投产，分别来自美国（450 万吨/年）与马来西亚（150 万吨/年）。

（二）全球天然气贸易复苏

2021 年，全球天然气贸易持续复苏，管道气和 LNG 贸易均呈不同幅度增长，贸易量增至 1.33 万亿立方米，增量约为 810 亿立方米，同比增速由 2020 年的 -2.9% 大幅回升至 6.5%。

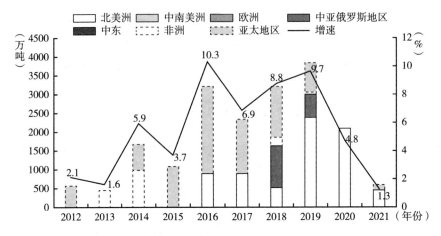

图3 2012~2021 年全球分地区新增 LNG 产能及 LNG 增速

资料来源：HIS，https：//connect.ihsmarkit.com/。

1. 管道气贸易大幅提速

2021 年，全球管道气贸易在美国和加拿大管道气贸易、中国管道气进口的推动下呈现大幅增加走势。贸易量达 7930 亿立方米，同比增速由上年的 -5.7%反弹至 4.9%，与 2019 年的水平基本相当。其中，美国与加拿大管道气贸易量同比大幅上升 16.2%；中国管道气进口量同比大幅上升 22.9%。由于合同到期以及地缘政治因素，欧洲与俄罗斯管道气贸易量同比下降 11.8%。

2. LNG 贸易量恢复较快增速

2021 年，全球 LNG 贸易量增至 3.83 亿吨（约为 5370 亿立方米），增速由上年的 1.7%提升至 8.7%。其中，亚太地区 LNG 贸易量为 2.77 亿吨，同比增长 7.7%；欧洲 LNG 贸易量为 8000 万吨，同比下降 8.2%；南美洲 LNG 进口量为 1830 万吨，同比增长 47.3%；中东 LNG 进口量为 747 万吨，同比增长 15.6%；北美洲 LNG 进口量为 103 万吨，同比下降 34.5%。全球 LNG 出口量约为 420 万吨，同比上升 21.8%。全球 LNG 现货贸易量的占比为 33.2%，长贸贸易量占 66.8%。其中，亚太地区 LNG 现货贸易量占现货总贸易量的比重约为 73.1%，南美洲占 13.1%，欧洲占 12.4%，中东占 1.2%，美国和加拿大占 0.2%（见图4）。

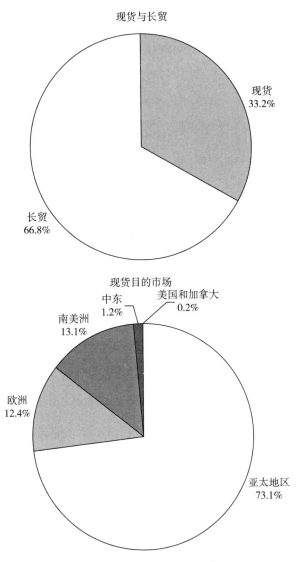

图4 2021年全球 LNG 现货贸易占比情况

资料来源：IHS, https://connect.ihsmarkit.com/。

（1）亚太地区 LNG 贸易增速放缓

2021年，亚太地区 LNG 进口量为 2.77 亿吨，同比增长 7.8%，较上年 15.8%的高增速大幅放缓，主要影响因素为高现货价格抑制需求增长。其中，LNG 现货贸易量占 35.3%，长贸贸易量占 64.7%。亚太地区市场中，受疫情管控放松、经济恢复推动，中国的 LNG 进口量达 7893 万吨，进口增量占亚太地区 LNG 进口增量的 59.6%，同比增长 17.6%，其中，LNG 现货进口量占现货总贸易量的 40.1%。日本增加煤电、核电供应，天然气需求受到抑制，LNG 进口量为 7453 万吨，同比下降 0.4%，其中，LNG 现货进口量占现货总贸易量的 19.2%。韩国政府限制煤炭使用，推升天然气需求，LNG 进口量为 4648 万吨，同比增长 13.8%，其中，LNG 现货进口量占现货总贸易量的 12.4%。受高气价抑制，印度的 LNG 进口量为 2452 万吨，同比下降 6.2%，较上年 12.9% 的增速显著下降，LNG 现货进口量占现货总贸易量的 9.2%。此外，亚洲新兴需求国呈两极分化的情况，部分国家经济向好，工商业逐步恢复，用气需求增长，泰国全年进口 663 万吨 LNG，同比增速为 20.5%（上年增速为 12.2%）；印度尼西亚进口 373 万吨 LNG，同比增速由上年的 -30.1% 增至 43.3%。还有一部分国家，受高气价抑制，天然气需求增速放缓，LNG 进口增速下降，马来西亚进口 209 万吨，同比增速由上年的 2.9% 回落至 -21.6%；新加坡进口 371 万吨，同比增速由上年的 14.4% 回落至 -12.4%；缅甸进口 28.3 万吨，同比增速为 -2.1%。

（2）欧洲 LNG 进口量下降

2021 年，欧洲 LNG 进口量合计为 8000 万吨（见图 5），下降约 710 万吨，同比减少 8.2%；其中，LNG 现货贸易量占 18.3%，长贸贸易量占 81.7%。进口量下降主要是受到亚太地区和南美洲市场较强需求的挤压。欧洲市场中，西班牙的 LNG 进口量为 1506 万吨，同比下降 2.1%，LNG 现货进口量占现货总贸易量的 8.1%；法国的进口量为 1329 万吨，同比下降 8.0%，LNG 现货进口量占现货总贸易量的 6.2%；英国的进口量为 1132 万吨，同比下降 19.0%，LNG 现货进口量占现货总贸易量的 6.9%；土耳其的进口量为 1042 万吨，同比下降 6.26%，LNG 现货进口量占现货总贸易量的 28.5%。

（3）南美洲 LNG 进口"异军突起"

2021 年，南美洲出现持续干旱天气，水电产量大幅萎缩，主要国家加大 LNG 进口力度以弥补水电缺口。全年，南美洲 LNG 进口量为 1830 万吨，

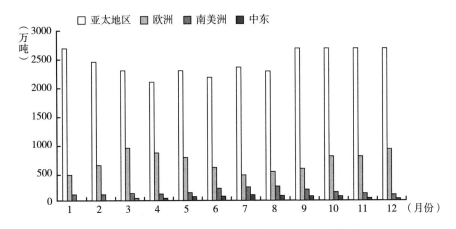

图5　2021年各月份全球主要市场LNG进口情况

资料来源：IHS，https：//connect. ihsmarkit. com/。

同比增长47.3%（见图6），而上年同期增长率为-16.2%。在主要进口国中，阿根廷LNG进口增速由上年的2.7%升至99.2%；巴西LNG进口增速由上年的6.6%升至204%；智利LNG进口增速由上年的7.3%升至23.6%。

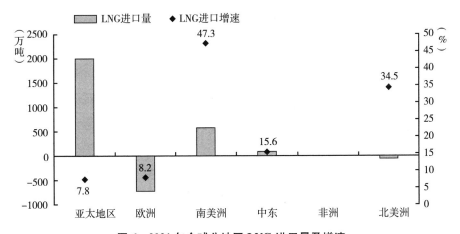

图6　2021年全球分地区LNG进口量及增速

资料来源：IHS，https：//connect. ihsmarkit. com/。

（4）主要国家LNG不同走势

2021年，澳大利亚无新增天然气液化出口产能，且年内项目频繁停工检修，

LNG 出口量增长有限，全年 LNG 出口量为 7950 万吨，同比上升 1.0%，主要运至中国、日本和韩国等。受高开工率和无新增天然气液化产能限制，卡塔尔 LNG 出口无显著增长，全年出口量为 7880 万吨，同比上升 1.2%，主要运至印度、韩国、中国和日本等。受南美洲和亚洲较强需求推动，美国的 LNG 出口量增至 6932 万吨，同比上升 50.7%，主要运至中国、韩国、日本和巴西等。俄罗斯的 LNG 出口量小幅增长，至 2976 万吨，同比下降 2.2%，主要运至日本、中国和法国等。马来西亚 LNG 出口量居全球第四，为 2486 万吨，同比上升 3.9%，主要运至日本、韩国和泰国等。2021 年部分 LNG 出口国的 LNG 月度出口情况见图 7。

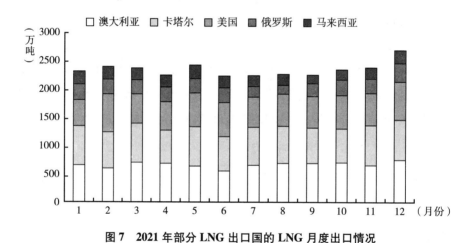

图 7　2021 年部分 LNG 出口国的 LNG 月度出口情况

资料来源：IHS，https：//connect. ihsmarkit. com/。

（三）全球 LNG 长贸合同再度受青睐

2021 年，由于现货市场价格创历史新高，LNG 长贸合同成为买家寻求的保障供应新焦点。全年新签合同量为 4360 万吨，较上年的 2728 万吨大幅上升 59.8%。合同主要呈现以下特点。一是，目的地条款限制回归严格。2021 年，新签合同的目的地条款持续趋严，其中，灵活目的地合同量占比由上年的 57% 降至 44%，主要原因是新签合同主体多为城市燃气、电力等下游用户，对目的地灵活性诉求不高，并且市场话语权已经由买方向卖方转变。二是，合同期限缩短。新签合同以 3～10 年中短期为主，占比约为 61%。10 年以上的长期合同占比由上年的 49% 降至38%。三是，合同量增大。200 万吨以上的合同标的量占比由上年的 22%回升至 41%，其重新成为主要的合同类型，且 LNG 全部为资源池和亚洲国家进口。四是，与油价挂钩合同占比继续下降，但仍占主流，挂钩斜率回升。2021 年，新签 LNG 合同定价与油价挂钩占比由上年的 79.7% 降至 70.5%，平均斜率由上年的 10.6% 提升至 11%。同时，北美多家 LNG出口商与全球买家签订 LNG 供应协议，与 HH 现货价格挂钩合同占比为17.7%。

（四）三大市场天然气贸易价格大幅反弹，屡创新高

2021 年，全球主要市场天然气价格大幅上涨，刷新高价纪录。欧洲供应收紧，需求小幅增加，库存跌破近五年低位，TTF 现货价格大幅上行并引领亚洲现货价格上涨。东北亚 LNG 进口均价随油价走高，LNG 现货价格因区域内经济复苏需求强劲、区外资源竞争激烈、TTF 价格联动而强势上涨。美国极端天气频发叠加 LNG 出口大幅提升，需求增长、供应收紧，HH 现货价格同比上涨。美欧亚三地年现货均价之比为 1∶4.1∶3.7，欧洲现货年均价首次高于亚洲现货年均价，欧亚价格相关性有所增强。

1. 北美洲天然气价格同比上涨，全年波动上行

2021 年，美国 HH 现货价格受供需偏紧、出口增长的影响同比上涨，均价为 3.9 美元/百万英热单位，同比上涨 92.7%（见图 8）。第一季度，受极寒天气侵袭，需求快速增长，供应短期中断，整体市场供不应求，HH 现货价格震荡剧烈，均价同比大幅上升，2 月 17 日创下 23.9 美元/百万英热单位的峰值纪录，2 月均价超过 5 美元/百万英热单位。第二季度，发电需求增加，供应缓慢回升，供需整体偏紧，而受 2 月峰值影响，第二季度均价环比下跌。第三季度，高温干旱和出口增加导致用气需求攀升，飓风冲击导致供应短缺，美国供需收紧，HH 现货均价持续上涨。第四季度，季节性采

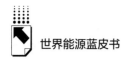

暖用气增长且出口保持高位，供应恢复但增速不及预期，供需依然偏紧，HH 现货价格整体上行，年末有所回落，均价增速放缓。

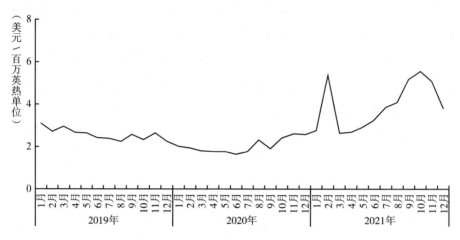

图 8　2019~2021 年美国 HH 现货价格

资料来源：路透社，https：//www.thomsonreuters.cn/。

2.欧洲天然气价格一路飙升，下半年与油价走势背离

2021 年，因本土产量、管道气供应量和 LNG 现货进口量全面短缺，欧洲天然气供不应求，库存降至历史低位，NBP 和 TTF 现货价格强势攀升，从第三季度起超过布伦特等热值油价，且走势背离。NBP 现货年均价为 15.8 美元/百万英热单位，同比上涨 388.2%，TTF 现货年均价为 15.9 美元/百万英热单位，同比上涨 397.5%（见图 9）。第一季度，受冷冬和疫情影响，欧洲需求回升，供应国天然气液化项目故障频发导致 LNG 供应吃紧，储气库库存削减，加之东北亚 LNG 价格联动作用凸显，NBP 和 TTF 现货价格环比、同比均上涨。第二季度，碳交易价格上涨、风电严重不足推升发电用气需求，区内气田检修频繁、区外现货竞争激烈增加 LNG 进口压力，NBP 和 TTF 现货价格环比上涨。碳交易价格由年初的 41.1 美元/吨涨至 66.7 美元/吨。第三季度，碳价和煤价走高、补库需求旺盛驱动需求攀升，区内气田生产不足、俄罗斯管道气断供、亚洲和南美洲现货采购竞争持续导致供应全面收紧，储气库需持续采气以满足供应，库存降至 74.6% 的低位，

TTF 和 NBP 现货价格环比翻倍。第四季度进入传统需求旺季，增供空间有限，库存缺口难以弥补，满库率最低，降至 53.8%，比往年同期平均水平低 23.8 个百分点，NBP 和 TTF 现货价格震荡上行，12 月均价突破 37 美元/百万英热单位，创历史新高。

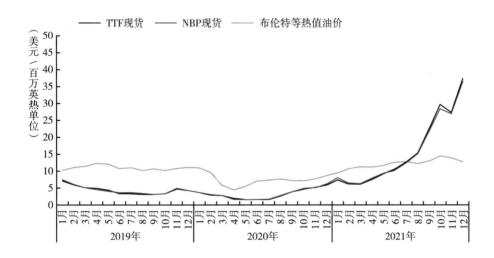

图 9　2019~2021 年欧洲天然气 TTF、NBP 现货价格和布伦特等热值油价走势

资料来源：路透社，https：//www.thomsonreuters.cn/。

3. 亚洲 LNG 进口价格随油价大幅上涨

2021 年，受油价上涨影响，东北亚 LNG 进口均价同比上涨 51.1%，为 10.7 美元/百万英热单位（见图 10）。其中，日本均价为 10.8 美元/百万英热单位，同比上涨 40.7%；韩国均价为 10.6 美元/百万英热单位，同比上涨 41.7%。

4. 东北亚 LNG 现货价格快速上行，创历史新高

2021 年，经济和环保因素推动东北亚 LNG 需求快速增长，叠加欧洲气价高企的联动影响，东北亚 LNG 现货到岸年均价为 14.5 美元/百万英热单位（见图 11），同比大幅上涨 279.1%，超过 LNG 长贸价格，创历史新高。第一季度，冷冬叠加短暂极寒天气，东北亚 LNG 需求旺盛，LNG 现货价格

图 10　2016~2021 年东北亚 LNG 进口均价和布伦特等热值油价走势

资料来源：Argus。

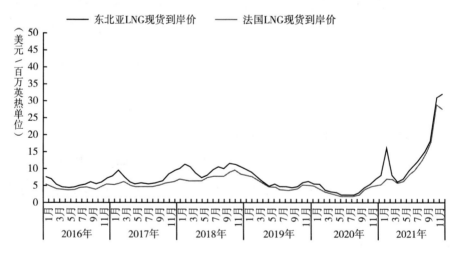

图 11　2016~2021 年东北亚和法国 LNG 现货价格走势

注：LNG 现货价格是当月对下一月 LNG 现货交割窗口报价的平均价。
资料来源：ICIS。

经历大幅波动，2 月到岸均价超过 16 美元/百万英热单位，季度均价环比、同比均上涨。第二季度，"碳中和"政策落地叠加经济复苏推升淡季需求，而南美洲需求旺盛、LNG 供应国项目集中检修导致供应趋紧，东北亚 LNG 现货价格反季上行。第三季度，迎峰度夏、奥运备货、环保政策等多个因素提振需求，LNG 供应国项目检修期延长和欧洲、南美洲采购竞争导致 LNG 现货供不应求，东北亚 LNG 现货价格持续攀升。第四季度，受采暖需求驱动和欧洲气价上涨拉动，东北亚 LNG 现货价格大幅上涨，季度均价高达 27.1 美元/百万英热单位，12 月到岸均价接近 32 美元/百万英热单位。

2021 年，国际天然气市场主要受全球经济复苏、美元严重超发、长期低价格、极端天气、全球能源转型等因素影响，需求超预期复苏。在供应侧，在前期低价和疫情影响下，上游油气勘探开发投资不足，叠加极端天气影响，产量增长受限。欧洲市场过快的能源转型带来能源供应接续不足，供应紧张波及亚洲市场，区域市场供需失衡凸显，气价创历史新高。

二　世界天然气市场展望

事实证明，在可再生能源大力发展和储能技术获得突破前，天然气仍将发挥关键作用。天然气发电在调峰和分布式能源的平衡中发挥杠杆作用，尤其是作为可再生能源、蓝氢和绿氢的保障性补充能源，其将更加重要。短期内，由于能源供应的短缺，区域市场有重新加大利用化石能源力度的趋势。

（一）全球天然气供需紧张形势加剧

1. 需求增速放缓，但供应形势更加严峻

2022 年，经历了上年的低基数反弹后，全球天然气需求回归至过去 10 年 2.0% 的平均增速，需求量约为 4.08 万亿立方米；产量增至 4.28 万亿立方米，增速降至 2.4%。预计北美洲、中东的天然气产量将保持增长，俄罗斯的天然气产量或将受俄乌危机造成的出路不畅影响而有所下降。

全球 LNG 需求将保持较快增长，供应紧张的情况将进一步加剧。供应方面，2022 年，全球新增 LNG 产能约为 1300 万吨，仅为 2019 年增量的 1/3。主要来自美国、印度尼西亚、莫桑比克和俄罗斯。传统 LNG 出口国产

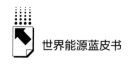

量下降，卡塔尔和澳大利亚无计划投产项目。受前期气田投资不足、原料气产量下降以及潜在的安全问题等因素影响，特立尼达和多巴哥、尼日利亚等国的LNG出口量将呈下降趋势。需求方面，2022年，全球LNG需求或将达4.12亿吨，同比增速为6.7%，增量为2600万吨。一方面，亚洲LNG需求增速将放缓，日本和韩国需求或将呈现负增长。受东北亚LNG现货价格高企抑制，中国、印度和新兴市场需求增速将放缓。另一方面，欧洲LNG需求拉动作用明显，管道气供应下降和补库需求强劲将推动欧洲LNG进口需求走强。综合判断，全球LNG供应增长低于需求增长，区域市场中的LNG竞争将加剧。

2. 主要供应方短期潜力分析

（1）美国LNG增长加速

美国于2021年12月超过澳大利亚和卡塔尔成为世界上最大的LNG出口国，出口量首次创下月度纪录。预计2022年，美国将首次成为全球最大的LNG供应国。美国LNG出口量可达7980万吨，较上年增长9.9%。美国首个主要LNG出口项目Sabine Pass第6号生产线已于2021年12月投产，设计产能为450万吨/年。2022年3月，液化天然气公司Venture Global的Calcasieu Pass T1项目创下从最终投资决定（FID）到投产仅用29个月的最快纪录，第1号生产线投产，设计产能为11万吨/年。预计2022年，美国将是全球LNG新增产能最大的国家，将主要增加向欧洲市场的供应。

（2）卡塔尔LNG供应持稳

预计2022年，卡塔尔LNG产量将与上年持稳，维持在7700万~7800万吨水平，由曾经全球第一大LNG出口国降至全球第三大LNG出口国。在卡塔尔与日本买家的部分长期合同到期后，中国和南亚国家等新买家的采购量将增加。目前，卡塔尔正在积极推动天然气液化项目扩建，以期再度成为全球最大出口国，扩建项目到2027年将产量提高到1.26亿吨。2021年10月，McDermott工程公司获得了一份重大合同，将在卡塔尔的North Field East建造和安装海上管道和设施，从而为当前计划建造的新液化装置提供原料气。

（3）澳大利亚 LNG 供应存在不确定性

预计 2022 年，澳大利亚或成为全球第二大液化天然气出口国，这主要取决于项目维护供应中断影响和旧设施原料气供应的下降速度。澳大利亚的产量或降至 7540 万吨左右。2021 年 12 月，位于澳大利亚西北部的年产 360 万吨的 Prelude 海上浮式天然气液化项目发生电气故障后关闭，目前正积极准备重新运行。雪佛龙的 Wheatstone 天然气液化项目计划在 2022 年 4 月进行为期大约 1 个月的维护，两条年产能为 890 万的天然气液化装置生产线将受到影响。位于东海岸的 AP 和 QC 两个天然气液化项目计划在 2022 年 4 月、6 月、7 月和 10 月进行维护。此外，尽管在 2021 年 3 月做出投资决策后，Barossa 气田将在未来几年增产，但其主要供应 LNG 的液化项目 Darwin（产能为 370 万吨/年）将在短期内面临由于原料气供应下降而减产的情况。North West Shelf 天然气液化项目原料气供应亦可能下降，这进一步提高了澳大利亚 LNG 项目供应的不确定性。

（4）俄罗斯 LNG 供应能力保持稳定

俄罗斯是全球第四大 LNG 出口国，但产量不足前三大生产国的一半。俄罗斯主要有东海岸萨哈林（Sakahlin）和北极亚马尔（Yamal）液化项目，预计 2022 年 LNG 供应量约为 3030 万吨，与上年持平。鉴于俄乌形势及后期美国、欧洲等对俄罗斯制裁存在不确定性，俄罗斯的 LNG 供应也存在不确定性。

（5）亚太 LNG 供应持稳

预计 2022 年，马来西亚、印尼和巴布亚新几内亚等主要生产国的 LNG 出口相对稳定。英国石油公司（BP）正推进位于印尼的东固（Tangguh）LNG 项目建设第 3 条年产能为 380 万吨的天然气液化生产线。由于供应液化设施的上游天然气田受到汞污染，马来西亚民都鲁（Bintulu）项目在 2021 年下半年有所减产，正在安装新的处理设备以解决 2022 年可能出现的问题。预测马来西亚的产量约为 2350 万吨，略低于上年。预计 2022 年，印尼的产量相对稳定，大约为 1450 万吨；巴布亚新几内亚的产量为 830 万吨，与上年持平。

（6）非洲 LNG 产量将小幅上升

意大利埃尼公司年产 340 万吨的 Coral South 浮式液化天然气项目于

2022 年底在莫桑比克近海地区投产。非洲地区最大的 LNG 出口国尼日利亚在 2021 年下半年的出口量大幅下降，原因是位于邦尼港（Bonny）的生产装置出于维护原因而多次停运。在维护顺利的情况下，该项目的产量会增加并高于大修前水平。预计 2022 年，尼日利亚 LNG 出口量将达到 1890 万吨，高于 2021 年的 1710 万吨。如果伊德库（Idku）和杜姆亚特（Damietta）的天然气液化项目保持高开工率，那么埃及将有一定供应增长潜力。

（二）全球天然气市场价格将升至历史峰值

俄乌冲突等地缘政治因素大幅推升天然气价格，未来俄乌局势及后期美国和欧洲国家对俄罗斯制裁的走向，将对国际天然气价格产生较大的影响。以下按照俄罗斯天然气供应正常和受阻两种情景进行预测。

情景一：俄罗斯输欧气量维持正常，欧亚气价将回归供需基本面。2022 年 2 月 24 日，受俄乌冲突影响，TTF 现货价跳涨 32%至 39.0 美元/百万英热单位，3 月 2 日涨至 55 美元/百万英热单位。2 月 24 日，北亚 LNG 现货价跳涨 23%至 37.0 美元/百万英热单位，3 月 2 日为 36.8 美元/百万英热单位。目前，俄罗斯过境乌克兰气量持续增长，由 2 月 23 日的 3376 万立方米增至 3 月 2 日的 8000 万立方米。俄罗斯和欧洲均不希望中断双方的天然气贸易，输气量将维持合同量规定的正常水平。总体来看，由于欧洲储气库水平偏低，整体天然气供需紧张，全年 TTF 现货均价将高于上年，估计为 25.0~30.0 美元/百万英热单位。东北亚 LNG 现货价格与欧洲气价趋同。受 LNG 出口增加影响，美国 HH 现货价格也将出现同比上涨的态势，年均价为 4.5~5.0 美元/百万英热单位。

情景二：俄罗斯对欧洲天然气输出受阻，供应紧张加剧，气价大幅飙升。如果美欧加大对俄罗斯的制裁力度，俄罗斯天然气出口全面中断，那么 TTF 气价将快速突破 100 美元的高点，再创历史新高。

当前，欧洲地下储气库水平约为 28%，低于过去 5 年均值的低限。在此情景下，欧洲采取提升产量、增加 LNG 和煤炭采购三种方式补充能源供应，综合判断，欧洲仍将有较大缺口。一是荷兰启动储备气田的开采，但增幅有限。二是美国、卡塔尔等国天然气液化项目增产有限。美国和卡塔尔天然气液化项目开工率分别达96%和110%，接近满负荷和超负荷。虽然美国年内计划新增天然气液化项目Sabine Pass T6，但供欧洲量约为40亿立方米。三是欧洲难以负担进一步上涨的煤炭和碳交易价格。自年初开始，欧洲囤积煤炭，截至目前，欧洲煤炭进口量同比增幅超过60%，鹿特丹煤炭价格同比上涨超过146%，欧盟EUA碳交易均价接近100美元/吨，同比涨幅为133%。综合分析，欧洲天然气市场将面临史无前例的供应紧张形势，与此同时，亚洲的资源竞争形势进一步加剧，预计欧亚现货年均价有望突破30.0美元/百万英热单位的历史顶峰。美国气价将涨至4.5~5.0美元/百万英热单位。

三　2022年关注点

（一）欧洲能源市场的脆弱性增加全球天然气供应压力

欧洲能源自给率低，高度依赖进口，且对俄罗斯的依赖度较高。在其能源进口结构中，40%的天然气、30%的原油和50%的煤炭来自俄罗斯。短期内，天然气供应压力增加，长期将加快绿色转型。为了降低能源对外依存度及推进碳减排，欧洲加快能源转型，可再生能源供电占比快速升至40%。作为"碳中和"路径下的过渡能源，天然气发电量占比也有所抬升。

2022年3月，欧盟发布名为"RePower EU"的计划，旨在2030年前实现欧洲能源"脱俄"的目标，在当前欧洲及全球天然气供需形势下，欧洲短期内仍需要进口俄罗斯管道气，达成目标不切实际。"RePower EU"计划具体目标包括：一是加大LNG采购力度和从俄罗斯以外供应商进口管道天然气，促进供应来源多元化；二是提高住宅、发电和工业部门的能源效率，减少天然气消费；三是提升生物甲烷和可再生氢产量和进口量；四是增加可再生能源和提升电气化水平；五是突破基础设施瓶颈。

根据计划，欧盟在2022年内将减少进口1000亿立方米俄罗斯管道气，即减少相当于2021年从俄罗斯进口管道气量（1550亿立方米）的2/3，并

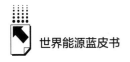

要求欧盟成员国在每年 10 月 1 日前将地下储气库满库率提升至 90%，还将制定紧急措施应对天然气价格上涨对电价的影响。欧盟这一计划将结束对单一供应商的依赖，并计划在 4 月之前进行立法。

1. 欧洲可寻求的替代资源无法弥补俄罗斯天然气供应

2021 年，俄罗斯向欧洲供应 LNG 约 1480 万吨、管道气约 1500 亿立方米（其中，向欧盟供应 1390 亿立方米）。按计划，若欧洲减少从俄罗斯进口 2/3 的管道气量，需新增 7700 万吨 LNG 进口量。欧洲将通过增加挪威、阿尔及利亚、阿塞拜疆和利比亚的 LNG 供应，增加节能措施和加大对可再生能源的利用力度来进行弥补。然而，以上两个方面的可扩展空间都比较有限。

（1）俄罗斯以外的天然气可替代量有限

短期内增加 LNG 的供应空间有限。目前，全球 LNG 生产负荷率较高，由于 LNG 产能或上游原料气受到限制，供应量提升空间较小。考虑全球 LNG 新项目投产和中断产能的恢复，预计 2022 年，全球 LNG 供应量同比增长约 2200 万吨，其中，1/3 供应给亚洲市场。欧洲增加 LNG 采购，意味着流向其他市场的 LNG 减少，但要与重要的需求中心亚洲市场进行争夺存在一定困难。

俄罗斯以外的管道气增量较小。挪威供欧洲的管道气量约为 1300 亿立方米，目前供应已接近极限。2022 年，在挪威气田不停工检修的情况下，增量最多为 10 亿~20 亿立方米。但按往年情况，挪威北海气田上游停工时间通常需要几天到几周。阿塞拜疆经亚得里亚海管道（TAP）跨海供欧洲气量有 30 亿~50 亿立方米增量。虽然阿塞拜疆上游产量受限，但从伊朗至土耳其、伊朗至阿塞拜疆、格鲁吉亚至土耳其的现有管道支持把一定气量送至欧洲。阿尔及利亚供欧管道气量将与 2021 年水平相当，约为 350 亿立方米。利比亚供意大利管道气增量有望为 45 亿~50 亿立方米。综合判断，俄罗斯以外的管道气增量为 50 亿~90 亿立方米。

（2）欧洲提高能效和其他替代能源利用空间有限

短期内，欧洲难以通过提升民商部门能效来减少用气。欧洲电力和工业用气量较高，通过提高闭合循环燃气涡轮机（CCGTs）或大型工业用户

（如化肥、化学项目等）的能源效率大幅减少天然气消费的空间很小。欧洲民商用气部门的能效有较大提升空间，但效率提高需要大量投资，且需要出台住宅用户的财政激励政策。

沼气和氢气的替代可行性较小。截至目前，欧洲沼气产量仅为23亿立方米，占欧洲大陆常规气供应量的1.2%。预计氢气和沼气不会成为俄罗斯天然气的有效替代者。

此外，不按长期合同履约将对欧洲买家造成财务损失和法律后果。费氏能源认为，欧盟"RePower EU"计划忽略了长期天然气合同履约的"神圣性"。欧洲买家需履行现有与俄罗斯管道气有关的合同，否则将面临国际仲裁风险。俄气的长期合同通常有70%~80%的"照付不议"量，最大松动范围在50%~90%。预计2022年，欧洲买家（不含土耳其）对俄罗斯管道气最低提货量为1150亿立方米。并且，欧洲与俄罗斯大部分长期合同持续到2030年初，其不可能在不违反合同条款的情况下降低进口水平。

2. 中短期内欧洲仍将依赖天然气

按欧洲2050的净零目标，短期内，其无法摆脱对俄罗斯管道气的依赖。欧洲需要在可再生能源和电池存储技术方面取得重大突破，才能在不大幅提高能源成本的情况下实现净零目标。即使没有对俄罗斯天然气供应的担忧，净零目标的实现也极具挑战性。欧盟"RePower EU"计划在政治上具有吸引力，但此举一是会造成工业和发电用气供应中断；二是欧洲买家的商业声誉将受到损害。如果过快推动计划，就将对欧洲经济造成严重打击。目前来看，随着俄乌冲突演变，欧洲有可能修改2030年和2040年的中短期目标，以增加LNG进口、加大对煤炭和核能的利用力度来减少对俄罗斯管道气的依赖。近期，欧盟将天然气和核能列为绿色能源，或将在短期内刺激一部分天然气投资，但天然气仍将是欧洲实现2050年净零目标的关键过渡能源。

（二）国际能源公司撤资俄罗斯

俄乌冲突持续演进，国际能源大公司及金融机构等已开始为潜在的制裁

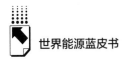
采取避险操作。随着美国、日本等国家的制裁措施落地，在政府和舆论压力之下，能源公司纷纷宣布撤资或暂停在俄罗斯的投资。这是与2014年俄乌冲突较大的不同之处。当时，国际能源公司在美国、欧洲等对俄罗斯采取制裁措施后，仍坚持对俄罗斯油气项目进行投资，增加自己的资源量。

包括英国石油公司、埃克森美孚、道达尔和壳牌在内的大型石油公司都在俄罗斯有大规模投资。代表性的大宗商品贸易公司在俄罗斯也持有资产。在本次冲突中，在制裁力度可能持续加大的情况下，这些资产开始寻求合规应对制裁措施。

目前来看，英国石油公司（BP）持有的资产规模最大。BP持有俄罗斯石油公司19.75%的股份；BP与俄罗斯石油公司拥有东西伯利亚Taas-Yuryakh石油项目20%的股份，拥有2016年成立的Yermak Neftegaz 49%的股份，拥有Kharampur项目49%的权益。俄乌冲突发生后，BP最先公开表示，将出售俄罗斯石油公司19.75%的股权。此后，国际石油公司的撤资行动开始蔓延。壳牌宣布退出与俄罗斯天然气工业股份公司（Gazprom）及相关实体的合资企业，包括其在萨哈林2号（Sakhalin-2）液化天然气设施中27.5%的股份、Salym石油开发公司和Gydan能源公司中各50%的股份。Sakhalin-2是壳牌在俄罗斯最大的投资项目。Sakhalin-2是世界上最大的综合性、以出口为导向的油气项目之一，也是俄罗斯第一个海上天然气项目。壳牌拥有Sakhalin-2合资企业27.5%的股份。其他投资者包括俄罗斯天然气工业股份公司、日本三井和三菱。道达尔在俄罗斯的投资非常广泛，目前没有表态撤资，但声明不再参与俄罗斯新项目的融资。埃克森美孚在俄罗斯也有庞大的投资，在俄资产估值约为40亿美元，仅为其上游资产的2%。最重要的资产是位于俄罗斯远东地区的萨哈林油气项目（Sakhalin-1）（拥有30%的股份）。大宗商品贸易集团嘉能可拥有俄罗斯铝业联合公司控股股东EN+ Group 10.55%的股份。嘉能可还拥有俄罗斯石油公司不到1%的少量权益。不过，通常而言，贸易商会利用局势动荡，通过贸易操作规避制裁而获益。对于未来前景莫测的俄罗斯油气市场而言，不确定性正在增加，市场变局更加显著，这将对未来的天然气供应带来前所未有的压力。

（三）国际大油气公司关注 CCUS 项目

国际大油气公司一直是碳捕集、储存和利用（CCUS）技术的早期开发者，使用该技术来减少石油和天然气开采中的二氧化碳排放。国际大油气公司埃尼、埃克森美孚、壳牌、BP、道达尔和雪佛龙等的低碳战略将 CCUS 视为实现净零目标的关键碳减排工具。据估计，这些能源巨头将在未来 5~6 年内将其总资本支出的较大一部分用于进行低碳商业投资，其中包括 CCUS。

埃克森美孚、壳牌、BP、道达尔、雪佛龙这五大巨头已经开始建立 CCUS 投资组合。目前，虽然只有 4 个涉足专业商业项目运营，但有 40 多个项目正在规划。它们正在通过参与整个 CCUS 价值链扩大业务范围，并通过与全球不同公司合作，以期在未来几年内进一步增强在 CCUS 方面的实力。雪佛龙已经投资总部位于美国的 Carbon Clean 和加拿大的 Caron Engineering，埃克森美孚支持开发碳去除技术的美国公司 Global Thermostat。

国际大油气公司积极参与到西北欧洲国家宣布的主要工业中心项目中，包括 Net Zero Teesside、Hynet Northwest、Zero Carbon Humber、Acorn 以及 Longship 等。雪佛龙在欧洲没有项目，因为该公司专注于北美（美国）和澳大利亚。壳牌和英国石油公司（BP）是仅有的两家在亚洲有项目的公司。壳牌宣布在新加坡建立生物燃料产业集群，BP 着眼于对其在印度尼西亚的 Tangguh LNG-EGR 项目进行大规模开发。这两个项目目前都处于预可行性研究阶段。此外，壳牌宣布与马来西亚国有公司 Petronas 达成合作协议，共同探索砂拉越地区多产的水域，以建立一个潜在的 CCUS 中心。埃克森美孚是唯一一家通过卡塔尔液化天然气 CCUS 项目在中东开展业务的巨头。该公司还计划在全球不同地点建立大型工业中心项目，包括美国墨西哥湾休斯敦附近、新加坡以及与马来西亚国家石油公司的合作。

按照国际能源署（IEA）的净零预测场景，即使规划中的项目全部投运，2030 年的碳捕集率仍不足预计总量的 15%。规划项目能否投运仍具有较大不确定性。第一，多数 CCUS 项目需要政府资金资助；第二，CCUS 项

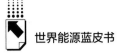
目的开展取决于现有碳存储能力，目前，能力不足将抑制 CCUS 项目的投资；第三，公众对 CCUS 的认识和接受水平有待提高，尤其是在一些陆上地区进行碳存储往往会遭到抵制。

因此，该技术的发展一是需要出台更多扶持政策，为 CCUS 投资创造更具持续性和可行性的市场。二是发展 CCUS 产业集群，共享基础设施。三是大力发展碳储存。考虑到欧洲碳税不断上调，未来十年，碳储存很可能供不应求。

B.5

2021年世界煤炭市场回顾与展望：
全球燃煤发电和煤炭价格现状及趋势

宋 梅 李梦雪 赵鑫鑫*

摘 要： 能源是经济社会发展的动力，"碳中和"目标提出后，全球能源低碳化转型力度显著加大，非化石能源发展迅速。2021年，在极端天气、新冠肺炎疫情以及地缘政治格局动荡的背景下，全球因能源转型造成的能源供应紧张情况频频出现，欧洲天然气、石油价格的暴涨拉动了燃煤发电需求的增长以及煤炭价格的上涨。国际能源署（IEA）指出，2021年，全球煤炭消费同比增长6%，其中，燃煤发电量和国际市场煤炭价格均创下历史新高。在"碳中和"进程中，各国必须重新审视煤炭、石油和天然气等传统化石能源在能源转型中的角色，对煤炭的准确定位有助于形成确保经济和社会安全的新型低碳能源系统。电力行业是非化石能源替代煤炭最关键的领域。本报告聚焦全球燃煤发电和煤价现状，重点分析主要国家燃煤发电的政策措施，研判"碳中和"背景下未来全球燃煤发电和煤价变动趋势。

关键词： 能源系统 低碳转型 燃煤发电 煤炭价格

---

* 宋梅，管理学博士，中国矿业大学（北京）教授、博士生导师，主要研究方向为能源经济管理、资源型城市转型等；李梦雪、赵鑫鑫，中国矿业大学（北京）硕士研究生，主要研究方向为能源经济管理、区域低碳发展。

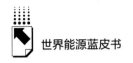

一　煤炭消费：燃煤发电需求创历史新高，全球煤炭消费强劲反弹

（一）经济超预期复苏拉动煤炭消费增长

1. 全球煤炭消费强劲反弹

2020 年，受疫情以及各国新能源发展的影响，全球煤炭共消费 72.13 亿吨。据国际能源署（IEA）发布的《煤炭 2021》（Coal 2021），2021 年，全球煤炭消费量将同比增长 6%，约 76.46 亿吨原煤，与 2008 年全球金融危机发生前的水平相当，煤炭需求增量比所有可再生能源需求增量总和高出 60%。2010~2021 年世界煤炭消费变化情况如图 1 所示。

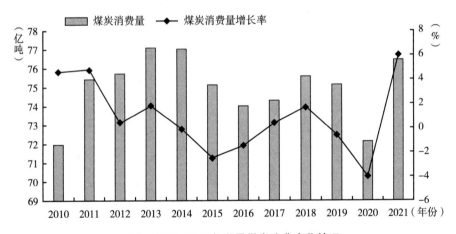

图 1　2010~2021 年世界煤炭消费变化情况

资料来源：《BP 世界能源统计年鉴》，第 69 版，英国石油公司，2020；刘玲玲《回顾与展望：2021 年的"煤炭热"将持续至 2024 年》，《中国煤炭报》2021 年 12 月 28 日，第 007 版。

过去几十年，新兴经济体煤炭消费量的增加通常会抵消发达国家煤炭消费量的减少，但在 2021 年，新兴经济体与发达国家的燃煤发电量均有所增加。究其原因有以下三点。一是经济恢复动能增强。疫情背景下，各国相继放松政策管制以刺激经济复苏，预计 2021 年，全球 GDP 增速可达 5.8%①，其中，中国 GDP 同比上涨 8.1%，美国上涨 5.1%②，由于全球经济复苏的速度超出预期，全球 GDP 增速达到近 50 年来的最高水平。二是气候原因。除寒冷的冬季和炎热的夏季等季节性原因导致电力需求增加之外，由于降雨量减少、风力减弱等不可控因素，一些国家和地区可再生能源发电量减少，进一步推动燃煤发电量需求增加。三是天然气价格暴涨。全球经济复苏导致工业生产和消费强势反弹，然而，全球天然气产能并未因需求骤增而显著增加，推动天然气价格暴涨至历史最高水平，进而推动燃煤发电需求量增加。

2. 中印美推动煤炭需求增加

2021 年，煤炭需求增加主要由中国、印度和美国三个国家推动。其中，中国的煤炭消费量为 41.08 亿吨，同比增长 3.7%（见图 2），预计印度和美国的煤炭消费量都将同比增长 17%③。

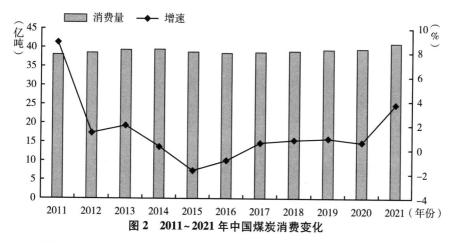

图 2　2011~2021 年中国煤炭消费变化

资料来源：中华人民共和国国家统计局。

---

① 刘玲玲：《回顾与展望：2021 年的"煤炭热"将持续至 2024 年》，《中国煤炭报》2021 年 12 月 28 日，第 007 版。
② 《中美俄 GDP 数据公布：美国 23.03 万亿，俄罗斯 1.77 万亿，中国呢？》，网易，https：// www.163.com/dy/article/H4DBMHLS0552ZN2V.html。
③ 《中美俄 GDP 数据公布：美国 23.03 万亿，俄罗斯 1.77 万亿，中国呢？》，网易，https：// www.163.com/dy/article/H4DBMHLS0552ZN2V.html。

全球煤炭消费在很大程度上由中国和印度决定。2020年，中国煤炭消费量占全球消费量的54.3%，印度占11.6%。

印度政府智库机构称，短期内，印度煤炭需求仍将继续增长。由于燃煤发电需求不断增加，从2022年起，预计印度电力煤炭需求将以4%的年增长率不断上涨，到2030年，印度煤炭需求总量有望增至11.92亿~13.25亿吨[①]。2011~2020年印度煤炭消费变化见图3。

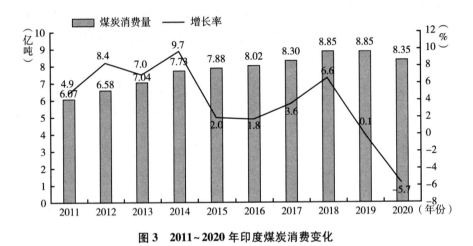

图3　2011~2020年印度煤炭消费变化

资料来源：《BP世界能源统计年鉴》，第70版，英国石油公司，2021。

（二）全球煤电增幅强劲，燃煤发电量创历史新高

1. 全球燃煤发电量创历史新高

2015~2021年全球燃煤发电量及占比见图4。2020年，全球电力需求同比下降0.5%，疫情的原因加上天然气价格走低，导致燃煤发电量同比下降4.1%（即404.8太瓦时）。2021年，全球电力需求增幅为6%，这是自2010年以来电力需求增长最强劲的一年。预计2021年全球燃煤发电量将同比增长9%，创历史新高。在全球电力结构中，燃煤发电占比将达到36%。其

[①]　《印度煤炭需求不断攀升》，北极星能源网，https：//news.bjx.com.cn/html/20220113/1199122.shtml。

中，印度和中国的燃煤发电量将同比分别增长 12% 和 9%，创下两国的历史新高。

图 4　2015～2021 年全球燃煤发电量及占比

资料来源：《BP 世界能源统计年鉴》，2016～2021 年。

预计 2021 年，燃煤发电量和天然气发电量将满足全球电力需求增长的 61%。天然气供不应求以及暴涨的天然气价格促使燃煤发电强劲反弹。尤其是在美国以及欧盟地区，后疫情时代经济复苏对电力需求骤增，打破了燃煤发电量连续多年的下降态势。

2. 中国煤电紧缺

自 2021 年 9 月中旬以来，中国广东、江苏、辽宁、吉林等地相继发布程度不等的限电措施，电力形势骤然趋紧。

受电煤紧缺、新能源发电能力偏小以及电力负荷增长等因素影响，东北电网电力供应持续紧张。东北电网调度部门直接下达指令执行"电网事故拉闸限电"[①]。截至 2021 年 8 月底，东北三省煤电装机、并网风电和并网光伏容量分别为 7520 万千瓦、2353 万千瓦和 1101 万千瓦。然而，8 月，东北

---

① 《火电缺煤，风电"看天吃饭"东北巨大电力缺口待填补》，《第一财经日报》2021 年 9 月 29 日，第 A06 版。

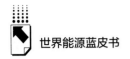
三省最大用电负荷为 6445 万千瓦，东北地区供给侧出现电量短缺的情况①。

2021 年 1~8 月，中国全国火力发电量为 38723 亿千瓦时，占比为 71.85%；其余的电力来自新能源以及清洁能源。其中，水电、风电、核电和太阳能发电占比分别为 14.13%、6.77%、5.01% 和 2.23%②。然而，无论是水力发电、风力发电还是光伏发电，都严重依赖自然条件，具有较强的随机性和不确定性。煤炭是主要的火力发电燃料，东北地区的电力结构以煤电为主，煤电的安全稳定供应是保障东北地区能源体系的基础。

作为全球最大的煤炭出口国，印度尼西亚在 2021 年 12 月公布的禁令中规定 2022 年 1 月 1~31 日禁止煤炭出口。1 月 1 日，印尼能源部通知所有港口将煤炭储存起来（涉及正在装运以及尚未装运完毕的运煤船），供给国内发电厂和独立发电商（IPP），1 月内禁止煤炭出口，以保障国内电力供应。

印尼能源部表示，印尼居民用电供应非常紧缺，国家电力公司和独立电企的煤炭库存较少，如果不采取战略行动，国内就将出现大面积停电的情况，政府决定限制煤炭出口。

2022 年 1 月 10 日，印尼政府重新恢复煤炭出口，并通过征收煤炭税协助国家电力公司以市价购入煤炭。

二 煤炭价格：国际市场煤炭价格创新高

在煤炭需求低迷和天然气价格持续走低双重因素的刺激下，2020 年第二季度，国际市场动力煤现货交易价格跌至每吨 50 美元，第三季度的情况与第二季度类似。在价格持续走低的刺激下，许多煤矿关停导致产量减少，推动价格回稳③。2021 年是经济重启和复苏的一年。各国经济逐步复苏，对

---

① 叶春：《从电力供需看 2021 年拉闸限电》，《中国电力企业管理》2021 年第 25 期，第 40~44 页。

② 《2021 年 1-8 月全国发电量及发电结构统计分析》，华经情报网，https://www.huaon.com/channel/distdata/751550.html。

③ 刘玲玲：《回顾与展望：2021 年的"煤炭热"将持续至 2024 年》，《中国煤炭报》2021 年 12 月 28 日，第 007 版。

煤炭的需求大幅增加，煤价开始走高，全球动力煤价格亦于 10 月创历史新高。

（一）国际市场煤炭价格创历史新高

2021 年，在电力需求增长的推动下，再加上极端天气导致主要产煤国煤炭生产和出口暂停，全球煤炭市场供应整体吃紧，导致煤炭价格飙升。截至年中，三大国际煤价即澳大利亚纽卡斯尔港 5500 大卡动力煤现货价、南非理查德港 5500 大卡动力煤现货价以及欧洲 ARA 三港 6000 大卡动力煤现货价均呈现上扬态势（见图 5）。

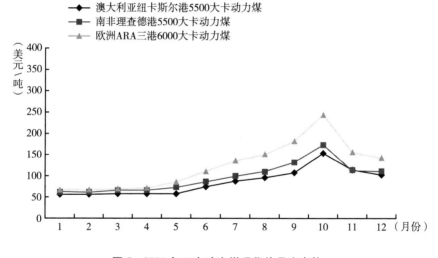

图 5 2021 年三大动力煤现货价月度走势

资料来源：国际煤炭网。

事实上，自 2021 年初起，受疫情后需求反弹速度和程度超出预期，以及许多澳大利亚生产商增产受阻碍等因素的影响，澳大利亚动力煤供应一直比较紧张，导致 6~7 月煤炭价格迅速飙升；7 月 22 日，南非理查德港 5500 大卡动力煤现货价达到 130 美元/吨，创下 10 多年来的最高水平，南非暴力骚乱事件的发生导致向理查德港口运煤的铁路被迫暂停，出口量整体低于

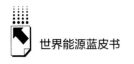
2021年同期。根据南非海关公布的数据，2021年1~5月，南非理查德港出口煤炭总量为2606万吨，同比下降8.9%；截至7月23日，欧洲ARA三港6000大卡动力煤现货价达到138.99美元/吨，一周之内涨幅高达19.17%[1]。

2021年10月初，国际市场供需矛盾加剧，国际动力煤价格继续上涨且涨幅有所扩大。由于澳大利亚煤出口量远远满足不了国际终端需求，澳大利亚纽卡斯尔港5500大卡动力煤价格继续上行；南非煤出口量仍受限，与此同时，以印度为代表的终端用户的采购需求不断增加，推动南非理查德港5500大卡动力煤价格强势上涨；欧洲地区天然气和新能源出力不及预期，终端耗煤需求继续攀升，欧洲ARA三港6000大卡动力煤价格也明显上涨。截至10月8日，澳大利亚纽卡斯尔港5500大卡动力煤现货价为244.11美元/吨；南非理查德港5500大卡动力煤现货价为227.78美元/吨；欧洲ARA三港6000大卡动力煤现货价为254.4美元/吨，国际煤价纷纷创下历史新高[2]。

2021年12月初，国际市场需求形势不同，但整体偏弱，国际动力煤价格涨跌互现，以降为主。截至12月10日，澳大利亚纽卡斯尔港5500大卡动力煤现货价为157.65美元/吨；南非理查德港5500大卡动力煤现货价为130.43美元/吨；欧洲ARA三港6000大卡动力煤现货价为123.4美元/吨。据中国煤炭市场网监测，随着国际市场需求反弹，2021年最后两周，国际煤价出现小幅止跌回升的态势[3]。

推动国际市场煤炭价格持续创新高的主要因素有：①各国经济复苏导致能源需求激增、供应链中断以及天然气价格暴涨；②疫情后，全球各国均大幅释放流动性，推动全球大宗商品价格上涨；③各国走出疫情影响的节奏不同，致使煤炭供需出现明显错配；④亚太地区煤炭主要生产国的增速逐步放缓，叠加东亚国家的煤炭消费量持续增长。

---

[1] 《行业机构普遍预期：国际煤价下半年进入下行通道》，《中国能源报》2021年8月2日，第006版。
[2] 《上周国际三港动力煤价格涨幅扩大》，中国煤炭市场网，https://coal.in-en.com/html/coal-2606747.shtml。
[3] 《国际三港动力煤价格涨跌互现》，中国煤炭市场网，https://coal.in-en.com/html/coal-2609236.shtml。

（二）我国煤价经历"先涨再跌后涨再跌"的"M"字形走势

2021年，我国动力煤供需矛盾持续，动力煤价格走势波动较大。整体来看，受安全生产、环保及疫情防控趋严等因素的影响，动力煤供应缺口扩大，煤炭价格快速上涨。10月，各主管部门密集出台调控政策，保供稳价政策频繁发布。受政策调控及煤矿产量持续快速增加影响，动力煤价格快速回落。2021年，煤炭价格出现"先涨再跌后涨再跌"的行情，大起大落巨幅波动（以秦皇岛港动力煤现货离岸价为例，见图6）。

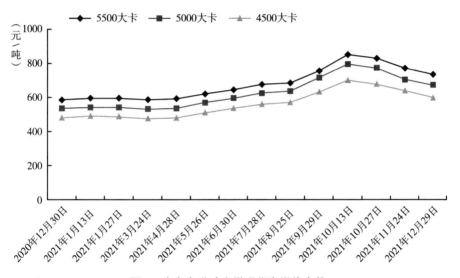

图6 秦皇岛港动力煤现货离岸价走势

资料来源：国际煤炭网。

1. 第一阶段（年初至1月中旬）：上涨阶段

主要影响因素：在新冠肺炎疫情的影响下，主产地供应无法及时恢复，而年初正值冬季用煤高峰，市场出现供应短缺，秦皇岛港存煤一度降至400万吨以下，市场供不应求导致动力煤价格上涨。从2020年12月30日至2021的1月13日，秦皇岛港5500大卡动力煤价格由590元/吨上涨至605元/吨，累计每吨上涨15元。

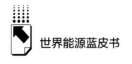

2. 第二阶段（1月下旬至3月初）：短期回调阶段

主要影响因素：在保供政策的指导下，产地复产加速，供应逐渐恢复。但此时，受疫情影响更大的是东南沿海地区，工业企业复产但未达产，沿海电厂日耗煤处于40万~50万吨的低位水平，加之进口煤大量涌入，造成市场供大于求。

3. 第三阶段（3月中旬至8月底）：缓慢上涨阶段

主要影响因素：随着保供政策退出，加之产地煤管票限制及进口资源补充作用有限，国内煤炭供应出现紧张局势。伴随着国内经济形势向好，下游拉动需求强劲，煤价延续涨势。

4. 第四阶段（9月初至10月中旬）：加速上涨阶段

主要影响因素：尽管煤炭保供政策和措施不断加码，但是产能释放增量不能满足需求，在产地市场供应依然紧张的情况下，煤炭供需紧张的基本面支撑市场煤价高位运行。

5. 第五阶段（10月下旬至11月上旬）：断崖式下跌阶段

主要影响因素：动力煤价格出现极端行情，价格水平频频刷新历史最高纪录，甚至开始冲击和影响国计民生。为确保煤炭生产和供应，中央和地方主管部门多措并举，在保障安全生产的前提下，推动内蒙古等地具备增产潜力的煤矿释放产能，铁路港口加快运输，快速改善了国内煤炭市场严重短缺的局面。

6. 第六阶段（11月中旬至12月末）：自主下降阶段

主要影响因素：进入11月之后，在一系列"保供稳价"举措的影响下，煤炭产量已经稳步释放（原煤产量增长、进口量超预期增加以及煤炭供应快速增加），而对包括发电用煤在内的动力煤的消费全面进入负增长状态，导致国内动力煤市场出现阶段性供大于求的局面，动力煤价格快速回落。

整体来看，2021年，煤炭价格出现"先稳—慢涨—暴涨—暴跌—趋稳"的行情。从形态上看，煤炭价格出现"上缓坡、冲陡坡、悬崖式暴跌的过山车"走势，第四季度出现大起大落，巨幅波动，主因还是供需结构矛盾，外加市场炒作、资本驱动，这导致煤价短时出现巨幅波动，另外，其他大宗商品价格的带动、期货盘面的投机性炒作间接促使价格波动[①]。

（三）中国"保供稳价"措施引导国际煤炭价格回归合理区间

2021年3月，我国保供政策陆续退出，产能释放脚步放缓，煤炭市场供不应求的局面拉动煤价开始缓慢上涨。5月，国务院常务会议多次表态，保障大宗商品供应，遏制价格不合理上涨，并从三个方面对煤价过高问题进行调控：①加强对期现货市场的联动监管，排查异常交易和恶意炒作行为；②要求在安全生产的前提下，合法合规释放优质煤炭产能，加大铁路发运力度，增加市场供应；③国家发改委对下游企业召开会议，从需求终端缓解电煤供应紧张的问题。上述措施对保障煤炭供应起到了一定的支持作用，但是由于上半年制造业增长迅速，动力煤的供需矛盾仍未解决。

对于愈发紧张的动力煤供应形势，8月，国家发改委推动晋蒙地区核增产能超4.6亿吨，然而，由于核增产能的滞后性，8月，国家原煤产量虽有所恢复但并未解决根本问题。9月后，动力煤供需矛盾加剧，动力煤价格开始非理性上涨。针对全国多地出现的电厂缺煤以及居高不下的动力煤价格，国家发改委于10月6日、7日出台增产保供政策，对晋陕蒙主产地提出共计1.9亿吨的增产保供任务，其可在安全条件允许的情况下提前生产。然而，动力煤价格并未回归理性。

国际煤炭价格于2021年10月创历史新高，主要原因是中国经历了供不应求的"煤荒"阶段。面对煤炭价格的一度疯涨，国家发改委、国资委等多部门纷纷采取措施稳定煤价。10月中旬，国家发改委连续发文，协同其他部门密集出台各项政策对煤炭生产和运行进行合理合法的干预和引导。此外，江苏等部分省区市的能耗双控约束也在一定程度上抑制了动力煤的消耗。2021年10月20日，秦皇岛港5500大卡动力煤价格开始回落，仅仅10天动力煤价

[①] 《2021年煤炭市场回顾》，新疆煤炭交易中心网站，http：//www.xjcec.com/c/2022-01-23/540076.shtml。

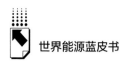

格就下降了50%，从2600元/吨的高点回落至10月末的1300元/吨。

中国政府为平衡市场而进行的快速政策干预对煤炭价格产生了直接影响，自2021年10月下旬起，煤价企稳回落态势明显，带动国际煤价逐渐回归合理区间。

三 主要国家煤电政策分析

（一）中国

2021年至2022年1月中国煤电相关政策见表1。

表1 2021年至2022年1月中国煤电相关政策

日期	发布部门	政策名	相关内容
2021年2月2日	国务院	《国务院关于加快建立健全绿色低碳循环发展经济体系的指导意见》	继续提升大容量、高参数、低污染煤电机组容量占煤电装机容量的比例；严控新增煤电装机容量
2021年4月19日	国家能源局	《2021年能源工作指导意见》	从严控制东部地区、大气污染防治重点地区新增煤电装机规模，适度合理布局支撑性煤电，持续推动煤电节能减排改造
2021年9月22日	中共中央、国务院	《中共中央 国务院关于完整准确全面贯彻新发展理念做好碳达峰碳中和工作的意见》	严控煤电装机规模，统筹煤电发展和保供调峰，加快现役煤电机组节能升级和灵活性改造
2021年9月27日	中国国家铁路集团有限公司办公厅、国家发展改革委办公厅	《国家发展改革委办公厅 中国国家铁路集团有限公司办公厅关于做好发电供热企业直保煤炭中长期合同全覆盖铁路运力保障有关工作的通知》	2022年，对电煤中长期合同兑现率高、发货均衡的企业优先配置铁路运量
2021年10月8日	中共中央、国务院	《黄河流域生态保护和高质量发展规划纲要》	推进煤炭清洁高效利用，严格控制新增煤电规模，加快淘汰落后煤电机组
2021年10月11日	国家发展改革委	《国家发展改革委关于进一步深化燃煤发电上网电价市场化改革的通知》	燃煤发电原则上要全部进入电力市场，形成"市场煤""市场电"的煤电市场格局。同时，扩大燃煤发电市场交易价格浮动的范围

续表

日期	发布部门	政策名	相关内容
2021 年 10 月 24 日	国务院	《2030 年前碳达峰行动方案》	新建机组煤耗标准达到国际先进水平,严格控制新增煤电项目,有序淘汰煤电落后产能
2021 年 10 月 29 日	国家发展改革委、国家能源局	《国家发展改革委 国家能源局关于开展全国煤电机组改造升级的通知》	以区域电网为基本单元,在相关地区妥善安排配套煤电调峰电源进行改造升级,提升煤电机组运行水平和调峰能力;到 2025 年,全国火电平均供应煤耗降至 300 克标准煤/千瓦时以下;加快改造供电煤耗超过 300 克标准煤/千瓦时的煤电机组,淘汰关停无法改造的机组,并视情况将具备条件的转为应急备用电源;"十四五"期间改造规模约为 3.5 亿千瓦
2021 年 11 月 19 日	国家发展改革委、科技部、工业和信息化部、自然资源部、国家开发银行	《"十四五"支持老工业城市和资源型城市产业转型升级示范区高质量发展实施方案》	稳妥有序推进煤炭减量替代,统筹煤电发展和保供调峰,保障能源供应安全
2021 年 11 月 27 日	国务院国资委	《关于推进中央企业高质量发展做好碳达峰碳中和工作的指导意见》	统筹煤电发展和保供调峰,严格控制煤电装机规模,推动煤电向基础保障性和系统调节性电源转型
2021 年 12 月 23 日	中共中央办公厅、国务院办公厅	《关于做好 2022 年元旦春节期间有关工作的通知》	统筹安排好煤电油气运保障供应,切实增加煤炭特别是电煤供应
2022 年 1 月 30 日	国家发展改革委、国家能源局	《国家发展改革委 国家能源局关于完善能源绿色低碳转型体制机制和政策措施的意见》	推进煤电机组节能提效、超低排放升级改造,合理建设先进煤电机组;在允许燃煤供热的区域鼓励建设燃煤背压供热机组,探索开展煤电机组抽汽蓄能改造;有序推动落后煤电机组关停整合;加大燃煤自备机组节能减排力度;完善火电领域二氧化碳捕集利用与封存技术研发和试验示范项目支持政策

资料来源：笔者根据中华人民共和国中央人民政府网及国家发展改革委网站等的相关资料整理得到。

国家能源局在关于政协第十三届全国委员会第四次会议第 0481 号《关于"碳中和"目标下煤电产业高质量发展的提案》答复的函中指出，煤电是极端条件下顶峰发电的重要支撑，在保障我国能源安全方面还将发挥基础和兜底作用，在一定时期内，煤电在我国电力结构中的基础性地位仍将保持。在实现"碳达峰""碳中和"目标过程中，为满足经济社会发展以及新能源大规模高比例发展的调峰需求，在严控煤电项目的前提下，仍需要发展一部分为服务风电、太阳能发电消纳的调峰机组和为电网安全保供的支撑性机组。[①] 对电力系统而言，为确保充足的调峰能力，煤电将长期存在，即使实现"碳中和"，我国仍将保留一定容量的煤电机组。我国正多措并举加快推动煤电由电量主体电源向支撑性、调节性电源转型。

（二）印度

1. NEP 草案：逆势新增燃煤电厂

印度在 2021 年对国家电力政策进行修订，出台"NEP 2021"，这是印度对 2005 年国家电力政策的首次修订。根据"NEP 2021"，基于对发电成本方面的考量，印度极有可能建造新的煤电厂。

2020 年，印度煤炭在电力生产中的贡献下降，这标志着煤炭发电的几十年增长"已经偏离"。尽管如此，煤炭的发电量仍占印度年发电量的约 3/4。印度发电量前三的能源的发电情况见图 7。

NEP 草案指出，尽管印度致力于通过非化石能源发电来增加容量，但由于煤炭仍是该国最便宜的发电资源，煤炭发电容量仍有可能增加。

2. 煤电仍是印度电力行业的主要驱动力

2020 年，印度政府提出给予煤炭发电政策支持，对煤炭进口、生产等领域的税费进行减免，减税达 400 卢比/吨（约合 5.32 美元/吨），以减轻印度煤炭企业的财政压力[②]。目前，印度 70% 的电力仍然来自煤炭发电，未

① 《国家能源局回复〈关于"碳中和"目标下煤电产业高质量发展的提案〉》，北极星火力发电网，https://news.bjx.com.cn/html/20220225/1206586.shtml。

② 《印度计划减税挺煤》，东方财富网，https://finance.eastmoney.com/a/202001091351392638.html。

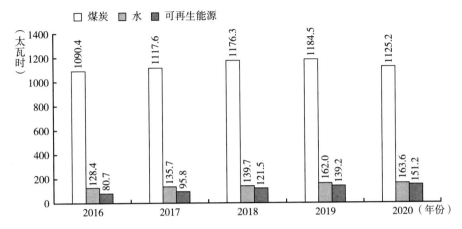

图 7　印度发电量前三的能源的发电情况

资料来源：《BP 世界能源统计年鉴》，2017~2021 年 。

来 10 年，煤电仍将是印度电力行业基础设施投资的主要驱动力。

截至 2021 年 4 月中旬，印度在建的燃煤电站项目有 40 个，装机容量为 61 吉瓦，总投资为 402 亿美元；规划中的燃煤电站项目为 73 个，装机容量达 124 吉瓦，总投资超 800 亿美元。预计 2030 年，印度燃煤发电量将增至 1691 太瓦时，燃煤发电装机容量将达到 350.9 吉瓦，印度将成为全球燃煤发电量增幅最大的国家①。

印度煤炭公司的一个重要任务依旧是提高煤炭产能。印度煤炭公司将新增投资，以进一步增加公司的煤炭产量。2021 年初，该公司有 24 个运营项目和 8 个新开发项目，2021 年煤炭年产量合计达 1.93 亿吨②。与此同时，为了进一步改善煤炭运输条件，印度逐步加大对铁路及其他物流基础设施的投资力度。

近年来，在全球"减煤""减碳"的大形势下，全球主要投行相继暂停了对煤炭行业的投资，然而，印度国家银行仍坚持推进与阿达尼集团的融资协议，推进对澳大利亚最大煤矿 Carmichael 的开发和运营。

---

① 《印度逆势追捧煤炭：批量新建燃煤电站、继续为煤矿融资》，北极星火力发电网，https：//news. bjx. com. cn/html/20210428/1149834. shtml。
② 《印度逆势追捧煤炭：批量新建燃煤电站、继续为煤矿融资》，北极星火力发电网，https：//news. bjx. com. cn/html/20210428/1149834. shtml。

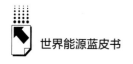

印度的电力行业、重工业、交通运输等关键领域严重依赖煤炭，未来，煤炭的主体能源地位仍将不断巩固。

（三）英国

1. 英国的"脱煤"之路

煤电在英国已经有接近 140 年的历史，可谓英国电力的"中流砥柱"，但是，近 40 年来，煤电在英国电力结构中的比重一路下滑，进入 21 世纪以来，英国"脱煤"速度加快。2012 年，煤电在英国电力构成中占 42%；2014 年，煤电占比降低至 33%；2015 年，煤电占比降至 25%。2015 年 11 月，英国政府决定在 2025 年前逐步关停燃煤电站，全面转向天然气和核能等污染程度更低的能源。2017 年，英国煤电占比仅为 7%。截至 2018 年 1 月，英国境内只剩下 8 个燃煤电站。

在全力"脱煤"的同时，英国大力发展非化石能源。英国于 2017 年实现全天不使用燃煤发电；2018 年，英国实现三天不使用煤电。这期间，英国主要依靠天然气、风能、核能、生物质燃料、太阳能发电以及进口电力维持社会用电和家庭用电。

2. 重新启用煤电

即使是可以三天不使用煤电也能保证电力稳定供应纪录的英国，在 2021 年欧洲能源危机中，也重新启用煤电以保证能源正常供应。

英国重新启用煤电的原因主要有两点。一是欧洲的天然气价格持续上涨。"脱煤"以来，英国依赖天然气发电，极易受到欧洲能源危机的影响。自 2021 年 5 月以来，欧洲天然气期货价格持续上涨，2021 年 9 月已大涨超过 1 倍。随着欧洲天然气价格飙升，英国增加了对煤炭的需求，为保证能源供应，英国不得不重新启用煤电。二是气候原因。英国的海上风电领域是能源转换的成功案例，过去十年里输出了 24 吉瓦时电量，足够大幅削减排放量，而且可以为 720 万个家庭供电。但是，极端气候带来的极度下压，让欧洲 2021 年夏日的风速变缓了。随着风力放缓，碳信用额度价格升至创纪录的高位，电力市场经历了极端动荡。在 2021 年 9 月英国能源发电总量中，风能发电量仅占 7%，与 2020 年风能发电量占发电总量的 25% 相比急剧下降[①]。2021 年，英国燃气和燃煤发电厂均已重新启用，以填补电力空白。英国电力公司 Drax 表示，随着能源系统承受的压力不断增加，煤电将在供电方面发挥关键作用。

全球在过去 5 年中经历了两次油价暴跌，加之化石燃料尤其是煤炭的长期投资不足，这种现象在那些致力于在 2050 年实现净零排放的发达国家中尤为明显。然而，2021 年，由于各方面原因，能源短缺，这些发达国家不得不抢夺煤炭、石油、天然气等化石燃料。由于还未完全实现能源转型，化石燃料价格的飙升使欧洲的主要耗能企业更易受到能源价格冲击的影响。

英国及欧洲的此次能源危机暴露了进行绿色能源转型的复杂性：实现净零排放，需要全球能源市场和整个能源系统改变，这并非一朝一夕就能实现的。在此之前，煤炭仍将继续为能源的稳定供应发挥作用。

四 全球燃煤发电和煤炭价格发展趋势

（一）煤炭仍将是全球最主要的发电能源

1. 2024年前全球煤炭需求仍将增加

煤炭仍将是一些国家最主要的发电能源，尤其是中国、印度和东南亚国家。预计 2022~2024 年，中国、印度和东南亚的燃煤发电量将分别增长 4.1%、11% 和 12%[②]。图 8 展示了全球分能源发电比重。

短期内，印度煤炭需求仍然难以达峰。预计从 2022 年起，印度煤炭需求将不断增加，在印度煤炭需求的增长过程中，电力需求的上涨将贡献 4%

[①] 《英国正全力投入风电，可是风突然停了！》，财富中文网，https://www.fortunechina.com/shangye/c/2021-09/23/content_397903.htm。

[②] 刘玲玲：《回顾与展望：2021 年的"煤炭热"将持续至 2024 年》，《中国煤炭报》2021 年 12 月 28 日，第 007 版。

的年增长率。到 2024 年，印度的煤炭消费量将增加 1.29 亿吨；到 2030 年，印度的煤炭消费量为 11.92 亿~13.25 亿吨的水平。短期内，印度的许多非电力行业（如钢铁行业）还无法找到替代能源。

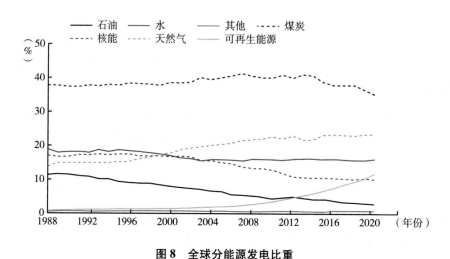

图 8　全球分能源发电比重

资料来源：《BP 世界能源统计年鉴》，第 70 版，英国石油公司，2021。

煤炭在能源结构中的作用将比此前预期的更为重要。由于煤炭需求国的拉动以及天然气价格仍将表现强劲等因素，预计 2022 年，全球煤炭总需求将创下新高，达 80.25 亿吨，煤炭消费的上升趋势或将持续到 2024年。预计 2024 年，煤炭需求将达到 80.31 亿吨，超过 2013 年的峰值，其中，中国的煤炭需求将比 2021 年增加 1.35 亿吨，印度将增加 1.29 亿吨，韩国将增加 5000 万吨。2024 年前，全球电力需求将保持年均 2.4% 的增速（增加 2099 太瓦时），新增燃煤和燃气发电量约为 220 太瓦时。就全球而言，电力需求增加的根本原因是经济增长的需要，而煤炭是全球最主要的发电能源。

2. 中国燃煤发电的趋势分析

（1）煤电仍将是电力结构的主力（2026 年前）

我国电力消费将以中速保持刚性增长，预计"十四五"期间，我国全社会用电量年均增速为 4.8%，电力行业用煤需求年均增长 2.4% 左右，到 2025 年，电力行业用煤需求为 25.2 亿吨左右[①]。"十四五"期间，用煤需求季节性波动强度进一步提升，电力安全仍将高度依赖电力燃料供应。从煤电承担高峰负荷的占比来看，2020 年是 73%，预计 2025 年达 62%[②]。

预计"十四五"期间，全国煤电装机容量新增 1.5 亿千瓦，2025 年，全国煤电装机容量达到 12.3 亿千瓦[③]。煤电装机达峰前，煤电机组应按照"增容控量"的原则安排运行，实现现有机组延寿及进行灵活性改造，并新增部分机组以满足电力平衡要求。

（2）全国煤电装机或将达峰（2026~2030 年）

"十五五"期间，随着储能技术和清洁可再生能源等加速发展，燃煤发电量的增速有限，呈倒"V"字形走势。预计"十五五"期间，我国全社会用电量年均增速达 3.6%。从燃煤作为兜底和调节能源的角度预测，"十五五"期间，全国煤电装机容量将新增 0.3 亿千瓦，并将在 2030 年达峰，达到 12.6 亿千瓦。从电量保障作用看，煤电发电量占比将由 2020 年的 64% 下降至 2030 年的 48%[④]，煤电发电量仍然占总发电量的近一半，煤电在电力保供中的重要地位短期内难以改变。预计电力行业用煤需求在 2030 年为 24.5 亿~25.3 亿吨[⑤]。

（3）煤电作为应急保供能源（2031~2060 年）

预计到 2060 年，我国经济总量将较目前翻两番，电力需求将翻一番，全社会用电量达到 15.7 万亿千瓦时，全社会最大负荷达到 24.7 亿千瓦[⑥]。

---

① 《研究认为：全国煤电装机 2030 年达峰》，《中国能源报》2022 年 1 月 24 日，第 011 版。

② 《国网能源研究院：预计"十四五"煤电装机新增 1.5 亿千瓦》，《中国能源报》2021 年 12 月 13 日，第 012 版。

③ 王圣：《我国"十四五"煤电发展趋势及环保重点分析》，《深度》2020 年第 3 期，第 61~64 页。

④ 《预计"十四五"煤电装机新增 1.5 亿千瓦》，中国水电网站，http：//www.hydropower. org.cn/showNewsDetail.asp？nsId=31682。

⑤ 《电力燃料需求预测及展望：预计 2025 年电力行业用煤 25.2 亿吨左右》，北极星能源网，https：//news.bjx.com.cn/html/20220322/1211804.shtml。

⑥ 《国网能源研究院：预计"十四五"煤电装机新增 1.5 亿千瓦》，《中国能源报》2021 年 12 月 13 日，第 012 版。

为保障未来我国电力系统的稳定和平衡，煤电减量需要稳妥推进。基于此，设置煤电削减基准情景和加速情景两种方案，2060 年，两种方案下，全国煤电装机容量分别为 8 亿千瓦、4 亿千瓦[①]。基准情景方案下，电力系统容量较为充裕，相对加速情景，充裕度提高 4.7%。高峰负荷平衡能力提高 3 亿千瓦，其能够提高在极端天气下的保供能力。另外，根据业内相关研究，我国拥有装机容量 11 亿千瓦的煤电机组，但是平均服役年限仅为 12 年，运行超过 30 年的机组仅占 1.1%，总量大但使用年限短，投资成本尚未完全收回。若快速削减煤电，则存在较大的金融、经济和社会风险[②]。平稳有序推进煤电削减有利于维持我国电力系统的稳定和减少社会经济风险。

（二）2022 年煤炭价格将逐步回归合理区间

1. 国际煤价或呈"前高后平"走势

中国在世界煤炭贸易中具有举足轻重的地位，中国的经济政策和经济环境的变化，都会给全球煤炭贸易带来不可小觑的影响。当其与供应中断相叠加时，这种波动性会被放大。中国的煤炭市场将在很大程度上决定全球的煤炭价格，因此，全球煤炭价格变化的关键是中国煤炭产业的供给侧结构性改革以及保供稳价政策的实施情况。

从供给端分析，2021 年，我国煤炭保供政策下核增的永久产能在 2022 年及以后陆续达产，后期国内煤炭供应将出现增量；与此同时，世界卫生组织对 2022 年全球疫情形势好转持乐观态度，全球煤炭结构性供给不平衡或将缓解；从需求端分析，随着我国"碳达峰""碳中和"目标不断推进，光伏、风电装机容量将出现上行趋势，会减少相当一部分煤炭需求。国际方面，欧美在经历本次"能源问题"后，或将重新把部分化石能源作为能源储备，后期，全球市场再度出现能源短缺的概率较小。从流动性分析，随着

---

① 孟之绪、张凯、袁家海：《气候和安全约束下中国煤电退出路径及成本》，《煤炭经济研究》2021 年第 7 期，第 13~21 页。

② 《国网能源研究院：预计"十四五"煤电装机新增 1.5 亿千瓦》，《中国能源报》2021 年 12 月 13 日，第 012 版。

以美联储为主的全球央行开始收紧货币政策，各国利率将逐步抬升，各类资产价格估值中枢将出现下移的情况。

综合以上分析，2022 年，全球煤炭价格大概率会在目前高位上有所回落，保持中高位运行，或将呈"前高后平"的走势[①]。

2. 国内煤价将逐步在合理区间运行

2022 年是"十四五"规划实施的第二年，也是我国开展"碳达峰""碳中和"行动的次年。动力煤市场将继续受碳排放与经济发展相平衡、煤炭中长期合同对发电供热企业全覆盖，以及主管部门对现货市场进行调控的影响，预计在新的一年里，在政策的支持下，国内煤炭供应将稳定增加，煤炭市场趋向供需平衡，煤价运行相对平稳。但是，受各种因素影响，季节性、区域性供求关系紧张的情况仍然存在[②]。

当前，在能源结构转型背景之下，火电的托底和煤炭的"压舱石"作用更加凸显。政府出台一系列措施引导煤价回归合理水平，2022 年，电煤中长期合同将执行新的长效定价机制，动力煤价格将在合理区间运行，煤炭行业必将在"变"中行稳致远。

---

① 《2022 年煤炭市场展望：增速减慢是大趋势》，同花顺财经，https：//field. 10jqka. com. cn/20220114/c635992191. shtml。

② 《2022 年煤炭市场分析及煤价预测》，国际煤炭网，https：//coal. in - en. com/html/coal - 2611193. shtml。

B.6
2021年世界电力市场：
供给、需求与新能源

马建胜 赵皓月*

摘 要: 2021年，中国GDP同比增长8.1%，全社会用电量为8.31万亿千瓦时，同比增长10.3%。2021年，国外疫情加剧，全球供应链连连收紧，我国出口增长超出预期，生产用电需求连续多月超出预期，第二产业用电量增长10%以上。从需求端看，全球电力需求增速与GDP增速基本保持同步增长，其中，第二产业用电量最大，极端天气频发、强发，全球平均气温创历史新高等进一步增加了居民的用电需求。从供给端看，2021年，中国发电结构依旧以火电、水电、风电、核电、光电为主。然而，在"碳达峰""碳中和"目标下，新能源（主要为风电、光电）装机量及发电量均大幅增长。2021年，无论是新能源发电还是传统火电，市场表现均大幅超过市场宽基指数。

关键词: 电力市场 电力需求 电力供给 电力消费 新能源

一 电力需求

（一）世界电力需求近况

在2020年世界电力需求小幅下降后，2021年，全球电力需求增长近

---

* 马建胜，中国能源研究会碳中和产业合作中心副秘书长；赵皓月，任职于中石油天然气四川销售分公司。

6%。2021年出现了有记录以来的最高的年度绝对增长（超过1.5万亿千瓦时），也是电力市场自2010年从全球金融危机中复苏以来的最大规模的相对增长。受到新冠肺炎疫情、各国积极应对气候变化等因素影响，全球能源供需失衡，进而导致能源价格上涨。加之强劲的经济增长、寒冷的冬天、炎热的夏天等因素，全球电力需求增速超过6%，这是自2010年从全球金融危机中复苏以来的最大增幅。2015~2024年世界电力需求变化见图1。

根据国际能源署发布的《电力市场》报告，相较2020年，2021年，主要批发电力市场价格指数翻了一番，同时，相比2016~2020年的平均值上涨了64%。在欧洲，2021年第四季度的平均批发电价是2015~2020年的4倍多。除欧洲外，日本和印度的电价也大幅上涨。能源需求的整体快速反弹令煤炭和天然气供应链紧张，推高了批发电价。

（二）世界电力需求预测

尽管可再生能源将满足未来几年全球电力需求的绝大部分增长，但这一趋势只会促使发电侧排放趋于平稳。种种现状都不足以使电力行业履行其作为全球经济脱碳主导力量的责任。需求持续强劲增长有三个主要原因：一是经济持续复苏；二是能源行业的反弹效应在2022年将继续（2021年采取的防疫措施或许抑制了电力需求）；三是2021年第四季度，基于供应短缺和能源价格高企的能源危机逐步缓解也将促进经济增长。然而，能源价格的变化和新冠肺炎疫情的发展是影响需求前景的主要不确定因素。随着反弹效应消失，能源效率措施开始显现效果，国际能源署预计2022~2024年全球电力需求平均每年增长2.7%，其中，2023年和2024年的全球电力需求增速将放缓，分别为2.6%和略高于2%。预计2022~2024年，大部分电力供应增长在中国，2022年，中国全社会用电量同比增长5%~6%，全社会用电增长量约占净增长总量的50%，其次是印度（占12%）、欧洲（占7%）和美国（占4%）。

由于电力需求强劲增长、可再生能源基础设施建设的不利条件以及天然气价格上涨，根据BP在2021年发布的《世界能源统计年鉴》，2021年，电

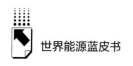
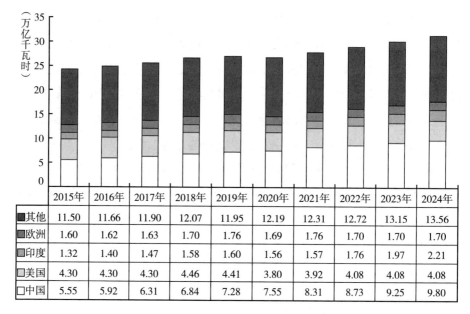

	2015年	2016年	2017年	2018年	2019年	2020年	2021年	2022年	2023年	2024年
■其他	11.50	11.66	11.90	12.07	11.95	12.19	12.31	12.72	13.15	13.56
■欧洲	1.60	1.62	1.63	1.70	1.76	1.69	1.76	1.70	1.70	1.70
■印度	1.32	1.40	1.47	1.58	1.60	1.56	1.57	1.76	1.97	2.21
□美国	4.30	4.30	4.30	4.46	4.41	3.80	3.92	4.08	4.08	4.08
□中国	5.55	5.92	6.31	6.84	7.28	7.55	8.31	8.73	9.25	9.80

图 1　2015~2024 年世界电力需求变化

资料来源:《电力市场报告》,国际能源署,2022 年 1 月。

力总量输出同比增长近 6%(约 9.8 万亿瓦时),这是自 2010 年以来的最高
增幅,煤炭发电量同比增长近 9%,创历史新高。同时,全球高成本天然气
发电量同比增长 2%,抵消了 2020 年的下降。2021 年,低碳发电量同比增
长 5.5%(约 5.55 万亿瓦时),其中 83%来自可再生能源。尽管天气条件不
利,2021 年可再生能源产量的绝对增长率为 6%,为历史最高。2022~2024
年的电力前景与 2021 年截然不同,假设天气状况恢复到长期平均水平,预
计未来几年可再生能源将成为电力供应增长的主要来源,平均每年增长
8%,到 2024 年可再生能源电力供应量将占全球电力供应总量的 32%以上
(2021 年为 28%)。国际能源署预计,2022~2024 年的电力前景与 2021 年截
然不同,低碳发电量占总发电量的比例将从 2021 年的 38%上升到 2024 年的
42%;预计到时化石燃料发电量将占总发电量的 58%,低于 2021 年的 62%;
预计到时燃煤发电量将占总发电量的 34%,低于 2021 年的 36%。

　　值得高兴的是,2021 年,全球发电量大约恢复至 2019 年疫情前的水

平，预计2024年前燃气发电量将以平均每年1%的速度增长，但这一增长主要发生在2023年，远期预测显示天然气价格将回归较低水平。2021年，全球电力行业排放激增，到2024年基本处于稳定持平状态。全球电力行业排放量在2019年、2020年下降之后，在2021年达到了新的历史峰值，煤炭是这一增长的主要驱动力，造成二氧化碳排放增长超过8亿吨。综上，需求增速放缓及2021年后低碳发电的持续增长，叠加气电和煤电排放量增速缓慢，2022~2024年年排放量增幅大大低于1%，预计到2024年，发电产生的二氧化碳排放量将超过13亿吨。

2021年，全球发电的碳排放量已增长1%，预计2022~2024年，碳强度将以平均每年2%的速度下降，这基于在此期间低碳能源可以满足许多经济发展需求，同时，尽管全球总碳强度在2021~2024年将下降78%，预计占全球消费量的95%，但减排幅度因地而异。使电力行业在整个能源发展的"脱碳"中发挥关键作用，就需要对能源效率和低碳供应进行大规模变革。

二 电力供给

2018~2021年全球按能源发电情况见图2。由于供需紧张，天然气和煤炭价格在2021年下半年升至多年来的高位，在供应上，天然气和煤炭产能都受到烦琐的维护工作和计划外停产的阻碍，北半球艰难的夏季市场导致天然气和煤炭储量增速放缓，价格在2021年下半年一路高歌猛进。2015~2021年全球发电量趋势见图3。

看向美国，天然气价格在2021年下半年增长了一倍多，达到4.6美元/百万英热单位，是2008年以来的最高。相比之下，煤炭价格水平较为稳定，相比2021年下半年涨幅低于6%，这无疑提高了煤电与燃气发电的成本竞争力，导致大量"煤改气"出现。根据2022年1月的需求预测曲线，2022~2024年，改善能源供应状况将给国内天然气价格带来压力，不过相比2018~2020年的情况，煤电仍然比气电具有竞争力。

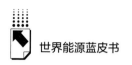

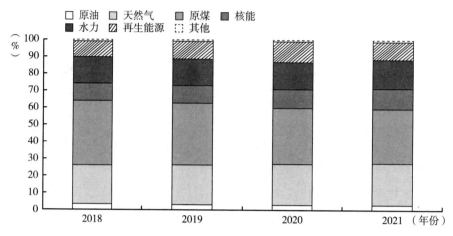

图 2　2018~2021 年全球按能源发电情况

资料来源：《电力市场报告》，国际能源署，2022 年 1 月。

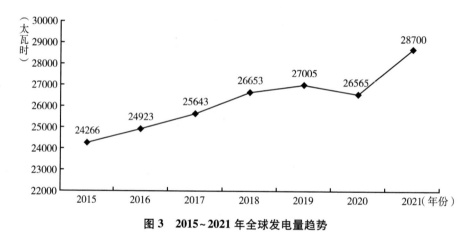

图 3　2015~2021 年全球发电量趋势

资料来源：《BP 世界能源统计年鉴》，第 70 版，英国石油公司，2021。

　　转向欧洲，由于供应难以满足高需求，而煤炭价格的影响紧随其后，荷兰转移基金（TTF）的天然气价格在 2021 年下半年创下历史新高。尽管欧盟和英国的煤炭价格均创历史新高，但较高的天然气价格加快了发电燃料从"天然气到煤炭"的转变，预计 2022~2024 年，天然气价格会比 2021 年平均下降 5%，这将提高气电和煤电的成本竞争力。欧盟和英国更高的天然气、煤炭和排放补贴将增加火力发电厂的发电成本并进一步提高电价。

综上所述，结合 EIA 在 2021 年发布的《短期能源展望》中的数据，和 2020 年相比，2021 年，美国煤电量增长了 19%，欧洲增长了 11%；美国的气电量下降了 3%，欧洲则平稳增长 4%。预计随着天然气价格缓和，煤电量将在未来几年再次下降。2021 年的欧美能源发展为发电灵活性分析提供了一个很好的样本。利用在不同燃料之间切换的能力，可以将其作为一个评估电力系统弹性的指标。这点在德国、荷兰和美国区域市场，天然气和煤炭的切换与发电成本差异之间显示出强烈的相关性。

再看向亚洲，2021 年下半年，日本和韩国天然气价格上涨势头不如其他地区强劲，而煤炭价格飙升至历史高点。根据预测曲线，燃煤发电将在中期内恢复成本竞争力，根据国际能源署在 2022 年 1 月发布的《电力市场报告》，预计 2022~2024 年，煤炭价格平均比 2021 年低 10%。

最后，煤炭市场收紧对中国和印度产生了严重影响。根据 IEA 的统计数据，到 2020 年，中国和印度将分别拥有 60% 和 70% 的煤电。国际天然气价格走高，多个主要电力市场频繁"煤改气"，在提振 2021 年下半年煤炭需求和价格的同时，印度尼西亚受洪水等影响限制了煤炭进口。高煤炭价格和有限的进口提升了其对当地煤炭资源的依赖水平。此外，2021 年 10 月，印度 80% 以上的燃煤电站的燃料储量达到临界水平，剩余煤炭的可利用时间不足一周，在季风季节前，电站的煤炭储量水平偏低。

三　新能源发电产业现状

（一）全球新能源增长情况

2021 年，全球核能发电量增长 3.5%，从 2020 年下降近 4% 的消沉中复苏。根据国际能源署在 2021 年 12 月发布的《可再生能源 2021》中的数据，预计 2022 年，可再生能源发电量同比增长 6%，在 7.9 万亿千瓦时以上，这一增长率略高于 2015~2021 年的平均年增长率。其中，由于受到来水量减少的影响，中国、巴西、美国、土耳其等水电大国的水力发电量减少，这限制了全球水力发电量的增长，与 2020 年相比，2021 年，水力发电量将保持稳定；同时，光伏发电的表现令人眼前一亮，尽管 2020 年大宗商品价格飙升增加了光伏的制造成本，但 2021 年新增光伏发电装机容量占比达 17%，创下 16000 万千瓦的年度新纪录；全球风力发电量增长 14%，接近 2200 亿千瓦时，然而由于风力不足，欧盟的风力发电量下降 3%，这也是 30 多年以来首次下降，同期，中国、印度和美国的风力产能增长，以正常风力条件弥补了其他主要市场增长放缓的波及影响。

尽管可再生能源的增长令人瞩目，但煤炭和天然气发电量创下了历史新高，导致全球电力行业的二氧化碳年排放量在前两年有所下降后再度反弹。

事实上，在新能源的发展程度及电力绿色水平逐步提高的当下，通常用电网新能源介入水平评价指标体系进行分析，以更好地反映现状，其中涉及新能源渗透率、新能源介入率、电源装机绿色水平和发电量绿色水平四种评价指标。2021 年，中国、欧盟及美国的电网新能源介入水平评价如表 1 所示，可以看出，欧盟的新能源介入率最高，处于世界领先地位，中国的新能源介入率高于美国；在新能源渗透率和发电量绿色水平两个指标上，中国低于美国，这是因为受到电源结构影响，在推动新能源装机快速发展的同时，我国需要进一步提高对火电的灵活调节能力，提高大电网的资源配置能力，如投建水蓄能和电化学储能等灵活性资源，并平衡新能源并网的系统成本。

表 1 电网新能源介入水平评价

	新能源渗透率(%)	新能源介入率(%)	电源装机绿色水平	发电量绿色水平
中国	8.70	20.60	0.35	0.12
欧盟	19.20	31.30	0.82	0.43
美国	11.40	14.70	0.22	0.17

资料来源：《BP 世界能源统计年鉴》，第 70 版，英国石油公司，2021。

（二）我国电力新型电力系统发展方向

2021 年，中国电力需求快速增长。全国全社会用电量为 8.31 万亿千瓦时，同比增长10.3%，增速远高于全球水平。国内制造业用电量为5.51万亿千瓦时，较上年增长9.1%；第三产业用电量为1.42万亿千瓦时，较上年增长17.8%；我国城乡居民用电量为1.17万亿千瓦时，同比增长7.3%。值得关注的是，新兴产业（如5G基站、数据中心等新型基础设施）具有高耗能、24小时不间断运行的特点，耗电量极大；"碳达峰""碳中和"目标下方兴未艾的光伏发电机组的部件生产制造过程亦表现出高耗能的特点。此外，半导体行业蓬勃发展、钢铁行业转型都将促进全社会用电量的增长。预计到2025年，新兴产业用电量占全社会用电量的比例为19.7%~20.5%，较2021年上升5个百分点左右，2021~2025年平均用电增量贡献率为35.3%~40.3%。根据华为发布的《5G电源白皮书》和工信部发布的《新能源汽车产业发展规划（2021—2035年）》，预计到2025年，5G基站与新能源汽车充换电服务峰值时刻的电力负荷需求达到143.9吉瓦，较2020年新增峰值电力负荷107.51吉瓦。

截至2021年12月，全国可再生能源发电累计装机容量为10.61亿千瓦，占全部电力装机容量的44.8%。其中，水电装机容量为3.91亿千瓦，占比达16.5%，全国规模以上工业企业水力发电量同比下降2.5%；风电装机容量为3.28亿千瓦，同比增长16.6%，占比达13.9%；太阳能发电装机容量为3.06亿千瓦，同比增长20.9%，占比达12.9%，均稳居世界第一。在中国2022年全国能源工作会议上，国家能源局表示要积极安全有序发展核电，计划建成福清6号、红沿河6号、防城港3号和高温气冷堆示范工程4台机组。自2021年3月中央提出加快构建以新能源为主体的新型电力系统后，电力行业呈现百家争鸣的态势。与传统电力系统相比，新型电力系统首先面临的是大规模新能源发电如何高效并网与消纳的问题。从可再生能源电力发电量看，2021年全年水电发电量为11840.2亿千瓦时，风电发电量为5667亿千瓦时，太阳能发电量为1836.6亿千瓦时，生物质发电量为1637亿千瓦时，核能发电量为4075亿千瓦时，全国可再生能源发电量总计约为2.5万亿千瓦时，但仅增加装机容量和发电量不是新型电力系统的主要需求，完成可再生能源电力总量消纳的责任权重才是关键。2021 年，全国消纳责任权重为 29.4%，实际完成 29.4%，其中，甘肃、新疆仍未完成最低消纳责任权重，完成权重与责任权重分别相差 2.6 个和 1.8 个百分点。2021 年我国发电量结构见图 4。

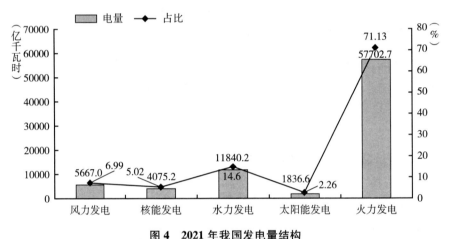

图 4 2021 年我国发电量结构

资料来源：对于电量数据，笔者根据中电联快报整理得到；占比为笔者计算所得。

综观 2012~2020 年我国能源消费情况总体增速稳定，平均增速为 2.84%，全社会用电量在 2016~2020 年的平均增速约为 6%。2012~2021 年我国社会用电总量与能源消费总量增速见图 5。电网工程投资受到配套电源建设受阻、投资监管趋严、国家环保政策收紧、国网严控投资等多重因素影响，2017~2020 年已连年呈现负增长态势（见图 6）。

在实现高比例新能源接入时，目前及长期需要关注的关键问题是，要结合电力系统特点和发展规模，科学定位不同类型的电源作用。诚然，我国各地的经济发展差异大，各地的电网结构、电源结构、负荷特性等的差异也较大，在大力发展新能源的当下，我国更应立足于各地的具体情况确定新能源合理利用率，有序发展具有系统灵活性的资源。一方面，需要加快煤电转型升级，基于经济性，科学合理地发挥各类电源技术的特点，推动电力安全、经济、绿色、高效发展，实现系统发电效率整体最优；另一方面，通过市场

图5 2012～2021年我国社会用电总量与能源消费总量增速

资料来源：笔者根据中电联快报数据计算所得。

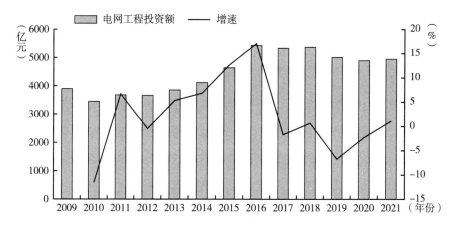

图6 2009～2021年我国电网工程投资额及增速变化情况

资料来源：对于电网工程投资额，2020年数据来源于中电联快报，其他年份的数据由笔者根据中电联公布的相关年份电力工业统计数据整理得到；增速为笔者计算所得。

机制促进新能源发展和消纳，以边际成本参与市场竞争，逐步加快建设日内实时电力交易市场。

从我国最近的新型电力系统建设相关政策看，2020年，我国能源消费产生的二氧化碳排放量占总排放量的88%左右，电力行业产生的二氧化

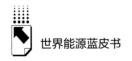
碳排放量占能源行业二氧化碳排放总量的 42.5% 左右,电力行业的"碳达峰""碳中和"进度直接影响我国"碳达峰""碳中和"目标的实现进程。目前,新能源的大规模并网,尤其是风、光等新能源具有出力的随机性、波动性及间歇性等特点,对电网可持续供电、安全稳定和生产经营带来重大挑战,进一步催化新型电力系统在"源、网、荷、储"等不同环节的建设、升级需求,加快储能侧技术发展及配套方案制定和落实,可缓解电网大规模接入的波动情况。此外,2021 年 12 月中央经济工作会议提出,2022 年要继续实施积极的财政政策和稳健的货币政策,保证财政支出强度;适度超前开展基础设施投资。新型电力系统作为"新基建"的重要组成部分,叠加"碳达峰""碳中和"目标需求驱动,建设进度有望进一步提速。

从我国目前新型电力系统发展方向看,一是,南方电网于 2021 年 5 月印发的《南方电网公司建设新型电力系统行动方案(2021—2030 年)白皮书》提出,2025 年前初步具备新型电力系统基本特征,2030 年前基本建成新型电力系统,2060 年前全面建成新型电力系统并不断发展,重点举措包括加快新能源接入、推动建设多能互补的电源体系、加快提升系统调节能力、建设分区互联主网架、建设智能调度体系、深化电能替代和低碳转型、推进需求侧响应能力、建立南方区域统一电力市场和辅助服务市场、加快数字电网建设等。二是,国家电网于 2021 年 7 月 31 日印发的《构建以新能源为主体的新型电力系统行动方案(2021—2030 年)》提出,2035 年基本建成新型电力系统,2050 年全面建成新型电力系统。重点任务包括加强各级电网协调发展、加强电网数字化转型、加强调节能力和灵活性建设、加强电网调度转型升级、加强源网协调发展、加强节能提效和电能替代、加快技术创新、推动全国统一电力市场建设和价格形成机制构建等。

综上,我国新型电力系统"新"在何处?本报告认为未来发展要包括以下五个要素,即新能源、新负荷、新电网、新技术与新市场(见表 2)。

表 2　我国新型电力系统发展方向

要素	内　　容
新能源	大面积接入更低的电压等级,全面接入配电网系统,随机性强,风光发电出力调节负荷更难,使系统功率平衡难度加大
新负荷	向柔性、产消型负荷转变,尤其是配套增加储能、可控负荷,以增强系统功率平衡能力
新电网	以分层、分区、分群互动的方式进行电网转变,配电网大量接入分布式电源和推进产消型配电网产生,源网荷储一体化增强,交直流混合并入大电网
新技术	静止电力电子装置和旋转同步电机共同运行,通过高度智能化运行调度将海量数据作为基础,实现源网荷协调配合
新市场	进一步开放电力市场现货交易,形成能涨能跌、实时变化的局面

资料来源：笔者自制。

B.7

优化碳中和政策路径下核能的
新角色、新作用和新价值

周杰 尹向勇 邓荻 尹智鹏*

摘　要： 2021年，全球核电在运机组装机规模减小，但核能在各国"碳中和"路线图的地位和作用越来越受到重视。本报告盘点了世界各国核能战略的变化，总结了核能的低碳特点，从电网友好性、终端电力用户成本、各国能源安全战略支撑等多个方面，对核能与新能源等未来低碳发电品种进行了多方位的比较，同时分析了核能在全球优化"碳中和"路径下可以扮演的新角色，发挥的新作用和新价值。核电是现实的低碳电源，可以降低对化石燃料的依赖程度；核电是经济稳定的清洁能源，与可再生能源协同可以发挥重要的社会和经济价值；核电是成熟的"碳中和"技术，体现了一个国家能源领域技术创新的国际竞争力。为此，各主要大国坚持发展核电政策不动摇，核能技术创新力度不减，全球核电复苏态势明显。特别是在全球积极实现气候目标、确保能源安全供给的新形势下，核电将在未来电力系统中占据无法取代的位置。因此，我们必须继续坚持"积极安全有序发展核能"的方针，重点开发小堆、微堆、先进堆等技术，拓展制氢、供热、海水淡化等多场景应用能力，为实现可持续发展目标和"碳达峰""碳中和"目标发挥新作用，创造新价值，做出新贡献。

关键词： 能源转型　碳中和　低碳　核能战略

* 周杰，博士，中国社会科学院大学（研究生院）国际能源安全中心研究员，主要研究方向为国际能源产业政策；尹向勇、邓荻、尹智鹏，中国能源研究会核能专委会研究员，主要研究方向为核能发展战略。

一　核电是现实的低碳电源

为加快应对全球气候变化、保障能源安全，越来越多的国家制定了"碳中和"目标。核能在发达经济体及传统核大国的碳减排与能源保障中发挥重要的作用，除德国、意大利等国家采取弃核政策外，传统核大国以及大型经济体都坚持和平利用核能的政策。

（一）全球核电在运机组减少，但复苏态势明显

1. 全球退役核电机组台数超过新增台数，在运机组总数降至近8年来最少

截至 2021 年底，全球在运核电机组共计 436 台，较 2020 年同期减少 4 台，总装机容量为 4.11 亿千瓦，较 2020 年同期减少 0.02 亿千瓦。这使 2021 年全球核能发电量较 2020 年减少 6%。2021 年，全球投运 5 台核电机组，装机容量为 543.679 万千瓦，新增机组分布在中国、印度、阿联酋和巴基斯坦；全球约 2/3 的核电机组的运行寿期超 30 年，2021 年共退役 9 台机组，装机容量为 829.8 万千瓦，其中，3 台在英国，3 台在德国，3 台分别分布在中国台湾地区、巴基斯坦、美国。

2. 全球新开工机组数创近8年来新高

中国、俄罗斯、印度成为新建核电的主要国家，四代堆建设取得突破。截至 2021 年底，全球在建机组为 60 台，装机容量为 6643.079 万千瓦。其中，2021 年，全球新开工 10 台机组，装机容量为 980.1 万千瓦，创下 8 年来新高。新开工机组主要分布在中国、俄罗斯、印度、土耳其。新开工机组多采用三代及以上核电技术，但也包含 2 台先进小堆和四代机组，分别为中国昌江小堆、俄罗斯 BREST-OD-300 铅冷快堆。从在建核电机组堆型占比来看，60 台在建机组中有 39 台采用三代核电技术，装机容量占在建容量的 66.67%，其中包括中核集团和中国广核集团建设的华龙一号，装机容量占在建容量的 21.89%；其次是二代加及二代机组（共 13 台），装机容量占在建容量的 18.03%；四代机组为 6 台，装机容量占在建容量的 3.62%。此外，中国华能

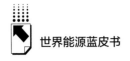
高温气冷堆示范工程 1 号反应堆并网成功,四代堆示范建设取得实质性进展。

3. 全球核电供应商加速抢占大、小堆市场

在全球应对气候变化、能源供应短缺等因素推动下,法国、俄罗斯、印度、荷兰、亚美尼亚、土耳其等有核国家,以及波兰、哈萨克斯坦、加纳等无核国家(共计 30 个国家)将核能纳入发展计划,备选堆型从大堆拓展至小堆、快堆,对核能的需求也从单一的发电到多功能多场景应用,从而提高了供应商市场开拓的难度,加剧了竞争。法国电力集团(EDF)方面,已向印度提交建造杰塔普 6 台 EPR 机组的方案,正与印度政府进行商业、技术讨论;参与捷克杜库凡尼核电项目招标;在波兰华沙设立核电项目办公室,向波兰政府提交了 4~6 台 EPR 反应堆不具约束力的报价。西屋电气公司方面,计划投资波兰新建核电机组项目,正在准备技术和融资方案;参与捷克杜库凡尼核电项目招标;与乌克兰签署 AP1000 机组合作协议,将在乌克兰建设 5 台新机组;与英国就重启新威尔法项目进行谈判。韩国水电核电公司(KHNP)方面,计划与埃及本土企业合作参与达巴(El-Dabaa)核电项目;向波兰提交首座核电厂报价;参与捷克杜库凡尼核电项目招标。俄罗斯国家原子能公司(Rosatom)方面,计划参与土耳其第二、三座核电厂的建设;与乌兹别克斯坦、吉尔吉斯斯坦、菲律宾、亚美尼亚、匈牙利、伊朗等国探讨建设大堆、小堆及浮动堆的可能性。纽斯凯尔电力公司(NuScale Power)方面,大力开拓市场,与哈萨克斯坦、加拿大、保加利亚、罗马尼亚、乌克兰、约旦等国家签署部署小堆协议。

(二)核能是全生命周期碳排放最低的清洁能源,历史贡献重大

从全生命周期单位碳排放强度看,核能是典型的低碳能源。国际测算核电单位碳排放约为 12 克二氧化碳当量/千瓦时。根据中国生态环境部环境规划院等编著的《中国产品全生命周期温室气体排放系数集(2022)》,核能是所有清洁能源中生命周期碳排放最低的一种,每千瓦时核电平均仅排放 12.20(11.90~12.40)克二氧化碳当量,而水电的排放均值为 13.57(3.50~47.30)克二氧化碳当量/千瓦时,风电的排放均值为 27.48(12.51~51.55)克二氧化

碳当量/千瓦时，单晶硅光伏发电的排放均值为76.25（65.20~87.30）克二氧化碳当量/千瓦时，多晶硅光伏发电的排放均值为78.48（60.13~92.83）克二氧化碳当量/千瓦时；这些都远低于煤电的排放均值930（880~1150）克二氧化碳当量/千瓦时和天然气的排放均值390克二氧化碳当量/千瓦时。由此可见，核电与水电是"碳强度"较低的清洁能源，在全球低碳国家电源结构中占据主导地位。国际能源署（IEA）将核电与可再生能源合计占比在90%以上的国家称为"超级低碳国家"（Super Low-carbon Countries），占比为70%~90%的国家称为"低碳国家"（Low-carbon Countries），占比为50%~70%的国家称为"中碳国家"（Middle-carbon Countries），占比不足50%的国家称为"高碳国家"（Heavy-carbon Countries）。以2020年发电数据为基础，把核电占比作为横轴，把可再生能源占比作为纵轴，将全球31个有核国家绘制在一张坐标图中（如图1所示），列入"超级低碳国家"只有法国、加拿大、瑞士、瑞典。这四个国家共同的特点是：一为核电国家，二为电力净出口国，三为水电占比高（除法国外）。尽管意大利的可再生能源占比达到37%，但由于弃核而依然隶属于高碳国家，而德国可再生能源占比在G7国家中最高，达42%，但其一旦完全弃核就将从中碳国家跌入高碳国家之列，日本到2030年计划通过提高核电和可再生能源占比实现步入中碳国家的目标。

从历史角度看，核能对全球减少温室气体排放做出了重大贡献。《世界核能绩效报告》表明，与燃煤发电相比，在过去50年，全球因利用核能减少排放了720亿吨二氧化碳。

（三）核能是全球重要的低碳能源，但发展情况不如可再生能源

1. 核能是欧美发达经济体温室气体减排贡献的主力军

根据BP 2021年发布的《BP世界能源统计年鉴》中的有关统计数据测算，2020年，全球核能占全球能源总产量的4.3%。2020年，在全球低碳能源中，核能、水能和新能源的占比分别为25.55%、40.66%、33.79%。核能占低碳能源的比例最高的是乌克兰，达到81.93%；欧盟核能占低碳能源的比例在1/3左右，美国核能占低碳能源的比例约为45.90%。在韩国、南

非、俄罗斯、乌克兰、匈牙利、法国、芬兰、捷克、比利时、美国和中国台湾等国家和地区，核能是第一大低碳能源。

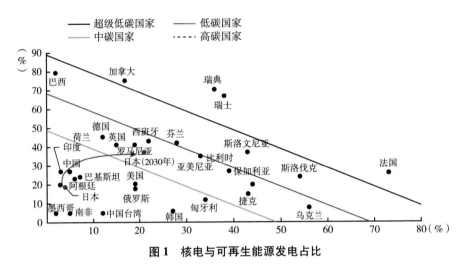

图1 核电与可再生能源发电占比

注：图中OECD国家数据为2020年数据，非OECD国家和地区数据为2019年数据。
资料来源：IEA, Energy Balances 2021。

2. 我国核电运行高效，对于减排发挥重要作用

总体上看，相对于水电，我国核能发展起步时间晚，装机规模不到水电的1/6；相对新能源，发展速度更慢，装机规模不到新能源的1/10。2020年，在中国大陆地区低碳能源生产中，核能、水能和新能源的占比分别为14.27%、51.54%、34.20%[①]。尽管如此，核能在我国碳减排中仍发挥重要作用。根据中国核能行业协会发布的《全国核电运行情况（2021年1～12月）》[②]，2021年末，中国大陆地区运行核电机组中商运核电机组达到51台，总装机容量为5326万千瓦，仅次于美国、法国，位列全球第三。2021年，我国水电、风电、光伏发电装机容量分别为3.91亿千瓦（含0.36亿千瓦抽水蓄能装机容量）、3.28亿千瓦、3.06亿千瓦，分别占全国总装机容量的16.5%、

---

① 根据BP 2021年发布的《BP世界能源统计年鉴》中的有关统计数据测算得到，数据不含中国台湾地区。
② 数据不含中国台湾地区。

13.8%、12.9%；水能、风能、光伏全年发电量分别达到13401亿千瓦时、6526亿千瓦时、3259亿千瓦时，分别占全国总发电量的16.1%、7.9%、3.9%。同期，我国核电装机容量在电力总装机容量中的占比仅约为2.24%，全年累计完成发电量4071.41亿千瓦时，约占全国总发电量的5%，相当于光伏发电装机容量的17.4%，却发出了115.4%的光伏发电量。与燃煤发电相比，核能发电相当于减少燃烧标准煤11558.05万吨，减少排放二氧化碳30282.09万吨，减少排放二氧化硫98.24万吨，减少排放氮氧化物85.53万吨。

（四）部分弃核国家和地区面临巨大转型挑战

2021年，德国仍坚持弃核政策，永久关停布罗克多夫-1（Brokdorf-1）、格罗恩德-1（Grohnde-1）两台压水堆核电站和贡德雷明根C（Gundremmingen-C）沸水堆核电站，累计退役容量达到412.8万千瓦，但全年核能发电量同比增长7.4%。德国计划在2022年底前关闭所有剩余的核能发电机组，同时在2022~2024年淘汰大部分燃煤发电机。

与此同时，由于天然气价格高企，德国气电减产11.3%，加之天气原因，德国可再生能源发电装机容量低速增长，可再生能源发电量在总发电量中的占比从2020年的43.6%下降至2021年的40.5%。为满足电力需要，德国煤电的同比增幅约为27.8%，实现了创纪录的增长（其中硬煤发电量和褐煤发电量同比分别增长48.4%、17.8%），这还带动境内褐煤总产量同比增长17.7%[①]，硬煤进口量同比增长24.5%。由于德国计划继续全部关停境内核电站，并加速燃煤电厂退役，IEA预计德国将在2023年成为电力净进口国，这也将是2002年以来的首次。

2021年，德国温室气体排放量大幅增长[②]，与宣称的"碳中和"目标相去甚远。与2020年相比，2021年，德国二氧化碳排放量激增约3300万

---

① 德国褐煤协会统计数据。
② 德国阿贡纳能源转型研究院：《德国在2021年的气候目标方面落后》，https://www.agora-energiewende.de/en/press/news-archive/germany-falls-behind-on-its-climate-targets-in-2021/? continueFlag=92681d672ddcb7820a6df8edd9199244。

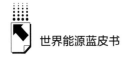

吨（增长 4.5%），若想实现 2030 年的气候目标则面临一定风险。2021 年，德国温室气体排放量相比 1990 年基线下降了 38%，低于 2020 年减排 40% 的承诺目标，与升级版的碳中和目标相差更大。

德国天然气对外依存度超过 90%，对俄罗斯天然气的依存度超过 50%。2021 年下半年至今，德国乃至欧洲天然气价格持续高位运行。2022 年 3 月 7 日，受俄罗斯可能中断对欧供气以及美国要求欧洲中断与俄罗斯油气贸易政策的影响，欧洲天然气价格开盘上涨 40%，一度出现 335 欧元/兆瓦时，德国、法国、比利时和荷兰电力市场的交易均价上升到 483.38 欧元/兆瓦时[1]，严重影响到德国工农业生产及居民生活支出。多家德国电网运营商发布联合声明，自 2022 年 1 月 1 日起，电力消费附加税将从现在的每千瓦时 6.5 欧分降至每千瓦时 3.723 欧分，降幅超过 40%。德国政府在 3 月 9 日通过草案，将从 2022 年 7 月 1 日起取消所有可再生能源附加（税），德国联邦政府将为此投入 66 亿欧元。整体来看，俄罗斯天然气已成为德国经济社会发展的关键能源来源，德国外交自主性受到明显掣肘。随着德国能源转型的深度推进，新能源占比日益攀升，德国电网运行成本以及对天然气这种转型期过渡能源的依赖性也将提高，能源安全保障、低碳转型、能源经济性三者之间的平衡面临的挑战急剧增加。

根据欧盟委员会披露的信息，过去五年，尽管可再生能源所占比例不断提高，欧洲能源消费中依然有 57%~60% 是化石能源，其中绝大部分依靠进口，天然气、石油和煤炭的进口比例分别高达 90%、97% 和 70%[2]。2021 年以来，欧洲天然气价格上涨超 600%，多国电价涨幅超过 200%[3]。决定弃核的意大利对俄罗斯天然气的依存度高达 45%。2019 年，意大利政府要求境内所有煤电站必须在 2025 年前关停或者转换为天然气发电站。俄乌冲突发

① 《战争阴影下的欧洲：电力现货走高、碳市场价下跌！》，搜狐网，https：//www.sohu.com/a/528298721_121124542。

② 韩舒淋：《欧盟发布能源独立计划，2030 年摆脱对俄依赖》，腾讯网，https：//new.qq.com/omn/20220309/20220309A0C6IG00.html。

③ 周夫荣：《史无前例！天然气涨 600%，电价涨 200%……欧洲 30 年来最大能源挑战带来的警示》，搜狐网，https：//www.sohu.com/a/523232478_314909。

生之后，意大利总理德拉吉表示，对俄罗斯实施制裁后，必须优先考虑经济的影响，建议"或许有必要重新开放煤电厂，来弥补近期潜在的能源不足"[①]。

2017年1月，中国台湾修订"电业法"，在停建核四厂的基础上进一步明确了2025年所有核电机组全面停运，可再生能源发电量占比达20%的目标。目前，中国台湾已进入快速废核通道，核一厂1、2号机组和核二厂1号机组已进入长期停运状态，并即将退役。但中国台湾电力需求总量长期保持递增态势，近十年年均增速约为3%，随着中国台湾电力尖峰负荷上升，备用容量逐年下降，2016年已降到10.4%，若考虑核一厂1号、核二厂2号换料大修后尚未并网但仍计入备用容量，实际备用容量率仅为8.1%，电力安全岌岌可危。2017年8月15日，台湾发生了因桃园燃气电站6台机组、合计438万千瓦装机规模跳闸脱网，涉及台湾地区3/4面积停电的严重电力安全事故。2021年5月13日、17日，用电负荷再次刺穿供电能力，短短几天内两次发生大规模停电。2022年3月，台湾再次发生重大停电事故，超过1000万千瓦发电装机脱网，台湾南部地区大停电。随着后续在运核电机组退役，部分煤电老化退役，台湾电力安全保障问题已十分突出。

二 和平利用核能是多国能源安全战略中的重要举措

2021年，全球主要经济体在英国格拉斯哥就加快应对气候变化达成协议，多国提出更为积极的国家自主贡献目标和路线图，能源低碳转型速度显著加快。尽管德国、意大利等国家和中国台湾地区决定积极发展新能源、放弃使用核电，但多个国际组织上调对核能的发展预测，多个经济体做出了有利于核电发展的战略和政策。加之全球范围出现了多年未见的能源供应紧张、能源价格大幅上升的现象，加大力度和平利用核能已重回多个国家政府以及公众视野。

---

① 《这回聪明了！靠不了俄罗斯天然气，意大利计划重走煤电站老路！》，网易，https：//www.163.com/dy/article/H14933QE0525SGMA.html。

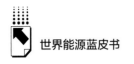

（一）主要国际机构报告认为，实现"碳中和"不可或缺

联合国政府间气候变化专门委员会（IPCC）于 2018 年发布的《IPCC 全球升温 1.5℃ 特别报告》提出，到 2050 年，核能发电量将比今天的水平平均增长 2.5 倍。如果社会、经济和技术发展趋势遵循当前模式，则到 2050 年，核能若要提供全球 25% 的电量，核电发电量将增加 6 倍。

联合国欧洲经济委员会（UNECE）进行技术评估后指出，如果不考虑核电，则全球气候目标将无法实现，建议部署包括核能在内的所有低碳技术。世界核能协会（WNA）称核能为实现快速、经济、公正的"脱碳"提供了巨大的机会。

IEA 发布的《世界能源展望报告》一改近五年看淡核电前景的做法，指出，核能在未来电力系统中不可或缺，目前，核能和可再生能源的发展状况与 2050 年净零目标不匹配，应在未来十年大规模发展核能，提高了对未来核能发展的预期。IEA 预计，全球核能或将在短期内呈一定规模的增长态势，其中，在全球现有气候承诺情景下，2030 年前，每年将需新增 2000 万~2300 万千瓦的核电装机容量；在 2050 年净零目标情景下，2030 年前，每年需新增 3300 万千瓦的核电装机容量。

国际原子能机构（IAEA）在 2021 年发布了《到 2050 年的能源、电力和核电估算（第 41 版）》，认为，核能将继续在低碳能源生产中发挥不可或缺的作用，其在福岛核事故后首次上调 2050 年核能装机预期（见图 2）。报告预测，在高情景下，到 2050 年，世界核电装机容量将从 2020 年的 393 吉瓦翻一番，达到 792 吉瓦（净值），较上一版预测的 2050 年装机目标（715 吉瓦）提高了 10% 以上；2050 年核能将向全球提供 12% 的电量，较上一版预测高出了 9%。

（二）主要大国坚持发展核电的政策不动摇

在《联合国气候变化框架公约》第二十六次缔约方大会（COP26）召开前后，156 个国家和地区向 IPCC 提交了新的或更新的国家自主贡献

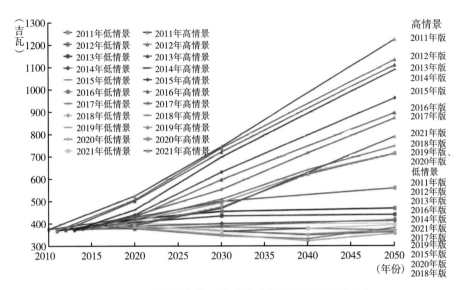

图 2　国际原子能机构对全球核电发展规模预测的变化

资料来源：笔者绘制。

（NDC）文件，排放量占全球排放量的 83.1%，其中，93 个国家和地区提交了升级版的自主贡献目标，承诺的减排进程将进一步推进。在这些国家和地区中，仅有德国、比利时、西班牙、韩国、瑞士和中国台湾等 6 个有核经济体和意大利、立陶宛等 2 个完成核电机组退役的国家表达过弃核意向，奥地利、葡萄牙、卢森堡、爱尔兰和丹麦明确表示不发展核电，韩国、瑞士仍然处在博弈之中，韩国对小堆、聚变堆的投入没有终止。总体来看，传统核大国以及能源需求较大的新兴经济体都坚持发展核能（见图 3）。

1. 美国

美国重返《巴黎协定》后再次提交的自主贡献文件将存量核电站作为 2035 年净零目标的重要组成部分[①]。2020 年 4 月，美国能源部发布《重塑美国核能竞争优势：确保美国国家安全战略》报告，认为，美国在核电领

---

① United States of America First NDC（After Rejoining the Paris Agreement）：Microsoft Word-United States NDC April 21 2021 Final. docx（unfccc. int）。

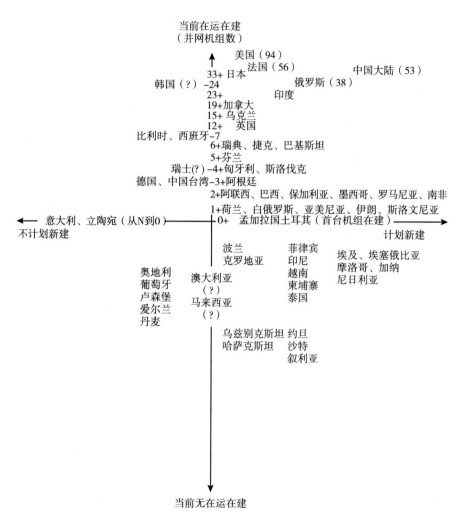

图3 全球应对气候变化背景下各个经济体核能发展政策光谱*

注："?"表明新建计划在讨论中，暂未确定，如瑞士、韩国等都曾做出过逐步退出核电的安排，但政府和公众对核能的态度持续反复，再如澳大利亚、马来西亚在讨论是否发展核电；"-"表明不计划新建核电机组，在运核电装机可能减少；"+"表明有计划新建核电机组，在运核电装机可能增加（统计截止时间为2022年3月）。已升级NDC的经济体包括美国、欧盟（27国）、中国大陆、俄罗斯、日本、韩国、加拿大、印度、乌克兰、英国、瑞典、巴基斯坦、芬兰、中国台湾、阿根廷、南非、白俄罗斯、亚美尼亚、孟加拉国、马来西亚、越南、尼日利亚、乌兹别克斯坦、埃塞俄比亚、摩洛哥、肯尼亚、约旦；未升级但已更新NDC的经济体包括瑞士、阿联酋、巴西、墨西哥、澳大利亚、印尼、泰国、菲律宾、柬埔寨、加纳；未更新NDC的经济体包括土耳其、伊朗、哈萨克斯坦；印度承诺更新NDC但文件未更新。

资料来源：笔者绘制，图中NDC部分来自2020 NDC Enhancements｜Climate Watch（climatewatchdata. org）。

域的竞争劣势已威胁国家安全利益，提出重塑在全球核能的领导地位，从核燃料供应链安全、先进技术研发、核技术出口以及政府职能等方面提出了具体的措施；将俄罗斯和中国列为美国核能出口的主要竞争对手，突出了其将加大核电投入力度并进军目前由中俄两国主导的核电市场的决心。当年，美国即启动先进反应堆示范计划。2021 年，美国政府发布《迈向 2050 年净零排放的长期战略》，提出要发展核能以为工业发展提供能源，鼓励进行包括核能在内的先进能源技术研发。同年，美国总统拜登正式签署《基础设施投资和就业法案》，向民用核能信贷项目提供 60 亿美元，以防止现有的零碳核电站过早退役，并提供 25 亿美元用于进行先进核能研发。美国的"核未来一揽子计划"将提供 2500 万美元支持清洁核能发展，包括提升大堆性能、推进核能制氢和小堆示范，还将大幅开拓海外市场。美国国家科学、工程和医学学院（NASEM）建议美国能源部和私营部门合作，在 2035~2040 年运营一座实验性核聚变电站，并尽快开发实验电厂的概念设计和路线图，实现核聚变商业化。美国核管会（NRC）也已着手研究核聚变系统的监管取证方案。

2. 俄罗斯

俄罗斯是全球三代核电技术市场占有率最高的国家，约占国际市场的半壁江山。其提交的自主贡献文件将核能技术作为其为全球能源转型做出的重大贡献[①]，《俄罗斯到 2050 年前实现温室气体低排放的社会经济发展战略》提出，到 2060 年之前实现"碳中和"。俄罗斯政府表示没有核能就无法实现俄罗斯应对全球气候变化的目标，俄罗斯总统普京宣布 2045 年前将核电在俄能源结构中的占比提高到 25% 的决定，初步估算需要新建 24 个核电机组；Rosatom 将新建核电机组以弥补退役空缺，提升装机容量占比，计划在2035 年建设 10 台大堆且每年投运 2 台以上。俄罗斯极其重视进行核能技术的持续创新研发及实现产业化，部署了新一代压水堆核电技术 VVER-S、新型快堆、新一代核动力破冰船、新型小堆、微堆等一系列研发任务，以保证

[①] The Russian Federation Contributes to the Global Reduction of Greenhouse Gas Emissions by Increasing the Peaceful Use of Nuclear Energy in Developing Countries NDC_RF_eng. pdf（unfccc. int）.

其在国际核电市场上的领先地位。

3. 欧盟和法国

欧盟积极推动低碳转型，但其成员国在核能发展方面的立场分歧较大，在自主贡献文件中并未明确核能的地位。欧委会主席冯·德莱恩表示，欧洲能源转型需要核电、气电。欧盟将核电纳入的《绿色分类法》修订案即将通过公示和最终审查，一旦通过将有利于欧盟核电融资。法国声称，没有核电，欧盟就无法按计划在 2050 年实现"碳中和"的目标。在法国和东欧国家的推动下，2022 年 2 月，欧盟委员会通过了一项关于应对气候变化的分类条例补充授权法案，将满足特定条件的核电和天然气归为可持续投资的过渡能源，并对相应核电和天然气项目设置了技术筛选标准和排放标准。就法国而言，法国明确表示将新建核电机组，以确保能源独立和电力供应，实现 2050 年"碳中和"的目标，再次启动核电设施建设，并继续发展可再生能源。2021 年 10 月 12 日，法国总统马克龙表示，"核能是我们能源和脱碳政策的核心"，并决定修订此前的能源转型规划，正式公布将实施"法国 2030"投资计划，宣布重启境内的核反应堆建设工作，建设数台新的核反应堆。

4. 英国

英国提交的更版自主贡献文件提出，到 2030 年，温室气体排放量比 1990 年减少 68%，并提出了包括新建核电机组在内的有关事宜[1]；2021 年 4 月，英国政府进一步升级 NDC 目标，到 2025 年关闭所有煤电机组，2030 年，温室气体排放将在 1990 年的基础上减少 78%。英国政府先后出台了题为《为零碳未来提供动力》的能源白皮书[2]、《绿色工业革命十点计划》[3]

① United Kingdom of Great Britain and Northern Ireland's Nationally Determined Contribution：The United Kingdom's Nationally Determined Contributions（unfccc. int）.

② *Powering Our Net Zero Future*，https：//assets. publishing. service. gov. uk/government/uploads/system/uploads/attachment_ data/file/945899/201216_ BEIS_ EWP_ Command_ Paper_ Accessible. pdf.

③ The Ten Point Plan for a Green Industrial Revolution，https：//assets. publishing. service. gov. uk/government/uploads/system/uploads/attachment_ data/file/936567/10_ POINT_ PLAN_ BOOKLET. pdf.

和《净零排放战略》①，明确了发展先进核能、小堆、核聚变发电等，并通过政府资金或合约进行可再生能源、核能等低碳电力的供应，以及向清洁氢气生产和碳捕集、储存与利用（CCUS）等提供支持，提出"将在2022年底前至少推动一座大堆进入最终投资决定阶段"；英国致力于解决大堆融资问题，计划为新核电项目提供17亿美元的资金；英国议会上议院于2022年2月初首次审议了《核能（融资）法案》，该法案已于2022年1月在英国下议院获得通过，该法案旨在引入受监管资产基础（RAB）融资模式，为英国未来的新建核电项目提供资金；推动将核能纳入英国分类法中的"绿色投资"项目。英国政府在"先进核能基金"框架下投入2.1亿英镑，推进小型模块化反应堆（SMR）技术研发，推进对罗尔斯与罗伊斯设计的47万千瓦小型模块堆（SMR）进行通用设计审查（GDA），初步决定未来先进堆示范项目选用高温气冷堆技术。英国政府还在2022年年初发布了《迈向聚变能源时代：英国聚变战略》，旨在推进从核聚变科学超级大国向核聚变工业超级大国转变，英国原子能管理局（UKAEA）的STEP（用于能源生产的球形托卡马克计划）中提出将在本土建立一个原型聚变能源发电厂，在2022年晚些时候从2021年10月公布的五个地点的短名单中选择一个建造地点②。2022年4月7日，英国发布了《能源安全战略》。该战略的目标为部署8个新的大型核电项目，并新建多座模块化小堆。

5. 日本

日本提交的首份国家自主贡献文件将2030年核电占比维持在20%~22%，其更新提交的《日本国家自主贡献目标》承诺在2050年实现温室气体净零排放，2030年温室气体排放量在2013年的基础上减少46%③。2021年10月22日，在COP26召开前夕，日本政府确定了涉及气候变化与能源

---

① Net Zero Strategy：Build Back Greener，https：//assets. publishing. service. gov. uk/government/ uploads/system/uploads/attachment_ data/file/1033990/net-zero-strategy-beis. pdf.

② 《英国在5个厂址中选定一个聚变堆电厂原型堆》，https：//www. ans. org/news/article- 3347/uk-narrows-in-on-five-sites-for-prototype-fusion-power-plant/。

③ Canada's 2021 Nationally Determined Contribution under the Paris Agreement Microsoft Word- Canada's Enhanced NDC Submission_ FINAL EN（Aug. 16）. docx（unfccc. int）.

转型的一揽子政策，集中出台了最新的《能源基本计划》、《2030 年度能源供需展望》、《巴黎协定下的长期战略》（长期温室气体低排放发展战略）等政策文件。第六份能源基本计划保持了 2030 年核电发电量占比为 20%～22% 的内容，首次提出核电"作为重要的基荷电源和现实的脱碳化电源，在确保安全性的大前提下保持一定规模发展"的新方针[①]。在日本提出的低碳技术路线图中，微堆、小堆、快堆、高温堆等新一代堆型以及核聚变反应堆已被列入其中，其计划在 2022 年夏季之前敲定首个核聚变研发战略，目标是在 2050 年前后建成原型聚变堆。

6. 加拿大

加拿大提交的首份国家自主贡献文件将 2030 年核电占比维持在 20%～22%，其更新提交的《国家自主贡献目标》承诺在 2050 年实现温室气体净零排放，2030 年温室气体排放量在 2005 年的基础上减少 40%～45%[②]。在具体做法上，加拿大陆续实施了境内 CANDU 堆核电站的延寿、开发新的 SMR 技术和新一代先进 CANDU 技术、参与国际核能市场竞争。加拿大研发推广的堆型涵盖小堆、微堆、熔盐堆、钠冷快堆，并在监管审查、可行性研究、商业化进程、供应链开发领域处于全球领先地位。加拿大核安全委员会（CNSC）已正式受理了对国内首个微型模块化反应堆（MMR）的许可审查，该技术是开发的电功率为 5 兆瓦（堆功率为 15 兆瓦）的微型反应堆技术。

7. 中国和印度

中印两国人口众多，是发展速度较快的全球大型经济体。两国都选择积极发展核能来助力能源低碳转型并部分满足经济发展所需的电力。印度提出了 2070 年实现"碳中和"的目标，并再次调整核电发展规划，计划将核电装机容量从目前的 678 万千瓦提升至 2031 年的 2248 万千瓦。"碳达峰""碳中和"是以习近平同志为核心的党中央统筹国内国际两个大局做出的重

[①] 周杰：《日本最新〈能源基本规划〉十大看点解析》，《能源高质量发展》（视野版）2021 年 11 月（下）。

[②] Japan's Nationally Determined Contribution (NDC) JAPAN_ FIRST NDC (UPDATED SUBMISSION) .pdf (unfccc. int).

大战略决策，是着力解决资源环境约束突出问题、实现中华民族永续发展的必然选择，是构建人类命运共同体的庄严承诺。我国"十四五"时期的经济社会发展目标和 2035 年远景目标蓝图已经绘制，预计 2030 年能源消费总量将从 2020 年的 49.8 亿吨标准煤增至 2030 年的 60 亿吨标准煤左右，油气等对外依存度高和能源面临的传统安全保障压力还将进一步持续提升。党中央在"1+N"政策体系中明确了建设"以新能源为主"的新型电力系统，到 2060 年，非化石能源占比在 80% 以上，并明确了积极安全有序发展核电的方针。核能将在我国低碳战略中占有重要地位，为未来以新能源为主的新型电力系统提供近零碳的坚强电源支撑。

8. 其他国家

阿联酋、土耳其、白俄罗斯、孟加拉国、埃及等国也已经开工或决定建设国内首座核电站，匈牙利、罗马尼亚、捷克、芬兰、阿根廷、巴西等国在推动新的核电站项目建设，以应对全球气候变化。波兰明确核电将成为该国清洁能源的重要组成部分，将建设国内的首座核电站。沙特、哈萨克斯坦等国家也提出了有关建设规划，正在开展相关论证工作。

（三）全球核能技术创新力度不减

无论是裂变堆发电还是核聚变发电，都是应对全球气候变化、减少对化石能源依赖的重要技术，核聚变发电更被视作人类能源环境问题的终极解决方案。近期，各核电国家的技术创新重点围绕裂变堆相关技术，部分强国也积极推进核聚变堆技术研究。具体到压水堆，全球创新的热点主要集中进行小堆、先进堆的技术研发，竞争日趋激烈，各国加大对市场部署的力度，力争在 2030 年前实现示范。同时，国际社会普遍认为，2030 年前，大型核电站仍将是新建核电设施的主流，大堆方面的技术创新侧重于实现安全性的进一步提升，在在运电站延寿、退役电站处理和电站经济性方面改进。

1. 科研投入

根据 IEA 发布的能源研发投入预算分析报告，2020 年，美国的核能研发投入预算将近 14 亿美元（13.852 亿美元），领先全球其他国家和地区，

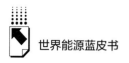

如日、法、英、德、欧、比、加、意等国。IEA 成员能源行业与核能研发投入预算对比见表 1。

表 1 IEA 成员能源行业与核能研发投入预算对比

	能源行业研发投入（百万美元）	同比增幅（%）	单位 GDP 能源研发费用（‰）	核能研发投入预算（百万美元）
IEA（2020 年度）	21223.6	5.60		4458.5
美国（2020 年度）	8764.8	7.40	0.42	1385.2
日本（2020 年度）	2953.3	0.30	0.59	992
法国（2020 年度）	1829.1	11.00	0.7	866.6
英国（2020 年度）	1195.8	8.10	0.44	407.6
德国（2020 年度）	1385	4.20	0.36	245.7
欧盟（2019 年度）	1637.6	−9.60	—	207.1
比利时（2020 年度）	325.1	19.1	0.63	132.1
加拿大（2020 年度）	1022.3	26.7	0.62	109.2
意大利（2018 年度）	525.7	3.40	0.26	108.2
韩国（2020 年度）	629.2	12.80	0.39	78.8
瑞士（2020 年度）	414.9	0.60	0.56	53.5
捷克（2020 年度）	101.4	−0.24	0.42	36.5
芬兰（2019 年度）	168.3	−26	0.61	10.7
波兰（2020 年度）	89.6	41.30	0.15	9.3
荷兰（2020 年度）	338.2	1.40	0.37	8
澳大利亚（2019 年度）	77.1	−54.10	0.06	6.8
巴西（2018 年度）	766.3	17.10	0.53	4.9
瑞典（2020 年度）	245.1	21.80	0.45	2.6
斯洛伐克（2020 年度）	10.3	113.50	0.1	2.5
挪威（2020 年度）	400.1	−35.00	1.1	2.1
奥地利（2020 年度）	176.7	2.8	0.41	1.8
西班牙（2019 年度）	116.3	−2.00	0.08	1.6
立陶宛（2019 年度）	24.4	76.80	0.44	1
墨西哥（2020 年度）	36.9	−17.30	0.03	0.2
土耳其（2018 年度）	54.2	−9.40	0.08	0.1
卢森堡（2020 年度）	—	—	—	0
丹麦（2020 年度）	161.8	53.50	0.46	0

续表

	能源行业研发投入（百万美元）	同比增幅（%）	单位 GDP 能源研发费用（‰）	核能研发投入预算（百万美元）
葡萄牙（2020 年度）	56.2	−9.70	0.24	0
爱尔兰（2020 年度）	25.4	13.90	0.06	0
新西兰（2019 年度）	23.6	14.60	0.11	0
希腊（2010 年度）	7.9	−54.30	0.03	0
匈牙利（2019 年度）	7.1	−51.80	0.04	0
爱沙尼亚（2019 年度）	3.2	−26.40	0.11	0

注：表中括号中内容表示选取的数据的年度。

资料来源：《国际能源署能源研发投入预算分析》，https：//www.iea.org/reports/energy-technology-rdd-budgets-overview。

2. 美国核能科研方向

2010 年，美国能源部制定的"先进核能研发路线图"提出了先进核能发展的四大目标和 11 个重点领域，部署了从理论到建模仿真、实验示范等方面的相关行动路线。其中研发领域重点为四个目标方向的 12 个领域：维系现有群堆可持续性（结构材料、核燃料、反应堆和燃料循环系统）、提升核能的可得性（仪控、输电、过热传热系统）、核燃料循环可持续（干式热法、分离处置、核废料）、防止核扩散（风险评估方法、核燃料源项、计算机建模和仿真）。现有核电站群堆的研发重点是延寿和安全退役，核能可得性是部署研发新堆以及支持新堆的专项技术。美国国家科学院出版的《美国未来电力系统技术体系》将微堆、小堆列为重点技术方向。美国能源部下设核能办公室以推进美国核能科研等相关工作，2019 年，美国能源部成立国家反应堆创新中心，将其作为先进反应堆技术的示范和验证平台，为私营技术创新企业提供从实验、验证到示范的全方位支持。联邦政府在财政预算中编列相关科目，向美国能源部下属国家实验室提供有关研发及运作费用，向高校、企业在先进核能技术研发、核燃料循环、在运机组核安全改进以及延寿、先进技术在核能领域应用、核能领域人才培养等方面提供有关费

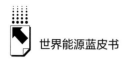

用。以小堆研发和示范为例，美国能源部从20多年前就开始资助相关研究，大量公司、科研院所受益于美国能源部的相关资助，例如，Nuscale 模块式小型反应堆技术已完成研发、标准技术审查，进入部署阶段，2020年，美国能源部决定以财政拨款14亿美元的方式支持犹他州建设小型模块式反应堆，以实现研发成果转化。此外，为推进美国核能相关技术研发，2020年，美国能源部宣布实施先进反应堆示范项目，预计在未来10多年投入32亿美元资金，支持先进反应堆技术研发，如：分别向泰拉能源和 X 能源公司（X-energy）拨款8000万美元支持其研发钠冷行波堆、Xe−100反应堆；出资3000万美元，支持不超过5种先进反应堆设计技术方案；出资2000万美元支持各研发单位利用美国能源部已有核能研发基础设施；支持爱达荷国家实验室建造多功能测试反应堆（VTR）；支持20种早期先进核能设计方案。美国拜登政府通过的《基础设施法案》将拨付215亿美元用于研究和示范先进核能等下一代清洁能源技术。在国内，发挥公私合作优势，依托美国国防部，选拔、部署和示范先进堆和微堆；依托美国航空航天局，实施太空核能战略，选拔企业开发太空放射性同位素电力系统和太空核裂变反应堆。在国外，加大市场开拓力度，与保加利亚、加拿大、波兰等国签订小堆合作备忘录，应用场景拓展至制氢、制氨以及海上小堆。

3. 欧洲主要国家核能科研方向

欧盟在"地平线"计划中的欧盟战略能源技术计划（SET-PLAN）项目下设置可持续核能技术平台（SNE-TP），提供预算资金支持进行核能技术研发。该计划最新版的研发主要涉及三大技术主题。①反应堆技术：涉及运行和建造，在役检查、资格审查和无损检测，先进反应堆、下一代反应堆和小型模块化反应堆（MYRRHA 铅铋反应堆、钠冷快堆、ALFRED 铅冷却示范反应堆、气冷快堆、高温反应堆、熔盐堆、SMR）。②使能技术：涉及核电厂安全，燃料开发、燃料循环和乏燃料管理，核电厂退役，社会、环境及经济条件。③交叉领域技术：涉及数字化、建模与仿真，材料。除欧盟资助外，法国、德国、比利时等还自行投入政府资金并鼓励企业进行资金投入，开展一系列核能科研。以法国为例，为强化政策确定性，法国政府计划在

2030 年前为本国核能产业投入 10 亿欧元，Nuward 小堆是投资重点，计划在 2030 年实现首堆开工；同步制订四代堆的研究开发计划，拟于 2040 年形成产业规模。英国继续重点发展小堆、先进堆，其中，Rolls-Royce 公司已向英国商业、能源和工业战略部（BEIS）提交小堆设计方案，以评估是否可进行通用设计审查（GDA）；同步加大出口推广力度，加入欧洲原子能论坛（Foratom），开拓爱沙尼亚市场；选定高温气冷堆进行重点支持。俄罗斯的钠冷快堆、铅冷快堆（铅铋快堆）、浮动堆、核动力破冰船等研发进展也位居前列，是全球少数几个部署商业化快堆、浮动堆、核动力破冰船的国家之一。

4. 全球核聚变越来越受重视，技术创新进展喜人

全球核聚变越来越受重视。欧盟、美国、俄罗斯、中国、日本、韩国和印度合作推进国际热核实验反应堆（ITER）的研发和示范建造，计划在 2025 年 12 月通电并第一次产生等离子体，2035 年开始进行氘—氚运行，各参与方集中主要力量和科技成果保证满足合作建设 ITER 的研发需求，同时保持各国大型研究装置运行，以为未来研发商用示范聚变堆积累技术和人力资源。2021 年 2 月 22 日，欧洲理事会批准在实施 2021~2027 年多年度财政框架期间，继续为国际热核实验反应堆项目提供资金。在此期间，欧洲对 ITER 项目的指示性捐款为 56.1 亿欧元（合 68.2 亿美元，占出资比例的 45.6%，其余 6 家各约占 9.1%）。美国实施《聚变能科学战略框架》，主要集中在燃烧等离子体下的基本行为、燃烧等离子体下的壁材料研究、面向燃烧等离子体的高功率注入以及等离子体诊断四个研究范畴。2021 年 9 月，美国众议院科学、空间和技术委员会通过法案，将投资新的科学基础设施、新的清洁能源研究计划和新的创新示范项目，其中，聚变能源的研究和开发占据重要地位。这项法案为未来十年聚变能源发展提供了里程碑式的投资，即投资 28 亿美元用于聚变能源相关项目和研究，包括把 13.25 亿美元作为美国向国际热核实验反应堆的捐款，把 2.213 亿美元用于斯坦福国家加速器实验室（SLAC）升级，把 5920 万美元用于材料等离子体暴露实验，把 2.5 亿美元用于聚变材料研发，把 1.4 亿美元用于惯性聚变研究和开发，把

2.75 亿美元用于替代和实现聚变能源概念，把 3.25 亿美元用于基于里程碑的聚变能源开发计划，把 2.5 亿美元用于聚变反应堆系统设计。欧盟以 ITER 和国际热核聚变材料辐照设施（IFMIF）同时建设和平行运行为基础，制定了聚变能研究路线图，并在"地平线 2020"计划中斥巨资部署重大任务。俄罗斯将建造高温磁约束氘—氚等离子体热核聚变反应堆，开发并建造聚变中子源，针对加速聚变应用提出了到 2050 年的聚变研究计划的发展路线。中国政府积极制定聚变能开发战略，将战略划分为"聚变能技术—聚变能工程—聚变能商用"三个阶段，同时设定了清晰的近期、中期、远期目标，实施了"国家磁约束核聚变能发展研究专项"。日本通过将 JT-60 改造为大型超导托卡马克装置 JT-60SA，开展燃烧等离子体物理实验以解决 ITER 和示范聚变电站（DEMO）之间的稳态运行问题，并探索螺旋场约束和激光核聚变等替代方法。韩国政府通过《聚变能源开发促进法》，与美国普林斯顿等离子体物理实验室达成协议，启动有关聚变堆示范装置的研发计划项目。[1]

近年来，核聚变研究取得了一系列积极进展。2020 年 7 月，ITER 项目正式进入整机设备安装阶段；2021 年 10 月底，由中国企业牵头的 TAC1 联合体团队成功完成主机安装第一阶段任务，具备吊装真空容器的条件，目前已完成了第一次产生等离子体计划工程量的 71%。2021 年 8 月，美国国家点燃实验设施（NIF）核聚变研究取得重大进展，使用惯性聚变内爆产生了一种燃烧等离子体状态，其中等离子体主要是自热的[2]；以 1.9 兆焦耳能量的输入激光产生了 1.35 兆焦耳的能量，转化效率超过 70%，这一产出是 NIF 在 2021 年春季创下的先前纪录的 8 倍，科学界距离实现"点燃"的目标（即聚变释放的能量超过激光传递的能量）已经可望又可及[3]。2022 年 2 月，英国欧洲联合环状反应堆（JET）通过原子聚变产生了有史以来最高的持续能量脉冲，在 5

---

① 国际核聚变研究现状和发展态势参见张志强主编《国际科学技术前沿报告 2018》，科学出版社，2018。

② A. B. Zylstra, O. A. Hurricane, G. B. Zimmerman, "Burning Plasma Achieved in Inertial Fusion," https://doi.org/10.1038/s41586-021-04281-w.

③ 《美国实验室核聚变实验取得重大进展，接近"燃点"!》，搜狐网，https://www.sohu.com/a/485499050_121124542。

秒内从聚变反应中获得了总共59兆焦耳的热能，平均聚变功率约为11兆瓦，长达24年的核聚变纪录被打破。俄罗斯开发出一种氚循环工艺雏形，计划在2024年完成设计，在2030年将其用于强场托卡马克核聚变装置上。中国在磁约束核聚变方面建成了具有偏滤器位形的托卡马克装置HL-2A和超导托卡马克装置EAST实验装置，并成功实现高约束模（H-模）放电；EAST装置连续创造世界纪录，将等离子体温度保持在1.2亿摄氏度水平上持续101秒，将等离子体温度保持在1.6亿摄氏度水平上持续20秒；完成了向ITER提交的磁体支撑研发制造任务。瑞士洛桑联邦理工学院（EPFL）和人工智能企业DeepMind开展的使用深度强化学习控制托卡马克装置等离子体的系列研究也取得了重大进展。

（四）全球放射性废物和乏燃料管理处置实施项目有序推进

根据国际原子能机构发布的《乏燃料和放射性废物管理的现状和趋势》，许多国家正在采取重大步骤处置所有类型的核废料和放射性废料。自1954年开始进行核电生产，到2016年底，全球产生了约39万吨乏燃料，大约2/3在存储中，另外1/3经过了后处理；固体放射性废料的80%以上正在处置。就总体积而言，约95%的现有放射性废物具有极低水平（VLLW）或低水平（LLW）放射性，进行减容后在浅地表处置即可；另外还有4%的中等放射性水平废物（ILW）和不到1%的高放射性废物（HLW）[1]。

高放射性废物深层地质处置设施的开发取得重大进展。欧盟启动了PREDIS（放射性废物预处理管理）项目，该项目侧重于在核燃料和高放射性废物以外，对放射性废物的预处理和调整相关流程所需进行研发。芬兰名为Onkalo的处置设施已在建造中，目前已进入提交运行许可证阶段，预计2024年前后投入正式运行，其将成为全球首座投入运行的深层地质处置库。法国和瑞典正在确定地点进行深层地质处置的许可程序。包括日本、瑞士、英国和美国在内的

---

[1] 《国际原子能机构新报告介绍放射性废物和乏燃料管理全球概览：放射性废物和乏燃料管理全球概览》，国际原子能组织。

其他几个国家正在逐步推进深层地质处置项目,比利时已开始准备就深层地质处置项目进行公众咨询①。2021 年 6 月,中国北山地下实验室开工建设,标志着中国高放射性废物深层地质处置工作进入地下实验室建设及研发阶段;9 月,国内首座高水平放射性废液玻璃固化设施在四川广元建成投运②。

三 核电是经济稳定的清洁能源

2021 年下半年以来,全球出现了两轮能源大宗商品市场危机:一是 2021 年下半年新冠肺炎疫情阶段性好转后,全球经济恢复性增长与全球物流受阻、能源资源产能复苏过慢带来的煤油气大宗商品销售和运输价格飙升;二是由俄乌冲突带来的全球油气价格以及镍等大宗商品价格的大幅上涨。前者导致全球大范围出现电价大幅上涨的现象,如我国出现了局部有序用电现象;后者导致欧洲现货电价攀升,能源危机重启。从两轮全球性能源大宗商品市场危机看,核能发挥了安全稳定高效的作用。

(一)国际能源市场新形势进一步表明,核电需要在能源安全保障中发挥更大作用

在联合国发布的 2020 年 GDP 前 20 位的国家中,只有澳大利亚、印尼和沙特三个化石能源产出丰富的国家目前尚未建立核电站(见表 2),但是,印尼和沙特两个国家已有发展核电的计划,澳大利亚正在讨论利用自己丰富的铀资源发展核电以支撑能源转型。再从欧洲来看,根据 2020 年欧洲统计局发布的数据,在欧洲净出口量排名前 10 的国家中,只有挪威和波黑没有核电;在净进口量排名前 10 的国家中,除匈牙利和芬兰外都没有在运核电(见表 3);已经弃核的意大利的电力净进口量排名欧洲第一,主要进口来源分别为有核电的法国和瑞士、斯洛文尼亚,以及水电丰富的奥地利。

---

① 《乏燃料和放射性废物管理的现状和趋势》,国际原子能机构,2022。
② 《中核集团 2021 年度十大新闻揭晓》,中国核技术网,https://www.ccnta.cn/article/8848.html。

表2 2020年GDP前20名核电发展情况及取向

单位：亿美元

排名	国家	GDP	有无核电	核电态度
1	美国	209366.0	有	+
2	中国	147227.3	有	+
3	日本	50179.8	有	+
4	德国	38060.6	有	-
5	英国	27077.4	有	+
6	印度	26229.8	有	+
7	法国	26030.0	有	+
8	意大利	18864.5	曾有	-
9	加拿大	16434.1	有	+
10	韩国	16305.0	有	?
11	俄罗斯	14835.0	有	+
12	巴西	1447.3	有	+
13	澳大利亚	13309.0	无	?
14	西班牙	12812.0	有	-
15	墨西哥	10716.6	有	+
16	印尼	10584.2	无	+
17	荷兰	9122.4	有	+
18	瑞士	7479.7	有	?
19	土耳其	7201.0	在建	+
20	沙特	7001.2	无	+

注："+"表示目前政策上支持发展核电；"-"表示目前政策上不支持发展核电；"?"表示态度不明确。

资料来源：GDP数据来自联合国（2020年），其余为笔者整理得到。

表3 2020年欧洲电力进出口量排名前10的国家电力进出口量与核电发展情况

单位：百万度

序号	国别	2020年净出口量	有无核电	核电态度	序号	国别	2020年净进口量	有无核电	核电态度
1	法国	45039.19	有	+	1	爱沙尼亚	3644	无	?
2	瑞典	24997	有	+	2	克罗地亚	4639.3	无	+
3	挪威	20472.12	无	-	3	卢森堡	5464.88	无	-
4	德国	19029	有	-	4	丹麦	6882.57	无	-

续表

序号	国别	2020年净出口量	有无核电	核电态度	序号	国别	2020年净进口量	有无核电	核电态度
5	捷克	10152.86	有	+	5	立陶宛	7908.5	弃	-
6	波黑	4051	无	?	6	希腊	8864	无	-
7	保加利亚	3408.106	有	+	7	匈牙利	11677	有	+
8	荷兰	2659.548	有	+	8	波兰	13267	无	+
9	乌克兰	2420	有	+	9	芬兰	14976	有	+
10	斯洛文尼亚	2003.106	有	+	10	意大利	32200.4	弃	-

注:"+"表示目前政策上支持发展核电;"-"表示目前政策上不支持发展核电;"?"表示态度不明确。

资料来源:净出口量、净进口量数据来自欧洲统计局(2020年),其余为笔者整理得到。

在逆全球化背景下,依靠传统能源进口保障境内能源安全,风险和挑战剧增,从2021年下半年开始,全球出现了新一轮的能源商品(以化石能源为主)市场危机。各国必须强化底线思维和风险意识,强化能源本土化供应能力,扎实提高能源安全保障能力。天然铀能量密度高,等值能量所需的运量低,且半衰期长、储存能量稳定,宜作为各国战略性能源资源储备。与天然气、煤炭不同,核电站新核燃料元件易于在现场贮存,通过合理的采购策略可以很好地屏蔽异常天气、运输线路等外界因素的影响,发电燃料成本相对稳定。在本轮危机中,欧洲能源安全受到的影响和冲击巨大,也正基于此,法国、德国等欧洲核电国家千方百计地为继续稳定在运核电出力,以缓解化石能源商品市场危机的影响。法国决定推动国内在运机组延寿并重启国内核电建设,德国、意大利等决定恢复部分煤电机组运行。国际能源署发布的《减少欧盟对俄罗斯天然气依赖的10点计划》,明确提出"最大限度地利用现有的可调度低排放源发电:生物能源和核能",建议德国推迟关闭其剩余的4座核电站。德国经济部部长哈贝克于2月27日表示,德国正在考虑是否延长目前在运核电机组的运行寿期,以保障能源供应。

无论是 IEA 发布的《减少欧盟对俄罗斯天然气依赖的 10 点计划》还是欧委会能源独立路线图——《欧洲廉价、安全、可持续能源联合行动》抑或是法国输电系统运营商（RTE）发布的《2050 年能源路径》报告，要实现欧盟能源独立，必须加快新能源发展。随着全球清洁低碳转型深度推进，新能源关联的战略性矿产资源供给安全成为能源安全保障的关键。IEA 研究表明，在电力系统中，新能源每兆瓦装机容量消耗的相关专用材料或特殊材料（如铜铝等有色金属，锂、钴、镍等稀有金属，稀土等）大幅增加。此外，为克服风电、光伏发电等新能源发电的波动性，对电力系统的电化学储能需求大幅上升，对锂的需求也大幅上升。研究表明，能源绿色转型已导致铜用量大约增长了 1/3，到 2050 年，对铜的需求将增长 350%[①]。近年来，智利、印尼等国政府正在收紧铜、锂、镍等战略性矿产品的出口，这关乎能源转型的未来，全球战略性能源资源面临巨大挑战。2022 年 3 月 7 日，伦敦镍期货市场出现价格暴涨的局面，2 天内涨幅超过 200%。镍价格的大幅上涨势必影响新能源汽车产业发展。此轮镍价暴涨虽然有一定的投机炒作成分，但在一定程度上反映出有关储能电池和电动汽车重要原材料的供应链的脆弱。欧盟的这些战略性矿产资源也不丰富，确保温室气体净零排放下的能源电力安全，需要制定多元化的零碳能源解决方案。天然铀能量密度高，等值能量所需的运量低，且半衰期长，储存能量稳定，宜作为战略性能源资源进行储备。

（二）核电仍是构建新型电力系统的经济选择

根据 IEA、经合组织（OECD）联合发布的《发电预计成本（2020 年版本）》[②]，到 2025 年，核电仍将是成本最低的可调度低碳发电技术，除核电

---

① Felicity Bradstock, "The Real Winner in the War between Fossil Fuels and Renewables," https：//oilprice.com/Energy/Energy-General/The-Real-Winner-In-The-War-Between-Fossil-Fuels-And-Renewables.html.

② Projected Costs of Generating Electricity 2020 Edition：Projected - Costs - of - Generating - Electricity-2020.pdf (windows.net).

外，只有大型水电可以做出类似的贡献；在未来高比例可再生能源系统中，现有核电站延寿这一潜在的低碳发电方案的成本低于重新投资其他低碳技术；即便新一代核电技术的造价有所升高，在多数地区，它的成本也比化石能源具有竞争力，但在多数地区高于新能源。不同发电品种平准化电价情况见图4。部分国家和地区不同发电品种中值平准化电价比较见图5。部分国家和地区不同发电品种平准化电价比较见图6。

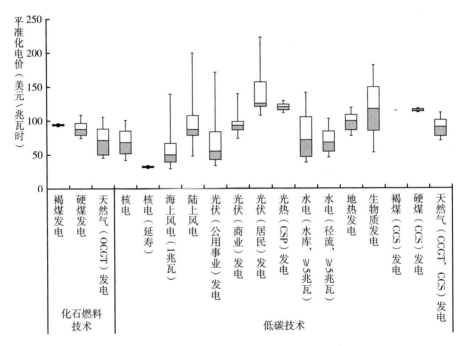

图4 不同发电品种平准化电价（LCOE）情况

注：按7%折现率计算，图中的"柱"包含最高值、最低值，也包括50%中值。
资料来源：《发电预计成本（2020年）》，IEA、OECD。

法国输电系统运营商发布的《2050年能源路径》认为，历史上的核能一直非常有竞争力，即便今天仍然如此，但第三代反应堆的成本增加了，而可再生能源的成本降低了。然而，风能和太阳能发电的低可用率使输变电成本大幅增加，其随机发电的特点要求对匹配的灵活性资源的投资也很大，要实现净零排放的经济运行，必须综合考虑发电上网成本和系统配套成本

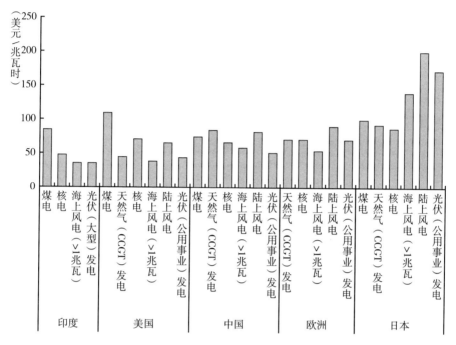

图5 部分国家和地区不同发电品种中值平准化电价比较

资料来源：《发电预计成本（2020年）》，IEA、OECD。

（输变电成本和灵活性配套成本）。综合比较，在实现法国2050年净零目标的6种电力转型路径中，拥有较高核能装机占比（约50%）的电力结构的系统总投资和度电成本最具竞争力，能源用地等相对适中，因此，法国应继续建设新反应堆，并对部分在役堆进行延寿。法国净零排放目标的6种电力转型路径成本比较见图7。

（三）发展核电具有重要的社会和经济价值

核能是助力国家安全保障、长期稳定外交关系的战略项目。从国家安全角度看，发展核能具有三个方面的重要价值。一是发展核能有助于夯实核工业产业链发展基石，巩固核战略威慑力量，这是联合国五大常任理事国逐步强化的坚定战略。二是小堆、微堆或核电池是长时间空间滞留的关键所在，

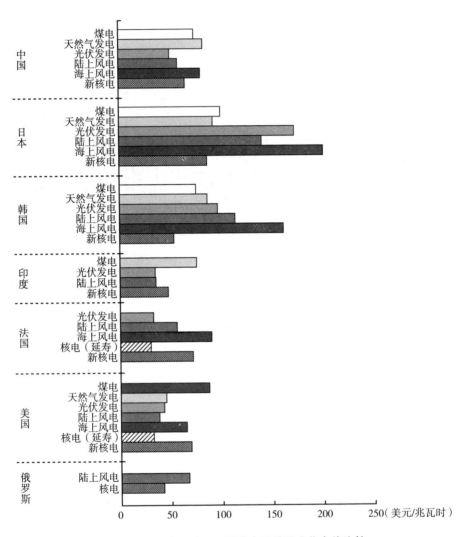

图6 部分国家和地区不同发电品种平准化电价比较

资料来源：Nuclear Brief，UNECE，Nuclear brief_ EN. pdf（unece. org）。

也是各国扩展战略空间的技术利器，在极地、深空、深海以及离岛孤网、微网体系有着广泛的应用场景，俄美等已在极地和空天深海实施了有关战略。三是发展核能助力保障能源安全。核能能量密度高，可以使建设核能的经济体摆脱传统化石能源生产地、运输渠道等国际地缘政治影响。此外，核能和

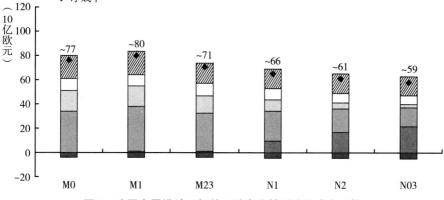

图 7　法国净零排放目标的 6 种电力转型路径成本比较

注：图中数据为净成本数据，"~"表示"约"，如"~77"表示约 77，其余数据同；* 指电解成本和相关储氢物流、按需灵活性、电池和水电存储的成本；横轴中，M0 表示"可再生能源占比为 100%"，M1 表示"可再生能源占比为 87%（其中光伏占比为 36%）+既有核电占比为 13%"，M23 表示"可再生能源占比为 87%（其中光伏占比为 22%）+既有核电占比为 13%"，N1 表示"可再生能源占比为 74%+既有核电占比为 14%+新建核电占比为 12%"，N2 表示"可再生能源占比为 64%+既有核电占比为 14%+新建核电占比为 22%"，N03 表示"可再生能源占比为 50%+既有核电占比为 23%+新建核电占比为 27%"。

资料来源：*Energy Pathways 2050*，RTE，https：//assets. rte-france. com/prod/public/2022-01/Energy%20pathways%202050_ Key%20results. pdf。

水电站堤坝是国际条约禁止武装攻击的含有危险力量的工程或装置①，核电站的纵深防御设计、实体保卫以及国防力量对重点设施的保护等措施也使核电站在战争期间的安全保障能力大大提升。相较化石能源燃料外运风险，燃料对外依存度低的核电站及水电站具有明显的优势，可以成为战时有核电国家的重要能源依靠。

---

① 《一九四九年八月十二日日内瓦四公约关于保护国际性武装冲突受难者的附加议定书》（第一议定书）规定："含有危险力量的工程或装置，如堤坝和核发电站，即使这类物体是军事目标，也不应成为攻击的对象"。

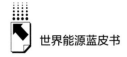

核电出口对双边、多边外交关系中长期稳定也颇有裨益。核电项目是前后长达百年的长期基础设施项目,在建设前是核电技术进口国和技术出口国友好外交的试金石,在建设运营后是百年友好关系的重要桥梁,因此促进核能国际合作已成为各核电技术强国外交战略的重点。

核工业是高技术富集的行业,是技术升级、创新的高技术行业。美国的"曼哈顿计划"催生了全球计算机及超级计算机的诞生和技术升级,促进了材料改进、材料老化和辐射防护等技术升级,进一步促进了原子物理、传热学等基础学科的发展。核电装备的国产化也全面带动我国金属材料、焊接材料、大型锻造技术、中子屏蔽材料、控制系统、仪器仪表等多个领域产业链企业的技术进步。

核电投资拉动能力显著高于可再生能源。中国每出口 1 台核电机组,需要 8 万余台套设备、200 余家企业参与制造和建设,可创造约 15 万个就业机会,单台机组投资约为 300 亿元,考虑到天然铀、核燃料、运维、退役等全产业链的贡献,单台机组全寿期直接带动约 1000 亿元。中国国务院发展研究中心的研究成果表明,每 1 元核电投资在建设期可以拉动社会总产出 3.04 元、GDP 增长 1.03 元;每生产 1 元核电可以拉动社会总产出 2.22 元;每消费 1 元核电可拉动 GDP 增长 1.18 元。每 100 元的可再生能源投资将给其他经济领域带来 82 元的溢出影响,这与每 100 元的房地产投资带来的 88 元溢出影响接近[1]。

核电就业拉动能力显著高于可再生能源。一台典型的 1000 兆瓦核电机组全生命周期能创造约 20 万工作·年的就业岗位,其中:在厂址准备和建设期间能创造 1.2 万工作·年的直接就业机会;在运行期间(运行期按50 年算),可创造约 3 万工作·年的直接就业机会;在退役期间(退役期按10 年算),可创造约 5000 工作·年的直接就业机会;在退役后 40 年时间里创造约 3000 工作·年的直接就业机会;在供应链上创造约 5 万工作·年的

---

① 《高盛:人民币 100 元的可再生能源投资与等额的房地产投资带来溢出影响接近》,搜狐网,https://www.sohu.com/a/521808203_ 121270986。

间接就业机会以及约 10 万工作·年的衍生就业机会。[①] 根据美国能源部发布的《数说核能》报告，2020 年，美国核电行业共计雇用 47.5 万人，贡献了 600 亿美元的 GDP，运营了 94 台在运核电机组。根据国际可再生能源署（IRENA）的就业拉动分析表，一座 50 兆瓦光伏电站全寿命周期总共需要投入劳动力 22.9 万工日（相当于每年需要 627 人，超过同等装机容量的煤电厂，其中，项目的前期规划，采购、制造和运输，系统安装和并网，系统的运营和维护，退役系统拆除分别占 1%、22%、2%、17%、56%、2%）；一座 50 兆瓦陆上风电场全寿命周期总共需要投入劳动力 14.4 万工日（项目的前期规划，采购、制造和运输，系统安装和并网，系统的运营和维护，退役系统拆除分别占 2%、18%、30%、43%、7%）；一座 500 兆瓦海上风电场全寿命周期总共需要投入劳动力 210 万工日（项目的前期规划，采购、制造和运输，系统安装和并网，系统的运营和维护，退役系统拆除分别占 1%、59%、11%、24%、5%）[②]。量化到 1000 兆瓦的装机，核电（IEA 口径）、光伏发电、陆上风电和海上风电全寿命周期需投入劳动力分别为 5280 万工日、458 万工日、288 万工日、420 万工日。核电的就业带动能力非常强。

四　未来核能需要加速创新

全球正在积极推进"碳中和"目标实现。中科院院士丁仲礼指出，实现"碳中和"，"发电端"之要在于构建新型电力系统；"能源消费端"之要在于电力替代、氢能替代以及工艺重构；"固碳端"之要在于生态建设[③]。未来，低碳能源系统是由多种低碳能源技术组合的系统，新型电力系统是关键。作为可调度的经济低碳能源，核电需要通过进行创新以发挥更大的作用。

---

① 《核电机组的建设和运营可创造大量就业机会》，国际电力网，https：//power.in-en.com/html/power-2281042.shtml。

② 《光伏、风电产业是就业大户，在产业链哪个环节用工最多?》，国际太阳能光伏网，https：//solar.in-en.com/html/solar-2362097.shtml。

③ 《院士说 | 丁仲礼：碳中和对中国的挑战和机遇》，澎湃新闻，https：//m.thepaper.cn/baijiahao_ 16230820。

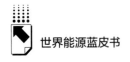

（一）实现"碳中和"，必须加快能源领域技术创新

总的来看，从中远期来看，"新能源"将取代化石能源成为未来能源系统的主体，但核能和化石能源都还将有必要的应用场景，除了节能减排和新能源技术创新外，需要重点研发实现化石能源原料化，实现 CCUS 和二氧化碳资源化利用、核能非电应用等。从长期来看，人类需要在核聚变上取得更大突破。

目前，构建以新能源为主体的能源系统还面临诸多羁绊，规模储能、新型战略性资源的优化应用及替代材料选择、CCUS、核聚变等技术研发都在路上，存在一定的不确定性。核裂变技术的提升优化是当前创新的主要方向。

（二）积极推动核裂变技术创新，是发挥核能更大低碳价值的必然选择

根据 IEA 对不同能源技术的技术成熟度评估①，尽管随着一系列反应堆技术研发，三代/三代+轻水反应堆的隔夜成本可以显著降低，但随着可变和分布式发电占比不断提升，在未来的低碳能源市场中，这些大型反应堆技术能否以具有成本效益的方式竞争仍存在一些不确定性。核能可能需要进行更多的颠覆性创新，以确保其作为灵活、可靠和可调度的能源的作用。其中包括三种创新：一是开发更小的反应堆，以具有更高的运行灵活性；二是开发创新燃料，以确保以更低的成本获得更高的性能；三是拓展在非电力方面的应用，如向过程工业供热，氢气生产和海水淡化，以取代化石工艺。

核能非电应用的商业化推广，尤其是高温热品质提供方面，需要核能行业进一步进行技术研发和创新。核能在低碳电力中的作用已经过历史验证，但在低碳热源方面的潜力未受到重视，需要挖掘。瑞士、俄罗斯、加拿大已

---

① 《不同能源技术的技术成熟度评估：其他实力创新差距分析》，IEA。

分别利用核能进行过供暖、海水淡化，核能非电应用的相关工艺流程的成熟度已比较高，核能制氢等以热量或作为能量载体（如氢）的形式存储能量是另外一种重要应用场景。聚焦高温气冷堆的应用、进行超高温气冷堆商业化技术的研发，或研究进一步降低核能发电再电解制氢成本的技术方案都在推进中。多个国家正在开发可灵活运行的小型模块式反应堆以替代发电和非电领域的化石燃料技术，美国 Nuscale 小堆标准设计已通过核管会（NRC）的审评，进入示范部署阶段；中国的 ACP100 示范项目已经在海南昌江开始建设，采用"华龙一号"与"高温气冷堆"耦合向化工园区提供工业用高温蒸汽的项目已经开始开展前期工作。

（三）改造核能灵活性，是核能融入灵活、互补、可靠的新型清洁能源体系的关键所在

从未来新型电力系统发电侧看，新能源发电具有典型的间歇性特征，出力随机波动性强，有效装机系数严重不足，不同季节的发电出力差异极大，需要匹配调峰能力。新能源系统高度电力电子化，风电机组转动惯量低，光伏发电几乎不能提供转动惯量。从用电侧看，无序充电的电动汽车负荷将带来更为明显的负荷尖峰化特征，峰谷差进一步拉大，对传统电力系统造成较大的冲击。

核电不仅运行稳定，而且可以提供电网安全运行必需的转动惯量，是全球唯一可直接规模化替代煤电承担基荷的电源，可以通过规模化发展核电支撑加快应对全球气候变化，为成为主体电源、骨干电源的新能源提供转动惯量支撑。

实现构建以新能源为主体的新型电力系统愿景目标，在运核电机组需要进行进一步的灵活性运行能力评估及必要的改造，研究新型储能、储热、制储氢技术一体化应用技术；核电新技术要在设计时考虑适应灵活运行技术要求，以融合成为"核能—可再生能源"一体化低碳电力系统。目前，美国已完成西屋压水堆系列在运机组的弹性运行评估，开展了相应试点。我国的荣成国核示范电站在打造"国和一号+"核风光水储示范项目，为核能融入

灵活、互补、可靠的新型清洁能源体系做出试点示范。

进一步，从我国国情看，发展核电有利于我国煤电有序退出。此外，从保障能源电力安全的角度看，我国将煤炭转化为战略性资源储备和化工原料、将煤电机组转化为灵活调节电源和应急电源，能够进一步夯实我国能源自主安全的基础。

五　结语

无论从战略看还是从技术看，核能都应该并可以在全球"碳中和"技术体系和大型经济体能源安全中发挥重要作用。

战略上，核能产业已成为各核大国的必争之地，促进核能技术研发创新、扩大民用核能应用场景，成为大国能源战略、国家安全战略和应对气候变化中长期战略的重要内容。从国内来看，面对"百年未有之大变局"，我们更需要坚决贯彻"四革命一合作"能源安全新战略，坚决发展核能以支撑国家安全战略，坚持"积极安全有序发展核能"的方针不动摇，安全有序降低煤电发电占比，同时将我国的煤炭转化为战略性资源储备和化工原料、将煤电机组转化为灵活调节电源和应急电源，可以进一步夯实我国能源自主安全的基础。从国际来看，坚持核电"走出去"，以"走出去"绿色合作搭建百年国际关系基石。在全球积极实现气候目标、确保能源供应的背景下，核电可以凭借稳定性和低度电成本，以及制氢、供热、海水淡化等多场景应用能力，在未来电力系统中占据无可取代的位置。要做到这些，核电行业还应鼎力前行，优化大堆经济性，重点开发小堆、微堆、先进堆等技术，在保证本国核电发展的基础上，积极"走出去"，参与国际市场开发。

B.8
2021年全球可再生能源市场
回顾与2022年展望

刘先云*

摘　要： 为应对全球气候变化，2020~2021年全球可再生能源保持较快增长，2021年将创下新的装机纪录。2021年，全球对能源转型的投资创下新纪录，总额达到7550亿美元。中国仍是全球增速最快的可再生能源市场，2020年，新增装机容量占全球的比例首次超过50%，欧洲是仅次于中国的第二大可再生能源市场。随着光伏等可再生能源成本下降并进入平价上网时代，可再生能源装机规模将进一步扩大，并推动电力系统向适应大规模、高比例新能源方向演进。

关键词： 可再生能源　光伏　风电　新增装机

统计显示，1850~2019年，人类总计排放温室气体约2.4万亿吨，地表温度较工业化前上升近1.1℃，气候变化对经济社会的影响日益加剧，极端天气发生渐趋频繁，海平面加速上升，上百万个物种濒临灭绝。为应对气候变化，2015年，全球近200个国家通过《巴黎协定》，达成减少温室气体排放，在21世纪内控制温升在工业化前水平2℃以内，并力争控制在1.5℃以内的气候共识。为实现这一目标，全球需在21世纪中叶前后实现温室气体净零排放。

根据联合国政府间气候变化专门委员会（IPCC）的数据，要实现21世

---

* 刘先云，经济学博士，中国社会科学院研究生院国际能源研究中心特聘研究员，广西投资集团创新研究院院长，主要研究方向为宏观经济、能源经济。

纪控制温升 1.5℃以内的目标，2020 年后全球碳排放总量应控制在 5000 亿吨二氧化碳当量以内。2019 年全球碳排放量超过 500 亿吨二氧化碳当量，按照当前的发展趋势，21 世纪中叶将难以实现净零目标。近十年来，化石能源相关碳排持续增长，2019 年碳排放量占温室气体总量的 65%。据测算，2010～2019 年，全球温室气体年均排放量处于人类历史最高水平，但增速已明显放缓。从国内情况看，全国能源消费产生的二氧化碳排放量占二氧化碳排放总量的 85%，占全部温室气体排放量的约 70%。综览世界各经济体当前的气候行动，可再生能源规模化部署、工业制造业减排升级、交通运输业绿色转型、建筑能效提升和负碳技术开发利用已成为零碳发展的重点领域。

中国石油经济技术研究院发布的《2060 年世界与中国能源展望》（2021 版）显示，截至 2021 年 11 月 15 日，全球承诺"碳中和"的国家和地区已达 147 个。其中已实现"碳中和"的国家为 2 个，已立法的为 13 个，拟立法的为 13 个，拟议立法的为 3 个，53 个已进行政策宣示。[①]

据测算，虽然全球能源快速转型，低碳零碳负碳技术不断进步，但仍远不能达到《巴黎协定》提出的目标，这需要各国以更大力度更快速地进行低碳转型。应对全球气候变化已成为推动世界能源转型的重要力量。2022 年以来，受俄乌冲突等国际因素影响，全球能源市场震荡加剧，国际油价急剧攀升，多个国家表态将重新审视本国的能源政策，各国更清楚地看到降低对化石能源依赖的必要性。虽然目前全球非化石能源以及可再生替代能源尚不足以满足能源消费需求，但较高的能源价格以及各国对能源安全的关注，使能源多样化的必要性和紧迫性进一步提升。

一　全球可再生能源消费发展现状

（一）全球可再生能源开发情况

《BP 世界能源统计年鉴》（第 70 版）显示，2020 年，全球可再生能源

---

① 《2060 年世界与中国能源展望》（2021 版），中国石油经济技术研究院，第 8 页。

（包括生物燃料，但不包括水电）同比增长 9.7%，增幅低于过去 10 年的平均水平（平均每年增长 13.4%），但能源增量（2.9 艾焦）与 2017 年、2018 年和 2019 年接近。太阳能发电创纪录地增长 1.3 艾焦（同比增长 20%），在可再生能源增长量中，风能增幅（1.5 艾焦）的占比最大。太阳能发电装机容量增长 127 吉瓦，风能发电装机容量增长 111 吉瓦，几乎是往年最大增幅的 2 倍。中国是可再生能源增幅最大的国家，同比增加约 1.0 艾焦；其次是美国，同比增加约 0.4 艾焦；欧洲作为一个整体，同比增加 0.7 艾焦。[①]

根据国际能源署（IEA）发布的有关 2020 年可再生能源行业的分析报告，关键市场的政策截止日期促使全球可再生能源装机容量在 2020 年达到 278.3 吉瓦，这是过去 20 年来的最高同比增幅。

《BP 世界能源统计年鉴》（第 70 版）显示，可再生能源发电量在全球发电量中的占比出现了创纪录的增长，从而延续了近年来的强劲增长势头。过去五年里，可再生能源发电量的增量在全球发电量的增量中的占比约为 60%，其中风能发电量和太阳能发电量增加了 1 倍多。2020 年可再生能源发电量的增长主要形成对燃煤发电的替代。燃煤发电经历了有史以来最大的降幅（4050 亿千瓦时，同比下降 4.4%）。除电力需求下降和可再生能源装机容量增长外，煤炭也因价格相对于天然气较高而丧失竞争力进而导致火力发电量有所下降，这在美国和欧盟表现得尤为明显。[②]

尽管新冠肺炎疫情全球蔓延引发供应链挑战和建设延误，但 2020 年全球新增可再生能源发电量比 2019 年增长了 45%以上，并创下了新纪录。其中，全球风电装机容量惊人地增长 90%，直接导致出现这一大幅扩张。同时，新的太阳能光伏发电装置的安装量增长 23%，接近 135 吉瓦，这也支撑了这一创纪录的增长。

中国、美国和越南的政策截止日期即将到来刺激了 2020 年可再生能源

---

① 《BP 世界能源统计年鉴》（2021 年版），第 2 页，BP 中国，https：//www.bp.com/zh_cn/china/home/news/reports/statistical-review-2021.html。

② 《BP 世界能源统计年鉴》（2021 年版），第 5 页，BP 中国，https：//www.bp.com/zh_cn/china/home/news/reports/statistical-review-2021.html。

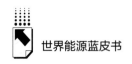

装机容量的空前增长。2019~2020 年，中国的装机容量增长 80% 以上，因为陆上风能和太阳能光伏项目已根据中国以前的上网电价补贴计划以及之前在中央或省级竞标中获得奖励，它们必须在 2020 年底之前并网。在美国，风电开发商急于在生产税收抵免期满之前完成项目，尽管该政策又延长了一年。在越南，太阳能光伏项目的 FIT 政策即将取消也刺激了商业和住宅装置的空前热潮。

《2060 年世界与中国能源展望》（2021 版）显示，近 5 年来，可再生能源提供了全球新增发电量的 60% 左右。[①] 过去 30 年，非化石能源年均增长 2.1%，占一次能源的比重从 1990 年的 14.7% 增至 2020 年的 17%。随着新能源技术不断进步，非化石能源增速将进一步加快，展望期内的年均增速为 3% 左右，高于一次能源增速 2.3 个百分点，届时非化石能源消费占比将达到 42.3%，较 2020 年提升 25.3 个百分点。

2020 年第四季度，全球新增并网近 150 吉瓦可再生能源装机容量，是 2019 年第四季度已委托发电量的 2 倍以上，并且超过了 2020 年前三个季度的安装量。总体而言，IEA 进行的季度估算表明，可再生能源发电量增速的放缓仅限于 2020 年第一季度，主要发生在中国，当时其正受疫情影响。尽管不断受到出行限制和供应链延迟的影响，世界其他地区的建筑活动仍在继续强劲发展。自第二季度开始，随着中国政府对疫情进行有效控制，经济、市场开始迅速恢复，可再生能源增速逐步恢复。到第四季度，在中国、美国和欧洲大多数国家，可再生能源装机容量迅速增加。

与此同时，在逐步降低的投资成本和持续的政策支持刺激下，新增光伏装机容量持续较快增长，部分弥补了风电装机容量增速放缓产生的空白。IEA 预计，2021 年，全球新增太阳能光伏装机容量约为 145 吉瓦，到 2022 年将达到 162 吉瓦。同时，到 2022 年，随着中国大型项目投产，水电新增投资将加速增长。在生物能源的带动下，其他可再生能源的扩张保持稳定，新增容量占可再生能源新增容量的 3%。

---

① 《中国石油发布〈2060 年世界与中国能源展望〉报告》，中国石油新闻中心，http：// news.cnpc.com.cn/system/2021/12/28/030054360.shtml。

根据 IEA 预测，2021 年，全球可再生能源预计保持较快的增长态势，全年预计新增装机容量为 270 吉瓦，2022 年预计新增容量为 280 吉瓦，这期间的增速超过了 2017～2019 年创纪录的年度增量 50% 以上，2021 年和 2022 年，可再生能源发电量增量有望占全球发电量总增量的 90% 左右。

国际能源署预计，预计 2021 年将创下新的装机纪录。尽管用于制造光伏组件和风电机组的关键材料的成本在上升，但预计 2022 年新增的可再生能源装机容量将增长至 290 吉瓦，超过 2021 年创下的历史新高。国际能源署执行董事 Fatih Birol 表示："2021 年创纪录的 290 吉瓦新增可再生电力，是新的全球能源经济正在出现的又一迹象，化石燃料价格的上涨，也使可再生能源更具竞争力。"

（二）全球可再生能源投资情况

随着气候变化愈加明显，极端天气频发，全球超过 130 个国家已经制定或正在考虑到 2050 年实现净零排放的目标。根据《联合国气候变化框架公约》委托进行的研究，到 2050 年，在全球范围内实现净零排放需要 125 万亿美元的气候投资。

国际能源署认为，目前的投资仍远远低于气候驱动假设情景所要求的数额。其发布的《2050 年净零排放：全球能源行业路线图》称，清洁能源投资需要在 10 年内翻一番，才能使气温升高保持在 2℃ 内的水平；而气温上升要保持 1.5℃ 以内，则必须将投资提升 3 倍以上。虽然尚未达到这一水平的投资，但全球能源投资正在增加。根据彭博新能源财经（BNEF）的统计数据，2021 年，全球在低碳能源技术上的投入为 7550 亿美元（约 4.7 万亿元），同比增长约 27%，近一半投资发生在亚洲，其中中国的投资占全球投资总量的 35%。[①]

根据 BNEF 发布的《2022 年能源转型投资趋势》年度投资报告，在全球各

---

① 《2021 年全球能源转型投资约 4.7 万亿，中国占比超三成》，澎湃新闻，https://www.thepaper.cn/newsDetail_ forward_ 16752706。

国不断增强的气候雄心和政策行动的支持下，2021 年，全球对能源转型的投资创下新纪录，总额达到 7550 亿美元。报告涵盖的几乎各个领域的投资都有所增加，包括可再生能源、储能、电气化运输、电气化热力、核能、氢能和可持续材料。根据报告，排名前 10 的国家共投资 5610 亿美元用于推动能源转型，占世界总额的近 3/4。首先，中国的整体能源转型投资比 2020 年的水平增长了 60%，进一步巩固了其作为全球可再生能源领导者的地位。中国风能和太阳能装机容量之和在 2021 年同比增长了 19%，电气化交通投资也占投资的很大一部分。其次，美国 2021 年在清洁能源上的投资为 1140 亿美元，比 2020 年增长 17%。最后，几个欧洲国家也跻身前 10 名，德国、英国和法国位列前五。欧洲国家总共为能源转型投资了 2190 亿美元。① 各国能源转型投资占总投资的比重见图 1。

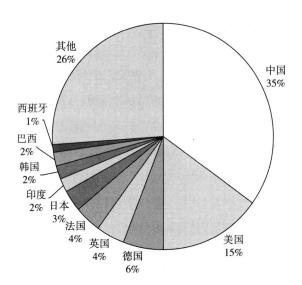

图 1　各国能源转型投资占总投资的比重

资料来源：Bloomberg NEF。

总体而言，全球清洁能源投资市场前景广阔，仍有很大的发展空间。IRENA 表示："充分应对全球气候变化，必须加快可再生能源发展步伐，将

---

① 《2021 年全球能源转型投资约 4.7 万亿，中国占比超三成》，澎湃新闻，https：//www.thepaper. cn/newsDetail_ forward_ 16752706。

可再生能源的投资增加一倍。"2013 年以来，全球可再生能源领域投资年均约为 3000 亿美元，太阳能和风能是较大的投资热点；2020 年，海上风能投资跃升至 500 亿美元左右，其成为增速最快的领域。中国、美国和欧洲的投资规模全球领先。

当前，全球新一轮科技革命和产业变革蓬勃兴起，关于风能、光伏、非常规油气、核能、新型储能、氢能等新能源的利用技术发展迅速，成为全球能源转型变革的驱动力。

二 部分国家和地区可再生能源市场现状

（一）中国：全球增长最快的可再生能源市场

2020 年，中国宣布"二氧化碳排放力争于 2030 年前达峰，努力争取 2060 年前实现碳中和"的目标。近 40 年以来，中国经济高速发展伴随着资源的高强度消耗、化石能源大量消费、污染物与碳排放迅速增长。2010 年以来，中国发布多项政策，采取产业转型升级、能源结构调整、技术创新等多方面措施应对气候变化。2019 年底，我国碳排放强度较 2005 年下降 48%，提前实现 2015 年提出的碳排放强度下降 40%~45% 的目标。

中国碳排放总量大且仍呈上升趋势。2020 年，中国温室气体排放逾 100 亿吨，约占全球的 1/4，居世界第一。其中，能源、工业排放比重高，实现"碳达峰""碳中和"目标面临的挑战非常严峻。根据相关规划，中国以政策、金融和技术为支撑，从能源系统转型优化、工业系统转型升级、交通系统清洁化发展、建筑系统能效提升、负碳技术开发利用等方面开展"碳中和"行动。

2020 年，中国风电市场出现快速增长的情况，这主要是因为政府政策即将到期刺激项目在截止日期之前并网投产。但是，2021 年、2022 年，中国风电新增装机容量或将减少，但全球范围内的年度增量仍有望达到 80 吉瓦，比 2019 年增加近 35%。

近年来，中国可再生能源发电量增量已占全球可再生能源发电量增量的

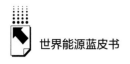

40%，并在 2020 年首次超过 50%，这是创纪录的水平，这是由 12 月新装机的空前高峰所致。从 2021 年起，中央财政不再对新备案集中式光伏电站、工商业分布式光伏项目和新核准陆上风电项目进行补贴，实行平价上网。但中央鼓励各地出台针对性扶持政策，支持光伏发电、陆上风电、海上风电、光热发电等新能源产业持续健康发展。

截至 2021 年底，我国可再生能源发电装机容量达到 10.63 亿千瓦，占全国电力总装机容量的 44.8%。其中，水电装机容量为 3.91 亿千瓦（含抽水蓄能 0.36 亿千瓦），风电装机容量为 3.28 亿千瓦，光伏发电装机容量为 3.06 亿千瓦，生物质发电装机容量为 3798 万千瓦，分别占全国电力总装机容量的 16.5%、13.8%、12.9% 和 1.6%。2021 年，我国可再生能源发电量持续增长，可再生能源发电量达 2.48 万亿千瓦时，占全社会用电量的近 30%。其中，水电量为 13401 亿千瓦时，由于来水总体偏枯，同比下降 1.1%；风电量为 6526 亿千瓦时，同比增长 40.5%；光伏发电量为 3259 亿千瓦时，同比增长 25.1%；生物质发电量为 1637 亿千瓦时，同比增长 23.6%。我国风电、光伏发电、水电和生物质发电量分别占全社会用电量的 7.9%、3.9%、16.1% 和 2%。

国家能源局的数据显示，我国可再生能源发电装机规模历史性突破 10 亿千瓦，2021 年，全国风电新增装机容量为 4757 万千瓦，其中海上风电新增装机容量为 1690 万千瓦，装机规模跃居世界第一。新能源年发电量首次突破 1 万亿千瓦时，保持全球第一。清洁能源消纳取得积极进展，光伏发电、风电和水电利用率分别达到 97.9%、96.9% 和 97.8%。

（二）欧洲：第二大可再生能源市场

国际能源署认为，2021~2022 年，欧洲将加快部署，成为仅次于中国的世界第二大可再生能源市场。欧洲预计每年的新增装机容量将增长 11%，到 2021 年达到 44 吉瓦，到 2022 年达到 49 吉瓦。

随着这一扩张，2022 年，该地区将自 2011 年以来首次打破年度新增装机量的纪录，成为仅次于中国的世界第二大可再生能源装机容量市场。其中，德国将继续提供欧洲最大的可再生能源装机容量，其次是法国、荷兰、西班牙、英国和土耳其。这种强劲的增长来自多个国家扩展其政策以实现欧盟2030年的气候目标，以及完善涉及多个国家蓬勃发展的公司购电协议（PPA）的市场。

例如，德国通过《2021年可再生能源法》（EEG），以更高的拍卖量支持太阳能光伏，风能和生物能源等项目。荷兰已于2020年12月分配新的SDE++计划；土耳其决定实施扩大所有可再生能源的上网电价（FIT）计划；波兰于2020年12月拍卖授予了将近1吉瓦的光伏项目；2020年，西班牙创下签署的企业PPA协议纪录；英国提议将陆上风能和太阳能光伏重新纳入差价合约（CfD）拍卖范围。

（三）美国：税收抵免政策延期一年

2020年12月，美国政府将陆上风能和太阳能光伏的生产和投资税收抵免政策再延长一年。这些政策的延期将在很大程度上影响2021年和2022年的陆上风能行业，因为扩建使新项目在2021年开始建设，其有资格获得18美元/兆瓦时的税收抵免。因此，国际能源署将对2021年和2022年的陆上风电预测均上调了25%。对于太阳能光伏发电，投资税收抵免（ITC）对短期预测的影响不大，因为12月的延期仅涵盖从2022年和2023年开始的太阳能光伏发电项目。即便如此，成本下降、分布式光伏行业复苏以及对企业PPA的兴趣日益浓厚都为进一步扩大光伏市场带来机遇。

美国于2021年3月提出的新基础设施计划提出了一项"直接支付"条款，适用于符合税收抵免条件的可再生能源，从而减少了对相对昂贵的税收公平性的需求。2009年通过的类似规定极大地促进了2010~2014年的风能部署。此外，该计划提供了十年的税收抵免扩展期，为风能和光伏开发商提供了前所未有的可视性，从而促进其更快发展。但是，这些政策建议的立法程序尚未完成，因此预期的影响并未反映在IEA对2021年和2022年的可再生能源预测中。

（四）印度：短期存在不确定性

新冠肺炎对印度可再生能源部署的影响比其他任何国家都大：疫情蔓延引起的建筑延误和电网连接挑战导致印度可再生能源装机增量在2020年下

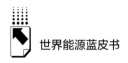
降了近 50%。由于 2020 年竞争性拍卖推迟了项目的进行，随着 2022 年印度可再生能源装机容量达到 175 吉瓦目标期限的临近，印度在 2022 年的可再生能源部署将逐步恢复并迎来新一轮增长，然而 2021 年 4 月以来新冠肺炎确诊病例的激增在短期内带来了不确定性。此外，配电公司的财务状况也成为印度可再生能源部署的主要挑战之一，政府提出的 400 亿美元改革计划有望对配电企业的运营和财务状况带来积极前景。

（五）东盟：增速明显放缓

在东盟地区，2020 年，越南快速发展的太阳能光伏发电项目使该地区的装机容量增加，达到创纪录的 13 吉瓦，比 2019 年增长 60%。但是，越南正逐步取消 FIT，印度尼西亚和泰国的可再生能源增速相对缓慢，导致东盟可再生能源 2021 年的扩张速度明显放缓，约为 2020 年的 33%。

（六）拉丁美洲：政策刺激增长

在拉丁美洲，从 2020 年开始推迟的可再生能源项目将在巴西、墨西哥和智利投入运营，得益于净计量政策的部署，分布式光伏越来越具有吸引力，有望在巴西得到快速发展。此外，不断增长的企业 PPA 市场和拍卖计划之外的双边合同也促进拉丁美洲对可再生能源进行部署。①

三　全球可再生能源市场展望

能源是人类文明进步的重要物质基础和动力，攸关国计民生和国家安全。新一轮科技革命和产业变革深入发展，全球气候治理呈现新局面，新能源和信息技术紧密融合，生产生活方式加快转向高端化、智能化、绿色化，能源体系和发展模式正进入由清洁能源主导的崭新阶段。加快构建现代化能

---

① 《纵览 2021-2022 年全球可再生能源发展趋势》，走出去导航网，https：//www.investgo.cn/article/gb/fxbg/202105/545273.html。

源体系是保障国家能源安全，力争如期实现"碳达峰""碳中和"目标的内在要求，也是推动实现经济社会高质量发展的重要支撑。

（一）全球能源转型趋势与可再生能源市场展望

经过多年发展，世界能源转型进入全面加速期，全球能源和工业体系加快演变和重构。21世纪以来，全球能源结构加快调整，新能源技术水平和经济性大幅提升，风能和太阳能利用实现跃升发展，规模增长了数10倍。《巴黎协定》得到国际社会广泛参与，近五年来，可再生能源发电量提供了全球新增发电量的约60%。全球130多个国家和地区提出了"碳中和"目标，主要经济体均提出了明确的时间表，积极推动经济绿色复苏，清洁低碳能源发展迎来了新的机遇。

光伏发电在很多国家已成为清洁、低碳同时具有价格优势的能源形式，发电成本快速下降推动光伏发电进入"平价时代"。从发电成本角度看，根据国际可再生能源署的统计，2010~2020年，在生产成本大幅下降和技术快速进步的驱动下，全球光伏发电加权平均平准化度电成本（LCOE）已从38.1美分/千瓦时下降至5.7美分/千瓦时，降幅高达85.0%。同期，水力发电LCOE则上升至4.4美分/千瓦时，海上风电、陆上风电、光热发电以及生物质发电LCOE则分别下降48.1%、56.2%、68.2%、0，均小于光伏发电的LCOE降幅。2010~2020年，太阳能光伏发电成本快速下降，成本的下降主要是由于电池板价格和系统配套费用下降，前者降幅达90%，这些因素使太阳能光伏发电的总装机成本下降了80%以上。

随着光伏发电、风电的大规模接入，各国不断推动电力系统朝着大规模、高比例新能源方向演进。应统筹高比例新能源发展和电力安全稳定运行，加快电力系统数字化升级，全面推动新型电力技术应用，深化电力体制改革。增强电力系统的资源优化配置能力，提升电网的智能化水平，推动智能配电网、主动配电网建设，增强和提高配电网接纳新能源和多元化负荷的承载力和灵活性，促进新能源优先就地就近开发利用。积极发展智能微电网，以实现与大电网兼容互补。完善区域电网主网架结构，推动电网之间柔

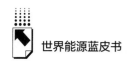

性可控互联,构建规模合理、分层分区、安全可靠的电力系统,提升电网适应新能源大规模接入的动态稳定水平。有序推进新能源电力跨区域输送,稳步推广柔性直流输电,优化输电曲线和价格机制,加强送受端电网协同调峰运行,提高全网消纳新能源能力。

能源系统多元化迭代蓬勃演进。能源系统形态加速变革,分散化、扁平化、去中心化的趋势特征日益明显,分布式能源快速发展,能源生产逐步向集中式与分散式并重转变,系统模式由以大基地、大网络为主逐步向与微电网、智能微网并行转变,推动新能源利用效率提升和经济成本下降。新型储能和氢能有望规模化发展,构建新能源占比逐渐提高的新型电力系统,能源转型技术路线和发展模式趋于多元化。

(二)中国能源转型趋势与可再生能源市场展望

目前,我国仍是全球最大的二氧化碳排放国,据统计,2021 年,中国二氧化碳排放量超过 119 亿吨,占全球总量的 33%。能源低碳转型进入重要窗口期。"十三五"时期,我国能源结构持续优化,低碳转型不断提速,2020年非化石能源消费比重达到 15.9%,煤炭消费比重则下降至 56.8%,风电、太阳能发电、水电、核电装机容量分别达到 2.8 亿千瓦、2.5 亿千瓦、3.7 亿千瓦、0.5 亿千瓦(见表 1),非化石能源发电装机规模稳居世界第一。

"十四五"时期是我国为"碳达峰""碳中和"目标打好基础的关键时期,必须协同推进能源低碳转型与供给保障,加快能源系统调整以适应新能源大规模发展,推动形成绿色发展方式和生活方式。

表 1 "十三五"期间我国能源发展变化

指　　标		2015 年	2020 年	年均/累计(%)
能源消费总量(亿吨标准煤)		43.4	49.8	2.8
能源消费结构占比	煤炭(%)	63.8	56.8	[-7.0]
	石油(%)	18.3	18.9	[0.6]
	天然气(%)	5.9	8.4	[2.5]
	非化石能源(%)	12.0	15.9	[3.9]

续表

指　　标	2015 年	2020 年	年均/累计（%）
一次能源生产量（亿吨标准煤）	36.1	40.8	2.5
发电装机容量（亿千瓦）	15.3	22.0	7.5
水电（亿千瓦）	3.2	3.7	2.9
煤电（亿千瓦）	9.0	10.8	3.7
气电（亿千瓦）	0.7	1.0	8.2
核电（亿千瓦）	0.3	0.5	13.0
风电（亿千瓦）	1.3	2.8	16.6
太阳能发电（亿千瓦）	0.4	2.5	44.3
生物质发电（亿千瓦）	0.1	0.3	23.4
西电东送能力（亿千瓦）	1.4	2.7	13.2
油气管网总里程（万公里）	11.2	17.5	9.3

注：最后一列中加"［　］"的数据为累计值，其余为平均值。
资料来源：《"十四五"现代能源体系规划》。

"十三五"以来，我国现代能源产业迈入创新升级期。能源技术创新能力显著提升，新能源和电力装备制造能力全球领先，低风速风力发电技术、光伏电池转换效率等不断取得新突破，全面掌握三代核电技术，煤制油气、中俄东线天然气管道、±500 千伏柔性直流电网、±1100 千伏直流输电等重大项目投产，超大规模电网运行控制实践经验不断丰富，我国能源技术装备具备一定优势。围绕"碳达峰""碳中和"目标，能源系统迫切要求进一步增强科技创新引领和战略支撑作用，全面提高能源产业基础高级化和产业链现代化水平。

近年来，我国出台《中共中央　国务院关于完整准确全面贯彻新发展理念做好碳达峰碳中和工作的意见》和《2030 年前碳达峰行动方案》。加快建立健全绿色低碳循环发展经济体系，大力推动新能源大基地建设，以新疆、甘肃、青海、宁夏、内蒙古等地的沙漠、戈壁、荒漠地区为重点，加快推进大型风电、光伏发电基地项目规划建设。根据规划，我国将重点推进大型清洁能源基地建设。统筹推进云贵川藏、青海水风光综合开发，重点建设金沙江上下游、雅砻江流域、黄河上游等清洁能源基地，推动雅鲁藏布江下

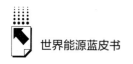

游水电开发等工程。依托存量和新增跨省跨区输电通道、火电"点对网"外送通道，推动风光水火储多能互补开发，重点建设黄河"几"字弯、河西走廊、新疆等清洁能源基地。以就地消纳为主，推进松辽、冀北清洁能源基地建设。积极推进东南部沿海地区海上风电集群化开发。近年来，我国还加大对风电、光伏等可再生能源重点领域的金融支持力度。2021年，全国碳排放权交易市场启动上线交易，第一个履约周期把发电行业重点排放单位2162家纳入交易市场。能源消费强度和总量双控制度进一步完善，严格能效约束，坚决遏制"两高"低水平项目盲目发展。

2021年12月召开的中央经济工作会议指出，传统能源逐步退出要建立在新能源安全可靠的替代基础上。会议还提出，我国能耗强度目标在"十四五"规划期内统筹考核，并留有适当弹性，新增可再生能源和原料用能不纳入能源消费总量控制范围。"十四五"期间，我国能源发展将落实总体国家安全观，坚持先立后破，以保障安全为前提构建清洁低碳、安全高效的现代能源体系，协同推进低碳转型与供给保障，着力筑牢国家能源供应安全屏障。

国家能源局印发的《2022年能源监管工作要点》提出，2022年，非化石能源消费总量比重提高到17.3%左右，新增电能替代电量1800亿千瓦时左右，风电、光伏发电电量占全社会用电量的比重为12.2%左右。国家发展改革委、国家能源局印发的《"十四五"现代能源体系规划》提出，到2025年，非化石能源消费比重提高到20%左右，非化石能源发电量比重在39%左右，电气化水平持续提升，电能占终端用能比重在30%左右。统筹考虑这些目标，需要明显增加可再生能源消费。主要是风电、光伏发电比例要显著增加，非化石能源增量要明显多于化石能源增量。

为适应可再生能源快速发展，我国将加快信息技术和能源产业的深度融合，推动能源产业数字化转型，加强新一代信息技术、人工智能、云计算、区块链、物联网、大数据等新技术在能源领域的推广应用；积极开展能源设备设施、工艺流程的智能化升级，提高能源系统灵活感知和高效生产运行能力；适应数字化、自动化、网络化能源基础设施发展要求，建设智能调度体系，实现源网荷储互动、多能协同互补及用能需求智能调控。

热 点 篇
Hotspot Issues

B.9
"双碳"目标下中国煤炭刚性需求
影响因素、趋势及政策建议

摘 要： 受资源禀赋、历史发展及经济发展水平的影响，煤炭在我国能源结构中具有举足轻重的地位。自 2020 年提出"碳达峰""碳中和"目标后，我国能源行业尤其是煤炭行业受到了较大影响，2021 年甚至因对煤炭消费的控制而出现了电力短缺的现象。本报告从内生动力和外部影响因素两个方面，详细分析了我国煤炭刚性需求的来源，指出在我国经济基本面的长期向好趋势、对能源安全具备稳定的需求，以及相应政策支持下，在今后相当长时间内，我国煤炭市场都将保持较为稳定的态势，但随着消费总量逐步下行，行业也会面临各种挑战。因此，我国应当在宏观、中观、微观等层面都有所作为，通过完善碳交易机制、探索行业基

---

* 李圣刚，经济学博士，金融学博士后，就职于中保保险资产登记交易系统有限公司，主要研究方向为国际贸易与投资、能源经济、资产管理。

础设施化发展路径、加大技术创新力度等方式，全面提升煤炭行业供需结构水平，支撑经济社会稳定发展，保障我国能源安全和"碳达峰""碳中和"目标顺利实现。

关键词： "双碳"目标　煤炭市场　煤炭行业　刚性需求

一　问题的提出

（一）"碳达峰""碳中和"目标的提出

作为世界上最大的发展中国家，中国历来重视气候与环境问题，并在1983年国务院召开的全国环境保护会议上，将环境保护确定为一项基本国策。在国际方面，中国于1992年加入了《联合国气候变化框架公约》，并于2002年批准通过了其补充条款《京都议定书》。长期以来，中国在应对全球气候变化这一问题上，始终坚持共同但有区别的责任原则、公平原则以及各自能力原则，推动保护了以中国为代表的多数发展中国家的权益。在中国的不懈推动下，全世界178个缔约方于2015年在第21届联合国气候变化大会上通过了《巴黎协定》，目的是为2020年后全球统一应对气候变化做出统一安排。2016年，中国完成了该协定的签署和批准，随后即严格落实协定约定，通过积极发展风电、光伏、电动车等行业，促进可再生能源产业迅速发展，并于2019年底提前超额完成了协定约定的2020年需达成的气候行动目标，树立了负责诚信的大国形象，也提升了世界各国发展绿色低碳能源应对气候变化的信心。

在此背景下，2020年9月，国家主席习近平在联合国大会上宣布，中国将为推动落实《巴黎协定》采取更为有效的措施和行动，其中在二氧化碳排放方面，争取在2030年前达到峰值，并力争在2026年前实现"碳中和"，即通过节能减排等方式抵消自身活动产生的二氧化碳等温室气体，从而达到

"零排放"。尤其在近年来全球化、多边主义进程不断受挫的环境下，中国的这一承诺得到了世界各国的广泛赞誉。可以说，"碳达峰""碳中和"目标（以下简称"双碳"目标）的提出，是中国将实现可持续发展的内在要求与推动构建人类命运共同体的责任担当相结合，所做出的历史性重大决策，向世界展现了中国应对气候变化的责任和担当，从而使中国逐渐从此前在应对全球气候变化中扮演的积极推动者、追随者的角色，转变为主要倡导者、引领者。

（二）"双碳"目标下的煤炭

在提出"双碳"目标后，中国国家领导人及相关政府部门在不同场合进一步提出了涉及能源等行业发展的具体目标措施。其中，在联合国 2020 年 12 月倡议举办的气候雄心峰会上，国家主席习近平提出中国要在 2030 年实现单位 GDP 的二氧化碳排放量相比 2005 年下降超过 65%，非化石能源在一次能源消费中的比例在 25% 左右，风电、光伏发电总装机容量超过 12 亿千瓦等。具体到煤炭行业，国家主席习近平在 2021 年 4 月 22 日举办的领导人气候峰会上宣布，中国将在"十四五"期间严格控制煤炭消费增长，并在"十五五"期间逐步减少煤炭消费。同年 11 月 10 日，在《中美联合宣言》中，中国承诺将在"十五五"期间逐步减少煤炭消费，并将尽力加快该项工作进程，从而明确了煤炭行业在"双碳"目标下的总体发展方向。

从本质上来说，"双碳"问题即能源问题，这是因为碳排放的最主要来源即能源。能源行业是支撑经济社会发展水平的重要行业，在实现"双碳"目标过程中，首先应当满足经济社会发展的基本需求。作为经济社会高质量发展的特征之一，"双碳"目标的实现有赖对现在的经济结构和能源结构进行根本性的调整，这一切都需要建立在符合我国当前发展阶段和技术水平的基础上，"不能把手里吃饭的家伙先扔了，结果新的吃饭家伙还没拿到手"[1]。2021 年的运动式"降碳"、踩"急刹车"已经给了我们深刻的教训。

---

[1] 《"不能把手里吃饭的家伙先扔了"（两会现场观察·微镜头·习近平总书记两会"下团组"）》，《人民日报》（海外版）2022 年 3 月 6 日，第 02 版。

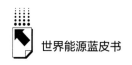

那么，煤炭行业未来将走向何方？本报告将通过深入分析我国煤炭刚性需求的影响因素判断行业未来趋势，并提出相应的政策建议。

二 刚性需求来源及趋势预测

（一）内生动力

能源属性是煤炭的最主要应用方式，因此煤炭行业的发展与资源禀赋、市场格局、政策调控等能源行业的内在特征紧密相关，这些特征的动态变化作用于煤炭行业，成为决定其发展的内生动力。

1. 约束条件：能源储备以煤为主，分布不均

（1）以煤为"压舱石"的资源禀赋结构

根据中国自然资源部公布的《2020年全国矿产资源储量统计表》以及BP2021年发布的《BP世界能源统计年鉴》，截至2020年底，我国煤炭储量为1622.88亿吨，石油为36.19亿吨，天然气为6.27万亿立方米，分别占世界总储量的13.3%、1.5%、4.5%，储采比分别为37年[1]、18.2年、43.3年。从上述统计数据中可以看出，我国具有明显的"富煤、贫油、少气"能源资源禀赋特征，加之长期以来我国经济发展处于相对较低水平的阶段性特征，决定了生产及运输成本较低的煤炭在能源结构中的主体地位，也决定了当前没有其他能源可以取代煤炭的主体作用以及兜底保障作用。在这个层面上，煤炭在我国能源乃至国民经济中都处于举足轻重的地位，是我国能源系统的"压舱石"。

（2）供需格局不均，集中趋势发展

虽然我国煤炭储量较为丰富，但产能分布明显不均，导致供需格局存在错配。自2016年国家推动供给侧改革以来，我国煤炭产能加速向仓储和生

---

[1] 因统计口径问题，在不同情况下，中国煤炭储采比差别较大，最高可达200年左右，本报告采用BP发布的统计数据。

产条件较好的山西、陕西、内蒙古等资源禀赋优势地区集中，截至 2021 年 12 月山西、陕西、内蒙古地区的煤炭产量占全国产量的 72.02%。晋陕蒙地区煤炭产量全国占比见图 1。同时，随着东北、华北、华东、中南、西南等产区煤炭产量快速下降，预计"十四五"期间，全国的煤炭产能会越来越向晋陕蒙尤其是大型综合能源企业集中，规模效应将更加明显。

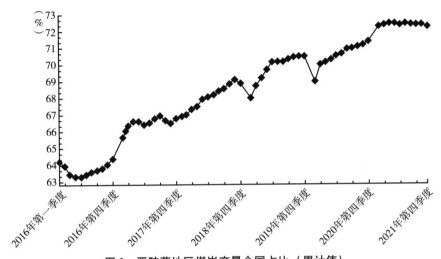

图 1　晋陕蒙地区煤炭产量全国占比（累计值）

资料来源：Wind。

从长期趋势来说，在"双碳"背景下，我国煤炭产能的集中将导致供需格局逆向分布持续强化，从而使煤炭行业发展面临更多的约束和挑战：一是对煤炭产地到消费地的铁路、公路、水路等运输能力提出更高的要求；二是对煤炭消费地区的应对极端情况的仓储能力提出挑战。《中华人民共和国国民经济和社会发展第十四个五年规划和 2035 年远景目标纲要》对于煤炭行业的发展格局提出了明确的要求，即推动煤炭生产向资源富集地区集中，并完善煤炭跨区域运输以及集疏运能力等。

2.需求层面：依赖性持续，结构逐步转型

（1）以煤炭为主的能源消费结构伴随经济发展开始转型

目前，在世界范围内，煤炭依然是用于发电的最主要的能源，根据 BP

公布的统计数据，2020 年，全球总发电量为 26823.2 太瓦时，其中煤炭贡献了 9421.4 太瓦时，占比为 35.1%。在我国，自改革开放以来，随着经济不断增长，能源需求也在逐年上升。从图 2 可以看出，受 2001 年加入世贸组织后经济进入高速发展阶段的影响，我国能源消费也进入了快速增长期，从 2002 年的 16.96 亿吨标准煤增长到 2020 年的 49.8 亿吨标煤，年均增速高达 6.17%。煤炭消费量在保持总体增长的同时，表现出了较大的波动性，从 2002 年的 11.62 亿吨标准煤快速增加到 2014 年的 28.18 亿吨，其间年均增速约为 7.66%；随后，受经济进入新常态，以及供给侧改革等影响，能源消费结构开始转型，煤炭消费量连续两年出现下滑，累计下降约 0.72 亿吨标准煤，降幅约为 2.57%；2017 年以来，供给侧改革成效不断显现，煤炭消费重新恢复正增长，2017~2020 年，煤炭消费年均增长率约为 0.74%。同时，从能源消费结构来看，煤炭消费量占能源消费总量的比重从 2007 年开始进入下行阶段，但煤炭总消费量在 2007~2013 年以及 2017~2020 年保持绝对增长。

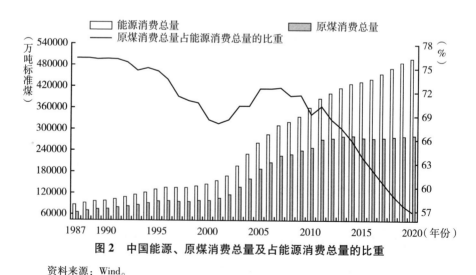

图 2　中国能源、原煤消费总量及占能源消费总量的比重

资料来源：Wind。

另外，从图 3 可以看出，我国原煤消费增速基本上保持了与能源消费增速相同的趋势，但在近年来在绝对增速上明显低于整体能源消费，这凸显了我国能源消费结构正在经历深刻转型。同时也可以看出，能源消费增速和GDP增速并不存在一一对应的关系，甚至趋势也不会保持经常一致，能源消费增速的波动性明显高于GDP增速，这也显示出我国能源消费强度即单位GDP增长所需要的能源也在发生明显变化。

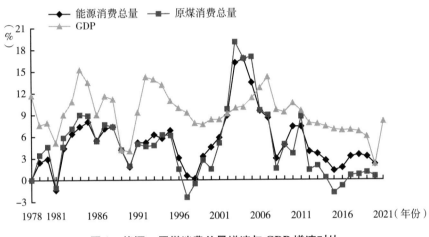

图3 能源、原煤消费总量增速与GDP增速对比

资料来源：Wind。

（2）细分领域保持稳定

根据煤炭的用途，其主要可以分为动力煤、炼焦煤和无烟煤三种类型。其中，动力煤作为燃烧动力来源，主要用于火力发电、锅炉供热等；炼焦煤因具有一定的黏结性，主要用途为炼钢；无烟煤因煤化程度较高，主要用于生产化工原料等。从产量来看，根据世界煤炭协会的统计数据①，我国动力煤产量约占煤炭总产量的82.08%，其次是炼焦煤，约占15.99%，而无烟煤占比相对较小，对于煤炭行业整体需求的影响较小，因此本部分将重点对动力煤以及炼焦煤的需求进行分析。

①动力煤：以煤为主的发电需求持续增长

一般来说，对动力煤需求较大的下游行业主要包括电力、冶金、化工、

---

① 该处数据仅更新至2014年。

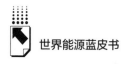

建材、供热五大行业。从图4可以看出，上述五大行业合计消耗动力煤总量的90%左右，其中，电力行业稳居动力煤消耗量最高行业，持续处于60%~70%的水平，冶金、建材、供热等行业则具有明显的季节波动性。

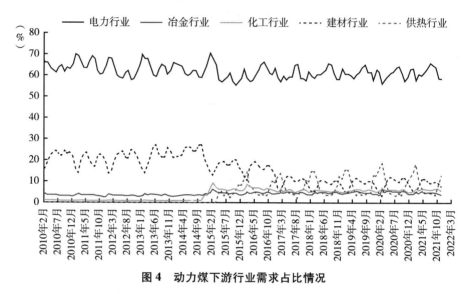

图4 动力煤下游行业需求占比情况

资料来源：《碳中和背景下中国煤炭行业2022年信用展望》，远东资信，2022年1月30日。

作为动力煤最主要需求来源，煤电在未来较长时间内都将在发电结构中占据最主要的地位，随着我国用电需求逐步上升（见图5），在可再生能源发电仍不稳定的情况下，我国发电量的增加仍需要以火力发电为主，因此，简单的"去煤化"无论在需求层面还是供给层面都无法在短期内实现。

②炼焦煤：下游需求稳中求变

与动力煤下游需求种类较多不同，炼焦煤的最主要用途为生产焦炭以用于炼钢。根据国家统计局公布的数据，2019年，我国焦炭消费量为4.64亿吨，其中用于黑色金属冶炼及压延加工业（以钢铁冶炼为主）的焦炭为3.92亿吨，占比约为85%。这也使钢铁行业成为制造业31个门类中碳排放量最大的行业，其也是"双碳"目标下面临压力最大的高耗能行业之一，尤其是"十四五"规划纲要中将单位GDP能耗降至13.5%作为"十四五"时期经济社会发展的核心约束性指标之一，未来钢铁产量将持续承压（见图6）。

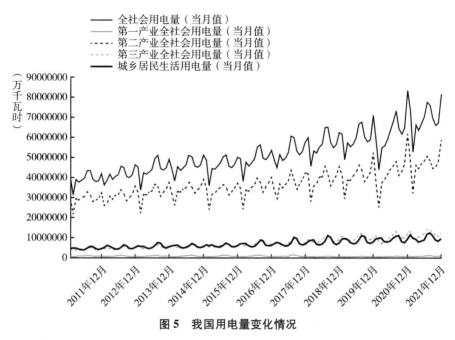

图 5 我国用电量变化情况

资料来源：Wind。

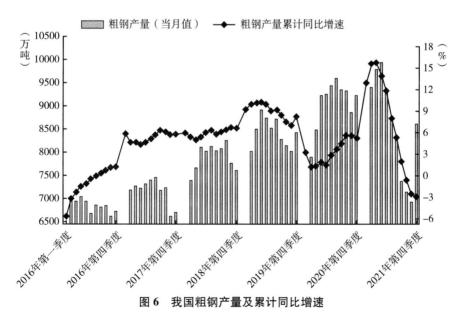

图 6 我国粗钢产量及累计同比增速

资料来源：Wind。

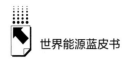
同时，根据2021年中央经济工作会议提出的"稳字当头、稳中有进"的总体要求，保证初级产品的平稳供应是钢铁行业未来的重要任务，随着基础设施建设及房地产等行业投资的逐步恢复，钢铁产量及其对炼焦煤的需求仍将保持较为稳定的态势。但从长期来看，由于传统钢铁行业的发展模式不适应"双碳"目标要求，其对炼焦煤行业的需求也会发生深刻变革。

③无烟煤：煤化工未来发展空间可期

在"双循环"发展格局下，发展煤化工产业，将煤炭由单一燃料转变为燃料和原料来源，提升清洁高效利用能力，对于保障我国能源安全、推动节能减排有着重要的意义。尤其在目前油价较高且波动性较大的情况下，煤化工产业显现出较大的成本优势，在政策的支持下，未来发展空间较大。

3. 供给层面：格局基本稳定，政策引导有效

长期以来，在以煤炭为主的能源消费结构下，我国煤炭产量不断增加。2010年，受经济增速进入下行通道的影响，煤炭产量的增速开始下滑，有些年份甚至出现负增长。从图7可以看出，2016年，在供给侧改革的影响下，原煤产量全年累计同比下降幅度高达9.40%。2020年初，受新冠肺炎疫情影响，煤炭产量出现较大幅度的波动，尤其是2021年下半年，动力煤价格的飙升使政府调控力度加大，煤炭产能的加快释放已经实现保供稳价的政策目标。本部分将从行业政策、格局、进口三个方面分析我国煤炭供给现状。

（1）调控体系逐步健全，政策引导有效

目前，在坚持和完善能耗双控制度，推动能源结构和产业结构调整以实现"双碳"目标方面，国家及相关政府部门已经初步建立健全了煤炭市场调控政策体系制定及执行体系。2021年9月22日，《中共中央　国务院关于完整准确全面贯彻新发展理念做好碳达峰碳中和工作的意见》明确提出，在总量上"十四五"期间要严格控制煤炭消费增长，"十五五"期间要逐步减少煤炭消费；在结构上严格控制并改造煤电，完成市场化改革。2021年10月24日，国务院印发的《2030年前碳达峰行动方案》在供给端和需求端进一步向煤炭行业提出一系列具体要求，以实现煤炭行业的转型升级，加快实现煤炭消费替代。

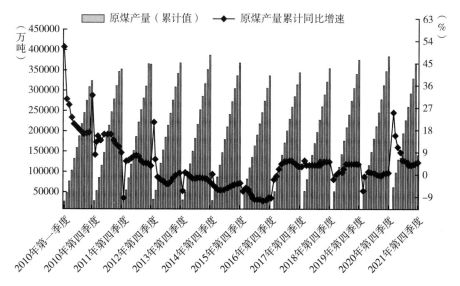

图7　我国原煤产量变化情况

资料来源：Wind。

同时，在政策引导方面，针对2021年出现的"拉闸限电"的情况，当年，中央经济工作会议对"双碳"目标进行了纠偏和重新定调，会议指出在推动"双碳"工作中，要立足煤炭在我国能源中仍处于基础性地位的这一基本国情，在长期内做好化石能源的逐步退出工作，不搞"运动式减碳"，影响经济社会正常稳定发展。此外，近年来，国家各部委积极采取相应措施，推动煤炭行业转型发展，如国务院常务会议于2021年11月17日决定设立2000亿元规模的专项再贷款，以用于实现煤炭行业产业链升级改造。10月4日，《中国银保监会关于服务煤电行业正常生产和商品市场有序流通保障经济平稳运行有关事项的通知》发布，要求各银行保险金融机构全力保障能源电力等供应工作。

（2）定价机制不断完善，行业格局逐步集中

随着我国市场经济体制不断发展，我国煤炭定价机制也在不断完善之中。从图8可以看出，新中国成立以来，我国煤炭市场经历了从改革开放前

的计划经济定价，到改革开放后的价格双轨制，再到基本实现市场化定价，最后回归"基准价+浮动价"的长协定价机制与市场机制并存的模式。其中，长协定价机制主要发挥煤炭市场定价的"压舱石"作用，而市场化定价机制则可以为煤炭相关行业充分利用国际国内两大市场，以及期货现货两种市场工具进行风险管控提供了丰富的手段条件。

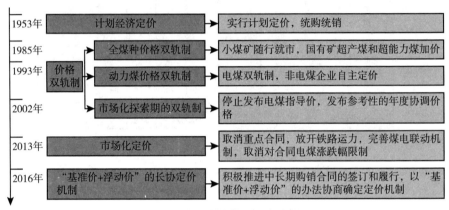

图8 我国煤价体系演变历程

资料来源：《煤炭开采 潮起潮落后再寻平衡，能源转型下价值重估》，国盛证券，2021年11月27日。

在定价机制不断完善的情况下，我国煤炭行业格局也在向集中化趋势发展。在这一趋势下，拥有资源和成本优势的龙头企业在未来将具备更大的竞争力，煤炭市场也将进入以龙头企业为主的寡头垄断格局，一方面，龙头企业的市场定价能力将更加突出；另一方面，在以长协定价为主的机制下，龙头企业抵御市场价格波动的能力也更强，从而进一步固化行业发展格局。我国煤炭年度长协价与市场价见图9。

（3）进口政策偏紧，国内市场影响可控

近年来，受贸易保护主义、新冠肺炎疫情等影响，世界经济以及能源需求的波动性提升，对能源进出口贸易产生较大负面影响。其中，在煤炭领域，由于2021年全球能源供需出现错配，能源供应短缺难以满足经济复苏对能源的需求，国际国内煤炭价格均出现了较大幅度的上涨。在此背景下，我国充分利用对煤炭市场宏观调控的政策，将进口煤作为稳定国内市场供给和价格的重要工具，保证了我国煤炭安全稳定的供应，但考虑到对降低整体能源依赖度的需求以及"双碳"目标，未来，在煤炭进口方面仍会采取适度偏紧的政策。

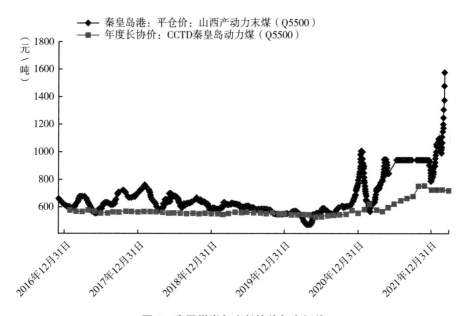

图9 我国煤炭年度长协价与市场价

资料来源：Wind。

从图10可以看出，受疫情影响，我国煤炭进口波动性明显提升。从国别来看，在持续供应短缺以及对澳大利亚煤炭禁运的背景下，我国加大了对印尼煤炭的进口力度。根据Wind数据统计，2020年，印尼煤炭出口量占世界总出口的约31%，其中，其向中国出口1.278亿吨，占中国煤炭总进口量的42%，2021年，这一比例为60%左右，随着印尼煤炭出口政策收紧，国际煤炭市场仍将面临较大的不确定性。

总体来说，进口煤炭对我国煤炭市场的影响在逐渐减弱，主要原因：一是随着国际需求不断恢复，以及海运价格不断攀升，进口煤炭价格相比国内的优势不明显；二是国内优质产能已得到充分释放，煤炭保障供应的任务目标已基本达成，煤炭市场已恢复稳定，未来，我国对于进口煤炭的依赖性将进一步降低。

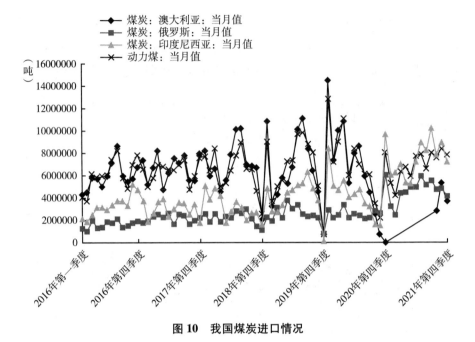

图 10 我国煤炭进口情况

资料来源：Wind。

（二）外部影响

作为我国最主要的能源，煤炭同样易受宏观经济发展形势，以及能源行业内外部冲击等诸多因素的影响，结合前文所述，由于我国煤炭市场格局及趋势相对稳定，短期内来自宏观及行业层面的冲击相对可控，对未来实现"双碳"目标的实现不会形成较大阻力。

1. 宏观经济：短期冲击可控，长期转型可期

首先，从短期来看，中美贸易摩擦、俄乌冲突叠加新冠肺炎疫情影响，极大地冲击了当前脆弱的全球经济政治治理体系，各国都面临国际供应链、产业链断裂的风险，因此将产业链本土化和区域化提上日程。作为国民经济发展的主要能源和原材料来源，煤炭处于产业链的上游环节，其供需调整一般滞后于下游产业。在全球经济波动性提升的情况下，易受冲击的下游商品制造业会将波动通过中间品市场传导至上游原材料环节，从而使煤炭等市场

供需失衡的状况进一步加剧，2021 年，煤炭市场的波动情况已充分证明国际产业链的脆弱性。为此，习近平总书记在 2020 年中央财经委员会第七次会议上提出，要构建以国内大循环为主体、国内国际双循环相互促进的新发展格局，从而推动我国经济向更高层次发展，以应对当前复杂的国际形势挑战。

其次，从中长期来看，技术进步带来的经济结构转型升级，以及人民生活水平提高的需要，都在推动我国能源需求提升以及结构进一步合理优化，以提高我国能源体系稳定性。一方面，从图 11 可以看出，在能耗水平最高的第二产业内部已经出现了明显的结构性变化，在传统四大高耗能产业（黑色金属冶炼及压延加工业、有色金属冶炼及压延加工业、非金属矿物制品业、化学原料和化学制品制造业）保持用电量稳定增长的同时，高技术装备制造业（包括汽车制造、计算机/通信和其他电子设备制造、医药制造、金属制品及通用设备制造、专用设备制造、电气机械和器材制造、仪器仪表制造、铁路/船舶/航空航天和其他运输设备制造等九个行业）也有了较高水平的增长；同时，第三产业中的信息传输、软件和信息技术服务业在不断拉动能源消费（见图 12、图 13），

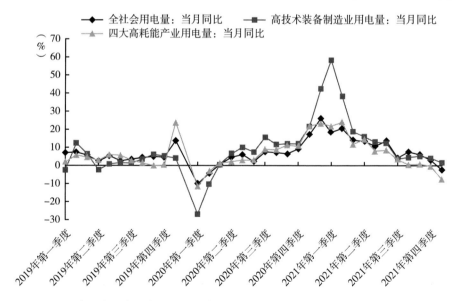

图 11　我国全社会用电量及四大高耗能产业、高技术装备制造业用电量增速

资料来源：Wind。

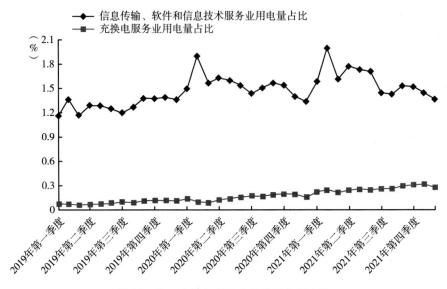

图12 第三产业中新兴产业的用电量占比

资料来源：Wind。

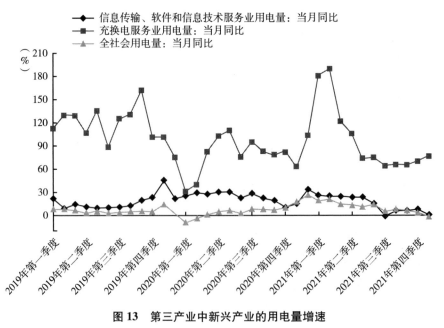

图13 第三产业中新兴产业的用电量增速

资料来源：Wind。

充分体现了技术进步对我国产业结构优化的作用。另一方面，随着城镇化水平的不断提高以及人均 GDP 的增长，我国城乡居民生活用电量增速可能会持续高于全社会用电量增速（见图14），这些都将为我国能源结构调整创造充分的空间。

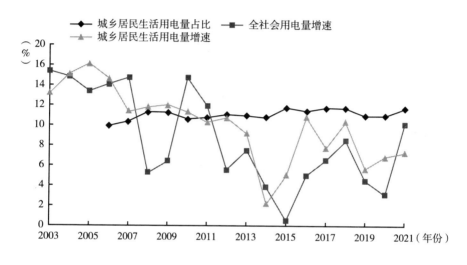

图 14　居民生活用电量占比及增速

资料来源：Wind。

2. 行业层面：内部结构稳步改善，外部需求相对稳定

首先，在能源行业内部，在我国能源结构由以煤为主向多元化发展的过程中，煤炭主要面临来自以可再生能源为主的清洁发电能源的挑战。从图15可以看出，在经过前期整体能源消费总量高速增长期后，近年来，原煤、原油等传统化石能源消费的增速已趋近于零，水电、核电、风电则保持了较快增速。在发电领域，如图16所示，2012 年，我国进入水电装机投产高峰期，水电增速较快，对火电形成了较强的替代作用；由于投产高峰已过，未来核电增量有限；光伏发电、风电等行业技术存在的瓶颈，短期内难以在利用时间和消纳能力方面实现突破，其对火电的替代过程将相对缓慢（见图17）。

其次，在能源领域之外，煤炭行业也面临下游行业需求波动的冲击，但仍在高位保持韧性。从图18可以看到，作为煤炭需求最大，且与宏观经济

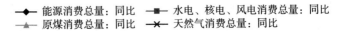

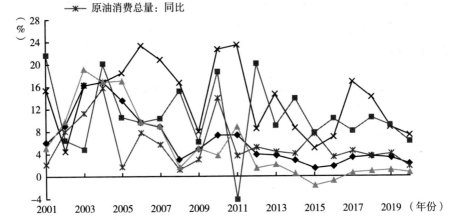

图 15 能源消费总量及各种能源消费量增速

资料来源：Wind。

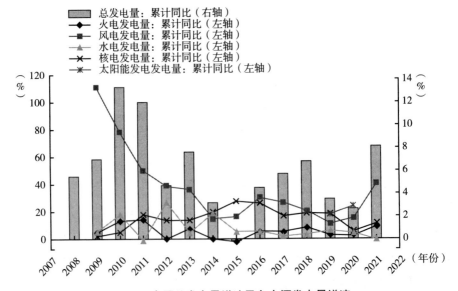

图 16 全国总发电量增速及各电源发电量增速

资料来源：Wind。

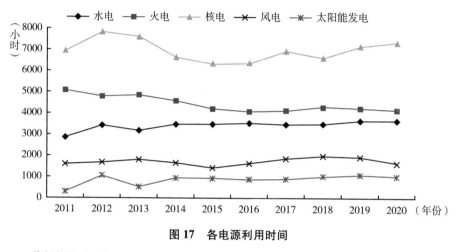

图 17 各电源利用时间

资料来源：Wind。

走势紧密相关的三个行业，制造业、房地产业和基础设施建设行业的固定资产投资都维持了较高增速。在 2021 年，受"能耗双控"政策收紧的影响，高耗能行业（如生产钢铁、水泥的行业）都有所收缩，加之房地产业加速进入下行周期（见图 19、图 20、图 21），对煤炭行业乃至宏观经济都出现了一定的扰动。从长期来看，随着我国仍具备继续实施积极财政政策的较大空间，"十四五"期间的重点基础设施建设项目正在启动，房地产业发展也因政策环境改善得到好转，这将对钢铁、水泥等煤炭需求较多的行业产生较强的支撑作用，从而进一步稳定煤炭市场以及宏观经济预期，以更好地实现"双碳"目标和经济结构转型。

（三）趋势预测

基于前文中对我国煤炭刚性需求来源的内外部的分析，笔者认为，随着我国经济基本面长期向好趋势，以及对能源安全稳定的需求，在今后相当长时间内，我国煤炭市场都将保持较为稳定的态势，随着消费总量逐步下行，行业内部也会出现需求、产品结构等方面的分化。

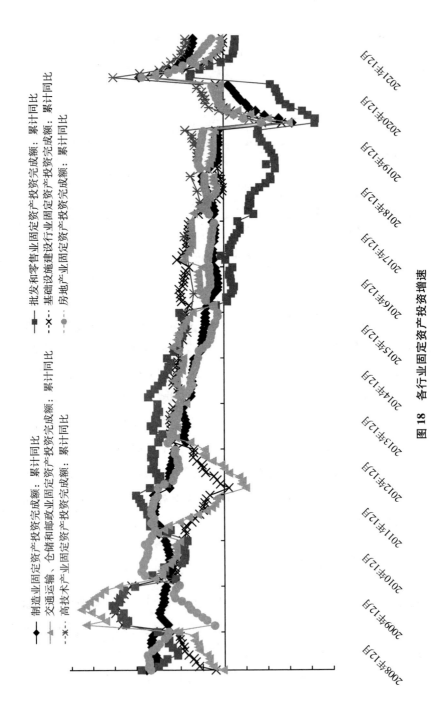

图 18　各行业固定资产投资增速

资料来源：Wind。

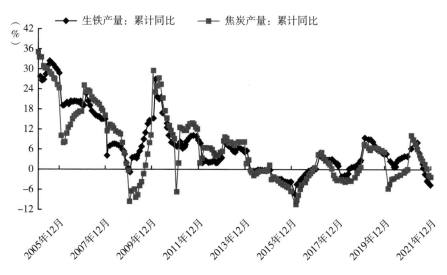

图19 焦炭及生铁产量增速

资料来源：Wind。

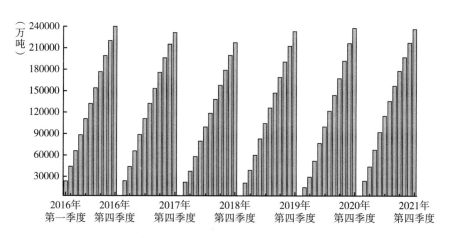

图20 2016~2021年我国水泥产量

资料来源：Wind。

1. 行业总体趋势稳定，即将进入减速下行区间

根据中国煤炭工业协会发布的《2020 煤炭行业发展年度报告》所做出的预测，到 2025 年，我国煤炭消费总量为 41 亿吨左右，"十四五"期间年

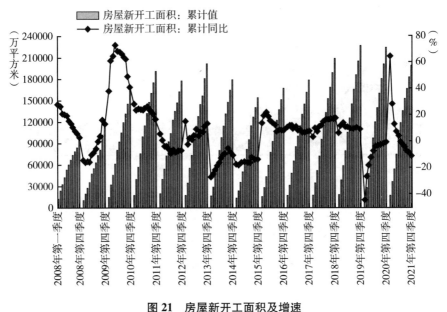

图 21 房屋新开工面积及增速

资料来源：Wind。

均消费增长率在 1% 左右。可以说，在"十四五"时期乃至今后较长时间内，即使在"双碳"目标以及"能耗双控"政策的限制下，煤炭在我国能源结构中的主体地位和"压舱石"作用仍然难以改变。但由于发展空间受限，总体趋势上将呈现先增后降的特点，主要原因有二。

一方面，经济持续增长对能源需求总量的提升作用。根据信达证券所做的预测，假设未来我国 GDP 保持 5% 的增长，同时能源消费弹性稳定在 2019 年的 0.55 水平，而这两项条件在目前的经济形势和政策环境下实现的可能性较大。在这一场景下，我国能源消费总量将保持稳定增速的增长（见图 22、图 23），而煤炭消费量则趋于稳定，增速也将逐渐降至零左右的水平（见图 24、图 25），这是由于经济增长需要能源消费的支撑，而新能源在短期内无法充分释放，因此必须通过稳定的煤炭消费来提供经济增长动力。

另一方面，基于对能源安全保障和降低对外依存度的考虑，煤炭在长期

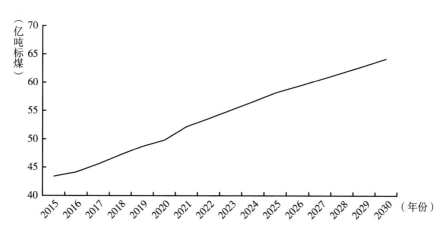

图22　5.0%GDP增速、0.55能源消费弹性情形下的能源消费总量

注：2021~2030年数据为预测数据。

资料来源：《我国能源、煤炭中长期需求展望》，信达证券，2021年12月14日。

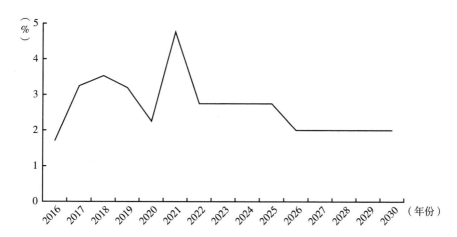

图23　5.0%GDP增速、0.55能源消费弹性情形下的能源消费增速

注：2021~2030年数据为预测数据。

资料来源：《我国能源、煤炭中长期需求展望》，信达证券，2021年12月14日。

内仍是我国最经济安全可靠的能源。根据相关机构的测算结果①，相同热值的煤炭、石油、天然气比价为1∶7∶3，2020年，我国对石油、天然气依存

———————

①　《煤炭工业应对新的挑战》，碳交易研究所，2021年9月25日。

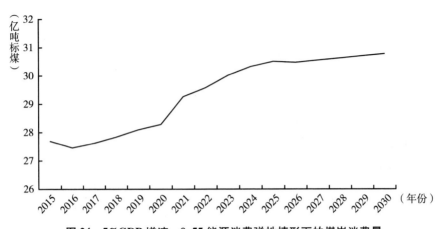

图24　5%GDP增速、0.55能源消费弹性情形下的煤炭消费量

注：2021~2030年数据为预测数据。

资料来源：《我国能源、煤炭中长期需求展望》，信达证券，2021年12月14日。

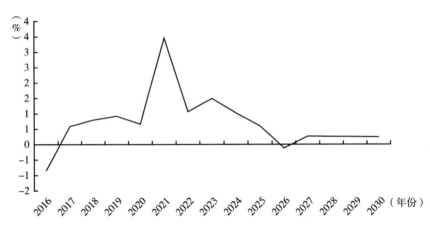

图25　5%GDP增速、0.55能源消费弹性情形下的煤炭消费增速

注：2021~2030年数据为预测数据。

资料来源：《我国能源、煤炭中长期需求展望》，信达证券，2021年12月14日。

度分别达到73%和43%[①]，可以说，我国能源自给率的稳定主要依靠煤炭。值得一提的是，2020年，我国原煤入洗率已达74.1%，煤电机组大气污染

---

① 《全国政协委员马永生：2020年石油、天然气对外依存度分别攀升到73%和43%》，《北京青年报》2021年3月7日。

物排放标准已低于世界主要发达国家和地区，总体上超过85%的煤炭消费已经实现清洁高效利用①，因此，基于我国"富煤、贫油、少气"的资源禀赋，以及可再生能源难以满足新增能源安全稳定需求的现实，煤炭仍将是我国能源安全体系的基础。

2.行业内部将出现结构性分化

在煤炭行业整体保持稳定的情况下，内部也将因市场、政策等影响出现结构上的分化。首先，在需求结构方面，预计"十四五"时期，在我国煤炭需求在整体处于峰值平台期的情况下，不同行业对煤炭的需求将出现分化：电力作为煤炭最主要的消费行业，仍将随着电力需求同步增加对煤炭的需求；化工行业的总量占比虽然不高，但也将有较大增幅；受行业周期（主要是房地产）影响，钢铁和建材等行业的煤炭消费将缓慢下降（见表1）。

表1　我国煤炭总体及分行业需求情况

单位：亿吨

	2018年	2019年	2020年	2025年
消费总量	39.75	40.19	40.40	41.90
电力行业	22.32	22.87	23.30	26.30
钢铁行业	6.53	6.78	7.50	6.20
建材行业	3.56	3.66	3.60	3.10
化工行业	2.93	3.10	3.20	4.00
其他行业	4.39	3.78	2.80	2.30

资料来源：李志强《"十四五"时期煤炭产业形势及煤炭供需形势研究》，《煤炭经济研究》2021年第9期。

其次，在产品结构方面，由于不同煤种供需缺口发生变化，其对市场产生不同的影响。在动力煤方面，由于价格与供需缺口存在较强的正相关关系，在不考虑政策的影响下，随着国内优质产能逐步释放，以及下游需求占比较大的电力等行业稳定增长，其价格在短期内仍存在稳定上行的空间（见图

---

① 《中国能源大数据报告（2021）——煤炭篇》，中电传媒能源情报研究中心，2021年6月12日。

26）。在炼焦煤方面，受国内去产能以及澳大利亚煤进口政策影响，2021 年，我国炼焦煤价格的波动性较大，随着产能恢复叠加下游钢铁等行业需求不足，炼焦煤供需缺口有所缓解（见图 27）。由于我国炼焦煤相对动力煤较为稀缺，对外依存度较高，预计未来供需缺口仍将带动价格出现较大波动。

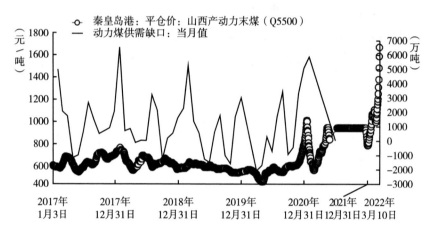

图 26　动力煤供需缺口与价格走势

资料来源：Wind。

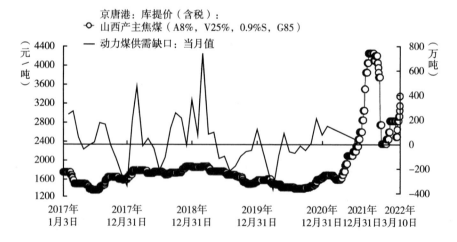

图 27　炼焦煤供需缺口与价格走势

资料来源：Wind。

三　政策建议

综上，基于当前煤炭行业面临的内外部环境及发展趋势，我国应当在宏观、中观、微观等层面都有所作为，以全面优化煤炭行业供需结构，支撑经济社会稳定发展，保障我国能源安全和"双碳"目标顺利实现。

（一）宏观层面：加强调控体系研究，完善市场化工具

1.促进煤炭行业发展及转型政策研究

首先，在行业发展方面，要做到规划适度超前，调控保持定力。可以说，在影响我国煤炭行业的诸多因素中，政策因素对供需两端的影响巨大，对市场发展方向起着举足轻重的作用。因此，一方面，要加强对煤炭需求预测和供应能力的研究，做到规划适度超前，为市场定好基调以形成稳定预期；另一方面，对煤炭行业的调控要保持定力，在尽可能实现供需平衡、价格稳定、"能耗双控"等多重目标，不出现系统性行业风险的情况下有所取舍，坚持"双碳"目标方向不动摇。

其次，在行业转型方面，随着未来煤炭需求的下降和能源结构的调整，我国将面临大量因煤矿退出、矿区转型带来的职工安置、资产债务处置等经济社会问题。这些问题已被证明难以靠企业自身解决，需要政府和全社会协同支持，加强资源型城市转型路径研究，实现从顶层设计到方案落地的全面规划，通过利用政策和金融等综合支持手段，实现区域产业结构转型升级，彻底摆脱"资源诅咒"。

2.充分利用多种市场化手段助力行业发展

一方面，建立健全市场化煤炭产能调节体系，保障行业稳定发展。根据前文预测，"十四五"期间，我国煤炭需求仍将持续增长，但由于我国煤炭区域分布不均，季节需求波动较大，且对部分优质煤种的进口依赖性高，随着煤炭产能持续退出，在需求出现阶段性高涨时，产能恢复具有一定的滞后性，会进一步加剧煤炭供需矛盾。这就需要我们统筹研究考虑总体能源发展

战略，尽快建立具有弹性的产能调节机制，合理控制煤炭产能释放节奏，保障经济社会稳定发展。

另一方面，完善现有碳交易机制，通过经济手段将下游环节变动传导至煤炭供需市场，从而对煤炭行业发展方向形成有效引导。碳交易机制已被证明可有效控制碳排放，我国自2011年开始推动碳排放交易试点，目前已经形成了全国统一的碳排放交易市场。通过对电力、化工、钢铁、建材等主要煤炭需求行业的碳排放权配额进行市场化配置，可以有效将上游煤炭行业供需向"双碳"目标引导。未来可以进一步引入更多行业主体，提高碳交易市场的活跃程度。

（二）行业层面：把握行业发展定位，提升行业标准化水平

1. 准确把握行业发展定位，坚决落实顶层设计规划

在把握行业定位方面，在"双碳"目标下，随着能源结构逐步调整，未来煤炭在我国一次能源中的地位将发生根本性转变，即从具有"压舱石"作用的基础能源，逐渐转变为具有"兜底"保障作用的支持性能源。同时，在产业结构升级以及节能减排政策的推动下，煤炭主要下游行业将在需求方面提出更高的要求。这就需要煤炭行业提前深度研判并准确把握自身定位发展变化，坚定发展信心，加快推进行业清洁高效转型发展，实现能源替代与能源革命。

在落实顶层设计方面，煤炭行业需要在把握行业乃至国民经济发展新阶段、深入贯彻新发展理念的基础上，坚决有效执行与落实党和国家关于"双碳"工作的意见和行动方案。要在技术手段可行、经济社会可承受的基础上，完善碳排放强度及进行碳排放总量控制，实现国民经济稳步向低碳转型，同时，要科学分解总体行业减排目标，因地制宜，稳步推进各行业的去煤化等进程。

2. 提高行业标准化水平，探索行业基础设施化发展路径

由于目前我国仍是世界上最大的煤炭生产国和消费国，同时，供给侧改革进入提质增效阶段，这客观上为煤炭行业规模化、集约化发展创造了充分

条件，在这样的环境下，提高行业的标准化水平以应对市场波动，就成为煤炭行业未来发展的重要任务。在生产端，可以选择一批储藏地质条件好、开采智能化水平高、产能调节能力强、安全生产条件有保障的煤矿进行试点，以其生产模式建立标准化范本并推广，将其确立为行业主要产能来源；在消费端，由于煤炭主要下游行业的新增需求集中在电力、化工两大行业，对煤炭品种、数量、品质等方面也将有更高标准的需求；在流通端，结合我国煤炭供需格局，行业应当根据实际情况，建立健全标准化煤炭供应保障机制和煤炭储备体系，并严格落实库存要求，保障煤炭稳定供应。

在实现标准化的基础上，煤炭行业将具备打通上下游产业链的条件。这就为煤炭参照油气、电力等其他能源行业供需模式（例如，可形成稳定的商品流及资金流的油气管道、电网等），探索自身朝着基础设施化路径发展提供了可能。尤其在未来煤炭行业进入下行区间时，可能会面临人才、资本等要素的全面流失的问题，行业如果顺利实现基础设施化，则可以对金融等资本保持持续的吸引力，有效弥补行业投资的不足，保障行业持续稳定发展。

（三）企业层面：抓好转型机遇，实现多元化、国际化发展

1. 充分发挥国企带头作用，以技术创新推动低碳化转型

随着我国国企改革三年行动的推进，国有企业的运营效率和抗风险能力不断提高，对提升国民经济发展质效的贡献愈加突出。在推动"双碳"目标方面，国务院及相关部门通过一系列政策为国有企业加快绿色低碳转型指明了方向、提供了动力。当前，我国煤炭生产及下游需求行业以国有企业为主，在执行中央政策方面理应起到带头垂范作用，抓住"十四五"期间煤炭消费处于峰值平台区的战略机遇，推动行业实现高质量转型发展。同时，由于民营企业在经营、创新等方面具有机制灵活的优势，因此，国家还应大力支持民营企业参与"双碳"工作，提高低碳转型市场机制的效率和活力。

推动煤炭相关高碳行业实现低碳化转型，需要煤炭企业加大研发投入力度，以技术创新开拓行业发展新格局。在减碳领域，通过大型企业联合研发

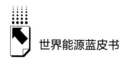
煤炭清洁高效利用技术的方式，集中资源实现降低碳排放技术的重点突破；在控碳领域，加速发展二氧化碳捕集、储存与利用（CCUS）等重点技术，通过多路径开展控碳技术研发；在用碳领域，大力进行以二氧化碳能源化、资源化为代表的新技术研发，同时达到减碳用碳的双重目的。

2. 推动煤炭企业多元化、国际化发展

在"双碳"目标下，传统能源企业既有能力也有必要向新能源领域转型，实现多元化发展，由"一煤独大"的业务模式向"多能互补"的业务模式转变，承担起我国能源结构调整的主要职责。在煤炭需求持续稳定的"十四五"期间，可以预期煤炭企业在主业盈利能力方面仍具有较好的前景，具备充足的实力加大研发投入力度，有必要在进入煤炭行业生命周期下行阶段前，将开发利用新能源及相关上下游产品作为新的增长极。这需要煤炭企业提前做好战略规划，将多元化发展作为"双碳"目标下增强企业竞争力的重要路径。

同时，我国煤炭企业还要继续加快"走出去"的步伐，提升国际化发展水平。目前，印度及东南亚等发展中国家和地区的经济增长空间较大，对煤炭的需求仍处于快速增长期，我国煤炭企业应充分利用当前技术和市场优势，把握全球政治经济局势和能源格局，坚持"走出去"战略，增强对国际能源市场的影响力。

B.10
未来中国天然气利用方向
及完善市场化改革问题研究

黄 庆 丁大鹏*

摘 要： 2014 年，中国开始进行天然气市场化改革，"十三五"期间，中国政府发布多项政策推动天然气利用发展和市场化改革，并于 2019 年挂牌成立国家管网公司，取得了显著成效，为市场改革的成功做好了准备。2021 年，中国政府提出推进能源革命，建设清洁低碳、安全高效的能源体系，为"十四五"时期能源发展的方向明确了基调，并制定了 2030 年前碳排放达峰的行动方案，进一步利好天然气利用。"十四五"时期是我国天然气发展的关键时期，也是天然气市场化改革的实践落地时期，"十四五"末期将实现"气气竞争"的市场格局，中国天然气的价格将从政府定价向市场定价转变，实现天然气市场化的目标，推动天然气利用发展。但是，市场化改革尚有诸多问题有待解决，面对高气价的国际环境和复杂多变的地缘政治，统筹规划天然气利用和改革、推动建设天然气期货品种、发布公平开放的监管和落地政策等措施，有利于市场化改革的成功。

关键词： 中国 天然气 液化天然气 碳中和 市场化改革

---

* 黄庆，上海清燃商务咨询有限公司董事长兼首席信息官，具有 15 年以上燃气市场信息、数据和咨询经验；丁大鹏，中国石油化工股份有限公司天然气分公司销售管理部高级主管兼中石化（北京）清洁能源有限公司副总经理。

作为清洁能源，天然气对我国"碳达峰""碳中和"目标的达成具有举足轻重的地位，中国争取于 2030 年前实现"碳达峰"的目标，于 2060 年前争取实现"碳中和"目标。2017～2021 年，中国天然气表观消费量的年均复合增长率为 11.3%，实现了跨越式高速发展。

2021 年，中国天然气表观消费量约为 3696 亿立方米，同比增长 12.1%；中国进口天然气 1699 亿立方米，对外依存度达到 44.5%；其中，液化天然气（LNG）的进口量达到 1105 亿立方米，中国成为世界最大的 LNG 进口国。然而，中国在 LNG 进口价格上的话语权偏弱，2022 年第一季度，国际 LNG 进口现货价格处于高位，但国内需求侧承受力价格较低，导致中国进口企业无法采购 LNG 进口现货，进行倒挂销售，这导致出现天然气供应偏紧的局面。在中国天然气发展的过程中，天然气供应偏紧的局面平均 3 年左右就会出现一次，这严重影响天然气产业的健康可持续发展。因此，天然气市场化改革势在必行，中国天然气产业应早日发现"终端承受力价格"的指数和期货品种，从而推动天然气产业可持续健康发展。

一 中国天然气发展进程及趋势

中国天然气在过去 15 年（截至 2021 年）实现了高速发展。"十四五"期间，中国天然气在"碳达峰""碳中和"政策的利好下仍将快速发展，天然气消费量从 2006 年的 566 亿立方米快速增长为 2020 年的 3296 亿立方米。预计 2035 年，我国天然气消费量有望实现 6000 亿立方米（见图 1）。

中国天然气表观消费量在 2017～2021 年的年均复合增长率为 11.3%。在供应环节，国内产量、管道气（PNG）及 LNG 的进口量均保持增长（见图 2），2017～2021 年，产量年均复合增长率约为 8.5%；进口量年均复合增长率约为 15.1%，其中，LNG 进口量增长最快，年均复合增长率约为 19.6%。2021 年，中国进口天然气 1699 亿立方米，对外依存度达到 44.5%。

2021 年，国内天然气产量为 2053 亿立方米，同比增长 8.2%。为保障国内天然气供应，上游勘探开发企业持续加大勘探生产力度。国内管道气进口量为 594 亿立方米，同比大涨 22.9%，中俄东线供应增加，超额完成合同量。2021 年，国内 LNG 进口量为 1105 亿立方米，同比增长 17.6%。中国天然气出口量为 56 亿立方米，同比增长 7.7%。

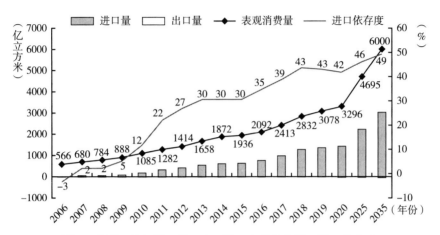

图1　中国天然气进口量、出口量、表观消费量、进口依存度

注：2025 年、2035 年数据为预测数据；出口量数值较小，故图中显示不明显。
资料来源：国家统计局、海关总署、清燃智库。

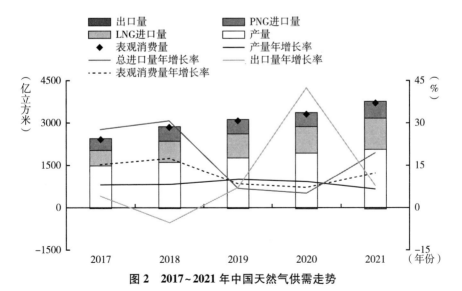

图2　2017~2021 年中国天然气供需走势

资料来源：国家统计局、海关总署。

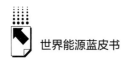

　　随着中国天然气高速发展，原有的天然气定价机制已经无法满足天然气发展的要求，越来越多的市场化资源进入中国，阶段性供应紧张的情况时有发生，因此，中国政府提出进行市场化改革，以推动信息公开、基础设施公平开放使用、多元化主体供应，最终进行市场化定价。中国天然气市场化改革始于2014年，"十三五"时期是我国市场化改革的准备期，"十四五"时期是我国市场化改革的实践落地期。

　　"十三五"期间，我国陆续出台多项政策，推动天然气市场化改革进程（如图3所示）。

　　中国天然气市场化改革开始于2014年，中国提出"管住中间、放开两头"的天然气市场化改革大方向。2016～2018年是市场化改革的提升阶段，其间，中国出台了多项规范，包括信息公开、管道运输价格监审、管道运费的定价机制。2019～2020年是市场化改革的深化阶段，中国出台了油气管网设施公平开放办法、成立国家油气管网公司、明确剩余能力测算规定等，为"十四五"期间的市场化改革落地做足准备，并提供有力的保障。

　　"十四五"初始之年（2021年），中央发布多项政策完善产业顶层设计与规划，明确"十四五"期间天然气的发展定位及目标，天然气作为清洁能源将为2030年实现"碳达峰"做出重要贡献，因此，"十四五"期间利好天然气消费增长。2021年，中国出台《中华人民共和国国民经济和社会发展第十四个五年规划和2035年远景目标纲要》《2021年能源工作指导意见》《"十四五"时期深化价格机制改革行动方案》《天然气管道运输价格管理办法（暂行）》《天然气管道运输定价成本监审办法（暂行）》《天然气管网设施运行调度与应急保供管理办法（试行）（征求意见稿）》，推进市场化改革逐步落地。同时，多项政策同步推进市场化，包括推动油气管网公平开放，进行竞争性环节市场化改革，加强对自然垄断业务的监管，严格监管配气价格，探索推进终端用户销售价格市场化，完善天然气管道运输价格形成机制，制定、出台新的天然气管道运输定价办法，明确天然气管道运输等重点领域的成本监审要求等。

　　"十四五"期间，随着国家油气管网公司的试运行，预计中国政府将出台具体有效的监管规则和操作规范，推进第三方公平开放，有关输气费率、

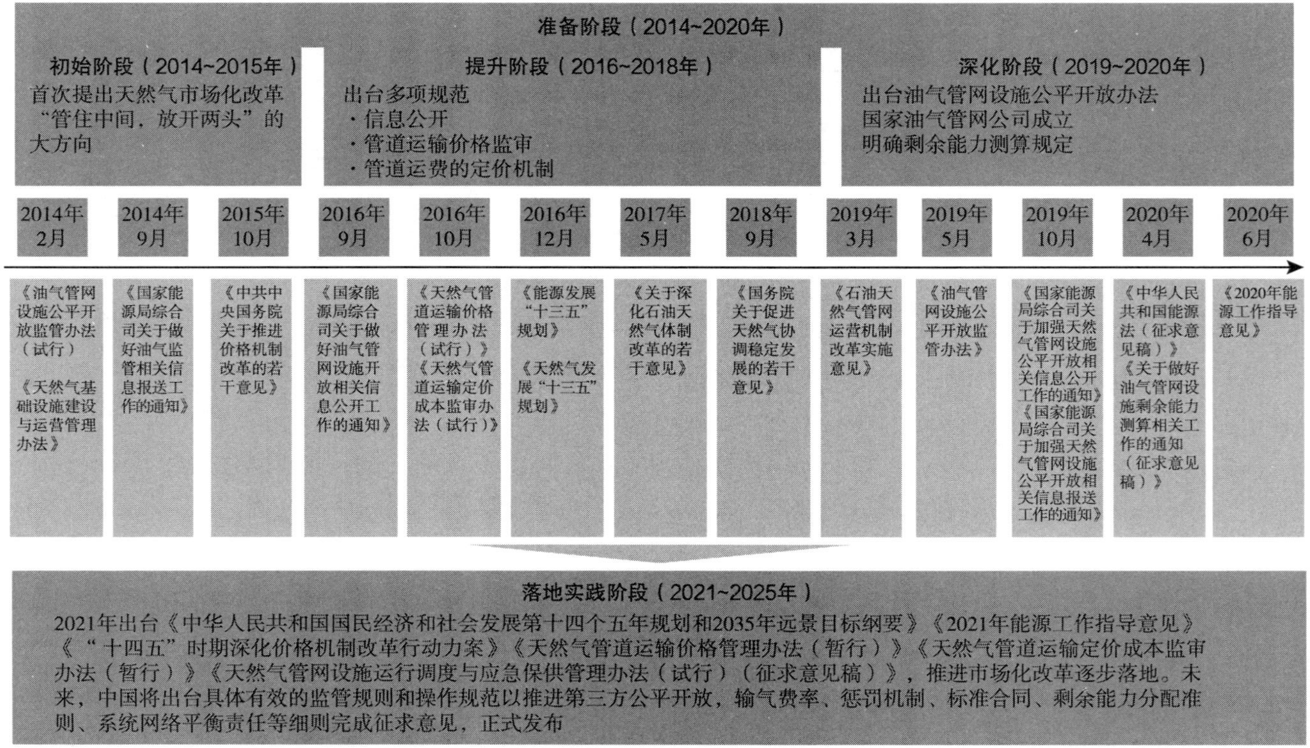

初始阶段（2014~2015年）
首次提出天然气市场化改革"管住中间，放开两头"的大方向

准备阶段（2014~2020年）

提升阶段（2016~2018年）
出台多项规范
·信息公开
·管道运输价格监审
·管道运费的定价机制

深化阶段（2019~2020年）
出台油气管网设施公平开放办法
国家油气管网公司成立
明确剩余能力测算规定

2014年2月	《油气管网设施公平开放管理办法（试行）》《天然气基础设施建设与运营管理办法》
2014年9月	《国家能源局综合司关于做好油气管网监管信息报送工作的通知》
2015年10月	《中共中央国务院关于推进价格机制改革的若干意见》
2016年9月	《国家能源局综合司关于做好油气管网设施开放相关信息公开工作的通知》
2016年10月	《天然气管道运输价格管理办法（试行）》《天然气管道运输定价成本监审办法（试行）》
2016年12月	《能源发展"十三五"规划》《天然气发展"十三五"规划》
2017年5月	《关于深化石油天然气体制改革的若干意见》
2018年9月	《国务院关于促进天然气协调稳定发展的若干意见》
2019年3月	《石油天然气管网运营机制改革实施意见》
2019年5月	《油气管网设施公平开放监管办法》
2019年10月	《国家能源局综合司关于油气管网设施公平开放相关信息公开工作的通知》《国家能源局关于天然气管网设施公平开放相关工作的通知》
2020年4月	《中华人民共和国能源法（征求意见稿）》《关于做好油气管网设施剩余能力测算相关工作的通知（征求意见稿）》
2020年6月	《2020年能源工作指导意见》

落地实践阶段（2021~2025年）

2021年出台《中华人民共和国国民经济和社会发展第十四个五年规划和2035年远景目标纲要》《2021年能源工作指导意见》《"十四五"时期深化价格机制改革行动方案（暂行）》《天然气管道运输价格管理办法（暂行）》《天然气管道运输成本监审办法（暂行）》《天然气供应保障应急调度运行与应急保供管理办法（试行）》，推进市场化改革逐步落地，未来中国将出台具体有效的监管规则和操作规范以推进第三方公平开放、偏气费率、惩罚机制、标准合同、标准化、剩余能力分配准则、系统网络平衡责任等细则完成征求意见，正式发布

图3 中国天然气市场化改革进程

资料来源：清燃智库根据公开资料整理得到。

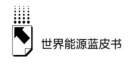

惩罚机制、标准合同、剩余能力分配准则、系统网络平衡责任等细则也有望陆续出台。

二 中国天然气的利用及未来方向

2021 年 10 月，国务院印发《2030 年前碳达峰行动方案》。根据方案，到 2025 年，中国非化石能源消费比重为 20% 左右；到 2030 年，非化石能源消费比重为 25% 左右；到 2060 年，非化石能源消费比重为 80% 以上。①合理调控油气消费。保持石油消费处于合理区间，逐步调整汽油消费规模，大力推进先进生物液体燃料、可持续航空燃料等替代传统燃油，提升终端燃油产品能效。②加快推进页岩气、煤层气、致密油（气）等非常规油气资源规模化开发。③有序引导天然气消费，优化利用结构，优先保障民生用气，大力推动天然气与多种能源融合发展，因地制宜建设天然气调峰电站，合理引导工业用气和化工原料用气。④支持车船使用液化天然气作为燃料。

《2030 年前碳达峰行动方案》明确了 2030 年以前天然气的地位，也指出了清洁能源和新能源融合发展的地位。预计 2035 年前仍然是中国天然气发展的重要窗口期。各地将陆续推出结合本地特点的"碳达峰""碳中和"方案，"碳达峰"时间表、路线图、施工图将符合实际情况，切实可行，"一刀切"限电限产和运动式"减碳"方式或将较少出现，天然气利用、发展也将更为平稳。

中国天然气表观消费量稳步增长，预计 2022～2026 年年均复合增长率约为 5.9%，2026 年，中国天然气表观消费量有望达到 4868 亿立方米（如图 4 所示）。在供应环节，产量、PNG 进口量及 LNG 进口量均保持增长，其中，PNG 进口量增长最快，预计 2022～2026 年年均复合增长率为 11.0%。

2022～2026 年，中国天然气产量稳步增加。随着此前开发的常规天然气田可采气量逐渐减少，新增天然气产量将更多来自非常规气田及海上气田。2026 年，中国天然气产量预计达 2587 亿立方米。

2022～2026 年，随着沿海接收站逐步进入投运期，中国的 LNG 进口量将保持快速增长, LNG 进口量占天然气总进口量的比重继续提升。新增 PNG 主要来自俄罗斯, 增速可观。2026 年, 中国天然气进口量预计达到 2342 亿立方米。

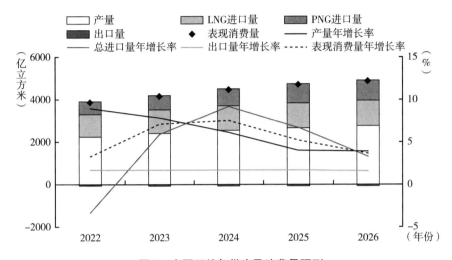

图 4 中国天然气供应及消费量预测

注: 图中数据为预测数据。

资料来源: 清燃智库。

在"碳达峰""碳中和"目标下, 天然气作为清洁能源在中国能源消费结构中扮演重要的角色, 有望获得大力发展和应用。预计 2030 年, 天然气消费规模为 5500 亿~6000 亿立方米, 2040 年达到峰值 6000 亿立方米。[1]

"十四五"期间, 中国要争取实现煤炭消费量零增长, 到"十四五"末, 实现煤炭消费稳定达峰并开始持续下降。天然气消费量增长导致碳排放增加, 煤炭消费量下降带来碳排放减少、抵消, 推动能源消费的碳排放总量达峰。"十四五"期间, 天然气发展依旧得到中国政府的大力支持, 天然气与非化石能源具有互补关系, 而不是替代关系。这将继续利好中国天然气进口和生产。

---

[1] 周守为、朱军龙、单彤文、付强、张丹、王建萍:《中国天然气及 LNG 产业的发展现状及展望》,《中国海上油气》2022 年第 1 期。

2022～2026年，天然气市场化将得到进一步推进，更多的上游主体参与、更开放的中游基础设施利用、更多元的下游气源选择将使商业模式趋于灵活，以适应市场化需要。2030年前实现"碳达峰"的目标也将利好天然气发展，推动作为低碳能源的天然气的消费量继续增长。

天然气下游发展方向为工业、交通、建筑等领域，在这些领域推广天然气替代煤、石油；短期来看，气电行业与新能源发电项目将保持相互依赖的关系。

2022～2026年中国天然气消费结构如图5所示。2026年，预计中国城市燃气板块的天然气消费量为1850亿立方米，2022～2026年年均复合增长率为6.4%。2026年，城市燃气消费量占天然气消费量的比重较2021年小幅上升0.8个百分点至38.0%，这主要是居民消费升级带来的人均用气量增加。"十四五"期间，三、四线城市的燃气普及率提高，新型城镇化建设持续推进，人均用气量水平逐步提高。同时，伴随大气污染防治的推进，天然气在公共交通、货运物流、船舶燃料中的比重也将有所提升。

2026年，预计中国工业板块的天然气消费量约为1899亿立方米，2022～2026年年均复合增长率为6.5%。2026年，工业板块的天然气消费量占天然气消费量的比重较2021年上升1.2个百分点至39.0%。根据政策导向，未来将稳步拓展工业"煤改气"，以打造低碳工业园区为着力点，助力重点工业领域"碳达峰"。从分行业的"碳达峰"计划来看，钢铁、水泥、石化等高耗能行业有望率先实现"碳达峰"目标，工业部门总体上在2025年前后实现"碳达峰"目标。这些行业的天然气消费量预计将更快增长。

2026年，预计中国发电板块的天然气消费量约为821亿立方米，2022～2026年年均复合增长率为6.6%。2026年，发电板块的天然气消费量占天然气消费量的比重较2021年小幅上升0.1个百分点至16.9%。近年来，随着"碳达峰""碳中和"政策陆续出台，作为"煤改气"的重要下游之一，地方政府和发电企业开始重新重视发展天然气发电产业。预计2022～2026年，中国的发电天然气消费量会有所增长，不过受制于天然气发电仍存在一定的经济性问题，其增速将受到一定制约。

2026 年，预计中国化工板块的天然气消费量约为 299 亿立方米，2022~2026 年年均复合增长率为-1.5%。2026 年，化工板块的天然气消费量占天然气消费量的比重较 2021 年小幅下降 2 个百分点至 6.2%。由于化工用气主体多属于限制及禁止类下游用户，天然气化工新项目增加进展缓慢，未来，伴随中国天然气供应能力提升，加上天然气制氢等产业发展，化工板块用气减少或增速相对放缓，化工板块的天然气消费占比将出现小幅下降。

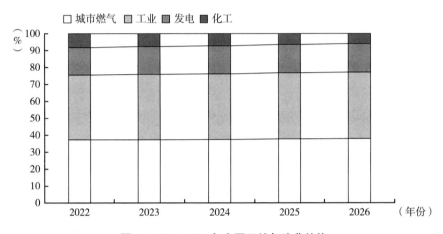

图 5   2022~2026 年中国天然气消费结构

注：图中数据为预测数据。
资料来源：清燃智库。

三   天然气市场化改革的成果及问题

在"碳达峰"政策导向下，各地纷纷加大对天然气的利用力度，城市燃气、工业、发电用气均受利好影响。天然气各板块用气量稳步增长，2022 年，高气价将在一定程度上抑制工业、发电、化工等领域的天然气需求，交通市场更是受到重挫。未来，中国天然气的发展仍然与天然气的经济性存在较大的关联，中国市场化改革的最主要的目的是实现市场化定价，以化解阶段性供需矛盾和价格矛盾。

如图 6 所示，我国 LNG 进口出现阶段性亏损现象。2021 年以来，国际
LNG 进口价格一路上涨，导致 2021 年 10 月以来国内 LNG 出厂价格远低于
亚洲进口 LNG 现货价格。这一现象也导致国内天然气出现供应偏紧的情况，
制约了天然气的健康发展。2022 年 1~2 月，进口 LNG 现货价格平均为 34 美
元/百万英热单位，国内 LNG 出厂销售均价仅为 17.64 美元/百万英热单位，
这大大削弱了中国进口企业的进口热情，导致资源供应出现局部短缺的情况。

探索和寻求市场化的中国定价，发现市场化的中国价格指数，建设中国天
然气期货市场，对于天然气市场健康发展的意义重大。中国不仅应该在市场资
源短缺的时候，意识到这个问题的重要性，还应该在市场供应充裕的时候，提
前布局和预防这类风险产生，这也是市场化改革和市场化定价的重大意义。

到目前为止，庞大的基础设施和数以万计的参与主体已经使中国天然气
市场具备金融流动性基础，应该适时尽快推动天然气价格指数和天然气期货
市场的应用和建设，以反映需求侧的承受能力的价格，联动进口市场，规避
供应风险和价格风险。

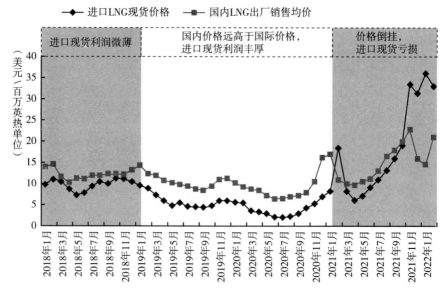

图 6　中国进口 LNG 现货价格与国内 LNG 出厂销售均价对比

资料来源：清燃智库。

2014 年至今，我国天然气市场化改革取得重大成效，实现了上游天然气供应主体增加、部分基础设施向第三方开放、天然气信息公开、运输价格监审、制定管道运费的定价机制、成立国家管网公司、非管制天然气市场化定价等。

但是，市场化改革是一个漫长和充满矛盾的过程，要实现基础设施完全公平开放、信息透明、上游多元化和市场化定价等，诸多问题有待解决。结合国际成功经验，基于中国国情，我们思考以下问题。

（1）信息透明度有待提升。我国天然气供需、价格、剩余能力等信息虽然实现了一定的公开，但并非完全透明，力度也不是非常大，这不利于企业进行提前预防供需和价格风险。

（2）监管力度有待加大。目前，监管政策逐步出台，但监管力度和全面性有待加大、提升，进行市场化竞争需要匹配强有力的监管措施。

（3）上游参与主体有待进一步多元化。2021 年，我国供应主体尚未发生质的变化，依然以中石油、中石化和中海油为主。2021 年中国天然气供应量及供应主体占比见图 7。实现市场化，尚需要更多的供应主体进行竞争。

（4）相关法律规范有待出台。市场化是强制性打破垄断的过程，目前，我国缺乏大量的法律规范。

（5）加快基础设施建设，提高管网效率。目前，我国的基础设施尚不完善，储备库、LNG 接收站和管道等基础设施有待进一步投资建设，同时，管网的运营效率有待进一步提高。

（6）建设智能化平台。不管是信息公开、交易还是供需平衡都需要智能化平台的支撑，以提前掌握供需变化和价格变化情况，提前预防风险。

（7）完善金融体系，推进期货品种上线。期货产品能够有效帮助国内外企业进行套期保值，规避风险，这也是推进中国价格指数的必要保障和条件。

（8）推动中国价格指数建设。目前，中国进口天然气的价格依托国际进口价格确定并进行销售价格的制定。国际价格高企导致国内下游企业无法承受，因此了解下游需求承受力侧的价格指数并将之推广使用是当务之急。

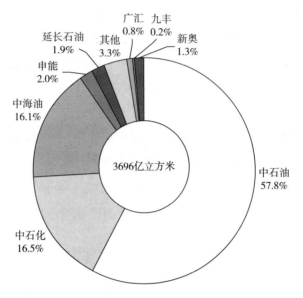

图7 2021年中国天然气供应量及供应主体占比

注：图中数据为预测数据。
资料来源：清燃智库。

四 优化利用天然气及完善市场化改革的建议

中国天然气市场的发展受到"碳达峰""碳中和"政策的支撑，仍有较大的发展空间，但是，天然气发展的前提是供应安全和价格安全。2022年，在国际价格高企的情况下，保障供应安全和价格安全是首要的。从中长期来看，保障天然气供应安全和价格安全是天然气利用和市场化改革的前置条件。

但是，两者并不矛盾，是一个相互作用的过程。只有有效推进市场化改革，才能实现价值链健康传导，从而保障供应安全，促进天然气优化利用。

2022年3月5日9时，第十三届全国人民代表大会第五次会议在人民大会堂开幕。国务院总理李克强做《政府工作报告》，提出面对复杂的国际形势和国内经济下行压力，需将稳增长放在更加突出的位置。能源发展以保障能源供给为主要目标，加大对国内天然气的勘探开发力度，加快管道更新改造。具体要点如下。①围绕国家重大战略部署和"十四五"规划，适度超前开展基础设施投资。建设重点水利工程、综合立体交通网、重要能源基地和设施，加快城市燃气管道等管网更新改造。②确保粮食能源安全。保障粮食等重要农产品供应，保障民生和工业正常生产经营用电。实施全面节约战略。增强国内资源生产保障能力，加快油气、矿产等资源勘探开发，完善国家战略物资储备制度，保障初级产品供给。保持物价水平基本稳定。③有序推进"碳达峰""碳中和"工作。落实"碳达峰"行动方案。推动能源革命，确保能源供应，立足资源禀赋，坚持先立后破、通盘谋划，推进能源低碳转型。加强煤炭清洁高效利用，有序进行减量替代，推动煤电进行节能降碳改造、灵活性改造、供热改造。推进大型风光电基地及其配套的调节性电源的规划建设，提升电网对可再生能源发电的消纳能力。推进对绿色低碳技术的研发和推广应用，建设绿色制造和服务体系，推进钢铁、有色、石化、化工、建材等行业节能降碳。

优化天然气利用，需要贴合政策，也需要立足经济性和供应保障。从多个部委在 2022 年发布的政策来看，保障民生用气、推进车船用 LNG 发展、高耗能行业重点领域节能降碳改造升级、天然气发电等是未来天然气利用发展的重点。天然气也会在"碳达峰""碳中和"目标的推动下，进入下一轮发展周期。

然而，天然气的发展不但需要政策保驾护航，也需要市场化机制推动，以形成健康的价值链和供应保障体系。完善市场化改革的过程，也是价格安全和供应安全重新建设的过程。因此，完善市场化改革需要多个部门联合推动、多个企业集中建议、多个机构发挥作用。

对于完善市场化改革，推动天然气优化利用，需要加强基础设施、政策机制、信息及金融等多个维度的建设（如图 8 所示），具体建议如下。

（1）高屋建瓴、整体规划。有序解决天然气市场化存在的问题，推动天然气优化利用。天然气实现市场化改革，需要各部门保持步调一致，有序统筹调节供需、价格和环保降碳之间的关系，有序推进天然气利用发展，逐步形成"气气竞争"的市场，最终实现市场化改革目标。

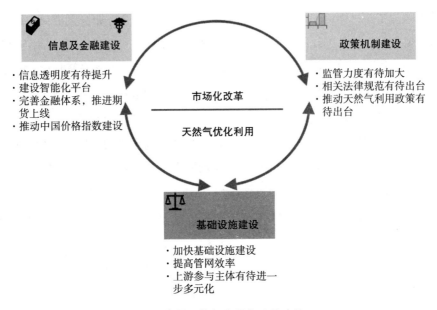

图 8 中国天然气市场化改革建议

资料来源：清燃智库。

（2）金融体系建设。重视需求侧市场化价格指数的建设，推动天然气期货品种上线。中国是世界上最大的 LNG 进口国，天然气的优化利用不仅有助于中国天然气产业健康发展，也有利于世界天然气上游主体的可持续投资。推动构建符合市场成交预期的价格指数，推动天然气期货上线，能够推动价格指数的国际化利用，给予企业套期保值的工具，提升交易的流行性，实现价格发现的功能。

（3）信息及智能化平台建设。形成供需智能化平衡系统，建设智能化平台。一个市场化的天然气市场需要更加透明公开的信息体系和供需智慧平台，以推动企业方便获取信息和交易快速达成，同时，透明公开的信息能够帮助企业规避风险，做出合理的商业决策，对天然气的供需保障形成有力支撑。

（4）政策机制建设。推动相关法律法规出台，加大监管力度和提升强制性。作为清洁能源，天然气的发展需要符合国家相关政策，尤其是对完成"碳达峰""碳中和"目标将起到重要作用。降碳政策和天然气供应需要进行有效互动和配合，这样才能在供应保障的前提下，进行天然气在各个板块的优化利用。同时，市场化改革也需要更多监管政策和法律法规出台，以打破垄断，推动竞争。

（5）基础设施建设。加快管道、LNG 接收站、储备库等基础设施建设，有效提高管网利用效率，进一步推进上游主体公平开放地接入管道。

五　结论

（1）天然气优化利用、天然气市场化改革是一个相互作用的过程，供应安全和价格安全是市场化改革的前提和基础，市场化改革有助于推动天然气的优化利用。

（2）天然气市场化改革需要高屋建瓴、整体规划。天然气实现市场化改革目标，需要各部门目标一致，协同推进。

（3）"碳达峰""碳中和"对天然气发展形成政策红利，天然气的优化利用需要符合"碳达峰""碳中和"的要求，"碳达峰""碳中和"政策和天然气优化利用需要紧密配合，以确保天然气产业健康有序发展。

（4）完善天然气市场化改革，需要做好基础设施建设，推动政策机制建设，进行信息及金融建设。

B.11
中美战略石油储备与世界石油市场

钟飞腾[*]

摘　要： 中美之间在能源贸易和能源安全方面存在共同利益。2021 年 11 月，中美等国首次在没有国际能源机构协调的情况下，采取释放战略石油储备的行动，这是期待中美关系回暖的一种信号。遏制国际原油价格上涨是拜登政府不断释放战略储备原油的重要原因。但市场对美国发出信号的反应并不积极，原因在于美国还未停止从俄罗斯进口原油。美国政府面临的悖论是，为了取信市场，需进一步制裁俄罗斯的能源出口，但如果加大制裁力度，那么不仅危及欧洲的能源消费，也将进一步增加市场对供应中断的担忧。最终，拜登政府于 3 月 8 日，也即第二次释放战略石油储备一周之后，决定结束自俄罗斯的能源进口。俄乌冲突发生后，美国又于 3 月 31 日释放史无前例的 1.8 亿桶战略石油储备，显著增加了地缘政治在油气市场中的分量。但是，美国国内因汽油价格持续上升造成的通胀压力，以及由此造成的对即将到来的中期选举的担忧是更为紧迫和重要的推动力。在释放战略石油储备过程中，美国共和党和民主党之间发生激烈博弈，民主党试图将汽油价格上涨归咎于俄罗斯，而共和党则试图将此归因于拜登政府的清洁能源政策。

关键词： 战略石油储备　原油价格　地缘政治　中国　美国

---

[*] 钟飞腾，博士，中国社会科学院亚太与全球战略研究院研究员、大国关系研究室主任，主要研究方向为国际政治经济、中国对外关系和能源安全。

2022 年 2 月俄乌冲突发生后，美国政府分别在 3 月 1 日和 3 月 31 日宣布释放战略石油储备（SPR）。特别是最近一次的释放量达到 1.8 亿桶原油，就规模而言，史无前例，这使战略石油储备问题再度成为国际关注的焦点事件。20 世纪 70 年代两次石油危机之后，美国率先建立战略石油储备，但其目标主要不是针对价格变化，而是应对原油供应的突然中断。过去 10 年，世界石油市场的一个重大变化，是美国成为全球最大的石油出口国，因而美国的原油供应中断问题并不突出。事实上，俄乌冲突也并未对美国原油供给造成威胁，因此，在俄乌冲突背景下，美国数次动用战略石油储备的国际和国内原因值得深入探究。

自 2021 年 11 月以来，美国已三次动用战略石油储备，这也反映出世界石油市场的动荡不安甚至对美国这样的能源大国造成冲击，更不用说依赖原油进口的中小国家。在美国不断释放战略石油储备时，中国也曾间断性地释放国家储备原油，以缓解价格上涨的压力。2021 年 9 月，中国决定释放战略石油储备，外媒表示，这让许多国际投资者费解。[1] 但是，与美国巨大规模的释放量相比，市场并不清楚中国到底投放了多少的储备，也没有像美国那样多次释放库存。俄乌冲突发生后，甚至有外媒认为，在美国释放战略石油储备时，中国并未坚定实现承诺，反而增加原油进口，进行更多的战略石油储备。[2] 因而，尽管中美都是原油大国，但在战略石油储备方面的行为模式具有很大的差异，其中的原因值得讨论。

一　中美释放储备原油的协调与比较

2021 年 9 月 9 日，中国国家粮食和物资储备局发布投放国家储备原油的信息，以缓解生产型企业的原材料价格上涨压力。国家粮食和物资储备局表示，通过公开竞价销售向市场投放国家储备原油，将更好地稳定国内市场

---

[1]　Glenn Vaagen, "China Opens Strategic Petroleum Reserve Surprising Many," September 14, 2021, https：//www.pnwag.net/2021/09/14/china-opens-strategic-petroleum-reserve-surprising-many/.

[2]　Chen Aizhu, Dmitry Zhdannikov, "China Boosts Oil Reserves, Ignoring U.S. Push for Global Release," February 27, 2022, https：//www.metro.us/china-boosts-oil-reserves/.

供需，有力保障国家能源安全。① 据悉，这是中国首次释放战略石油储备，迅速引起国际媒体的关注。9 月 10 日，美国有线电视新闻网（CNN）在评论中指出，在中国宣布这一消息之后，油价跌至两周以来的最低水平，全球基准布伦特原油下跌 1.6%，而美国石油价格下跌 1.7%。② 9 月 24 日，中国国家石油储备中心发布公告，安排在国家储备石油交易系统进行 2021 年第一批国家储备原油竞价交易，第一批销售总量为 738.4 万桶保税原油，竞价交易保证金的标准为 40 美元/桶。③

2021 年 11 月 16 日，中国国家主席习近平应约与美国总统拜登举行视频会晤。习近平强调，"中美在经济、能源、两军、执法、教育、科技、网络、环保、地方等诸多领域存在广泛共同利益，应该互通有无、取长补短，做大中美合作的'蛋糕'"。关于能源安全问题，习近平指出，"中美应该倡导国际社会共同维护全球能源安全，加强天然气和新能源领域合作，同国际社会一道，维护全球产业链供应链安全稳定"。④ 据彭博社消息，中美两国领导人讨论了从战略石油储备中释放石油以确保全球能源市场稳定的好处，但并没有做出任何决定。即便如此，世界上两个最大的石油消费国考虑采取前所未有的联合行动，表明油价上涨将阻碍全球经济并进一步刺激通货膨胀。彭博社认为，中国政府已至少两次利用战略石油储备，以压低国内原油价格，同时地方政府也在释放相关资源。⑤

---

① 《国家粮食和物资储备局组织投放国家储备原油》，2021 年 9 月 9 日，国家粮食和物资储备局网站，http：//www. lswz. gov. cn/html/xinwen/2021-09/09/content_ 267472. shtml。

② Laura He, "Soaring Inflation and Energy Costs Are Forcing China to Sell Some of Its Precious Oil Supply," September 10, 2021, https：//edition. cnn. com/2021/09/10/economy/china‐oil‐prices‐reserves‐intl‐hnk/index. html.

③ 《国家石油储备中心关于开展 2021 年第一批国家储备原油竞价交易的公告》，2021 年 9 月 24 日，国家粮食和物资储备局网站，http：//www. lswz. gov. cn/html/tzgg/2021‐09/14/content_ 267508. shtml。

④ 《习近平同美国总统拜登举行视频会晤》，2021 年 11 月 16 日，新华网，http：//www. news. cn/2021-11/16/c_ 1128068890. htm。

⑤ Bloomberg, "USA and China Discuss Strategic Reserve Oil Release," November 18, 2021, https：//www. rigzone. com/news/wire/usa_ and_ china_ discuss_ strategic_ reserve_ oil_ release‐18‐nov‐2021‐167062‐article/.

在中美两国领导人视频会晤后不到一周，美国总统拜登指示美国能源部从战略石油储备中释放约 5000 万桶石油，并且中国、日本、印度、韩国和英国将参与协调行动。据悉，这是首次在没有国际能源机构协调的情况下，各国纷纷采取释放战略石油储备的行动。① 11 月 24 日，中国外交部发言人在回答记者提问时表示，"中方会根据自身实际和需要安排投放国家储备原油以及采取其他维护市场稳定的必要措施，并及时公布相关消息"。与此同时，外交部发言人表示，中国将与石油消费国和生产国保持密切沟通，希望通过沟通和协作，确保石油市场长期平稳运行。②

就一定程度而言，除了缓解原材料价格上涨压力之外，中美同时释放战略石油储备也是期待中美关系回暖的一种信号。过去 10 年，随着美国通过页岩油气革命成功，美国成为全球主要的油气出口大国，原油、天然气贸易成为中美经贸合作的重要领域。2014 年 7 月举行的第六轮中美战略与经济对话，就将中美共同保障全球能源市场供给充足、有弹性作为重要条款，同时还写明"中美双方承诺在战略石油储备方面展开合作，以提高各自应对石油供给中断的能力，加强共同能源安全"③。2016 年 6 月举行的第八轮中美战略与经济对话，继续表示中美将在能源安全领域展开合作，同时提出，中美两国计划派遣高级代表参加相关活动，以加强在战略石油储备政策方面的坦诚对话。中美将致力于在双边论坛中更加频繁地发布更完整、可靠和翔实的能源数据信息，包括战略石油储备信息。④ 2017 年 3 月，中石油的子公司——中石油国际首次成功竞标购买美国释放的战略石油储备，尽管数量只

---

① "Comparative Analysis of Monthly Reports on the Oil Market," 20 December 2021, International Energy Forum, https://www.ief.org/news/comparative-analysis-of-monthly-reports-on-the-oil-market-22.

② 《2021 年 11 月 24 日外交部发言人赵立坚主持例行记者会》，2021 年 11 月 24 日，中华人民共和国外交部网站，http://infogate.fmprc.gov.cn/web/fyrbt_673021/jzhsl_673025/202111/t20211124_10452621.shtml。

③ 《第六轮中美战略与经济对话框架下经济对话联合情况说明》，《人民日报》2014 年 7 月 12 日，第 7 版。

④ 《第八轮中美战略与经济对话框架下战略对话具体成果清单》，《人民日报》2016 年 6 月 8 日，第 18 版。

有 55 万桶，但每桶价格为 52.36 美元，比美国能源部的标价高出 0.56 美元/桶，为所有购买者中出价最高的。[1] 事实上，随着美国成为原油的重要出口国，中国企业也在积极争取从美国进口原油。但受到中美贸易摩擦的影响，中国暂停从美国购买石油。在贸易摩擦发生之前，中国是美国液化天然气的第三大买家，随着贸易摩擦发生，中国的排名迅速跌落至第 20 名以外。[2] 在 2020 年初达成的中美经贸第一阶段协议中，能源贸易额占到 2000亿美元协议贸易额的约 1/4，其分量之重可见一斑。

在中美战略与经济对话中，美国一再要求中国公布战略石油储备的数据，就一定程度而言，这也是因为市场很关心这些数据。目前，中国政府并未公布战略石油储备的数据，不少研究机构的估算也不尽相同。2022 年 2月，能源数据分析公司 Kayrros 通过对储油罐的卫星监测数据推断，中国原油库存总量为 9.5 亿桶。[3] 尽管这一数据比峰值期下降了约 9000 万桶，但比上年 11 月初增加了 3000 万桶。

二 美国战略石油储备：创设、演变阶段与目标

美国于 1975 年设立战略石油储备，直接触发因素是 1973 年的石油危机，但是其酝酿时间要早于这次石油危机。回顾这一历史有助于我们认识美国对能源安全的判断和应对机制的演变。从某种程度上讲，中国建立战略石油储备主要参考了西方的经验，并且不断受到美国动用战略石油储备的刺激。在新的历史时期，重新认识这种经验很有必要。同时，美国除了动用国

---

① Brian Scheid, "Analysis: China Makes First-ever US SPR Crude Oil Purchase," 14 Mar. 2017, https://www.spglobal.com/commodity-insights/en/market-insights/latest-news/oil/031417-analysis-china-makes-first-ever-us-spr-crude-oil-purchase.

② Dan Eberhart, "Neverending US-China Trade War Puts Energy Dominance at Risk," May 20, 2019, https://www.forbes.com/sites/daneberhart/2019/05/20/neverending-us-china-trade-war-puts-energy-dominance-at-risk/.

③ Chen Aizhu, Dmitry Zhdannikov, "China Boosts Oil Reserves, Ignoring U.S. Push for Global Release," February 27, 2022, https://www.metro.us/china-boosts-oil-reserves/.

际能源署这一机制进行国际协调之外，还经常单独释放战略石油储备，其动机和目标也是多样的。特别是近年来随着美国成为全球主要的石油出口大国，美国国内出现了很多质疑战略石油储备的声音。

美国能源信息署公布了自 1977 年 10 月开始的美国战略石油储备演变过程（如图 1 所示），美国战略石油储备经历了相当明显的大的阶段性变化。第一个阶段，即 20 世纪 70 年代末至冷战结束前期，战略石油储备量一直处于上升水平。从 1977 年 10 月首次储备 265 万桶开始，迅速上升至 1980 年 11 月的 1 亿桶，37 个月增长了几乎 37 倍，在 1986 年 7 月首次突破 5 亿桶。第二阶段，即进入 20 世纪 90 年代以后，这是释放战略储备的时期，总体而言，美国不再大规模增加战略性石油储备，1990 年 9 月达到第一个历史峰值 5.9 亿桶。

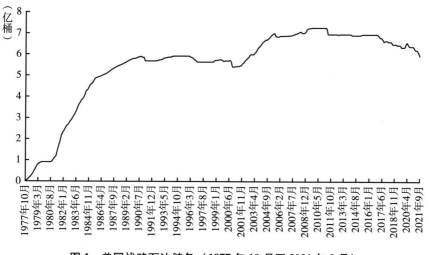

图 1 美国战略石油储备（1977 年 10 月至 2021 年 9 月）

资料来源：美国能源信息署。

冷战结束之际，美国开始首次释放战略石油储备。第一次比较大的释放发生在 1990 年 8 月至 1991 年 2 月的海湾战争时期，美国的战略石油储备从 58960 万桶下降至 58156 万桶，释放储备 804 万桶。因第一次海湾战争于 1991 年 2 月底结束，当年 3 月，美国继续释放石油战略储备 1300 万桶。第

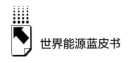
二次比较大的释放发生在 1996 年 2 月至 1997 年 1 月，美国石油战略储备从 59162 万桶下降至 56348 万桶，在 11 个月中一共释放了 2814 万桶，每个月接近 260 万桶。第三次比较大的释放发生在 2000 年 9 月至 2000 年 12 月，从 57035 万桶下降至 54068 万桶，在 3 个月内向市场投放了 2967 万桶，每个月接近 1000 万桶。在 2000 年 10 月达到这一阶段的低位之后，美国政府开始补舱，于 2003 年 1 月补充到 59925 万桶的水平。

第三个阶段，即迈入 21 世纪之后。在第二次海湾战争时期，2003 年 3 月 20 日，以英美军队为主的联合部队对伊拉克发动军事行动。到 4 月中旬，美军宣布伊拉克战争的主要军事行动已结束。战争结束后，美国开始增加战略性石油储备。2003 年 4 月增加了约 35 万桶，此后持续增加，战略石油储备于 2005 年 8 月首次突破 7 亿桶。在 28 个月内增加了 10148 万桶原油，显然这与从伊拉克攫取石油有很大的关系。

第四个阶段即 2010 年以来，美国多次释放战略石油储备。第一次是 2011 年 7~9 月，从 2011 年 6 月的 72653 万桶下降至 9 月的 69595 万桶，3 个月下降了 3058 万桶。第二次是从 2017 年 2 月开始下降，从 1 月的 69508 万桶下跌至 2020 年 4 月的 63783 万桶，这是比以往都长的一个时期，几乎长达 39 个月，减持了 5725 万桶，平均每个月释放约 147 万桶。第三次从 2020 年 8 月开始，目前还在下调中。从 2021 年 1 月的 63808 万桶下跌至 12 月的 59369 万桶，一共减少了 4439 万桶。再加上 2022 年 3 月的两次释放，总共超过 2 亿桶，美国战略石油储备的释放规模达到了一个史无前例的阶段。特别是考虑到最近一次释放，从 2022 年 5 月起几乎是每天 100 万桶，这个量也是前所未有的。

过去十年，美国大量释放战略石油储备，第一个明显的原因是美国能源政策的调整以及美国迅速成长为世界最大的石油出口国。2015 年 12 月，美国解除 40 年不允许石油出口的禁令。直接原因是奥巴马政府为避免政府关门，与国会达成了一项协议。美国民主党人表示，尽管他们并不完全同意国会共和党人要求取消已有数十年历史的石油出口禁令，但为了避免政府缺乏资金而关门，同时推动风能和太阳能等可再生能源的税收抵免，不得不同意共和党人取消石油进口禁令的提议。对此，共和党众议员史蒂夫·沃马克（Steve Womack）表示，这是一项巨大的成就，将推动美国成为全球重要的石油出口国。[1] 奥巴马总统的前能源顾问、现任哥伦比亚大学教授的杰森·博尔达夫（Jason Borduff）认为，美国石油生产商可以自由进入全球市场的事实，将使美国的石油供应更容易应对世界各地供应中断的情况。[2] 事实上，美国政府解除石油出口禁令时，原油价格已经跌至 30 美元/桶。美国政府的一个重要考虑是，通过向世界市场增加供给，鼓励国内进行更多生产，挽救能源行业的就业机会。2019 年，美国能源出口量达到 23.6 万亿英热单位，67 年来，美国年度能源出口总额首次超过能源进口总额。尽管如此，美国仍然是原油的净进口国，同时，在较小程度上，美国是煤炭、煤焦炭、天然气、石油产品和生物质能的净出口国。[3]

第二个明显的原因是 2021 年下半年以来油价上涨。以国际上通用的基准油价——英国伦敦交易所公布的布伦特原油期货价格为例（如图 2 所示），在新冠肺炎疫情冲击下，世界经济陷入二战结束以来的最低增速，国际旅行跌至冰点，直接影响石油消费。2020 年 5 月，布伦特原油价格一度跌破 20 美元/桶，但到了 2021 年 1 月拜登新政府就任之时，油价已上升至 55 美元/桶，比上一年翻了一番多。当年 11 月，布伦特原油价格又进一步升至每桶 80 美元以上。2022 年 3 月 1 日，拜登政府宣布第二次释放战略石油储备时，布伦特原油价格突破 100 美元/桶，甚至还一度突破 120 美元/桶，超过 2008 年全球金融危机时的油价，为有史以来的第二个峰值。因此，遏制国际原油价格上涨的确是拜登政府不断释放战略储备原油的重要原因。2021 年 11 月 23 日，拜登宣布释放 5000 万桶战略石油储备，当天，美国白宫发布的声明指出，"在过去的几周里，随着有关这项工作的报道被公开，

---

[1] Deirdre Walsh, Ted Barrett, "Deal Avoids Shutdown, but Not Everyone Is Happy," December 16, 2015, https://edition.cnn.com/2015/12/15/politics/ryan-announces-deal-averting-shutdown/.

[2] Matt Egan, "After 40-Year Ban, U. S. Starts Exporting Crude Oil," January 29, 2016, https://money.cnn.com/2016/01/29/investing/us-oil-exports-begin/index.html.

[3] "U.S. Total Energy Exports Exceed Imports in 2019 for the First Time in 67 Years," April 20, 2020, U. S. Energy Information Administration, https://www.eia.gov/todayinenergy/detail.php?id=43395.

油价下跌了近10%"①。从实际成效来看，在美国宣布这一行动之前的一个多月，布伦特原油期货价格突破86美元，11月23日，布伦特原油期货价格为82.3美元/桶，因此美国释放信号的成效并不明显，油价的跌幅至少并未达到美国政府所宣称的"近10%"。美国正式发布该声明之后，油价才迅速下跌至11月26日的72.7美元/桶，12月1日进一步跌破70美元/桶关口，从11月23日到12月1日，油价降幅达17.6%。因而，在美国宣布释放战略石油储备之后，油价降幅的确很大。但是，到了2022年2月，油价仍呈上升态势。因此，拜登政府于3月1日宣布，再次释放战略石油储备。

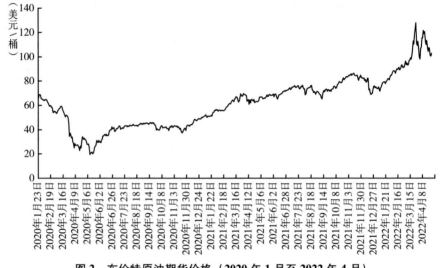

图 2　布伦特原油期货价格（2020 年 1 月至 2022 年 4 月）

资料来源：https://www.nasdaq.com。

乌克兰危机发生后，美国能源部部长珍妮弗·格兰霍姆（Jennifer M. Granholm）于2022年3月1日宣布，美国将会同国际能源署的其他30个

① "President Biden Announces Release from the Strategic Petroleum Reserve as Part of Ongoing Efforts to Lower Prices and Address Lack of Supply around the World," November 23, 2021, White House of the United States, https://www.whitehouse.gov/briefing-room/statements-releases/2021/11/23/president-biden-announces-release-from-the-strategic-petroleum-reserve-as-part-of-ongoing-efforts-to-lower-prices-and-address-lack-of-supply-around-the-world/.

成员国共同释放 6000 万桶战略石油储备，其中美国释放 3000 万桶。美国能源部发表的声明指出，美国与国际能源署成员的共同目标是，"解决与俄乌冲突有关的重大市场和供应中断问题"，"加速欧洲降低对俄罗斯的能源依赖"。[①] 不过，格兰霍姆未说明释放战略储备原油的具体时间。美国及其盟友宣布这一消息之后，布伦特原油期货价格一路上扬，从 3 月 1 日的 105 美元/桶上升至 3 月 8 日的 128 美元/桶，此后虽跌破每桶 100 美元，但从 3 月17 日跃升至 100 美元/桶后又开始一路上升。油价走势呈现"过山车"的效应，至少表明市场不认为 6000 万桶足以抵消俄罗斯原油出口的损失。

BP 数据显示，克里米亚事件之后，2015～2020 年，俄罗斯平均每天向世界出口原油 834 万桶，2020 年出口量虽下跌，但占世界出口量的比重没有发生大的变化，仍超出 11%。如图 3 所示，2016～2020 年，俄罗斯原油出口的确在下降，但是占比下降的幅度总体要小于沙特。2013 年，俄罗斯原油出口量曾占世界总出口量的 13.5%，2020 年下降至 11.4%，出口量从 2013年的 794 万桶/日下降至 2020 年的 743 万桶/日，7 年来减少了 51 万桶/日。在沙特和俄罗斯原油出口萎缩的同时，美国迅速成长为世界第一大原油出口国，出口量从 2013 年的 356 万桶/日上升至 2020 年的 811 万桶/日，占比也从2013 年的 6.1% 跃升为 12.5%。与 2014 年克里米亚事件发生时相比，当前的原油市场格局发生了根本性变化，美国跃升为世界最大的石油出口国。

国际能源署成员国宣布释放 6000 万桶的战略石油储备之所以未能很快获得市场认可，重要的原因之一是美国仍从俄罗斯进口原油。美国能源信息署的数据显示，2021 年，美国每天从俄罗斯进口原油约 67 万桶，仅次于从加拿大的进口量。而且，2021 年，美国从俄罗斯进口的原油量分别比 2019年和 2020 年多出 15 万桶和 13 万桶。[②] 因此，国际市场的原油价格并未在美

① "U. S. and 30 Countries Commit to Release 60 Million Barrels of Oil from Strategic Reserves to Stabilize Global Energy Markets," March 1, 2022, U. S. Department of Energy, https：// www. energy. gov/articles/us – and – 30 – countries – commit – release – 60 – million – barrels – oil – strategic-reserves-stabilize.

② Thomas Catenacci, "How Biden's Energy Policies Enabled Putin's Aggression in Ukraine," March 2, 2022, https：//dailycaller. com/2022/03/02/joe-biden-energy-policies-crude-oil-natural-gas-russia/.

国宣布释放战略石油储备之后迅速下跌。市场数据显示，3月2日，美国基准指数 WTI 指数飙升至每桶112美元，为2011年5月以来的最高水平，英国布伦特原油基准接近每桶114美元。这两个指数都飙升至每桶100美元大关，为2008年全球金融危机以来的首次。面对这种形势，美国考虑制裁俄罗斯能源出口。3月2日，美国白宫发布声明，将限制对俄罗斯出口石油和天然气开采设备，并且"将随着时间推移降低俄罗斯作为主要能源供应国的地位"。[①] 3月3日，美国参议院能源和自然资源委员会主席、民主党参议员乔·曼钦（Joe Manchin）进一步呼吁，美国应全面禁止从俄罗斯进口能源。众议院议长南希·佩洛西（Nancy Pelosi）表示，支持禁止从俄罗斯进口石油，并与推动能源独立的两党立法者保持一致。[②]

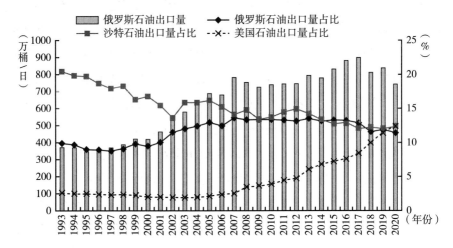

图3 美国、俄罗斯和沙特的石油出口量及其占世界的比重（1993~2020年）

资料来源：BP。

---

① "FACT SHEET: The United States Continues to Impose Costs on Russia and Belarus for Putin's War of Choice," March 2, 2022, White House of the United States, https://www. whitehouse. gov/ briefing-room/statements-releases/2022/03/02/fact-sheet-the-united-states-continues-to-impose-costs-on-russia-and-belarus-for-putins-war-of-choice/.

② Thomas Catenacci, "Nancy Pelosi Echoes Republicans' Calls for Russian Oil Import Ban," March 3, 2022, https://dailycaller.com/2022/03/03/nancy-pelosi-russian-oil-import-ban/.

美国政府面临的悖论是，为了取信市场，需进一步制裁俄罗斯的能源出口，但如果加大制裁力度，那么不仅将危及欧洲的能源消费，也将进一步增加市场对供应中断的担忧。由于担心对俄罗斯石油和石油产品全面禁运的前景，油价还在继续上升。例如，3 月 7 日周一早盘交易中，美国基准石油指数短暂触及大衰退以来的最高水平，衡量美国 30 家主要公司的道琼斯工业平均指数截至周一早些时候下跌 0.94%，衡量 500 家最大上市公司的标准普尔指数下跌超过 0.93%，主要由科技公司组成的纳斯达克指数下跌0.98%。① 3 月 8 日，美国总统拜登签署行政令，禁止美国进口俄罗斯石油、液化天然气和煤炭，禁止美国公司对俄罗斯能源部门进行投资，禁止美国人为在俄罗斯投资经营的外国公司提供资金或允许其生产能源。白宫声明表示，此举是美国在与世界各地的盟国和伙伴以及两党国会议员密切协商后做出的。美国也认识到，并非所有的盟国和伙伴都加入制裁行列，但鉴于占世界经济总额一半以上的 30 多个国家宣布对俄罗斯进行制裁，这将进一步剥夺俄罗斯选择战争的经济资源。② 在美国宣布全面禁止进口俄罗斯油气资源，并且扩大制裁范围至俄罗斯的油气公司之后，油价应声下跌，这表明，这一行动让市场感觉其是可信的。

三 美国释放战略石油储备的国内政治经济目标

在俄乌冲突发生后，美国连续释放战略石油储备的目标显著地增加了地缘政治在油气市场中的分量。但是，需要进一步研究的是最近美国政府三次释放战略石油储备的目标是否都一致，或者说其国际目标和国

---

① Thomas Catenacci, "Stock Market Sinks, Oil Tops $130 as West Considers Russian Energy Sanctions," March 7, 2022, https：//dailycaller.com/2022/03/07/stock－market－crude－oil－white－house－energy－sanctions/.

② "FACT SHEET：United States Bans Imports of Russian Oil, Liquefied Natural Gas, and Coal," March 8, 2022, White House of the United States, https：//www.whitehouse.gov/briefing-room/statements－releases/2022/03/08/fact－sheet－united－states－bans－imports－of－russian－oil－liquefied-natural-gas-and-coal/.

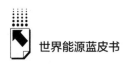
内目标应该如何排序。这就涉及美国国内的政治经济状况以及国会议员的考虑。

第一项国内政治经济的原因是能源价格上升引发汽油价格暴涨。如图4所示，美国能源信息署的数据显示，20世纪90年代以来，美国发生过两次零售汽油价格价格急剧上升、突破4美元/加仑的时期。第一次是2008年国际金融危机时期。2007年1月22日，美国汽油零售价格为2.2美元/加仑，2008年6月9日首次突破4美元，并持续到7月21日。再次回落到2美元以下，则是在2008年11月24日，花了18周时间。第二次是本轮价格上升。美国零售汽油价格从2020年4月27日那一周的1.77美元/加仑——近5年来的最低点——开始逐渐恢复上升。2021年1月20日，拜登正式入主白宫时，汽油的零售价格为2.4美元/加仑。2021年11月中旬，拜登政府第一次释放战略石油储备时，汽油价格为3.4美元/加仑。2022年3月7日，汽油价格首次突破4美元/加仑，至3月28日，已达到4.23美元/加仑，处于历史最高值。因此，这一轮汽油零售价格从每加仑2美元多暴增至4美元的用时要短于2008年国际金融危机时期。

美国汽油价格暴增与世界油价波动关系密切，且深刻影响美国政治经济政策。美国能源信息署披露的数据显示，一桶45加仑的原油可以炼制出19.4加仑汽油，出产比例为43.1%。在每加仑零售汽油价格中，大约61%直接与原油价格挂钩，14%为精炼的费用，14%为税费，剩下11%是批发、零售产生的费用。拜登上任以来，美国通货膨胀持续加深。2021年10月，穆迪估计，由于美国的通货膨胀率处于30年来的最高水平，一个年收入7万美元的家庭——该水平为美国的收入中位数，每月将额外花费175美元。美国人口普查局公布的住户调查数据显示，美国有2650万户家庭发现支付生活费用非常困难。除了要为食品支付更多费用外，平均每加仑汽油的价格为3.24美元，这是自2014年10月以来其从未见过的价格。[1] 2021年，美

---

[1]　Christine Favocci, "Biden's America: Here's the Real Cost of Inflation on the Average American Family," October 7, 2021, https://www.westernjournal.com/bidens-america-real-cost-inflation-average-american-family/.

国共消耗 1345.3 亿加仑汽油,平均每天消耗 3.69 亿加仑。按美国人口 3.34 亿人计算,美国人均每年消耗约 400 加仑汽油。按美国 2.28 亿名拥有驾照的司机计算,那么每名司机每年消耗 516 加仑汽油。随着油价持续高位运行,甚至连华尔街知名的咨询公司亚德尼研究公司(Yardeni Research)都认为,2022 年,平均每个普通美国家庭的汽油费用将增加 2000 美元。[①]

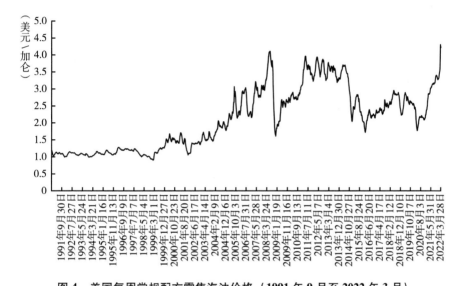

图 4 美国每周常规配方零售汽油价格(1991 年 9 月至 2022 年 3 月)

资料来源:美国能源信息署。

汽油价格上升导致美国家庭收支不平衡,这立即引起诸多国会议员的关注。通货膨胀严重,特别是汽油价格上升明显的各州的参议员对拜登政府的批评声音很大。美国前五大消耗汽油的州分别为得克萨斯州、加利福尼亚州、佛罗里达州、纽约州和俄亥俄州。2021 年 11 月 14 日,来自纽约州的参议院民主党领袖查尔斯·舒默(Charles E. Schumer)呼吁,拜登政府应该

---

① Tyler O'Neil, "Inflation and Record Gas Prices Will Hit Americans' Paychecks Hard," March 8, 2022, https://www.foxbusiness.com/economy/how－much－will－inflation－and－record－gas－prices－cost－the－average－american－family－in－2022.

利用美国的紧急石油储备来降低不断上涨的汽油价格,此时,美国零售汽油价格为3.4美元/加仑。舒默认为,美国政府可在11月22日感恩节假期开始之前宣布这一措施。[①] 不过,美国众议院多数党领袖、马里兰州民主党人斯泰尼·霍耶(Steny Hoyer)并不同意通过释放战略石油储备来降低油价。霍耶认为,战略石油储备不是为了应对价格上涨,而是为了在紧急情况下应对供应崩溃。[②]

2021年11月23日,美国白宫发表声明,宣布释放5000万桶战略石油储备。该声明认为,此举将"降低美国人的汽油价格,并解决因新冠肺炎疫情造成的能源需求和供应之间的不匹配问题"。声明还表示,拜登通过外交努力,促使"包括中国、印度、日本、韩国和英国在内的其他主要能源消费国同时发布"释放战略石油储备的信息。[③] 从美国释放战略石油储备的目标来看,这是首次用于控制价格,而不是解决供应中断。从1991年、2005年、2011年三次释放战略石油储备的经验来看,短期内价格的确下降,但如果不解决全球的原油供需失衡问题,那么原油价格还会上升。拜登政府将5000万桶石油分两个阶段释放,12月上旬将首先拍卖3200万桶,而其余1800万桶的配售计划的实施则不早于12月17日。按照惯例,战略石油储备释放的石油通常需要13天才能进入市场。

美国路易斯安那州立大学能源研究中心专家格雷格·阿普顿(Greg

① "Biden Must Tap Oil Reserves to Lower Gasoline Prices, Schumer Says," November 14, 2021, Doina Chiacu, https://www.metro.us/biden-must-tap-oil/; "Schumer Calls on Biden Administration to Tap Petroleum Reserves, Ease Prices at the Pump," November 15, 2021, WRGB Staff, https://cbs6albany.com/news/local/schumer-calls-on-biden-administration-to-tap-petroleum-reserves-ease-prices-at-the-pump?

② Susan Cornwell, Kanishka Singh, "U.S. House's Hoyer Doesn't Agree with Call to Tap Oil Reserve to Lower Gas Prices," Nov. 16, 2021, https://www.usnews.com/news/us/articles/2021-11-16/us-houses-hoyer-doesnt-agree-with-schumers-call-to-tap-oil-reserve-to-lower-gas-prices.

③ "President Biden Announces Release from the Strategic Petroleum Reserve as Part of Ongoing Efforts to Lower Prices and Address Lack of Supply around the World," November 23, 2021, White House of the United States, https://www.whitehouse.gov/briefing-room/statements-releases/2021/11/23/president-biden-announces-release-from-the-strategic-petroleum-reserve-as-part-of-ongoing-efforts-to-lower-prices-and-address-lack-of-supply-around-the-world/.

Upton）表示，宣布释放石油不会真的对消费者价格产生重大影响，因为美国、印度、中国和韩国等发布的释放总量仅相当于半天的全球消费量。事实上，白宫发布声明之后第二天，油价相对保持不变。而且战略石油储备本来是一种"能源保险单"，实际上是为能源安全和供应中断而设立的，主要不是为了影响能源价格。① 甚至有学者表示，受新冠肺炎大流行等因素影响的石油需求增长预期，在推动油价波动方面比对供应调整的预期（如 SPR 释放的石油）更重要。而且，大多数研究认为，维持战略石油储备的机会成本高于原油价格上升的成本。一般而言，政府在低价时买入石油以用作储备，在高价时卖出以获得利润，以此改善国家财政状况。从这个意义上说，SPR 就像是针对未来石油供应或价格冲击的保险单，溢价则是维护 SPR 的成本。② 虽然拜登此举并不能立即调低油价，但是从政治角度看有助于获得选民支持。③ 如果要在 2022 年 11 月中期选举以前将汽油价格下降一半的话，那么比起 2008 年全球金融危机时期，拜登政府需要动用更多战略石油储备。而且，拜登政府的绿色能源转型计划也将进一步削弱化石燃料的重要性，由此降低战略石油储备的重要性，这可能是拜登政府一而再再而三释放 SPR 的底气之一。

除了战略石油储备是否应该用于应对价格上涨之外，拜登此举在美国国内还引发另一场争议，焦点在于为什么不扩大国内生产增加供给，而仅仅通过释放战略石油储备来增加供给。11 月 23 日，来自西弗吉尼亚的共和党参议员雪莱·卡皮托（Shelley Capito）发表声明，批评拜登的这一举措只是为了掩盖拜登政府能源政策的可怕后果。这一声明若能对市

---

① Nora Macaluso, "U. S. Oil Reserve Created for Supply Disruptions, Not Strictly Military Use," December 3, 2021, https://www.factcheck.org/2021/12/u-s-oil-reserve-created-for-supply-disruptions-not-strictly-military-use/.

② Lydia Powell, Akhilesh Sati, Vinod Kumar Tomar, "Is Cost of Maintaining a Strategic Petroleum Reserve Justified?" December 13, 2021, https://www.moneycontrol.com/news/opinion/is-cost-of-maintaining-a-strategic-petroleum-reserve-justified-7819251.html.

③ Benjamin J. Hulac, Joseph Morton, "Petroleum Reserve Sale Seen Having Small Impact on Gas Prices," November 23, 2021, https://rollcall.com/2021/11/23/small-gas-price-impact-seen-from-petroleum-reserve-sale/.

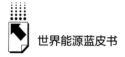

场产生影响，也至少要到圣诞节之后才会出现。美国政府应该努力最大限度地提高国内产量，加快管道等能源基础设施建设，而不是限制石油开发，开征碳税。[①] 参议院能源和自然资源委员会主席乔·曼钦也认为，拜登此举既不会解决美国消费者面临的油价上升难题，也难以确保美国能源安全，拜登政府应该致力于增加国内能源生产，允许建造美加之间的Keystone XL 管道，以便增加从加拿大的原油进口量，并减少对"OPEC+"的依赖。[②] 甚至前总统特朗普也发表声明，批评拜登政府滥用在他手里积储的战略石油储备。特朗普强调，这些石油应该用在战争等紧急时刻。参议院能源和自然资源委员会委员、共和党参议员约翰·巴拉索（John Barrasso）甚至表示，这是拜登政府和美国国会民主党人"对美国能源发动战争"。[③]

俄乌冲突发生后，美国国内汽油价格进一步上升。国会议员再次敦促拜登政府动用一切手段降低价格。2022 年 2 月 24 日，参议院军事委员会主席、民主党的杰克·里德（Jack Reed）领衔发表公开信认为，由于俄乌冲突导致全球石油市场波动，美国政府应采取一切可用的工具，包括释放战略石油储备、利用外交压力鼓励全球石油生产商提高产量以及限制石油出口，降低汽油价格。鉴于美国成为石油出口国，适当增加对国际市场的供给也是一种重要手段。议员们强调，高油价正在伤害美国家庭和小企业。从长远来看，消除美国对石油的依赖才是解决之道，因而其也支持拜登政府倡导的《基础设施投资和就业法案》，建立更多的电动汽车充电设施，制定清洁能

---

① Shelley Moore Capito, "Capito Statement on Biden Announcement to Tap Strategic Petroleum Reserve," November 23, 2021, https：//www. epw. senate. gov/public/index. cfm/2021/11/capito-statement-on-biden-announcement-to-tap-strategic-petroleum-reserve.

② Joe Manchin, "Manchin Statement on Biden's Decision to Release Oil from Strategic Petroleum Reserve," November 23, 2021, https：//www. energy. senate. gov/2021/11/manchin-statement-on-biden-s-decision-to-release-oil-from-strategic-petroleum-reserve.

③ Brooke Singman, "Biden Oil Reserve Release an 'Ineffectual Band Aid' That Won't Replace Domestic Production, Critics Say," November 23, 2021, https：//www. foxbusiness. com/politics/biden-strategic-petroleum-reserve-release-criticism-domestic-production.

源计划以应对气候变化，进一步使美国人免受外生能源冲击。① 与 2021 年 11 月提出的缘由相比，这一次美国民主党国会议员并没有明确呼吁增加国内能源生产，而是呼吁政府与外国生产商合作提高产量，其他选项则并没有变化。根据美国能源部的数据，战略石油储备中石油的平均价格为每桶 29.70 美元。国会议员认为，在当前油价高涨之时售卖战略石油储备，至少在经济上是合适的。

不过，OPEC+并未如美国希望的那样增加石油产出。据国际能源信息署估计，俄乌冲突发生时，OPEC+每天的原油产量仍比其目标值低近 100 万桶，产能只有正常时期的 70%。受新冠肺炎疫情影响，中东地区形势动荡，以及资本从化石燃料转向可再生能源，各大油气公司普遍认为，新投资难以迅即到位，供应不足的问题短期内无法解决。② 美国共和党要求拜登政府进一步放宽对美国国内开采石油的限制。2 月 25 日，众议院能源和商业委员会的共和党女议员凯茜·罗杰斯（Cathy Rodgers）指责拜登政府的能源政策，认为其加剧了美国和欧洲对俄罗斯油气资源的依赖。罗杰斯还强调，能源安全就是国家安全和金融安全，拜登政府应该恢复美国在世界的能源主导地位。③

不过，尽管有共和党议员的呼吁以及高油价的巨大诱惑，但是美国国内石油产量并未恢复到新冠肺炎疫情发生前的水平。美国能源信息署数据显

---

① Jack Reed, "As Putin's Illegal Invasion of Ukraine Causes Gas Prices to Rise, Reed, Khanna, Colleagues Urge Biden Administration to Tap Strategic Petroleum Reserve," February 24, 2022, https：//www. reed. senate. gov/news/releases/as-putins-illegal-invasion-of-ukraine-causes-gas-prices-to-rise-reed-khanna-colleagues-urge-biden-administration-to-tap-strategic-petroleum-reserve; Thomas Catenacci, "Democrats Ask Biden to Tap Strategic Petroleum Reserve Again," February 25, 2022, https：//dailycaller. com/2022/02/25/democrats-congress-strategic-petroleum-reserve-joe-biden/.

② Grant Smith, "Oil Rally Cools as U. S. Spares Russian Supplies from Sanctions," 24 Feb. 2022, https：//www. bloombergquint. com/politics/oil-soars-past-100-as-russia-attacks-targets-across-ukraine-l00omb4e.

③ Thomas Catenacci, "Democrats, Environmentalists Stay Silent on US Energy Independence amid Ukraine Crisis," February 25, 2022, https：//dailycaller. com/2022/02/25/democrats-environmentalists-energy-independence-russia-ukraine/.

示，截至 2022 年 2 月底，美国原油平均日产量为 1160 万桶，低于 2020 年初疫情发生前的 1300 万桶，与 2021 年 11 月 26 日——拜登释放战略石油储备声明那一周——齐平。① 根据达拉斯联邦储备委员会公布的一项调查，石油生产商更注重满足投资者的需求，而不是消费者。大约 59% 的受访高管表示，投资者在高价格下保持"资本纪律"的压力是他们没有增加产量的原因，而只有 6% 的人认为生产不足是政府监管所致。② 一个需要重视的事实是，尽管美国成为全球最大的石油出口国，但是美国能源行业在金融市场上的表现并不佳。在标普 500 指数罗列的 11 个行业中，能源行业的总回报率最差，而新材料、科技股是能源股回报率的 10 倍以上。在新冠肺炎疫情发生之前，行业普遍认为，未来十年，能源行业的总体特征是低价格、疲软的资产负债表以及绿色能源转型。面对收益不佳的形势，美国能源公司顶着华尔街的巨大压力。华尔街希望石油公司通过股息和回购的方式向股东返还现金，而不是投资扩大产能。同时，石油公司表示，目前，实现盈利所需要的价格是 56 美元/桶，而大公司甚至可以在油价为 49 美元/桶时实现盈利。因此，这些公司并不希望增加产能导致另一次供过于求，再次出现价格暴跌。③ 2022 年 3 月中旬，国际能源署首席能源经济学家蒂姆·古尔德（Tim Gould）在美国国会听证会上指出，影响能源价格走势的因素并不单一，至少包括经济复苏进程、天气、供应中断、主要供应商的立场以及潜在的投资动态。从投资角度看，继 2014~2015 年和 2020 年的油价暴跌之后，目前，其在上游油气领域的投资仅为 7 年前的一半，因而各国并没有足够强有力的政策实现清洁能源和技术的应用，气候变化政策不是最近油价上涨的主要因

① "Weekly U. S. Field Production of Crude Oil," April 6, 2022, U. S. Energy Information Administration, https：//www. eia. gov/dnav/pet/hist/LeafHandler. ashx？ n＝PET&s＝WCRFPUS2&f＝W.

② Zeke Miller, Josh Boak, "Biden Planning to Tap Oil Reserve to Control Gas Prices," March 31, 2022, https：//www. startribune. com/biden – planning – to – tap – oil – reserve – to – control – gas – prices/600160901/.

③ Matt Egan, "Gas Prices Are High, Oil CEOs Reveal Why They're Not Drilling More," March 24, 2022, https：//edition. cnn. com/2022/03/24/energy/gas – prices – oil – production – wall – street/ index. html.

素。鉴于投资不足，未来供需矛盾仍然紧张，世界能源市场将继续出现更多的动荡。[①]

因此，在国内产能不能迅速增加、国际联合行动效果不佳以及国内汽油价格不断上升的形势面前，拜登政府的可选项就只能是继续释放战略石油储备。3月1日，拜登宣布释放3000万桶，配合国际能源署成员国提供的其他3000万桶战略石油储备。正如前文所述，拜登政府引领其盟友和伙伴释放战略石油储备，只是在短期内实现了油价下降，但并未实现国内汽油价格显著下降。3月16日，纽约州民主党多数党领袖查尔斯·舒默认为，美国国内汽油价格下跌滞后于世界市场的石油价格下跌，能源公司的利润却在高油价背景下大幅提高。为此，国会要求美国主要石油和天然气公司的首席执行官，在未来几周就石油和汽油价格上涨问题进行听证会，回答有关潜在价格欺诈的问题。[②] 3月22日，共和党华盛顿州众议员罗杰斯致信美国能源部部长格兰霍姆，要求就汽油价格上涨举行听证会。罗杰斯认为，作为美国能源部部长，必须解释为什么拜登政府未能扭转其反能源议程，以至于无法解决不断上涨的汽油价格问题。[③]

在国内汽油价格继续上升的压力下，拜登政府于3月31日宣布，将继续释放战略石油储备1.8亿桶，时间从5月到11月，每天100万桶。不过，拜登政府在声明中却将此次释放归咎于俄乌冲突所导致的能源供应中断。在该声明中，美国政府表示，美国总统根据三种情况要求能源部部长继续释放战略石油储备：一是能源供应中断范围扩大，持续时间长，且非常紧急；二

---

① Tim Gould, Written Testimony, "Hearing of the U. S. Senate Energy and Natural Resources Committee, Causes, Outlook, and Implications of Domestic and International Energy Price Trends," 16 November 2021, https://www.energy.senate.gov/services/files/F45ABE8A-1DB8-4DE2-BF56-932329AD5477.

② Benjamin J. Hulac, "Schumer: Oil Execs to Face Hearings on High Gas Prices," March 16, 2022, https://rollcall.com/2022/03/16/schumer-oil-execs-to-face-hearings-on-high-gas-prices/.

③ Thomas Catenacci, "GOP Leader Demands Biden Energy Secretary Testify on Rising Gas Prices," March 22, 2022, https://dailycaller.com/2022/03/22/cathy-mcmorris-rodgers-house-energy-commerce-committee-jennifer-granholm-gas-prices/.

是可能对国家安全或国民经济造成重大不利影响；三是进口石油产品供应中断。[1] 但是，美国国内石油产量增加表明，原因不是这么简单。美国能源信息署数据显示，3 月 25 日，美国国内原油生产为每周 1170 万桶，这是自 1 月 14 日那一周以来首次达到该产量。在拜登的声明发表之后，美国国内石油产量继续提高至 1180 万桶/周。[2] 这预示着美国国内石油公司面对国会压力正在缓慢增加产能，以缓解国内经济压力。同时，美国一些民主党州长面对汽油价格上升的压力，纷纷出台各种退税、削减所得税甚至暂停收税等措施提供救济。在美国的政治生活中，选民最有可能将面临的困难归咎于执政党，如果拜登政府对汽油油价上涨无所作为的话，那么选民在 11 月的中期选举中"用脚投票"、支持共和党是不可避免的。[3]

四 结论

2021 年 9 月 9 日，中国国家粮食和物资储备局发布投放国家储备原油的信息，在中国宣布这一消息之后，国际油价跌至两周以来的最低水平。11 月 16 日，中国国家主席习近平应约与美国总统拜登举行视频会晤。在中美两国领导人视频会晤后不到一周，美国总统拜登指示美国能源部从战略石油储备中释放约 5000 万桶石油，并且表示中国、日本、印度、韩国和英国将参与协调行动。据悉，这是首次在没有国际能源机构协调的情况下，各国纷纷采取释放战略石油储备的行动。除了缓解原材料价格上涨压力之外，中美同时释放战略石油储备也是期待中美关系回暖的一种信号。中美之间在能源

---

[1] "Memorandum on Finding of a Severe Energy Supply Interruption," March 31, 2022, The White House of the United States, https：//www. whitehouse. gov/briefing - room/presidential - actions/2022/03/31/memorandum-on-finding-of-a-severe-energy-supply-interruption/.

[2] "Weekly U. S. Field Production of Crude Oil," April 6, 2022, U. S. Energy Information Administration, https：//www. eia. gov/dnav/pet/hist/LeafHandler. ashx？n＝PET&s＝WCRFPUS2&f＝W.

[3] Tami Luhby, Maeve Reston, "Why These Governors Are Providing Tax Breaks to Residents on Gas, Groceries and Their Income Tax Bill," March 26, 2022, https：//edition. cnn. com/2022/03/26/politics/state-gas-groceries-income-tax-relief-governors/index. html.

贸易和能源安全方面存在共同利益，美国也希望进一步了解中国战略石油储备的更多信息。

遏制国际原油价格上涨是拜登政府不断释放战略储备原油的重要原因。不过，在协调第一次释放战略石油储备时，美国释放信号的成效并不明显，油价的跌幅至少并未达到美国政府所宣称的近10%。美国正式发布声明之后，油价才迅速下跌，不到一周的时间，油价的降幅超过16%。俄乌冲突发生后，美国于3月1日发布释放战略石油储备3000万桶，国际能源署其他30个成员国投放3000万桶。但是，布伦特原油期货价格走势呈现"过山车"效应，这表明市场不认为6000万桶足以抵消俄罗斯原油出口的损失。重要原因在于美国还未停止从俄罗斯进口原油。面对油价继续飙升态势，美国考虑制裁俄罗斯能源出口。3月2日，美国白宫发布声明，将限制对俄罗斯出口石油和天然气开采设备，并且将随着时间推移降低俄罗斯作为主要能源供应国的地位。美国政府面临的悖论是，为了取信市场，需进一步制裁俄罗斯的能源出口，但如果加大制裁力度，那么不仅会危及欧洲的能源消费，也将进一步增加市场对供应中断的担忧。由于担心对俄罗斯石油和石油产品全面禁运的前景，油价还在继续上升。3月8日，美国总统拜登签署行政令，禁止美国进口俄罗斯石油。

在俄乌冲突发生后，美国连续释放战略石油储备，显著增加了地缘政治在油气市场中的分量。但是，美国政府三次释放战略石油储备的国际目标和国内目标各有侧重。从国内因素看，能源价格上升引发汽油价格暴涨。汽油价格上升导致美国家庭收支不平衡，立即引起了诸多国会议员的关注。但一些议员仍认为战略石油储备不是为了应对价格上涨，而是为了在紧急情况下应对供应崩溃。拜登政府发表释放战略石油的储备声明，在表示用于控制价格之后，有意见认为这一行动不会真的对消费者价格产生重大影响，因为战略石油储备实质上是一种"能源保险单"。在释放战略石油储备的过程中，美国共和党和民主党之间进行了激烈的博弈，民主党试图将汽油价格上涨归咎于俄罗斯，而共和党则试图将此归因于拜登政府的反能源政策。

除了战略石油储备是否应该用于应对价格上涨之外，拜登不断释放战略

石油储备引发另一个争议：美国为什么不扩大国内生产规模增加供给？美国国内汽油价格进一步上升促使国会议员再次敦促拜登政府动用一切手段降低价格。但是，与2021年11月提出的缘由相比，2月下旬，美国民主党国会议员的呼吁并没有明确提出增加国内能源生产，而是呼吁政府与外国生产商合作提高产量。从国际角度看，OPEC+并未如美国希望的那样增加石油产出。而且，尽管有共和党议员的呼吁以及高油价的巨大诱惑，但是美国国内石油产量并未恢复到新冠肺炎疫情发生前的水平。由于各大石油公司面临华尔街的压力，将收益用于回馈股东而不是增加生产。在国内产能不能迅速增加、国际联合行动效果不佳以及国内汽油价格不断上升的形势面前，拜登政府的可选项就只能是继续释放战略石油储备。此外，面对国内汽油价格继续上涨的压力，各州州长出于对选票的考虑，纷纷出台政策降低成本，同时敦促油气公司加大生产力度。3月31日，拜登政府表示将继续释放战略石油储备1.8亿桶，时间从5月到11月，每天为100万桶。显然，此举更多是为了显示拜登政府与通货膨胀抗争的政治决心，以便赢得11月的中期选举。

B.12
中国全社会用电量变化和可再生能源发电量增长速度分析

李 贺[*]

摘　要： 电力行业运行是反映国民经济发展质量的晴雨表与温度计，电力行业发展水平更代表了一国的经济发达程度。改革开放以来，我国发电装机容量与发电量大幅增长，可再生能源发电装机容量与发电量占比大幅提高，电源结构更加绿色低碳。电力消费方面，传统高耗能行业仍是电力消费主体，但高精尖行业用电量增长迅速，同时，新能源汽车等新型电力消费主体也在不断增长。发展趋势方面，风电、太阳能发电等可再生能源发电量增速较快，但煤电仍是我国的主体电源，此外，绿色电力交易等新型电力消费模式不断涌现，电力行业的绿色智能化转型步伐进一步加快。

关键词： 用电量　发电量　可再生能源　中国

一　全社会发电量变化

（一）装机容量持续增长，布局呈现"东少西多"

改革开放以来，我国发电装机容量持续增长，2021年，发电装机容量

---

　*　李贺，经济学博士，中国社会科学院大学（研究生院）国际能源安全研究中心特聘研究员，主要研究方向为区域经济、环境经济、能源经济。

达到 23.8 亿千瓦（见图 1），增长 40 倍之多。从人均装机容量与发电量变化来看，2014 年，我国人均装机容量首次达到 1 千瓦/人，2020 年，人均装机容量达到 1.56 千瓦/人，人均发电量达到 5405 千瓦时/人（如图 2），但与发达国家人均装机容量 2 千瓦/人的目标还有一定差距。

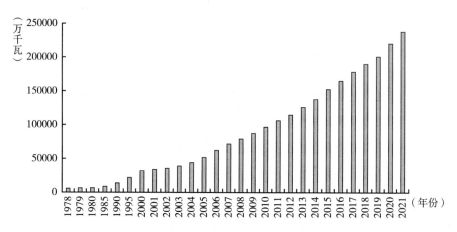

图 1　1978~2021 年发电装机容量变化

资料来源：中国电力企业联合会编《中国电力统计年鉴 2021》，中国统计出版社，2021；《国家能源局发布 2021 年全国电力工业统计数据》，国家能源局网站，http://www.nea.gov.cn/2022-01/26/c_1310441589.htm。

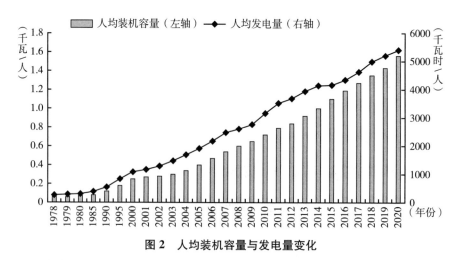

图 2　人均装机容量与发电量变化

资料来源：中国电力企业联合会编《中国电力统计年鉴 2021》，中国统计出版社，2021。

从四大地区来看，2020 年，西部地区装机容量达到 74271 万千瓦（见图 3），较第二位的东部地区高出 6884 万千瓦，但西部地区的 GDP 仅为东部地区的 40% 左右，"西电东送"大力支撑了东部地区的经济发展。从分省区市发电装机容量来看，山东省发电装机容量占比最大，为 7.07%；内蒙古、广东、江苏的占比为 6.4%～6.7%；新疆、山西、云南、河南、浙江、四川、河北的占比为 4.5%～4.9%。以上 11 个省区市的发电装机容量占全国的 60% 左右（见图 4）。

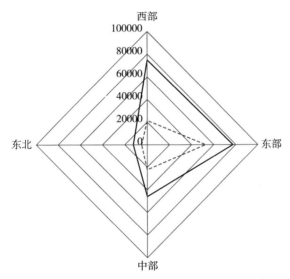

图 3　2020 年四大地区装机容量与经济总量

资料来源：中国电力企业联合会编《中国电力统计年鉴2021》，中国统计出版社，2021。

（二）供应能力不断增强，增速有所放缓

从发电量与增速来看，2019 年，全社会发电量迈入 70000 亿千瓦时的行列，2020 年达到 76264 亿千瓦时（见图 5），根据 BP 的统计数据计算得出，2020 年，我国发电量约占世界的 29%。从发电量增速来看，"十三五"

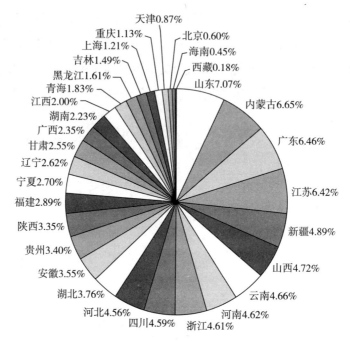

图4 2020年分省区市发电装机容量占比

资料来源：中国电力企业联合会编《中国电力统计年鉴2021》，中国统计出版社，2021。

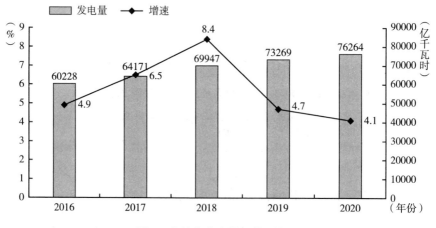

图5 全社会发电量与增速变化

资料来源：中国电力企业联合会编《中国电力统计年鉴2021》，中国统计出版社，2021。

前期，我国保持了较高的增速，2018 年达到 8.4%，2019 年后，受疫情影响，经济增速放缓，发电量增速也随之放缓，2020 年增速为 4.1%。分省区市来看，2020 年，发电量最多的为山东，内蒙古紧随其后，江苏与广东发电量相当，发电量最少的是西藏。从发电量增速来看，西藏在"十三五"期间的平均增速达到了 18.5%，位居第一，青海与新疆也维持了 10% 以上的增速（见图 6）。

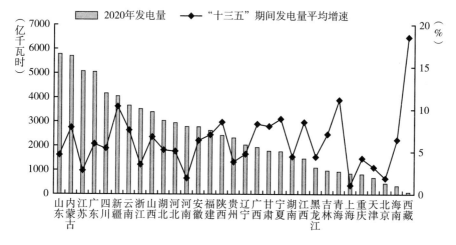

图6　分省区市发电量与增速

资料来源：中国电力企业联合会编《中国电力统计年鉴 2021》，中国统计出版社，2021。

从分省区市发电装机容量与发电量对比值（各地区发电装机容量占全国比重与发电量占全国比重）来看，河南、河北、青海等 15 个省区市的发电装机容量占全国比重高于发电量占全国比重；北京与海南的发电装机容量占全国比重与发电量占全国比重持平；浙江、天津、辽宁等 14 个省区市的发电装机容量占全国比重低于发电量占全国比重，尤其是四川的发电量占全国比重比该省装机容量占全国比重高 0.87 个百分点（见图 7）。

（三）绿色低碳成效明显，电源结构更加清洁

近年来，我国电力生产、供应的绿色低碳化成效显著。从发电与供电标

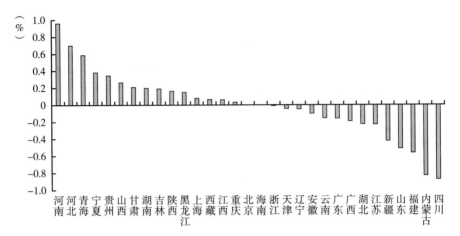

图 7　分省区市发电装机容量与发电量对比值

资料来源：中国电力企业联合会编《中国电力统计年鉴 2021》，中国统计出版社，2021。

准煤耗变化来看，2003 年以来，我国发电与供电标准煤耗持续下降，2020 年，发电标准煤耗与供电标准煤耗分别下降到 287.2 克/千瓦时与 304.9 克/千瓦时（见图 8）。从发电厂用电率①的变化来看，2017 年以来，我国发电厂的用电率一直处于下降趋势，2020 年，发电厂用电率为 4.59%（见图 9），比 2015 年的 5.09% 下降了 0.5 个百分点，说明发电厂单位发电量的电力消耗在逐年下降，电力生产绿色低碳化化趋势显著。

另外，根据《中国电力统计年鉴 2021》，"十三五"期间，电源工程建设投资为 4099 亿元，从分电源工程建设投资额占比变化来看，火电投资额占比逐年减少，2020 年占比降至 10%；风电投资额占比大幅增加，2020 年占比达到 51.1%；水电投资额占比在 2018 年以后有所减少，但仍维持在 26% 左右的水平；核电与太阳能发电投资额占比均维持在个位数的增长水平（见图 10）。

此外，从火力发电机组退役情况来看，"十三五"期间累计淘汰装机容量 5190 万千瓦，退役机组占火力发电机组的比重除 2019 年略有下降外，基

---

① 发电厂用电率即发电厂生产电能过程中消耗的电量（发电厂用电量）与发电量的比例。

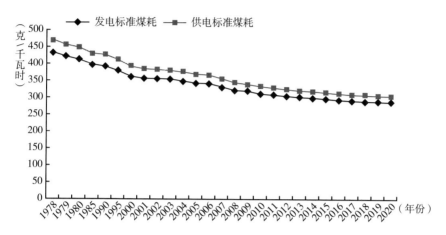

图8　1978~2020年发电与供电标准煤耗变化

资料来源：中国电力企业联合会编《中国电力统计年鉴2021》，中国统计出版社，2021。

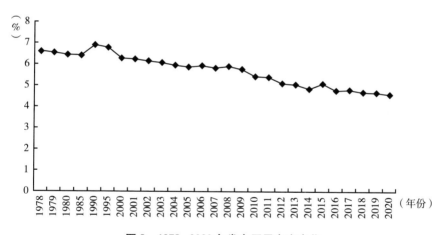

图9　1978~2020年发电厂用电率变化

资料来源：中国电力企业联合会编《中国电力统计年鉴2021》，中国统计出版社，2021。

本呈现上升趋势，2020年占比为1.2%，除2019年外，退役速度维持了两位数的增长（见图11）。从火电发电能源结构来看，燃煤占比缓慢下降，2020年的占比为89.4%；燃气占比基本维持在4.4%~5.0%；作为可再生能源的生物质发电占比从0增长到2020年的2.6%（见图12）。

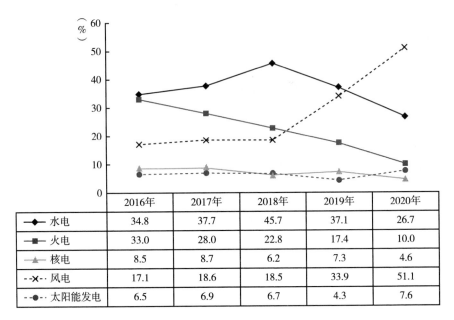

	2016年	2017年	2018年	2019年	2020年
◆ 水电	34.8	37.7	45.7	37.1	26.7
■ 火电	33.0	28.0	22.8	17.4	10.0
▲ 核电	8.5	8.7	6.2	7.3	4.6
-×- 风电	17.1	18.6	18.5	33.9	51.1
-●- 太阳能发电	6.5	6.9	6.7	4.3	7.6

图 10 分电源工程建设投资额占比变化

资料来源：中国电力企业联合会编《中国电力统计年鉴 2021》，中国统计出版社，2021。

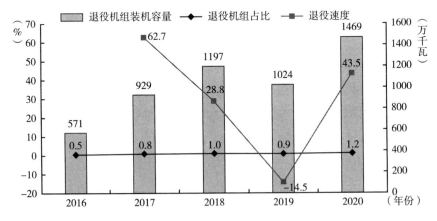

图 11 火力发电机组退役情况

资料来源：中国电力企业联合会编《中国电力统计年鉴 2021》，中国统计出版社，2021。

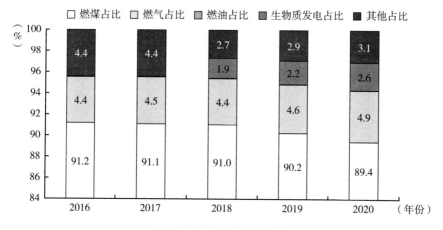

图12 火力发电能源结构

注："其他占比"较小，故显示不明显。

资料来源：《全国电力工业统计数据一览表》，中国电力企业联合会。

二 全社会用电量变化

（一）全社会用电：电气化进程进一步加深

用电量与经济发展息息相关，从全社会用电量来看，2016~2021年，我国全社会用电量从59747亿千瓦时增长到2021年的83128亿千瓦时。用电量增速受疫情影响有所放缓，2021年用电量增速恢复到了10.3%，与2018年相比增长1.9个百分点（见图13），说明我国经济复苏态势明显，发展韧性强劲。从全国生活用电来看，其从2016年的581.54千瓦时/人上升到2020年的775.81千瓦时/人，5年间增长了194.27千瓦时/人（见图14）。

电力消费方面，随着工业化进程不断推进，电能消费比例逐年提高，电气化程度逐年提升。从电能在终端能源消费中的比重来看，其从1985年的7.4%上升至2020年的25.6%（见图15）。从电力消耗能源情况来看，电煤消费原煤占煤炭产量的比重与电力消费能源在一次能源中的比重均呈现上升趋势，分别从1985年的19.6%、21.8%上升到2020年的61%与46.4%（见图16）。

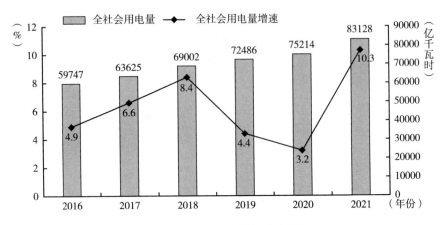

图 13　全社会用电量与增速变化

资料来源：中国电力企业联合会编《中国电力统计年鉴 2021》，中国统计出版社，2021；《国家能源局发布 2021 年全国电力工业统计数据》，国家能源局网站，http://www. nea. gov. cn/2022-01/26/c_ 1310441589. htm。

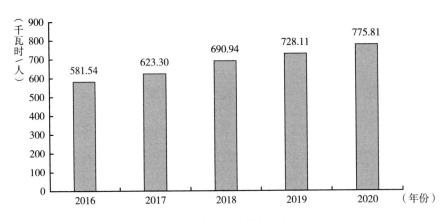

图 14　全国生活用电变化

资料来源：中国电力企业联合会编《中国电力统计年鉴 2021》，中国统计出版社，2021。

（二）分区域用电：经济发达与发电大省电力消费多

从 2020 年分省区市全社会用电量来看，用电量排名前四的地区分别是东部经济较为发达的山东、广东、江苏、浙江，而内蒙古、新疆、四川则

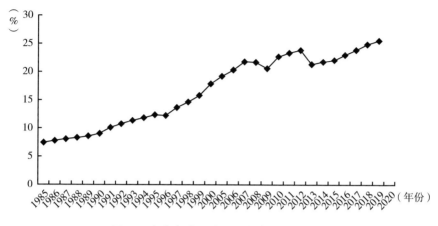

图15 电能在终端能源消费中的比重变化

资料来源：中国电力企业联合会编《中国电力统计年鉴2021》，中国统计出版社，2021。

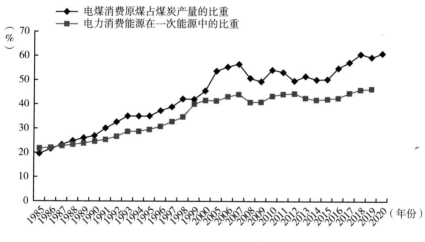

图16 电力消耗能源情况

资料来源：中国电力企业联合会编《中国电力统计年鉴2021》，中国统计出版社，2021。

为发电大省，在生产电力的同时也消耗了大量电力；用电量较少的地区中，上海、北京、天津主要因为高精尖产业占比较高，黑龙江、吉林主要因为经济发展的内生动力不足，青海、海南、西藏则因为工业占比较少。从分省区市用电量增速来看，增速最高的是云南，其次是甘肃、四川、西藏（见图17），主要原因在于随着"西部大开发"的不断推进，近年来，经济发展基础相对较弱的西部地区的经济快速增长。

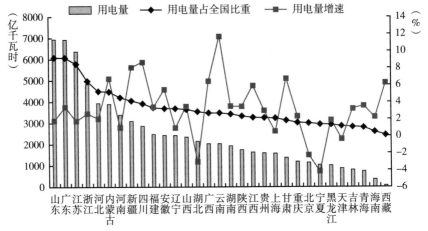

图17 2020年分省区市全社会用电量

资料来源：中国电力企业联合会编《中国电力统计年鉴2021》，中国统计出版社，2021。

从用电密度来看，从2020年分省区市每平方公里用电量来看，上海每平方公里用电量为2485.6万千瓦时（见图18），是第二名天津的3.4倍、第三名北京的3.6倍，说明上海经济发展强劲有力。从2020年分省区市生活用电量来看，生活用电在全国平均水平以上的地区有北京、福建、浙江、上海、江苏、贵州、广东、天津、广西、湖南10个省区市，其余21个省区市在全国平均水平以下（见图19）。

（三）分行业用电：高精尖行业用电量增速较快

1. 分行业用电用户数量分布与增速

从2020年分行业用电用户数量分布来看，全行业用户数量占比为11%，其中第三产业用户数量占比为8%（见图20）。从分行业用电用户增速来看，2020年，用户用电量增速较快的是交通运输、仓储和邮政业，信息传输、软件和信息技术服务业，增速分别达到19.9%与15.2%（见图21）。

交通运输、仓储和邮政业方面，从细分领域用户分布与增速来看，用户

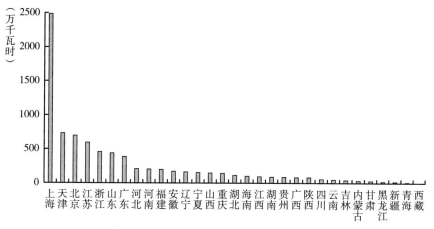

图18　2020年分省区市每平方公里用电量

资料来源：根据《中国电力统计年鉴2021》与各省区市面积计算。

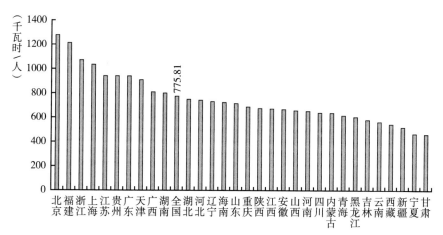

图19　2020年分省区市生活用电量

注：图中标注了"全国"的平均数据。

资料来源：中国电力企业联合会编《中国电力统计年鉴2021》，中国统计出版社，2021。

数量最多的是铁路运输业，占比为61.1%。增速最快的是水上运输业，增速为176.7%，其中港口岸电的增速为27.3%；铁路运输业的增速为14%，其中电气化铁路的增速为1075%；道路运输业的增速为17.4%，其中城市公共交通运输业的增速为26.6%（见图22）。

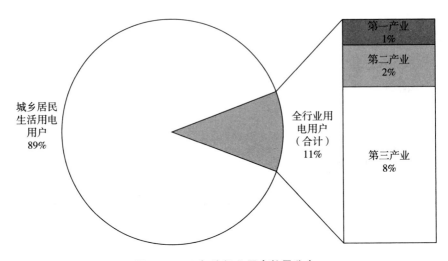

图20　2020年分行业用户数量分布

资料来源：中国电力企业联合会编《中国电力统计年鉴2021》，中国统计出版社，2021。

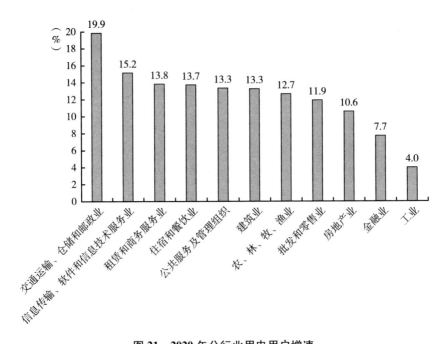

图21　2020年分行业用电用户增速

资料来源：中国电力企业联合会编《中国电力统计年鉴2021》，中国统计出版社，2021。

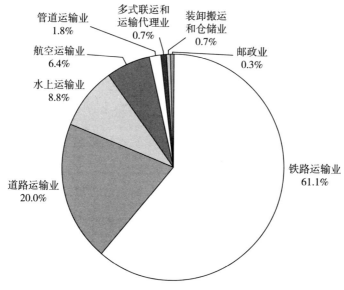

a.用电用户分布

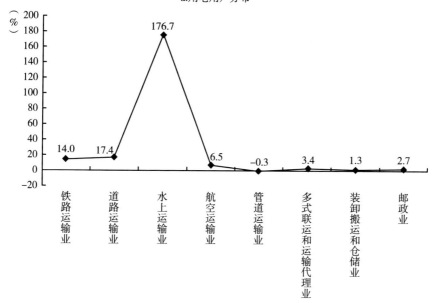

b.用电用户增速

图 22 交通运输、仓储和邮政业细分领域用电用户分布与增速

资料来源：中国电力企业联合会编《中国电力统计年鉴 2021》，中国统计出版社，2021。

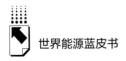
信息传输、软件和信息技术服务业方面，从细分领域用户分布与增速来看，2020年，用户数最多的是电信、广播电视和卫星传输服务领域，用户数为3467935个。用户增速最快的领域为软件和信息技术服务业，2020年的增速达到了35.5%（见图23）。此外，互联网和相关服务中增速最快的是互联网数据服务，2020年的用户数为32380个，增速达到78%。

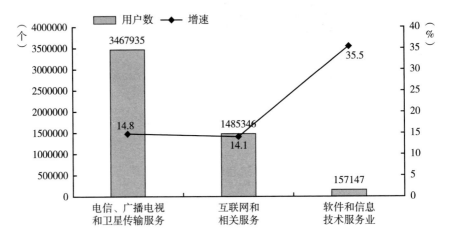

图23　2020年信息传输、软件和信息技术服务业细分领域用电用户分布与增速

资料来源：中国电力企业联合会编《中国电力统计年鉴2021》，中国统计出版社，2021。

2. 分行业用电量分布与增速

从分行业用电量占比来看，工业仍然是用电大户，占全部行业用电的78%，其中电力、热力生产和供应业用电占比最多，为14%，其次是有色金属冶炼和压延加工业（占比为10%）、黑色金属冶炼和压延加工业（占比为9%）（见图24）。从分行业用电量增速来看，总体来看，受疫情影响，2020年，除信息传输、软件和信息技术服务业用电增长外，其余各行业用电增速均有所下降，尤其金融业、住宿和餐饮业，以及交通运输、仓储和邮政业在2020年的用电量增速为负值。2019年、2020年，信息传输、软件和信息技术服务业的增速分别达到13.9%与23.5%（见图25）。

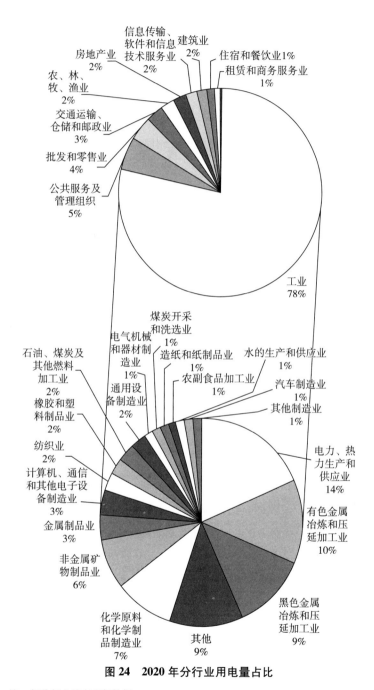

图 24 2020 年分行业用电量占比

注：部分行业只有两年数据。

资料来源：中国电力企业联合会编《中国电力统计年鉴 2021》，中国统计出版社，2021。

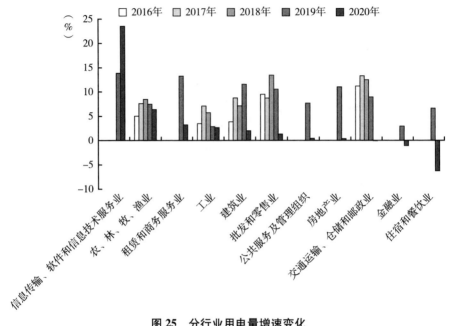

图 25 分行业用电量增速变化

注：部分行业只有两年数据。

资料来源：中国电力企业联合会编《中国电力统计年鉴 2021》，中国统计出版社，2021；《国家能源局发布 2021 年全国电力工业统计数据》，国家统计局网站，https：//data. stats. gov. cn/easyquery. htm？cn＝C01。

　　从信息传输、软件和信息技术服务业细分领域用电量增速来看，用电量增速最快的是软件和信息技术服务业，2019 年、2020 年的增速均约为 50%，主要受益于物联网、大数据、云计算、工业互联网等新一代信息技术的应用与普及；互联网和相关服务的用电量也快速增长，2020 年的增长率为 30.1%，主要得益于在线办公、在线教育、文化娱乐、生活服务等线上产业快速发展，其中增速最快的是互联网数据服务，2020 年的增长率为 62.8%（见图 26）。

（四）分主体用电：新能源汽车用电稳步增长

　　工业和信息化部的资料显示，我国新能源汽车产业已经进入规模化快速发展阶段，产销量连续 7 年位居全球第一。从我国新能源汽车产销量来看，2016 年，产量和销量分别为 51.7 万辆与 50.7 万辆；2021 年，产量和销量

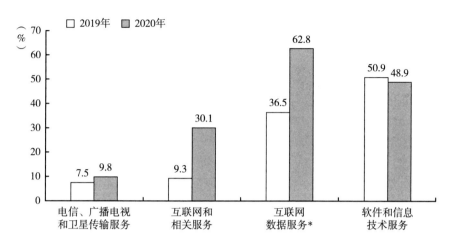

图 26　信息传输、软件和信息技术服务业细分领域用电增速

注：＊"互联网数据服务"属于"互联网和相关服务"。

资料来源：中国电力企业联合会编《中国电力统计年鉴 2021》，中国统计出版社，2021。

分别达到 354.5 万辆与 352.1 万辆，6 年间增长了近 6 倍（见图 27）。随着新能源汽车购置补贴、充电设施奖补等优惠政策不断落地，以及绿色低碳生活方式普及，新能源汽车产业仍将保持较快的增长速度。

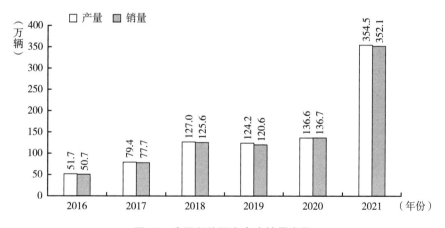

图 27　我国新能源汽车产销量变化

资料来源：《汽车工业经济运行情况》，中国汽车工业协会。

从充电桩保有量变化来看，充电桩从 2016 年的 20.4 万台增长到了 2021 年的 261.7 万台；其中公共充电桩从 2016 年的 14.1 万台增长到了 2021 年的 114.7 万台，私人充电桩从 2016 年的 6.3 万台增长到了 2021 年的 147 万台（见图 28）。从公共充电桩充电量来看，2021 年的充电量为 111.5 亿千瓦时，较 2020 年增长了约 58%，较 2018 年增长了近 4 倍（见图 29）。

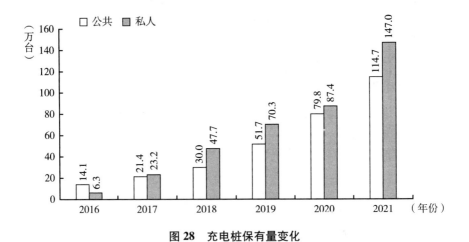

图 28　充电桩保有量变化

资料来源：《全国电动汽车充换电基础设施运行情况》，中国电动充电基础设施促进联盟。

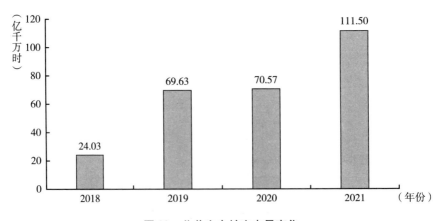

图 29　公共充电桩充电量变化

资料来源：《全国电动汽车充换电基础设施运行情况》，中国电动充电基础设施促进联盟。

三 可再生能源发电量与消费变化

（一）可再生能源发电装机容量大幅提升

1.可再生能源发电装机结构

近年来，我国可再生能源装机容量与增速均出现了快速增长，可再生能源装机容量在世界中的占比稳步提升。从可再生能源装机容量占比来看，太阳能发电、风电、水电装机容量占比从 2016 年的 33.6% 上升到 2021 年的 43.1%。具体来看，2021 年，太阳能发电装机容量占比为 12.9%，风电装机容量占比为 13.8%，水电装机容量占比为 16.4%（见图 30）。从分电源可再生能源装机容量占世界的比重来看，风电装机容量占世界的比重自 2005 年以后开始大幅提升，2020 年达到 38.5%；太阳能发电装机容量占世界的比重在 2010 年以后开始大幅提升，2020 年达到 35.9%（见图 31）。

图 30 能源发电装机容量占比变化

资料来源：中国电力联合会编《中国电力统计年鉴 2021》，中国统计出版社，2022；《国家能源局发布 2021 年全国电力工业统计数据》，国家能源局网站，http://www.nea.gov.cn/2022-01/26/c_ 1310441589. htm。

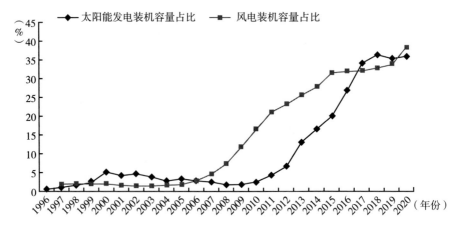

图 31　太阳能发电、风电装机容量占世界的比重

资料来源：bp－stats－review－2021－all－data，https：//www.bp.com/en/global/corporate/energy-economics/statistical-review-of-world-energy.html。

从分电源可再生能源发电装机容量变化来看，水电、风电、太阳能发电装机容量从 2016 年的 5.55 亿千瓦上升到 2021 年的 10.26 千瓦，增长了近 1 倍。分电源看，6 年间，太阳能发电装机容量增长超 3 倍，风电装机容量增长 1 倍多，水电因基数较大增速较慢，约为 17.8%（见图 32）。从分电源装机容量增速来看，除 2020 年外，太阳能发电装机容量增速高于其他电源装机容量增速，2021 年的增速为 20.9%；风电装机容量增速维持在 10% 以上的增长，2020 年的增速最高，为 34.7%，2021 年的增速为 16.6%；与其他可再生能源装机容量增速相比，水电装机容量增速维持在较低水平（见图 33）。

2. 可再生能源装机容量分布

从 2020 年分电源可再生能源装机容量分布来看，水电装机容量主要分布在四川、云南、湖北，三地的水电装机容量占全国的比重为 51.66%；风电装机容量最多的是内蒙古，占全国的 13.44%，其次是新疆、河北，占全国的比重分别为 8.38%、8.07%；太阳能发电装机容量占比排名前两位的是山东、河北，分别为 8.96%、8.64%，其次是江苏与青海，占比分别为 6.64%、6.31%（见表 1）。

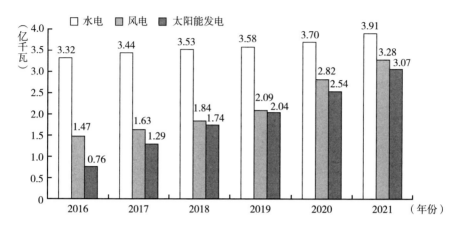

图 32　分电源可再生能源发电装机容量变化

资料来源：中国电力联合会编《中国电力统计年鉴 2021》，中国统计出版社，2022；《国家能源局发布 2021 年全国电力工业统计数据》，国家能源局网站，http：//www. nea. gov. cn/2022-01/26/c_ 1310441589. htm。

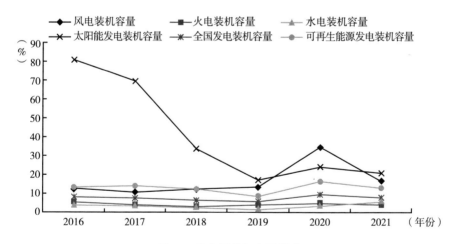

图 33　分电源装机容量增速

资料来源：中国电力联合会编《中国电力统计年鉴 2021》，中国统计出版社，2022；《国家能源局发布 2021 年全国电力工业统计数据》，国家能源局网站，http：//www. nea. gov. cn/2022-01/26/c_ 1310441589. htm。

表 1   2020 年分电源可再生能源装机容量分布

单位：%

省区市	水电装机容量占全国比重	省区市	风电装机容量占全国比重	省区市	太阳能发电装机容量占全国比重
四　川	21.31	内 蒙 古	13.44	山　东	8.96
云　南	20.20	新　疆	8.38	河　北	8.64
湖　北	10.15	河　北	8.07	江　苏	6.64
贵　州	6.16	山　西	7.01	青　海	6.31
广　西	4.75	山　东	6.37	浙　江	5.98
广　东	4.50	江　苏	5.49	安　徽	5.40
湖　南	4.27	河　南	5.39	山　西	5.16
福　建	3.59	宁　夏	4.89	新　疆	4.99
青　海	3.22	甘　肃	4.87	内 蒙 古	4.88
浙　江	3.16	辽　宁	3.48	宁　夏	4.72
甘　肃	2.58	陕　西	3.17	河　南	4.63
新　疆	2.16	云　南	3.13	陕　西	4.29
重　庆	2.10	青　海	2.99	贵　州	4.17
江　西	1.78	黑 龙 江	2.44	甘　肃	3.87
吉　林	1.38	湖　南	2.38	广　东	3.14
安　徽	1.28	广　西	2.32	江　西	3.06
河　南	1.10	贵　州	2.06	湖　北	2.75
陕　西	1.06	吉　林	2.05	辽　宁	1.58
辽　宁	0.82	广　东	2.01	湖　南	1.54
江　苏	0.72	江　西	1.81	云　南	1.53
内 蒙 古	0.65	湖　北	1.78	吉　林	1.33
山　西	0.60	福　建	1.73	黑 龙 江	1.25
西　藏	0.57	四　川	1.51	广　西	0.81
河　北	0.49	安　徽	1.46	福　建	0.80
海　南	0.41	浙　江	0.66	四　川	0.75
黑 龙 江	0.29	重　庆	0.34	天　津	0.65
山　东	0.29	天　津	0.30	海　南	0.56
北　京	0.27	上　海	0.29	上　海	0.54
宁　夏	0.12	海　南	0.10	西　藏	0.54
天　津	0.00	北　京	0.07	重　庆	0.26
上　海	0.00	西　藏	0.00	北　京	0.24

资料来源：中国电力企业联合会编《中国电力统计年鉴2021》，中国统计出版社，2021。

从 2020 年分省区市可再生能源装机容量增速来看，全部电源装机容量增速最快的是青海（27.2%），其次是西藏（20.9%），排在第三位的是河北（20.7%）。分电源来看，风电装机容量全国平均增速为 34.7，增速最快的是广西（127.6%），其次是河南与青海，增长率分别是 91.2%、82.5%；水电装机容量全国平均增速为 3.4%，增速最快的是安徽（37.2%），其次是西藏与吉林，增长率分别是 23.9%、14.8%；太阳能发电装机容量全国平均增速是 24.1%，增速最快的是贵州（107.3%），其次是广西与河北，增速分别是 51.3%、48.6%（见表 2）。

表 2　2020 年全国及各省区市可再生能源装机容量增速

单位：%

	风电装机容量增速	水电装机容量增速	太阳能发电装机容量增速	全部电源装机容量增速
全　国	34.7	3.4	24.1	9.6
北　京			20.5	0.9
天　津	41.1		14.5	4
河　北	38.8	0.04	48.6	20.7
山　西	57.7		20.3	12.3
内蒙古	29.7	1.4	17.7	13.2
辽　宁	17.9	0.9	16.4	7.5
吉　林	3.5	14.8	23.2	5
黑龙江	12.3	1.1	15.9	8.9
上　海	1.5		25.8	0.2
江　苏	48.6		13.4	6.5
浙　江	16	0.1	13.3	3.6
安　徽	50.1	37.2	9.2	5.7
福　建	29.1	0.8	19.7	7.8
江　西	78.6	-0.2	23.2	16.4
山　东	32.6	0.15	40.3	10.8
河　南	91.2		11.5	9.3
湖　北	23.8	2.1	12.2	5.2
湖　南	56.7	-1.9	13.6	5.3
广　东	28.1	5.7	30.7	10.5
广　西	127.6	4.6	51.3	12.2

续表

	风电装机容量增速	水电装机容量增速	太阳能发电装机容量增速	全部电源装机容量增速
海　南		-2.5	2.4	8.7
重　庆	52.2	0.9	3.7	1.6
四　川	31.2	0.6	1.7	1.8
贵　州	27.2	2.6	107.3	13.3
云　南	2.1	8.8	3.5	6.7
西　藏		23.9	24.7	20.9
陕　西	67.7	0.4	16	18
甘　肃	5.9	1.5	6.3	6.7
青　海	82.5	0.05	42.7	27.2
宁　夏	23.3	0.1	30.4	12.2
新　疆	20.7	3.5	18.2	12

资料来源：中国电力企业联合会编《中国电力统计年鉴2021》，中国统计出版社，2021。

（二）可再生能源发电量稳步增长

1. 可再生能源发电结构

随着可再生能源装机容量不断增加，可再生能源发电量快速增长。从可再生能源发电量与增速变化来看，2006年以后，可再生能源发电量开始快速增长，从1990年的0.1亿千瓦时增长到了2020年的863.1亿千瓦时。增速方面，2004年以后基本维持了两位数的增长，2020年的增速为16.3%（见图34）。从分电源可再生能源发电量占比变化来看，可再生能源发电量占比从2016年的24.6%上升为2020年的27.3%，在全社会发电量中的占比仍然较低。具体来看，2020年，水电发电量占比为17.8%，风电发电量占比为6.1%，太阳能发电量占比为3.4%（见图35）。从2020年可再生能源发电量占世界比重来看，可再生能源发电量占比为27.4%，风力发电量占比为29.3%，太阳能发电量占比为30.5%（见图36）。

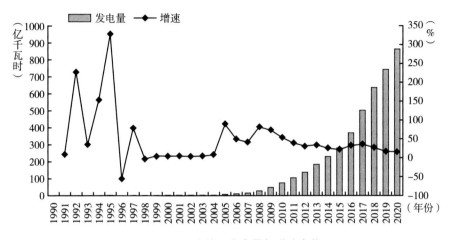

图34 可再生能源发电量与增速变化

资料来源：bp－stats－review－2021－all－data，https：//www.bp.com/en/global/corporate/energy-economics/statistical-review-of-world-energy.html。

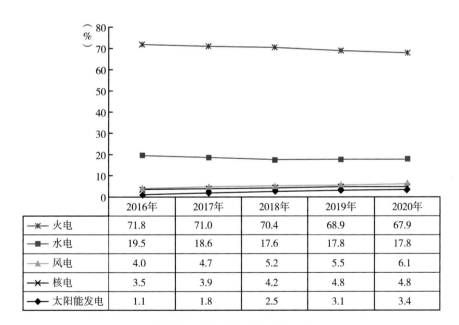

	2016年	2017年	2018年	2019年	2020年
火电	71.8	71.0	70.4	68.9	67.9
水电	19.5	18.6	17.6	17.8	17.8
风电	4.0	4.7	5.2	5.5	6.1
核电	3.5	3.9	4.2	4.8	4.8
太阳能发电	1.1	1.8	2.5	3.1	3.4

图35 分电源发电量占比变化

资料来源：中国电力联合会。

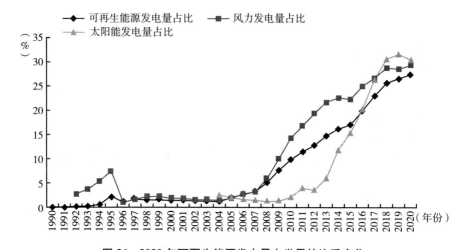

图36　2020年可再生能源发电量占世界的比重变化

资料来源：bp-stats-review-2021-all-data，https://www.bp.com/en/global/corporate/energy-economics/statistical-review-of-world-energy.html。

2. 可再生能源发电量分布

从2020年31个省区市可再生能源发电结构来看，可再生能源发电量占比较高的是青海、西藏、云南、四川，占比均在80%以上。分电源看，风电方面，内蒙古、甘肃、河北、宁夏、新疆、青海的风电量占本地区发电量的比重均在20%以上；水电方面，发电量占本地区发电量比重最多的是四川，为78.1%，其次是云南72.9%，排在第三位与第四位的分别是西藏、湖北，占本地区发电量的比重分别是53.2%、45.4%；太阳能发电方面，青海的太阳能发电量占本地区发电量的比重最高，为39.7%，其次是西藏，为34.7%，排第三位与第四位的分别是河北与宁夏，占本地区发电量的比重分别是21.8%、20.1%（见图37）。

从2020年分电源可再生能源发电量分布来看，水力发电量占全国比重最大的是四川（26.1%），其次是云南与湖北，占比分别是21.8%、12.2%，三地水电量占全国的60.1%，较装机容量占全国的比重高出8.44个百分点；风力发电量占全国比重最大的是内蒙古（15.6%），其次是新疆、河北，占比分别是9.3%与7.9%，三地风电量占全国的32.8%，较装机容量占比高

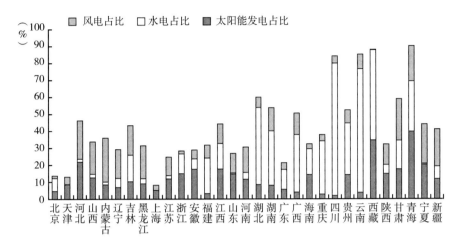

图37 2020年31个省区市可再生能源发电结构

资料来源：中国电力企业联合会编《中国电力统计年鉴2021》，中国统计出版社，2021。

出2.91个百分点；太阳能发电量占全国的比重最大的是河北（8.1%），其次是山东与内蒙古，占比分别是7.9%、7.2%（见表3）。

表3　2020年分电源可再生能源发电量分布

单位：%

省区市	风电量占全国比重	省区市	水电量占全国比重	省区市	太阳能发电量占全国比重
内蒙古	15.6	四　川	26.1	河　北	8.1
新　疆	9.3	云　南	21.8	山　东	7.9
河　北	7.9	湖　北	12.2	内蒙古	7.2
山　西	5.7	贵　州	6.1	江　苏	6.4
山　东	5.6	广　西	4.5	青　海	6.4
云　南	5.4	青　海	4.4	山　西	6.1
甘　肃	5.3	湖　南	4.2	新　疆	6.0
江　苏	4.9	甘　肃	3.7	宁　夏	5.2
辽　宁	4.2	福　建	2.2	甘　肃	5.1
宁　夏	4.2	广　东	2.1	浙　江	5.0
黑龙江	3.0	重　庆	2.1	安　徽	5.0
河　南	3.0	新　疆	2.0	陕　西	4.6

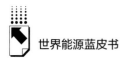

续表

省区市	风电量占全国比重	省区市	水电量占全国比重	省区市	太阳能发电量占全国比重
吉 林	2.8	浙 江	1.5	河 南	4.3
福 建	2.6	江 西	1.1	广 东	2.8
广 西	2.3	河 南	1.0	湖 北	2.5
广 东	2.2	陕 西	0.9	江 西	2.4
湖 南	2.1	吉 林	0.7	辽 宁	2.0
贵 州	2.1	西 藏	0.5	云 南	1.9
陕 西	2.0	安 徽	0.5	吉 林	1.7
四 川	1.8	内蒙古	0.4	贵 州	1.7
湖 北	1.8	辽 宁	0.4	黑龙江	1.6
青 海	1.8	山 西	0.3	湖 南	1.1
江 西	1.5	黑龙江	0.2	四 川	1.0
安 徽	1.2	江 苏	0.2	天 津	0.7
浙 江	0.8	宁 夏	0.2	福 建	0.7
上 海	0.4	海 南	0.1	广 西	0.7
重 庆	0.3	河 北	0.1	海 南	0.6
天 津	0.3	北 京	0.1	西 藏	0.5
海 南	0.1	山 东	0.1	上 海	0.4
北 京	0.1	天 津	0.0	北 京	0.2
西 藏	0.0	上 海	0.0	重 庆	0.2

资料来源：中国电力企业联合会编《中国电力统计年鉴 2021》，中国统计出版社，2021。

从 2020 年分地区可再生能源发电量增速来看，全国太阳能发电量增速为 16.6%，增长最快的是贵州（131.3%），其次是广东与黑龙江，增速分别是 37.9%、31.5%；水电量的全国平均增速是 4.1%，增长最快的是山东（65.8%），其次是吉林与辽宁，增速分别是 40.6%、29.8%；风电量的全国平均增速是 15.1%，增速最快的是广西（73.2%），其次是河南与福建，增速分别是 57.4%、40.1%（见表 4）。

表4　2020年全国及分省区市可再生能源发电量增速

单位：%

	风电量	水电量	太阳能发电量	发电量增速
全　国	15.1	4.1	16.6	4.1
北　京	9.5	12.5	29.8	-1.2
天　津	7.5	-17	22.1	3.8
河　北	15.7	-7.7	19.4	2
山　西	18.4	-4.7	24.4	4.4
内　蒙　古	9.1	-1.2	15.6	4.6
辽　宁	5.9	29.8	20.8	2.4
吉　林	13	40.6	13.7	6.9
黑　龙　江	1	15.5	31.5	2.2
上　海	11.9		26.5	3.2
江　苏	24.5	4.6	8.3	0.2
浙　江	11.7	-18.5	10.2	-0.6
安　徽	20.9	29.6	4.4	-3.3
福　建	40.1	-34	20.5	2.5
江　西	37.8	-13.6	10.4	5.2
山　东	15.2	65.8	23.7	9.4
河　南	57.4	-3.3	10.3	-0.9
湖　北	10.8	21.4	13.8	2.1
湖　南	31.9	5.5	15.9	0.1
广　东	38.5	-28	37.9	4.1
广　西	73.2	3.6	28.6	6.1
海　南	20.7	-3.2	3.9	0.8
重　庆	26.6	15.7	23.9	3.1
四　川	21	6.8	-4	6.8
贵　州	24.1	8	131.3	3.1
云　南	3.4	3.7	3.8	6.1
西　藏	-13	2.6	11.4	4.1
陕　西	13.7	-0.9	25.9	9.1
甘　肃	8	2.2	12.6	7.7
青　海	22.6	8.1	5.5	7.4
宁　夏	4.7	2.9	18.3	3.8
新　疆	6.6	-7.4	19.1	12.4

资料来源：中国电力企业联合会编《中国电力统计年鉴2021》，中国统计出版社，2021。

（三）可再生能源消费增速逐渐放缓

近年来，我国可再生能源消费量快速增长，占世界消费市场的比重不断提高。从可再生能源消费量变化来看，2007年以后，我国可再生能源消费

量快速增长，2020 年，我国可再生能源消费量为 7.79 艾焦，占世界的
24.6%（见图 38）。从可再生能源消费增速来看，我国可再生能源增速呈现
无规律性的变化，时增时减，但基本保持在世界平均增速以上，2020 年增
速为 16.1%，世界平均增速为 10%（见图 39）。

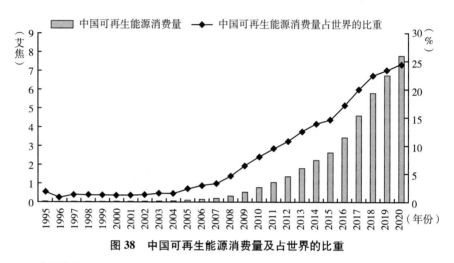

图 38　中国可再生能源消费量及占世界的比重

资料来源：bp－stats－review－2021－all－data，https：//www.bp.com/en/global/corporate/
energy－economics/statistical－review－of－world－energy.html。

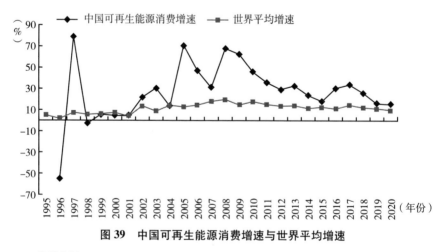

图 39　中国可再生能源消费增速与世界平均增速

资料来源：bp－stats－review－2021－all－data，https：//www.bp.com/en/global/corporate/
energy－economics/statistical－review－of－world－energy.html。

  分电源种类来看，太阳能发电消费方面，2013 年以后，我国太阳能发电消费量持续增加，2020 年，消费量为 2.32 艾焦。增速方面，2005年以后，经历了 7 年的高速增长后，2012 年出现骤降，2013 年与 2014年高速反弹后，呈现下降趋势，2020 年增速为 16.1%，低于世界平均增速 20.4%（见图 40）。从风电消费量与增速来看，2006 年以后，风电消费量快速增长，2020 年，消费量为 4.14 艾焦。增速方面，2008 年，风电消费量增速达到顶点 137.6% 后，出现快速下降的趋势，近年来增速下降趋势有所放缓，2020 年增速为 14.7%，高于世界平均增速（11.8%）（见图 41）。

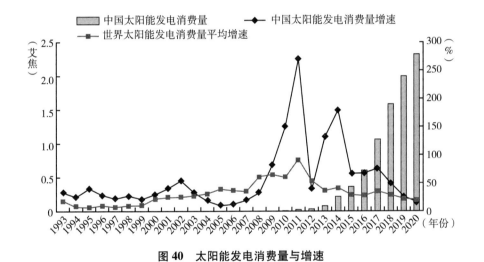

图 40 太阳能发电消费量与增速

资料来源：bp - stats - review - 2021 - all - data，https：//www.bp.com/en/global/corporate/energy-economics/statistical-review-of-world-energy.html。

  生物燃料方面，从生物燃料产量与增速来看，我国生物燃料产量于2019 年突破 50 千桶油当量/天，2020 年的产量为 63 千桶油当量/天，增长率为 16%，占世界的 3.8%（见图 42）。生物燃料消费方面，我国生物燃料消费量较小，2020 年的消费量为 56 千桶油当量/天，仅占世界消费量的3.3%，增速为-8.1%（见图 43）。

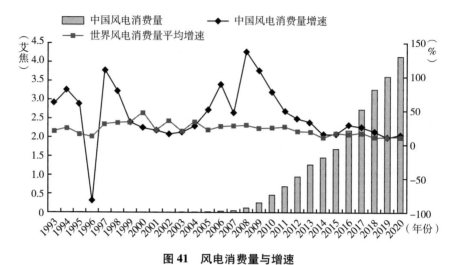

图41　风电消费量与增速

资料来源：bp-stats-review-2021-all-data，https：//www.bp.com/en/global/corporate/energy-economics/statistical-review-of-world-energy.html。

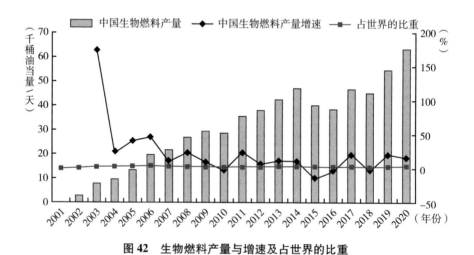

图42　生物燃料产量与增速及占世界的比重

资料来源：bp-stats-review-2021-all-data，https：//www.bp.com/en/global/corporate/energy-economics/statistical-review-of-world-energy.html。

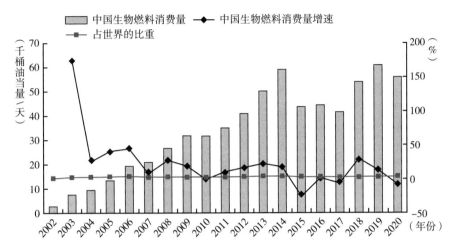

图43 生物燃料消费量与增速及占世界的比重

资料来源：bp-stats-review-2021-all-data，https：//www.bp.com/en/global/corporate/energy-economics/statistical-review-of-world-energy.html。

四 电力生产与消费趋势

煤电在一段时间内仍是电力供应主体。一方面，我国能源特点是"富煤贫油少气"，以煤炭为主的能源结构短期内难以改变，新能源发电的不稳定性以及以化石能源为主体的电力系统技术支撑体系的问题在短期内难以解决，导致煤电在未来一段时间内在我国电源结构中仍占主体地位。另一方面，随着发电成本快速下降以及"碳达峰""碳中和"目标的加持，风电与太阳能发电比例进一步提高，根据国际能源署（IEA）发布的《可再生能源2021》预测，到2026年，我国风电与太阳能发电装机容量将达到1200吉瓦。此外，分布式、分散式开发将逐步成为可再生能源发电的主流模式，弃风限电、新能源消纳等问题也将得到大幅改善。

工业在较长时间内仍然是电力消费的主体行业。一方面，从我国经济发展阶段来看，工业在我国产业结构中仍占重要地位，仍是电力消费的主要行业，《中国电力统计年鉴2021》中的数据显示，2020年，工业用电装机容

量为 32.7 亿千瓦，高出第二位的公共服务及管理组织的用电装机容量 26.5 亿千瓦。尤其是电力、热力生产和供应业，以及有色金属冶炼和压延加工业等高耗能行业的用电装机容量较大。另一方面，随着新能源汽车等新型消费主体的不断出现，充电桩、储能、分布式能源、多能互补、微电网以及综合能源服务等电力新业态不断涌现，绿色电力交易等新型电力消费新模式将不断涌现。

绿色智能化已成为电力行业转型的主流趋势。一方面，我国已经确立了生态优先、绿色发展的能源发展方向，要求加快完成推动能源行业低碳转型、煤电节能降碳改造，以及提高可再生能源开发比例等节能降碳任务，节能降碳技术研发与应用不断普及，将推动电力行业逐步实现清洁、高效和可持续发展。另一方面，随着大数据、物联网、人工智能等新一代信息技术与电力行业融合发展，电力行业的数字化转型步伐将进一步加快，数字化技术的普及也将推动发电、输电、变电、配电、用电等环节互联互通，提高发电厂和电网的效率，促进能源并网消纳，助力新型电力系统建设。

B.13
2021年世界锂市场的状况与展望

刘增明*

摘　要：　随着新能源汽车等行业快速发展，全球对锂资源的需求迅速增长。特别是新冠肺炎疫情以来，随着世界经济的复苏，锂的消费量达到了前所未有的规模，市场价格再创新高。重要经济体对于锂资源的投资开发进一步增加，市场逐步被五家大公司主导。中国在锂市场和锂产业链中的作用愈发重要。在国际"碳中和"的大背景下，随着电动车、储能电站等产业的不断扩张，锂提取、回收技术的进一步发展和各国政府重视程度的提升，国际锂市场将日益成为影响全球能源和经济格局的重要因素。

关键词：　锂　锂市场　新能源

近年来，在中国汽车市场上，新能源汽车特别是纯电动汽车的销量和市场占有率正在快速增长。据公安部交通管理局的统计，2021年，我国新能源汽车保有量达784万辆，比2020年增加了292万辆，增长59.25%。[①] 其中，纯电动汽车增长240万辆，总保有量达到640万辆，占全部新注册登记汽车的9.15%。据科纳仕咨询公司（Canalys）的研究估计，2021年，全球

---

　* 刘增明，管理学博士，中国社会科学院大学博士后，讲师，主要研究方向为投入产出理论、能源经济、低碳经济。

[①] 《2021年全国机动车保有量达3.95亿　新能源汽车同比增59.25%》，中华人民共和国公安部网站，https：//app.mps.gov.cn/gdnps/pc/content.jsp? id=8322369。

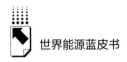

电动汽车（EV）的销量达 650 万辆，同比增长 109%，占全部乘用车销量的 9%。①

　　绝大多数新能源汽车，无论是纯电动汽车，还是插电式混合动力汽车，都离不开大容量的锂离子动力电池。自然资源部引用阿达玛斯情报公司（Adamas Intelligence）的报告显示，制造一辆电动汽车所需的碳酸锂为 15~20 公斤，主要是受电池容量、车型结构的影响。② 这一数据中的电动汽车包含纯电动汽车和混合动力汽车，而不同动力来源的车型的电池容量和用锂量差别很大。根据目前的技术水平，生产 1 台电池容量 60 千瓦时的纯电动汽车，如果采用成本较低的磷酸铁锂电池，大约需要使用 27 千克碳酸锂（即 5.1 千克纯锂）；如果采用能量密度更高的三元锂电池，则根据电池类型不同，需要 31.8~37.8 千克碳酸锂（即 6~7.15 千克纯锂）。③ 由此估算，2021 年，中国纯电动汽车电池生产对碳酸锂的需求量大约为 8 万吨。随着电动车市场进一步发展，动力电池对锂的需求量不断增长，将对锂的市场格局产生重大而深远的影响。作为一种非能源矿产，锂正逐步成为与煤炭、石油、天然气等矿物能源并列的国际能源市场重要品种，被称为"21 世纪的新能源"。④ 锂已被欧盟、美国等列为构建产业基础、影响生产生活的关键原材料⑤。我国在《全国矿产资源规划（2016—2020 年）》中将锂列入 24 种战略性矿产目录，以满足国家经济安全、国防安全和战略性新兴产业发展需求。

① 《2021 年全球电动汽车销量增长 109%，中国大陆占据半壁江山》，Canalys 科纳仕咨询微博，https：//weibo.com/ttarticle/p/show？id=2309404737778180293014。

② 《电动车均碳酸锂消耗量 12.2 公斤》，中华人民共和国自然资源部网站，http：//geoglobal.mnr.gov.cn/zx/kydt/kykj/201911/t20191121_7316562.htm。

③ 袁小晶、马哲、李建武：《中国新能源汽车产业锂资源需求预测及建议》，《中国矿业》2019 年第 8 期，第 61~65 页。

④ 郭娟等：《我国主要矿产资源对 2020 年、2025 年与 2030 年国民经济建设保障程度论证》，2015，全国地质资料馆，DOI：10.35080/n01.c.142238。

⑤ "2020 Critical Raw Materials," European Commission, https：//ec.europa.eu/growth/sectors/raw-materials/areas-specific-interest/critical-raw-materials_en.Schulz et al.,"Critical Mineral Resources of the United States—Economic and Environmental Geology and Prospects for Future Supply," U.S.Geological Survey Professional Paper 1802, 2017, p.797, http：//doi.org/10.3133/pp1802.

本报告将对国际锂的分布、供需、价格走势与市场格局等进行阐述与分析，旨在梳理国际锂市场的现状和发展趋势，及其对能源市场的影响。

一　世界锂市场现状

（一）全球锂资源的分布现状

近年来，电池特别是电动汽车动力电池产量的快速增长激发了锂资源的勘探活动，全球探明锂资源储量大幅增加。2021年，世界范围内已探明的锂资源约为8900万吨。全球锂资源分布与主要存在形式见表1。

表1　全球锂资源分布与主要存在形式

单位：万吨

国家或地区	资源量	主要存在形式
玻利维亚	2100	卤水锂
阿根廷	1900	卤水锂
智利	980	卤水锂
美国	910	卤水锂、黏土锂
澳大利亚	730	矿石锂
中国	510	卤水锂、矿石锂
刚果（金）	300	矿石锂
加拿大	290	矿石锂
德国	270	矿石锂
墨西哥	170	黏土锂
捷克	130	矿石锂
塞尔维亚	120	矿石锂
俄罗斯	100	矿石锂
其他	346	矿石锂

资料来源：美国地质调查局，https：//pubs. usgs. gov/periodicals/mcs2022/mcs2022-lithium. pdf。

锂资源的主要存在形式包括卤水锂、矿石锂和黏土锂（如图1所示）。具体来说，封闭的盆地卤水占58%，伟晶岩（包括富锂花岗岩）占26%，锂蒙脱石黏土占7%，油田卤水、地热卤水、锂硼硅酸盐矿（Jadarite）各占3%。[1]

---

[1] D. Bradley, B. Jaskula, "Lithium—For harnessing Renewable Energy," U. S. Geological Survey Fact Sheet 2014-3035, 2014, p. 2.

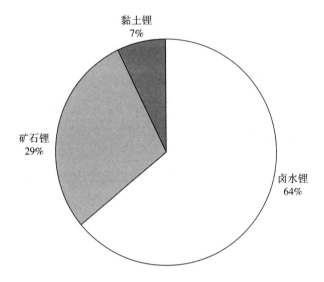

图 1　全球锂资源存在形式分布

资料来源：D. Bradley，B. Jaskula，"Lithium—For Harnessing Renewable Energy，" U. S. Geological Survey Fact Sheet 2014−3035，2014，p . 2。

不同形式的锂矿资源的分布相对集中。卤水锂分布在海拔较高的干燥地区：著名的拉丁美洲"锂三角"——智利、阿根廷、玻利维亚的高原盐沼，中国青藏高原盐湖和美国西部盐沼。黏土锂集中分布在北美大陆的美国和墨西哥。矿石锂则相对常见，在澳大利亚、刚果（金）、中国、加拿大等众多国家和地区均有分布。

（二）国际锂资源消费与供给

锂的用途广泛。除了电动汽车的动力电池和移动设备的小型电池之外，陶瓷和玻璃、润滑脂、制冷剂、电解铝、钢铁铸造、新材料、核工业和医药制造等领域也对锂有需求。随着电动车和电子产品市场不断扩大，电池对锂的需求快速增长，2017 年电池对锂的需求在世界锂消费结构中的比重还不足50%，2021 年已占全球锂消费总量的约 3/4。图 2 给出了 2017~2021 年世界锂消费结构。

近年来，在传统行业需求保持稳定的同时，全球锂消费增长的快速动力主要来自电池生产对锂的需求。2017~2021年，全球电池生产的锂消费从2017年的1.8万吨增长到2021年的6.9万吨，增长接近300%。其技术路线主要有两条：一是"锂矿石—氢氧化锂—高镍三元锂电池"；二是"锂卤水—碳酸锂—磷酸铁锂电池"。其中，第二条路线的成本较低，但难以向第一条路线转化。

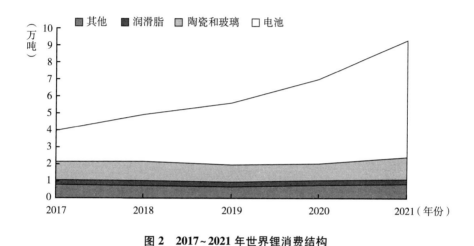

图2　2017~2021年世界锂消费结构

资料来源：美国地质调查局，https：//www.usgs.gov/centers/national-minerals-information-center/lithium-statistics-and-information。

　　传统行业如润滑脂、陶瓷和玻璃以及铸造渣粉、空气处理等对于锂资源的需求规模基本保持稳定，变动很小。

　　图3给出了2017~2021年世界锂生产结构。澳大利亚、拉美地区、中国供应了全世界90%以上的锂矿资源。目前，澳大利亚是全球锂资源的主要供应国，产量约占全球总产量的一半，主要产能来自Wodgina锂钽矿、Greenbushes锂辉石矿、Mt Cattlin锂辉石矿、Mount Marion锂辉石矿、Pilgangoora锂辉石矿等。拉丁美洲的产量在逐年提高，2020~2021年供应了全球1/3的锂资源，其中，智利一国的供应量即占全球1/4左右，主要产能来自智利的Atacama盐沼、阿根廷的Hombre Muerto盐沼和Olaroz盐沼。中国也是重要的锂矿产地，近年来产量约占世界总量的10%，产能主要来自

西藏的扎布耶盐湖，青海的察尔汗、东西台吉乃尔等盐湖和四川的甲基卡锂矿。美国的 Silver Peak 盐沼则主要供应国内，满足国内需求。[①] 津巴布韦、葡萄牙、巴西也是重要的锂生产国。

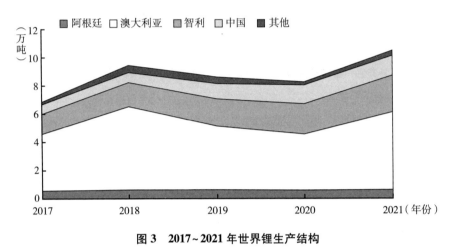

图 3　2017~2021 年世界锂生产结构

资料来源：美国地质调查局，https：//www.usgs.gov/centers/national-minerals-information-center/lithium-statistics-and-information。

随着锂资源需求规模迅速扩大，锂矿投资活动愈发活跃。近年来正在建设开发的锂矿包括阿根廷的 Rincon 盐沼，中国的一里坪盐湖、李家沟锂矿，澳大利亚的 Pilgangoora 锂矿，加拿大的 James Bay 锂矿、Whabouchi 锂矿、La Corne 锂矿、Authier 锂矿等。

锂资源的分布与供应存在一定的结构性差异。这是由于受当前技术限制，对部分锂矿的开采和提炼尚不能实现。例如，由于缺乏经济可行的提取技术，目前，全球已知的最大锂矿床玻利维亚 Uyuni 盐湖还没有进行商业性开发，甚至其巨大的锂资源尚不被认定为可开采的储量。我国西部地区众多的盐湖也存在类似的问题。

---

① S. H. Morh, G. Mudd, D. Giurco, "Lithium Resources and Production: Critical Assessment and Global Projections," *Minerals*, 2 (4), 2012.

（三）世界锂市场价格与格局

在锂资源需求不断增长的大趋势下，受到世界消费和供给的双重影响，近年来，国际锂价格波动较大[①]。尤其是自2016年起，全球电动汽车的爆炸式增长引发对锂离子动力电池的巨大需求，推动碳酸锂价格暴涨。高昂的锂价刺激企业针对锂资源勘探和开发进行大量投资，一大批新建和扩建锂资源项目陆续投入生产，并在2018年达到产能峰值。短期内快速扩张的产能叠加中国新能源汽车政策补贴"退坡"引起锂电池企业去库存等因素，使锂矿产品供应显著过剩，造成2019年锂价回落。当年，美国的大宗碳酸锂价格下降至1.3万美元/吨，降幅约为25%。2020年，锂产量多于锂消费量，造成价格滑坡，美国大宗碳酸锂价格降幅接近40%。其中，2020年上半年，受疫情冲击，预期走低、需求萎缩；下半年，锂电池市场快速反弹令锂消费回暖。2021年，随着锂电池市场强劲增长，锂消费需求旺盛，锂的市场价格快速攀升。欧美电池级碳酸锂合同价格见图4。

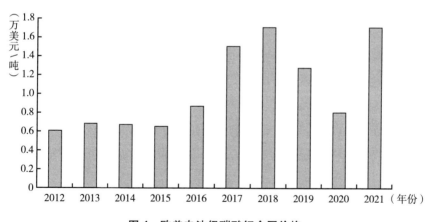

图4　欧美电池级碳酸锂合同价格

资料来源：美国地质调查局，https：//www. usgs. gov/centers/national－minerals－information－center/lithium－statistics－and－information。

---

① 美国地质调查局，https：//www. usgs. gov/centers/national－minerals－information－center/lithium－statistics－and－information。

随着锂价的剧烈变化，国际锂市场的格局也在发生重大变化。2018 年之前，世界锂矿生产主要由七家大公司控制，分别是澳大利亚的 MRL（Mineral Resources Limited）、美国的 Albemarle、智利的 SQM、中国的天齐锂业、美国的 FMC、澳大利亚的 Galaxy 和中国的赣丰锂业。以上七家公司的产能约占全球锂产能的 80%。[①] 2018 年之后的价格震荡带来了锂市场整合重塑的机会。经过一系列兼并与重组，目前，国际锂业主要由五家大公司掌控，分别是中国的赣丰锂业、天齐锂业，美国的 Albemarle、Livent 公司和智利的 SQM[②]。其中，赣丰锂业持有加拿大美洲锂业 19.9 的股份和澳大利亚锂矿公司 RIM 43.1 的股份，掌握了全球最大的黏土型锂矿山墨西哥索诺拉锂矿 22.5% 的权益、全球最大固体锂矿山澳大利亚皮尔巴拉锂矿 8.37% 的权益；天齐锂业持有智利 SQM 23.77% 的股份，掌握了全球最大的锂辉石矿山澳大利亚 Greenbush 锂矿 51% 的权益和全球开发成本最低的智利 Atacama 盐湖锂矿 23.8% 的权益。[③] Livent 公司在 2018 年从 FMC 公司剥离独立。

二 中国锂市场概况

（一）中国锂资源分布与储量现状

中国的锂资源比较丰富，资源量居全球第六位，且矿石锂资源和卤水锂资源都比较丰富。截至 2020 年，国内探明锂矿储量总计 234.47 万吨[④]，在产和探明矿区为 178 座[⑤]，主要分布在青海、西藏、江西、四川（见表 2）。四省区市的储量占全国锂总储量的九成以上。[⑥]

---

① 杨卉芃、柳林、丁国峰：《全球锂矿资源现状及发展趋势》，《矿产保护与利用》2019 年第 5 期，第 26~40 页。
② 中盈基岩网站，2020，http://www.rockxcapital.com/investment-team.html。
③ 王秋舒、宋崇宇、李文、韩九曦：《中国矿业国际合作发展历程和现状分析》，《地质与勘探》2022 年第 1 期，第 229~238 页。
④ 《2020 年全国矿产资源储量统计表》，中华人民共和国自然资源部，2021。
⑤ 《全国矿产地数据库 2021 版》，全国地质资料馆，http://ngac.org.cn/Kuangchandi/index.html。
⑥ 《2020 年全国矿产资源储量统计表》，中华人民共和国自然资源部，2021。

表2 中国主要锂资源分布

单位：万吨氧化锂当量，个

省区市	储量	矿区数
青 海	151.8	57
江 西	36.9	11
四 川	21.7	52
西 藏	19.7	6

资料来源：《2020年全国矿产资源储量统计表》，中华人民共和国自然资源部，2021。

青海、西藏的锂矿主要是盐湖卤水型矿床，江西、四川以及储量相对较小的新疆、湖南等地的锂矿主要是硬岩矿石型矿床。在四川、湖北等地还分布着一些地下卤水矿床。[①]

（二）中国锂资源供需情况

如图5所示，2017~2021年，中国国产锂产量规模快速扩大，从2017年的6800吨提升到2021年的14000吨（估计量），5年增长超过100%。

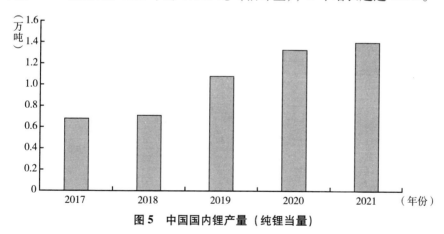

图5 中国国内锂产量（纯锂当量）

资料来源：美国地质调查局，https：//www.usgs.gov/centers/national-minerals-information-center/lithium-statistics-and-information。

---

① 张苏江、张彦文、张立伟、姜爱玲、刘桂云：《中国锂矿资源现状及其可持续发展策略》，《无机盐工业》2020年第7期，第1~7页。

与此同时，国内对锂资源的需求也在快速攀升。以2021年为例，全国锂离子电池容量为324吉瓦时，同比增长106%；其中消费、动力、储能型锂电池容量分别为72吉瓦时、220吉瓦时、32吉瓦时，分别同比增长18%、165%、146%。①

图6数据显示，为了满足电池行业快速增长的需求，在中国国内锂资源产量不断攀升的同时，我国仍需从国外进口大量锂矿石。其中绝大多数来自澳大利亚，中国每年需为此支付几十亿元甚至近百亿元。随着新能源汽车、储能技术的发展和应用，国际市场对锂资源的需求将进一步增加，我国进口锂资源的成本可能会进一步提升。

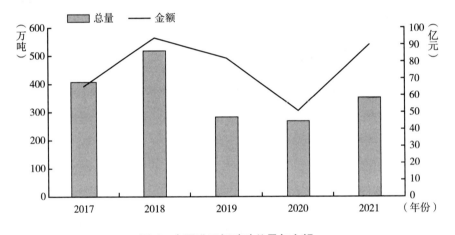

图6　中国进口锂矿砂总量与金额

资料来源：中国海关统计数据在线查询平台，http：//43.248.49.97/。

图7显示2017~2021年我国碳酸锂和氢氧化锂产量均在不断提升。特别是2021年，碳酸锂产量增长59.47%，达到29.82万吨，氢氧化锂产量增长105%，达到19.03万吨。除了需要大量进口锂矿石作为中国国内锂产品生产企业的原料来源之外，我国还直接进口了大量碳酸锂以作为锂产品供应

---

① 《2021年锂离子电池行业运行情况》，中华人民共和国工业和信息化部网站，https：//wap.miit.gov.cn/jgsj/dzs/gzdt/art/2022/art_099414053ca84d2c84ecc9b290cbfaa6.html。

链的必要补充。另外，我国作为氢氧化锂的主要产能国，长期是国际氢氧化锂市场的最大出口方。两种重要锂产品进出口差别明显的原因如下。（1）氢氧化锂一般以锂矿石为原材料。开采盐湖锂后的主要中间产品是碳酸锂，将其直接转化为氢氧化锂的技术难度较大、成本较高。我国进口的碳酸锂主要来自智利、阿根廷等盐湖锂产区；国际市场上的锂矿石绝大部分从澳大利亚出口到中国，再加工为氢氧化锂。[①]（2）我国掌握了全球绝大部分的氢氧化锂产能，2019 年，中国氢氧化锂产量约占全球总产量的七成。[②]（3）中国与外国对于锂产品的需求有差异。锂产品的主要用途是进行锂电池制造。国际市场的绝大部分锂电池为高镍三元锂电池，生产过程必须使用氢氧化锂；中国市场上的锂电池由磷酸铁锂电池主导，生产过程主要使用碳酸锂。

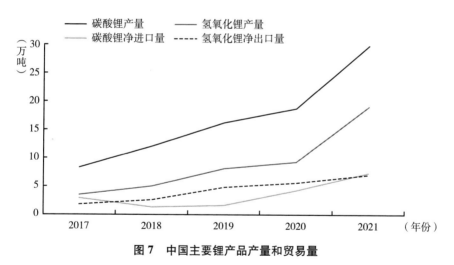

图 7 中国主要锂产品产量和贸易量

资料来源：碳酸锂与氢氧化锂产量参见《2020 年中国锂行业市场供需结构及市场规模情况分析［图］》，产业信息网，https：//www. chyxx. com/industry/202110/981931. html；《2021 年我国正极材料产量 111. 17 万吨 六氟磷酸锂产量 5. 2 万吨》，电池网，http：//www. itdcw. com/news/ycnews/01191262b2022. html；中国海关统计数据在线查询平台，http：// 43. 248. 49. 97/。

① 马哲、李建武：《中国锂资源供应体系研究：现状、问题与建议》，《中国矿业》2018 年第 10 期。

② 《2019 年全球各区域市场的氢氧化锂产能分析：中国占主导，出口量持续增长》，立鼎产业研究网，http：//www. leadingir. com/datacenter/view/4892. html。

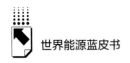
（三）中国锂市场价格走势

随着锂资源市场的扩大，中国锂市场供需双方的博弈在加剧，与国际锂市场的相互影响也在加深。2017年达到顶峰后，中国国内锂价进入了一个较长的下行区间。随着2021年锂电池行业带来的需求爆发式增长，中国国内锂价呈现"一飞冲天"的态势。一般认为，此次全球锂价暴涨的主要动力是中国电池企业对锂需求的增长。[①] 2017年初至2021年末中国国内碳酸锂价格走势见图8。

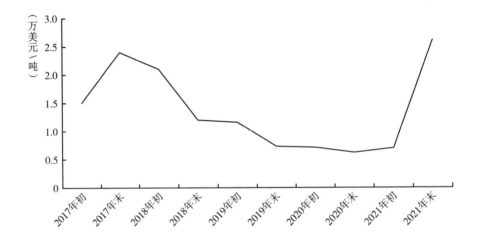

图8　2017年初至2021年末中国国内碳酸锂价格走势

资料来源：美国地质调查局，https：//www.usgs.gov/centers/national-minerals-information-center/lithium-statistics-and-information。

2021年，中国国内工业用锂价格大幅上涨，碳酸锂、氢氧化锂现货均价分别为12.2万元/吨、11.3万元/吨，同比分别上涨177%、117%。[②] 这显示锂行业下游需求快速增长，中国国内锂市场呈现供需两旺的态势。

---

①　美国地质调查局，https：//pubs.usgs.gov/periodicals/mcs2022/mcs2022-lithium.pdf。

②　《2021年镍钴锂行业运行情况》，中华人民共和国工业和信息化部网站，https：//www.miit.gov.cn/jgsj/ycls/gzdt/art/2022/art_641732d798854af88aa04b759c24df8d.html。

三 国际锂市场展望

近年来，国际国内锂市场的发展呈现以下几个特点。

第一，国际社会对于气候问题的关心和行动，特别是我国确立"碳达峰""碳中和"目标后的一系列举措，使全球生产和消费活动对于锂资源的需求急速增长，带动锂市场活跃和锂价上涨。

第二，锂资源的供需呈现集中而分化的态势。供应方面，锂资源供应集中在拉美"锂三角"，澳大利亚、中国等少数国家和地区；供应锂资源的形式分别是锂卤水和锂矿石。需求方面，中国是锂原材料的主要需求国，也是锂产品的重要供应国；受技术路线不同的影响，中国和其他国家对于锂产品的需求存在明显差异。

第三，受疫情影响，近两年，国际锂市场出现巨大波动，对市场格局造成深远影响。随着一系列行业并购和新矿区开发，国际锂行业集中度进一步提高，中国企业在国际锂市场中的分量不断扩大，目前已经占有较大的市场份额，具有重要影响。

第四，疫情以来，中国国内锂下游行业快速回暖，对锂产品的需求急剧增加。从价格和进出口情况来看，中国国内锂矿石、碳酸锂的供给出现了较大的缺口，对于国外锂资源的依赖性进一步增强。同时，随着我国锂产品特别是氢氧化锂产能的提升，我国在国际锂产业链特别是"锂矿石—氢氧化锂—高镍三元锂电池"产业链上的影响力也在提升。国际国内锂产业链呈现进一步交织融合的态势。

国际能源署（IEA）预测，如果世界到 2050 年成功实现净零排放，那么到 2040 年时对锂的需求量将接近 120 万吨。[1] 锂资源的地位和供需关系将发生深刻的变化。我国发展以锂电池为代表的新能源的重要目的之一是摆脱

---

[1] "How Rapidly Will the Global Electricity Storage Market Grow by 2026?" https：//www.iea.org/articles/how-rapidly-will-the-global-electricity-storage-market-grow-by-2026.

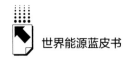
对于石油、天然气等传统能源的依赖；如果在锂资源的争夺中，我国仍然依赖进口，不能掌握国际市场的主导权，那么新能源战略的发展必将受到锂资源出口国和国际市场操纵国的控制与束缚，"能源的饭碗必须端在自己手里"的目标也就难以实现。短期内，国际锂市场呈现以下发展趋势。

第一，为了积极应对全球气候变化、抢占新的产业变革的先机和制高点，世界主要经济体已经先后将电动汽车、储能电站作为战略性新兴产业和重要的经济增长点，投入了大量的政策和资源进行支持。随着观点的更新和技术的成熟，电动汽车、储能电站已经进入稳定快速发展阶段，对锂资源的需求保持稳定较快增长。同时，随着全球锂业原有产能的充分释放和新增产能的投入运营，2021 年出现的锂供应缺口将被逐渐弥补，国际锂市场将逐渐回归均衡，价格趋于稳定。

第二，锂需求的增长和锂价上涨显著提升了投资回报率，吸引更多的锂业投资。面对锂消费市场巨大的增长潜力，全球锂矿业公司都在加快勘探和开采步伐。随着现有项目扩建和新项目投产，预计到 2025 年，全球锂业产能将达到 150 万吨 LCE（碳酸锂当量）。[①] 受卤水提锂技术的约束，新增产能将以锂矿石为主。同时，为了增强对产业链的掌控力，锂产业链条上的企业也在加强产业链上下游整合，打通并形成矿业、粗炼、精炼的完整链条，以加强与产业下游的电池与材料企业对接，直供模式将明显增加，中间贸易规模将有所缩小。

第三，目前，全球锂资源行业发展受到的技术限制还有很多，科研机构、高校和企业加大了对关键技术的研发力度，包括高镁锂比盐湖卤水提锂技术、新型锂产品生产工艺、锂矿石锂卤水高价值元素综合回收技术、锂产业环保技术、新型锂电池及材料技术等。[②] 特别是盐湖提锂技术，目前，中国已经在纳滤膜、离子交换膜等方面取得了重要进展，并在东台吉乃尔、一

---

① 杨卉芃、柳林、丁国峰：《全球锂矿资源现状及发展趋势》，《矿产保护与利用》2019 年第 5 期，第 26~40 页。

② 张苏江、张彦文、张立伟、姜爱玲、刘桂云：《中国锂矿资源现状及其可持续发展策略》，《无机盐工业》2020 年第 7 期，第 1~7 页。

里坪等盐湖分别建成了 3000 吨、10000 吨级生产线，进一步的技术提升和应用将为我国锂安全提供重要支撑。[1]

第四，2020 年 11 月，玻利维亚、阿根廷、智利结成锂资源联盟（简称"锂联盟"）。[2] 三国在高原交界处拥有大量的富锂盐湖，资源量占全球锂资源总量的一半以上，长期以来，它们就有建立锂版"欧佩克"的想法。目前，"锂联盟"的合作还只限于三国的社会、学术机构和社群组织层面。随着加夫列尔·博里奇当选智利总统，三国政府均偏向左翼，如智利已经开始推进锂资源国有化，锂版"欧佩克"的推进有望加速。不过，三国资源量虽然巨大，但产量仅占全球产量的 30% 左右，且由于基于盐湖锂的性质——一般只用于生产碳酸锂，因此，其对国际锂市场的影响尚有限。

---

[1] 蒋晨啸、陈秉伦、张东钰、葛亮、汪耀明、徐铜文：《我国盐湖锂资源分离提取进展》，《化工学报》2022 年第 2 期，第 481~503 页。

[2] 《玻利维亚、阿根廷、智利结成锂资源联盟》，中华人民共和国商务部网站，http://www.mofcom.gov.cn/article/i/dxfw/nbgz/202012/20201203025520.shtml。

前 沿 篇

Frontier Issues

B.14
绿色金融与能源投资风口问题研究

余家豪　徐一斐*

摘　要： 气候变化带来的"碳"问题已经是能源行业所面对的一个重要挑战，如何改革能源链更是问题的核心，这需要采取多种应对措施，包括能源转型支持、能源市场改革、清洁技术创新和增强公众意识等。本报告通过分析绿色金融的特性、政策环境和市场，探讨其给能源行业带来的影响和机遇。本报告认为绿色金融是推动能源企业低碳转型的关键方案，因此建议制定完善的排放交易、信贷、债券和ESG投资等金融机制，以作为减少温室气体排放的途径。

关键词： 碳金融　碳市场　绿色金融　能源转型　ESG

全球变暖是人类共同面对的巨大挑战，影响广泛，涉及各行各业。气候

---

* 余家豪，Verisk Maplecroft高级能源投资风险分析师；徐一斐，RIMM Sustainability高级研究分析师。

变化对实体经济和金融市场的影响深远，有可能导致后者出现结构性变化，这已成为各国的共识。如何应对气候变化，低碳转型对经济和金融又将带来什么影响？许多政府和金融监管部门已经着手研究并采取相关措施，以帮助金融体系抵御气候风险，并进一步把握可持续经济转型带来的机遇。这种共识的加深推进了绿色金融的发展，衍生出碳市场、碳信用、绿色债券和ESG投资等多种金融产品。

气候变化带来的"碳"问题已经是能源行业尤其是发电和油气领域所面对的关键挑战。改革能源供应链是应对该挑战的核心。其中一种解决方案是采取激励措施，从化石燃料转向氢气和可再生能源，同时把天然气作为过渡燃料的选择，并提高能源效率，减少对能源的需求。在这一方案中，绿色金融是重要的激励手段，既能推动能源转型，也能带动投资。本报告将进行有关绿色金融对能源投资影响的若干思考。

一 碳金融与传统金融市场的区别

碳金融是绿色金融的重要组成部分，是把碳排放设定为评价投资或者交易项目的指标的金融机制。常见的碳金融项目包括清洁能源、提高能效或利用可再生资源发电的相关项目。向"碳中和"转型的公司可以通过碳金融项目获得碳信用额度，以抵消温室气体排放。碳金融工具和产品的交易是其他可持续项目（如推动实现再生能源解决方案的创新项目）的重要资金来源，进一步推动全球可持续发展。

碳金融工具和产品具有与传统金融工具相同的基本属性，包括流动性、风险性和营利性，其交易形式与普通商品和证券类似。在欧盟和美国的一些地区，现货交易和衍生品交易都依赖原有的金融交易平台，并遵循交易所的交易规则。

但是，碳金融市场和传统金融市场的定位和作用以及交易产品内涵有很大的不同。[①]从市场定位和作用看，碳排放交易起源于控排企业履行约定义务

---

① "Integrating Carbon Finance in Traditional Financing," World Bank Group, 2015.

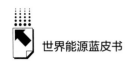

的需要，旨在优化配置减排资源、技术和资金等要素。传统的金融市场实施金融资产交易和价格决定机制，旨在最终实现资金和信用的整合。从交易产品内涵看，碳排放权是受政策影响较大的产品，是为消除环境负外部性、优化资源配置而交易的。在传统金融市场中，交易产品主要是以贷款资金为核心的信用工具，而贷款资金来源于借贷和融资需求。因此，无论是市场定位和作用还是交易产品内涵，绿色金融市场与传统金融市场都存在一定的差异。

碳金融市场主要由参与者和交易产品组成。主要的市场参与者包括需求者、供应者、投机者和中介机构，其扮演的角色可能会重叠在一起。例如，排放控制企业等实体对配额有需求，同时，从其碳资产的构成情况来看，它们既可以作为项目开发商和核证减排量的提供者，也可以作为交易投机者。市场参与者还有监管机构和第三方机构，例如，碳排放核查机构是碳金融市场中独特的第三方机构。

碳金融市场的交易产品主要包括两种基本资产——碳配额和核证减排量（CER），以及在此基础上开发的各种金融产品。碳金融市场与传统金融市场相似，主要由交易工具、融资工具和配套工具组成。在全球绿色金融发展的浪潮中，碳债券、碳资产抵押和质押融资等碳融资工具进入快速发展期。但是，由于碳债券等绿色债券没有统一的国际发行或认证标准，交易量和业务规模有限。

进一步扩大绿色金融交易市场，就要为绿色金融政策的有效实施和市场的平稳运行提供保障，需要建立健全有力的监管机制。根据不同地区的实际情况和绿色金融发展的需要，构建监管体系，不断丰富监管内容；根据不同类型的绿色金融风险确定监管重点。这是推动绿色金融可持续发展的关键。

二　能源企业投身碳市场

能源行业的碳排放水平普遍较高，碳市场交易成为很多能源企业改善碳排放情况的手段。碳交易是一种通过建立一个有限度的排放许可的市场来限制碳排放的方法，目标是降低化石燃料的应用水平和竞争力，鼓励对低碳能源（如风力发电和光伏发电）进行投资。在一个既定规范下，碳排放者可以购买碳排放配额或许可证。排放量在上限以下的企业可以通过碳交易市场把额外的排放配额出售给需要额外排放量的企业，这就形成了一个买卖碳信用的市场。能源公司可以通过碳交易市场购买和出售碳信用。假设一家能源公司的碳排放已达上限，又想排放更多的碳，在这种情况下，该公司可以从那些排放量未达上限的企业那里购买信用额度，或者从发展中国家中拥有核证减排量的项目那里购买信用额度。

金融机构可以通过多种方式协助能源企业参与到碳市场中[1]，包括：

● 为进入或活跃于碳市场的能源企业提供咨询服务，包括碳工具和产品的营销、结构设计、交易和销售；

● 向拥有温室气体减排项目的能源公司提供有针对性的融资，产生碳融资收入流；

● 在碳市场上收购减排配额，并向需要额外配额的能源企业出售；

● 对发起和交易温室气体减排项目和计划的能源公司进行股权投资，以获得碳融资付款；

● 碳交易作为与产生碳信用额度的客户达成的利益共享的一部分，除获得利息支付外，还可获得减排量。

目前，全世界有 21 个碳交易市场，覆盖 29 个司法管辖区，数量比 2012 年增加 2 倍多。欧盟在 2005 年设立了欧盟排放交易计划，其是世界上第一个国际碳交易计划，目前正处于第四阶段的交易期。[2] 德国在 2021 年启动针对供暖和运输燃料的国家的排放交易计划，以补充欧盟排放交易计划，并通过立法，逐步实施该计划，固定排放年度价格，以使其在 2021~2025 年增加。美国区域温室气体倡议（RGGI）于 2009 年启动，由东部 11 个州组成，是美国第一个限制电力行业碳排放的强制性总量管制和交易项目。[3] RGGI 在

---

[1] "Putting Carbon Markets to Work on the Path to Net Zero," Mckinsey, 2021.

[2] "EU Emissions Trading System," International Carbon Action Partnership, 2021, Available at https：//icapcarbonaction. com/en/？ option = com＿ etsmap&task = export&format = pdf&layout = list&systems%5B%5D = 43.

[3] "A Brief History of RGGI," RGGI, 2022, Available at https：//www. rggi. org/program - overview-and-design/design-archive.

2020~2030年设立30%的减排上限目标，这代表了这些地区电力行业碳排放的预算。美国加利福尼亚州于2013年开始建设碳交易市场，以适用于大型发电厂、工业厂房和燃料经销商。自2014年起，美国加利福尼亚州的限额交易计划与加拿大魁北克省的限额交易系统相连。另外，美国运输和气候倡议（TCI）也发布了一个框架草案，概述了区域运输部门碳交易市场的基本设计特征，最早于2022年开始。中国在2021年推出全国的碳交易市场，初步涵盖2000多家电力公司的碳排放，计划最终覆盖整个电力行业，并逐步扩大到石油化工、建材和钢铁等七个碳排放比较高的行业，这些行业加起来的能源消费量占中国能源消费总量的50%以上。①

不过，企业参与碳市场的成效非常依赖市场设计。例如，设计者需要设定一个绝对的排放上限，并针对违反上限制定惩罚机制，这样具有强约束力，碳市场才能有效控制碳排放。②市场要正常运作，并搭建一个可信的全球碳平台，价格的透明度、一致性和明确性是基本的前提条件。市场交易本身（现货和期货）也需要具备一定的流动性。这些元素是构成场外交易市场的基础，可以反映不同类型的碳抵消情况。根据欧盟和美国的碳市场运作经验，碳交易市场的发展路径可以概括为建立政策体系、完善市场体系、构建监管机制。由于碳配额本质上是一种政策性减排工具，其发展路径从根本上取决于配额分配和履约规则等政策的制定以及配套制度的衔接和完善情况。碳现货市场是基础，而通过不断加强市场规则、交易平台等配套制度建设，可以激活二级现货市场，形成有效的碳价格。

三　碳金融与能源项目

碳市场的货币是碳信用额或者减排量证书（ERC）。企业在碳市场进行交易，进一步为可持续项目提供资金。具体而言，能源企业通过控制实际排

---

① "About Us," TCI, 2022, https：//www.transportationandclimate.org/content/about-us.

② "Can China's New Carbon Market Take Off?" *Economist*, 2021.

放在自身排放配额以下，或投资可持续发展项目，来换取额度，以补偿它们的碳排放。排放量高的企业可以缔结项目合作伙伴，每年向合作伙伴支付其可持续发展项目运行后产生的温室气体减排量的对应价格。合作伙伴可以是私人公司、公营机构、非政府组织或其他实体。①

这一过程提升了高端的可持续项目的可行性——这些项目获得了额外的收入来源，促进了知识和技术的有效转让。因而，碳金融是利用新的公共和私人投资，减少全球温室气体排放的一种手段。

自《巴黎协定》生效起，在几个"碳中和"倡议启动的背景下，碳市场越来越活跃，同时加强了碳信用对达成"碳中和"目标的帮助。一方面，它可以支持专注减少排放的项目，提高对可再生能源的利用效率和增加自然资本。另一方面，它的收益可以资助从大气中清除二氧化碳的项目。伦敦大学学院的一项研究估计目前的碳市场价值约为 4 亿美元，但随着越来越多的政府和企业承诺实现"碳中和"目标，2030 年，碳市场价值可能达到 250 亿美元。

另外，由于允许向发展中国家可持续项目进行投资以获得减排认证额度的清洁发展机制（CDM）面对严重的监管负担，越来越多的企业开始转向自愿碳市场，以承担自身的生态和社会责任。自愿性减碳项目仍然需要符合一些标准，如黄金标准（GS）或自愿/验证碳标准（VCS），这样的话，企业才能得到碳信用额度。这些标准有不同的减排范围，有时会与政策和社会参与度结合。

目前，随着碳信用定价大幅波动，交易缺乏透明度，项目开发商可以直接向公司和个人出售碳信用额度，或通过经纪人或交易所出售碳信用额度。气候影响力交易所（Climate Impact X）建议，碳信用的关键标准由独立的第三方来检查（检查信用是否一致和具有高质量），并由注册机构和政府共同把过期、低质量的信用从市场剔除，同时由独立的组

① Lira LuzBenites-Lazaro, "Clean Development Mechanism: Key Lessons and Challenges in Mitigating Climate Change and Achieving Sustainable Development," *Reference Module in Earth Systems and Environmental Sciences*, 2019.

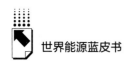

织发布市场指导意见（如就购买的信用额度的真实性向买方提供建议）。①

四 绿色债券推动油气公司进行低碳转型

绿色债券是为环境相关项目提供资金，并为投资者提供定期或固定收入的金融工具。在过去十多年间，绿色债券已经成为应对气候变化和相关影响、挑战的重要手段。它将绿色项目与资本市场和投资者联系起来，将资本引上可持续发展的轨道。绿色债券在资本市场的增长是爆炸性的，2016~2021年，发行量增长49%。② 它向投资人提供了一种应对气候变化风险，同时获得同等投资回报的手段。对投资人而言，它的绿色属性通常意味着较低的投资风险，尤其是低环境风险，因而其价格通常低于一般融资工具。目前，绿色债券的收益集中在能源、运输和建筑行业。2019年，在这些行业发行的绿色债券的数量占发行总量的80%以上。③

相应地，绿色债券影响债券发行人的商业战略。作为一种融资工具，绿色债券推动债券发行人在符合绿色定义的基础上通过项目和资产等筹集资金，以为与环境相关的可持续发展项目引入新资本。

由于身处绿色债券发行的重点行业，目前，传统油气公司发行的绿色债券的金额有限。越来越多的能源企业开始涉足绿色债券或其他绿色金融工具，比如，通过发行绿色债券筹集资金发展可再生能源（如太阳能、风能）项目，化石能源公司发行过渡债券等，以表明自身在投资上朝着绿色转型的

① "Why Quality Matters for Voluntary Carbon Credits," Climate Impact X, 2022, Available at https：//www. climateimpactx. com/cix-perspectives/why-quality-matters-for-voluntary-carbon-credits.

② "Green Bonds Market on Track for a Record Half Trillion Year：USD496. 1bn Issued Across All Sustainable Debt Labels in H1 2021 as Markets Surge," Climate Bonds, 2021, Available at https：//www. climatebonds. net/resources/press-releases/2021/08/green-bonds-market-track-record-half-trillion-year-usd4961bn-issued.

③ "2019 Green Bond Market Summary," Climate Bonds, 2020, Available at https：//www. climatebonds. net/files/reports/2019_ annual_ highlights-final. pdf.

方向努力。尽管传统能源企业并不属于提高能源效率或利用可再生能源的典型绿色行业，但是发行绿色债券或使用其他绿色金融工具帮助其加快进行低碳转型。

投资绿色项目，参与绿色金融，是油气公司进行绿色低碳转型的重要战略举措之一。具体而言，公司有不同的做法：一些公司为了保证绿色投资的真实性，只投资光伏、风能等不太受质疑的绿色项目；也有一些公司的转型速度相对缓慢，投资组合包括化石和可再生能源。总体而言，越来越多的石油公司在向能源公司转型，通过采用多样化投资组合等手段，在保证企业营收的前提下，朝着低碳方向逐步发展。

对绿色债券的批评主要集中在债券所支持项目是否能真正改善气候或环境问题上。一些绿色债券为自身贴上积极改善环境的标签，但其支持的项目可能对环境改善的影响甚微甚至造成深层次的危害。这种"漂绿"投机行为在绿色债券发行中的普遍存在，已经开始损害绿色债券的可信度。为了回应这种质疑，一些公司，包括石油公司，开始发行过渡债券。这是一种相对新型的债务工具，与绿色债券类似，过渡债券用于资助公司减排和降低对环境的危害程度。它意在出售不够资格被界定为绿色债券的债券，因而通常在石油、天然气、钢铁、化工、航空和运输等碳排放量大的行业发行。2019年，欧洲复兴开发银行参考绿色债券发行原则，发行绿色过渡债券，以5年为期，首期发行5亿欧元，以资助钢铁、运输、化工和水泥等依赖化石燃料的行业，推动这些行业进行低碳转型。与绿色债券类似，让过渡债券成为更有力的可持续融资手段，就要制定更加严格的项目目标、衡量指标和审查制度。[1]

五　能源链转型里的风险投资

现今应对气候问题的策略重点已经不再局限于利用政府财政来推动低碳

---

[1] "Sustainability Report 2019," EBRD, 2019, Available at https：//2019. sr-ebrd. com/investor-information-green-and-social-bonds/.

转型，而是通过制定政策，鼓励私人企业投资以及通过市场机制更快、更低成本地实现各种环境目标。在众多投资方法中，风险投资最为灵活，因为它通过判断和承担更高风险去寻求高于平均水平的回报。风险投资者比普通投资者处于更高的风险—回报曲线上。在气候变化领域，风险投资者包括已经广泛投资致力于转型的传统能源企业（例如，英国石油公司）、机构投资者（包括银行和养老基金）、政府资助的投资者（例如，英国碳信托），以及慈善机构等基金会。

此类投资者一般会寻找有利可图的低碳投资，如积极投资新成立的公司，在持有股份数年后选择在首次公开募股（IPO）中退出或将其出售给其他大公司。其希望借助这种投资"清洁技术"的机会获得类似上一波生物技术投资风口的稳健回报，并避免因科网投资这一种热潮炒作所带来的风险。①越来越多的投资者开始关注气候问题、《巴黎协定》生效、石油和天然气价格持续高涨和波动、新碳排放交易平台的推出，以及清洁能源的增长，它们都是这波投资热潮背后的推动力。

碳金融已经在利用市场机制来逐步减缓气候变化速度和帮助社会适应气候变化。如果可持续地减少二氧化碳等温室气体的排放，那么各国政府需要重新配置能源供应链，在用低碳和零碳技术取代我们目前所依赖的能源或技术时，气候目标才能实现。2021年的能源危机显示，就目前情况来说，无论是新能源还是核能，都不太可能完全替代化石燃料。②天然气显然是过渡时期的首选燃料，因为与煤炭相比，它在提供相同数量的电力时只排放大约一半的二氧化碳。在这段过渡时间里，市场可以继续发展其他替代能源，如氢气，随后可以用可再生能源如生物质能、风能、太阳能、潮汐能、波浪能和地热能等来进行替代，以减少对化石燃料的依赖。碳金融的作用是应对关于温室气体交易、可再生能源要求和燃料效率要求的新法规，以创造性的方式按时并尽可

---

① Shikhar Ghosh, "Venture Capital Investment in the Clean Energy Sector," Harvard Business School, 2010.

② Philip Andrews-Speed, "China's Power Crisis: Long-term Goals Meet Short-term Realities," OIES, 2021.

能有效地达到目标。监管机构必须为新市场设计一个适当的时间框架，以便私营部门能够在尽可能低的不确定性下进行投资交易。无论什么时候开始对能源链进行监管，监管的影响都将贯穿整个价值链，进而推动相关投资交易。

六　能源投资策略的转变

气候问题日益严重，整个能源行业由于碳排放状况或能源强度而面临多种风险，这影响投资能源项目的方向。最近，多种基金为了改善收益，积极改革投资组合，寻找新项目，例如，通过"气候主题"的私募股权、风险资本和对冲基金，以及碳排放交易相关新市场取代传统的股票和债券投资。越来越多的风险资本和私募股权基金投资替代能源和能源效率项目，在帮助兑现减少日益增长的温室气体排放的承诺方面，其所投资项目的回报潜力变得越来越重要。

投资这个领域的公司大多从银行、养老基金和保险公司筹集资金，这些基金的生命周期由初始投资到成长再到 IPO 和出售，通常长达 10 年。欧美的养老基金，无论规模大小，都非常注重投资清洁技术范畴的项目。欧洲偏向投资处于早期阶段的风力发电项目，美国注重投资整个能源行业。不少欧美基金公司在调整社会责任投资（SRI）标准，以关注那些致力于应对污染、应对气候变化和资源消耗增加等问题的"未来产业"，或者直接提供融资机会。这些能源项目一般有一个较长期的"视野"，投资它们的养老基金能更容易规划回报增长情况。不少审计结果表明，注重气候问题的社会责任投资方法不仅能产生财务回报，还能带来实际环境效益。

这些基金在处理能源投资组合中的环境风险时，会积极与被投资方接触，鼓励对方进行内部调整，从而化解风险因素。例如，分析师要求被投资方提供公司的碳概况，这将促使对方考虑潜在的风险，以及采取什么行动来减少这种风险，被投资方能否做出积极回应影响投资者及其股东做出的决议。这种通过积极参与和代理投票的策略，能让机构投资者更妥善地处理与环境和社会议题相关的风险。

不过，金融机构改变投资战略应对气候变化并非近年来才开始的，欧美已有多年的经验。例如，荷兰银行早在 2005 年推出新的气候风险管理服务，包括通过商品柜台进行温室气体排放配额的交易，并在两家私营企业之间促成了第一笔碳信用交易。①同年，高盛针对投资银行业务发布了一个新的环境政策框架，其中气候变化被纳入股票估值模型。②另外，欧洲再保险公司提出拒绝为忽略全球变暖影响的公司董事或高管提供责任保险。之后，越来越多的跨国企业要求对温室气体排放进行强制控制，以澄清政策的不确定性。这些举措反过来有助于其对新的商业计划予以明确，其中，不少电力公司（例如，通用电气）和油气公司（例如，英国石油公司）公开表示支持关于碳排放的强制性政策，提出超越化石燃料的承诺，甚至建立了新的替代能源业务的实体，计划在未来对可再生和综合气化能源技术进行投资。

七 可持续金融对油气公司的影响

可持续金融在近年来迅速发展，越来越多的机构投资者和基金将环境、社会和公司治理（ESG）因素纳入投资决策范围和管理过程。③ 其在整个金融生态系统寻求长期的金融价值的同时，开始注重环境社会价值，承担应对气候变化和进行社会治理的责任。简单而言，ESG 投资是指投资者在考虑传统金融因素的同时，将环境、社会和公司治理因素纳入投资考量范围。它代表了一种更为全面的投资观念：除了短期的财务业绩和商业风险评估外，也考虑长期的环境、社会和公司治理挑战及其发展面临的风险。这意味着投资者承认，可持续的投资回报依赖运作稳定且良好的经济、社会和环境体系。ESG 投资是资产管理的一种，既包括将 ESG 纳入投资的审查和决策过

---

① "ABN AMRO and Citigroup Say New Ecosystem Markets Are Poised to Deliver Profits and Major Conservation Benefits," ABN AMRO, 2005.

② Goldman Sacks, "2005: Environmental Policy Framework," 2005, Available at https://www.goldmansachs.com/our-commitments/sustainability/sustainable-finance/our-sustainability-journey/2005.html.

③ Mckinsey, "Five Ways that ESG Creates Value," Mackinsey Quarterly, 2019.

程，也包括推动投资组合中的公司披露 ESG 数据并进一步改善相关表现。在过去十年间，包含 ESG 因素的管理资产呈指数级增长。

作为可持续转型的重点之一，油气行业对 ESG 的披露和相关管理需求日益增加。① 这一方面来自投资者的压力。气候变化、环境风险和能源行业相互影响。对 ESG 风险认识的加深，使能源领域的投资者在投资决策和管理过程中越来越看重 ESG。另一方面，除直接的物理风险和交易风险外，来自监管机构的压力也是风险来源之一。化石燃料的不可再生及其对环境和气候变化的负面影响已成全球共识，政府和其他监管机构纷纷出台应对气候变化、改善环境的法律法规和指导意见，其中强制性措施通常伴有巨额罚款。根据责任投资原则组织（PRI）的数据，全球近 50 个经济体已制定了 ESG 相关政策，要求在投资时纳入 ESG 因素，鼓励投资者重视可持续发展。国际金融机构开始认识到，气候变化和其他社会治理风险可能对金融体系造成结构性的负面影响。全球变暖、资源匮乏、贫富悬殊、贪污腐败可能有损全球金融体系的稳定，使全球南北关系恶化。来自监管部门和金融机构的相关法规、意见的大幅增长促进投资者改善投资组合的 ESG 表现，并将 ESG 纳入新投资的决策考量范围。

此外，声誉风险也是 ESG 投资和管理的推动力。气候变化、环境风险、社会治理问题急需解决已经成为共识。信息传播随着社交媒体的盛行进一步民主化，这一方面加深了这种共识，另一方面增加了公司忽视 ESG 因素可能带来的风险。它不仅影响公司的声誉，还可能直接影响公司的收益。

ESG 投资不仅意味着投资中的风险管理非常重要，也带来了很多财务方面的机遇。不少金融机构认为，随着政府和市场越来越接受并承认社会环境因素所带来的影响，在投资决策和管理中纳入 ESG 因素，或者利用可持续金融工具，在降低成本和干预风险的同时，还可以提高投资相率，提升在低碳转型的热潮中获利的可能性。

---

① Lisa Rushton, "ESG: How It Applies to the Oil & Gas Industry and Why It Matters," 2021, Available at https://www.womblebonddickinson.com/us/insights/articles-and-briefings/esg-how-it-applies-oil-gas-industry-and-why-it-matters.

针对 ESG 风险达成的共识和相关投资的快速增长对油气企业的投资具有重要影响，应推动这些企业加快将 ESG 因素纳入考量范围。不论是这些企业的投资计划、战略资产分配，还是项目设计，都将被影响。例如，在监管部门和金融机构的压力之下，油气公司可能会放弃一些明显有 ESG 负面影响的项目。同时，它们也更难投资一些传统能源如化石燃料项目或市场。如何应对这些与 ESG 相关的风险和压力，并进一步把握相关机遇，是每一个油气公司都需要思考的问题。

B.15
数字治理下中国的电力安全供应体系分析

郁 丹[*]

摘 要: 2021年,受寒潮天气、迎峰度夏、燃料供应紧张、电力消费需求增长、能耗双控等因素影响,我国电力供需总体偏紧。预计2022年全国电力供需总体平衡,迎峰度夏、迎峰度冬期间部分区域电力供需仍将偏紧。为保障我国电力安全稳定供应,需坚持以数字化为抓手,统筹供给侧改革和需求侧改革,着力解决无电可用、有电限用交织的问题。电力体系数字化可实现各环节联通及对资源进行管控调度,对电力系统各环节进行实时监测和响应,具体表现在发电系统数字化、输变配电系统数字化、用电系统数字化等方面,全力挖掘电力供给能力,强化电力需求管理,数字化支撑能源绿色低碳转型。挖掘电力供给能力方面,打造新能源资源禀赋动态普查、新能源与电网协同发展仿真分析两大数字化平台,利用数字化手段推进新能源建设。强化电力需求管理方面,加强源网荷储弹性平衡数字化应用和推动需求侧响应数字化共享共建共治。数字化支撑能源绿色低碳转型方面,依托调控云平台的电煤管控应用和设备状态进行监测预警应用,保障能源清洁高效利用。

关键词: 电力保供 数字化 供给侧改革 需求侧改革 能源转型

---

* 郁丹,浙江华云电力工程设计咨询有限公司高级工程师、系统事业部经理,主要研究方向为能源电力系统技术经济。

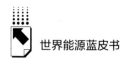

当今世界面临"百年未有之大变局",政治和经济环境的不确定性增加,我国发展仍处于重要战略机遇期,"碳达峰""碳中和"目标是推动全社会进行系统性的高质量发展、变革。能源电力行业绿色转型加速,电力消费保持稳定的增长,电力负荷与用电量曲线逐步分离,能源电力供应形势复杂,保供难度之大前所未有。能源电力生产、输送、消费全链环节长,结构性的优化空间大,为畅通能源电力各环节循环,构建清洁能源电力安全供应体系,需坚持以数字化为抓手,统筹供给侧改革和需求侧改革,着力解决无电可用、有电限用交织的问题。

一　电力安全供应形势

（一）我国电力供应情况

2021年1月,受寒流天气等因素影响,华东、华中、蒙西等部分区域省级电网采取有序用电措施缓解高峰段电力供应紧张问题。迎峰度夏时期,我国采取有序用电措施的省级电网范围进一步扩大,波及广东、广西、重庆、湖北等省区市。9~10月,受"能耗双控"政策、燃料供应能力不足、电力消费快速增长等多重因素影响,全国电力供应总体呈现紧张态势,采取有序用电措施的省级电网有所增加,个别省区市的电网甚至采取拉闸限电措施。国家出台电力供应保障政策和措施后,全国电力供应紧张局势有效缓解,仅个别省区市对能耗强度高的企业继续采取有序用电措施。

"世界百年未有之大变局"加速演进,国家既要确保社会经济高质量发展,又要推动能源绿色转型,国内外错综复杂的形势给我国电力供应带来较大的不确定性。综合考虑国内外社会经济形势、能源电力消费增长等因素,预计2022年,我国电力供应与电力需求总体平衡,但在夏季负荷高峰、冬季负荷高峰期间,部分区域电力供应将偏紧。

（二）我国电力生产情况①

累计装机方面，截至 2021 年底，我国火电累计装机容量为 13.0 亿千瓦，同比提高 4.1%；其中，煤电累计装机容量为 11.1 亿千瓦（见图 1），同比提高 2.8%。我国非化石能源发电累计装机容量为 11.2 亿千瓦，同比提高 13.4%，非化石能源发电装机容量占比首次超过煤电。

发电量方面，2021 年，我国非化石能源发电量达到 2.90 万亿千瓦时，同比增长 12.0%，非化石能源发电量占总发电量的比例为 34.6%。我国煤电发电量为 5.03 万亿千瓦时，同比增长 8.6%，煤电发电量占总发电量的比例为 60.0%，同比下降 0.7 个百分点。从装机规模和发电量两个方面来看，煤电仍然是当前我国的主力电源，发挥保障电力安全稳定供应的重要作用。

跨区跨省送电方面，2021 年，我国跨区送电量为 6876 亿千瓦时，同比增长 6.2%，两年平均增长 12.8%；其中，以西北区域以外送电为主，外送电量为 3156 亿千瓦时，占全国跨区送电量的比例接近 46%。跨省送出电量达 1.60 万亿千瓦时，同比增长 4.8%。

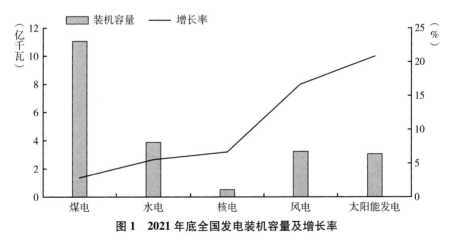

图 1　2021 年底全国发电装机容量及增长率

资料来源：《2021-2022 年度全国电力供需形势分析预测报告》，中国电力企业联合会，2022。

---

① 《中电联发布〈2021-2022年度全国电力供需形势分析预测报告〉》，中国电力企业联合会网站，https://www.cec.org.cn/detail/index.html?3-306241。

（三）电力供应面临的安全挑战

1. 大规模可再生能源接入带来的供应安全问题

根据国际能源署发布的《2021 年世界能源展望报告》，在可持续发展情景下，到 2040 年，风能和太阳能发电量占全球总发电量的比重将上升 38 个百分点。新能源大规模接入后将从根本上改变传统"源随荷动"的运行模式。在新能源高占比的电力系统中，发电侧的新能源随机性、波动的影响巨大，用电侧负荷预测的准确性大幅下降。这就意味着，传统的技术手段和生产模式已经无法适应高占比新能源电网的运行需求。面对更大的供需波动性，保持系统的可靠性需要在电网和灵活性资源之间进行更大规模、更为及时的投资。灵活性电源投资建设尤为重要，需要在增加太阳能和风能投资的同时开发新的灵活性资源，特别是在电力需求快速增长的新兴经济体和发展中国家。

政策制定者和系统规划者面临的挑战是政策法规支持和创新市场设计，以确保电力系统在清洁低碳转型过程中保持安全稳定运行。传统的电力系统规划方法也需要改变，应超越简单的备用容量的规划方式，开发基于电力系统不同环节的变量（可再生电源发电量、发电机组和电网的事故率、区域联网输电能力、系统备用能力、负荷变化、需求响应）以及对它们之间的相互影响进行模拟分析，以电力大数据为基础，用数字化分析手段辅助人工决策，在系统规划层面更加精准地提供解决方案。

2. 数字化以及系统互联带来的安全风险

数字技术在提升电网灵活性、吸纳可再生能源发电、落实需求响应、帮助管理日益复杂的电力系统等方面发挥重要作用，同时使电力系统面临与日俱增的网络威胁。并网设备的快速增长扩大了潜在的网络攻击面，而电力系统互联性和自动化程度的提高也增加了这方面的风险。根据美国能源安全理事会的分析，2006 年是能源设施遭受外部攻击的分水岭。在 1906～2006 年这 100 年里，能源设施遭受的主要是物理攻击，而 2006 年以后，通过网络对能源设施实施攻击的严重性大于物理攻击。能源系统连接的设备越多，范围越广，风险也越大。智能电网在提高能源利用效率方面具有优势，但同时在网络安全方面留下了隐患。

虽然完全避免电力系统不受网络攻击是不可能的，但电力系统可以通过数字化、智能化分析预防手段与补救措施相结合，使其更具虚拟空间韧性，既预防、响应并在遭受攻击后迅速恢复，也保持关键基础设施的连续性动作，使电网具有高度弹性。

政策制定者、监管机构、电力公司和设备供应商都可以在增强整个电力价值链虚拟空间韧性方面发挥重要作用。政策和监管机构可以采取高度指令性的强制措施，也可以实施以行动框架为导向、以效果为基础的指南。电力公司和设备供应商可以从技术角度出发，提高识别、应对网络安全风险的能力。

3. 电力市场建设给电网调控管理带来的安全风险

电力现货市场建成后，阻塞管理不仅可以是保障电网安全的手段，还涉及市场主体的经济利益，以往通过计划的手段进行调控的阻塞管理方式变得不再适用。因此，电力现货市场下的阻塞管理将对电网安全稳定运行产生显著影响。

电力现货市场中系统运行方式的安排模式将发生变化，机组启停、发电出力、潮流方式、备用容量和辅助服务等与电网安全相关的各类源网协调要素将逐步由市场决定，调度机构须按照市场出清结果进行发电调度，这会减少调度机构的调整手段，挤压调控的灵活性，增加电网安全运行的管控压力。在此情况下，需要运用数字化手段支撑电力现货市场下的阻塞管理，以保障电网安全稳定运行。

电力现货市场环境下的价格存在时空差异，要求对发电机组和电力用户的发用电数据进行实时结算，客观上，这会导致市场交易和结算数据颗粒度进一步细化，这就需要电网企业运用数字化手段采集、存储、管理数据，提高交易数据的精准度和准确性。同时，用户对于用电价格的敏感度提高，增加了市场化用户对计量数据以及企业用能情况的分析需求。这一方面要求电网企业提供更为便捷有效的数据服务，另一方面要求电网企业对用户的历史用电数据进行保密管理。

4.气候变化引起的极端气候事件影响

气候变化对电力系统的影响包括：在发电侧，降低火电厂的效率和可再生能源的发电量；在输配侧，造成线路故障、线损增加和能力损失；在需求侧，大幅增加空调的电力需求等。

根据 IEA 的研究成果，"气候韧性"是应对威胁的主要手段，也应成为电力安全供应体系重要组成部分。气候韧性指的是电力系统预见、承受和适应气候变化带来的危害并很快恢复正常运营的能力，主要包括三个方面的内容：鲁棒性、资源齐备性、恢复能力。鲁棒性是电力系统在不断恶化的气候条件下保持高效运行的能力，资源齐备性是电力系统在极端气候事件中继续运行的能力，恢复能力是电力系统在遭受气候事件中断后很快恢复运行的能力。

电力系统增强气候韧性的手段当然也包括数字化手段，主要体现为运用大数据预测感知气候变化、运用大数据动态预测电力需求变化，以提前做好对极端天气事件的风险防范。

二 电力体系数字化发展

现阶段，我国能源绿色转型处于前所未有的加速期。推动能源转型，要坚持清洁低碳是方向、能源保供是基础、能源安全是关键。保障电力安全供应要全力挖掘发供电能力，全力强化需求侧管理，全力推进新型电力系统建设。发供电能力挖掘提升、需求侧高效用电管理、新型电力系统建设均需要数字化赋能，因此，电力体系多环节数字化需求也应运而生并不断增长。电力体系数字化可打通电力系统全链路，优化电力产业链各个环节，促进能源优化配置，保障电力安全供应。一方面，可以实现各个环节之间的联通以及对资源进行管控调度；另一方面，可以对电力系统各个环节进行实时监测和响应①。具体表现如下。①发电系统数字化。发电系统数字化为能源转换提

---

① 吴张建：《面向碳中和的未来能源发展数字化转型思考》，《能源》2021 年第 2 期，第 54～57 页。

供更高效准确的安全保障，包括新能源发电功率预测系统、新能源发电站智能运维系统、智慧电厂等。②输变电系统数字化、配电系统数字化。输变电系统数字化可保障更长距离、更稳定的电力运输，包括继电保护、监测设备、预警软件平台、变电自动化系统等。配电系统数字化使电能更精细、更节约地配送至用户侧，包括配电控制系统、智能交互终端、智能调度云平台、分布式监控终端等。③用电系统数字化。通过数字化的服务系统帮助用电侧进行能源管理并满足个性化需求，这包括智慧管理系统、聚合充电平台等。

（一）发电系统数字化

风光等清洁能源随机性强、间歇性明显，在大规模并网后，电网调峰调频的难度增大，严重影响电网的电能质量和安全性。由于地区电力监管部门要求新能源电站具备快速调频功能，因此对快速频率响应的并网智能控制系统的需求增加。新能源并网智能控制系统可用于新能源电站根据电网要求对电力生产情况进行实时管控。控制方式可分为：①自动发电控制系统（AGC），以风光的并网有功功率为控制目标，根据电网需求和调度指令，结合机组状态制定优化控制策略；②自动电压控制系统（AVC），以风光的无功功率为控制目标，将实时运行数据上传调度并同时接受控制指令，经过模型分析计算后再对设备统一协调；③快速频率响应系统，以电力系统频率为调控目标，调整有功出力，减少频率偏差，实现电网频率快速稳定。

数字化发电厂采用数字方式提高现代发电厂整体的自动化水平，增强发电厂的安全可靠性。构建数字化电厂，需要采用一系列成熟的数字化技术，主要包括以下几种。①DCS一体化控制。发电厂DCS控制技术是利用计算机技术对生产过程进行集中监测、操作、管理和分散控制的一种新型控制技术，具有强通用性、高可靠性、高灵活性、高协调性等特点，可形成功能强大的生产自动化网络方案，提高发电机组的经济效益和安全效益。②数字化升压站。数字化升压站是由智能化一次设备和网络化二次设备分层构建的，建立在IEC61850通信规范的基础上，能够实现升压站内智能电气设备间信息共享和互操作的现代化。③数字网络监控系统。电厂数字网络监控系统完全以数字化网络监控方式为核心，前端监控点均采用标准要求的模拟摄像机，将监控区域的场景信息进行采集、存储、传输，具有图像识别告警、可视化操作演练等功能。

（二）输变电系统数字化与配电系统数字化

由我国风能资源分布图和太阳能资源分布图可知，风光大基地基本集中在西部和北部，而电力负荷却集中在中部和东部，空间维度的错配催生了特高压输电的需求。长距离输电具有分布范围广、跨度大、运行环境复杂、安全隐患多等特点，数字化管理系统应运而生。输电端智能管理系统可分为两大类：①输电网能源管理系统，根据实时采集数据，进行模拟仿真计算，决定安全和经济运行方式，具有实时数据采集与监视、自动发电监测控制与计划、网络应用分析等功能；②输电线路信息系统，对输电线路通道及本体进行可视化监视和状态监测，并实现电力系统故障的快速隔离和修复，包括"输电线路智能监测终端"、"智能运维管理系统"、"输电通道监测管理平台"、"预警软件平台"、继电保护等电力二次智能产品。

现阶段的电力体系面对更大规模的输送电损耗、峰值电力供应不足以及稳定性等多重问题，而智能化和数字化手段有望成为解决问题的主要抓手。具体来看：①微电网，在用户侧搭建的利用分布式电源形成的小型发配电系统，具备成本低、电压低以及污染小等优势；②智能电网，包括分布式能源智能管理系统、监控软件与辅助性决策系统、开放式通信系统、电网元件技术及相关设备等多个方面（见图2），实现多环节的数据打通、响应协同，以及运行方式决策、潮流计算、安全运行分析等功能。

微电网的核心数字化技术主要包括：①控制技术，实现对智能微电网状态的分析、诊断及预测并采取措施防止出现供电问题，包括专家系统、分布式智能代理软件等；②通信技术，建立高速、双向、实时、集成的通信系统，包括综合监控平台、分布式监控终端等以保证对数据的获取；③测量技术，为电力系统提供功率因数、电能质量、线路负荷等数据支持；④智能设备技术，包括智能变电站、智能交互终端、智能调度等设备系统以实现控制系统的信息化。

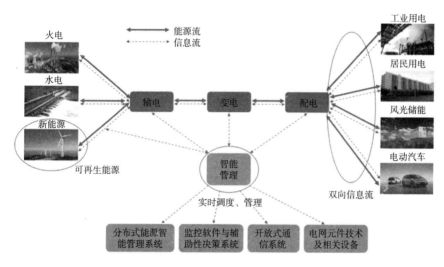

图 2　智能电网示意

资料来源：笔者绘制。

（三）用电系统数字化

电气化进程的不断深入催生用电侧系统数字化改造需求，可以从三个方面理解：①能耗双控，利用工业企业能源管理平台、智慧管理系统等对企业生产、输配和消耗等环节进行动态监控和数据化管理，从而对能源消费强度和总量进行控制；②绿电交易，持续深化电价市场化改革，搭建电力交易支持系统、现货交易模拟仿真平台等完善绿色电价政策；③电力新应用场景，新能源车市场高速发展，充电桩运营、聚合充电平台等模式向阳而生。

工业企业是能源消耗大户，节能是促进我国各行业发展的重要手段，必须提高工业企业能源利用效率，降低企业能耗指标，同时完善能耗双控制度，对企业能耗进行数字化管理。工业企业能耗管理系统（EMS）集监测、分析、控制、管理于一身，通过采取对各单元数据进行采集与监测、分析与

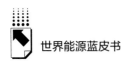

控制、预测与管理等全方位的数字化管理模式为企业高质量的能源服务创造良好的条件。

在"碳达峰""碳中和"目标下,电力市场化改革推进迅猛,新能源发电逐渐成为电力供应的重要力量。绿色电力交易是为新能源量身打造的交易品种,用户通过与新能源场站交易购买新能源发电量,获得绿色电力交易认证。在当前互联网环境下,绿电认证流程复杂、成本高且存在伪造、篡改等潜在痛点,主要表现为绿电交易主体非常多元、涉及电力系统各环节、信息溯源难度极大。利用区块链去中心化、高度透明、安全性、防篡改等技术特点,可实现绿电安全可靠交易,并在电力市场中有序开展证书的交易和流通,充分激发市场主体的活力。对于电力交易业务,可应用加密算法对业务各节点上链信息进行加密,交易各方若想篡改某一节点信息就必须对全链信息进行修改,以有效提升交易互信程度,同时各链间的数据通过固定已知的算法并基于正确的地址与算法才可以进行彼此识别和交换,增强了上链数据的安全性与防篡改性。

能源互联网与数字化技术相结合,深入电网、基建、交通等多领域,助力实施"碳达峰""碳中和",其中,在国家政策和智能驾驶技术成熟的双重推动下,新能源车迅猛发展,新应用场景之一充电桩与车联网结合衍生出能源数字化新场景"聚合充电平台"。我国充电桩运营模式分为两种:①由拥有充电桩的供应商提供充电服务所需的充电平台;②自身不经营充电桩,通过搭建聚合平台接入多种充电运营商的聚合充电平台。

虚拟电厂是将处于不同空间的可调节资源聚集起来的综合能源系统,可实现资源的独立自主协调优化配置(见图3)。能源转型深入伴随着新能源高比例接入电网,带来巨大调峰调频压力,虚拟电厂的作用凸显。虚拟电厂既可发电参与电力系统调峰,又可消纳负荷配合电力系统填谷,是新时期需求侧管理的重要载体。建设虚拟电厂的三大关键数字化技术如下。①协调控制技术。聚合多样化的 DER 实现对系统高要求的输出是虚拟电厂协调控制的重点,控制方式主要包括集中控制、分散控制和完全分散控制。②智能计量技术。帮助虚拟电厂对 DG 和可控负荷等进行监测和控制,需发展智能计量系统，进行自动计量管理，关注高级计量体系等以远程测量用户信息。③
信息通信技术。其是实现分布式能源聚合的关键，具体包括互联网协议的服
务、虚拟专用网络、电力线路载波技术和无线技术等。

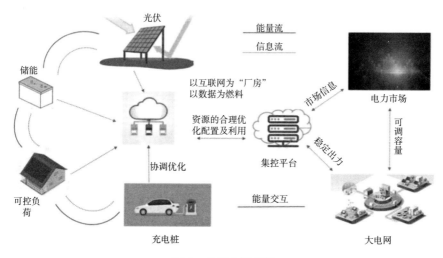

图3　虚拟电厂示意

资料来源：笔者绘制。

三　数字治理下电力安全供应体系构建

（一）强化供给侧改革，增加透明有效供给

根据全球能源互联网发展合作组织发布的《中国2030年能源电力发展
规划研究及2060年展望》，预计2030年，中国全社会用电量将达到10.7万
亿千瓦时（见图4），较2021年全社会用电量8.3万亿千瓦时增长29%左
右。2021年，全国发电装机容量约为23.7692亿千瓦，其中，水电装机容
量为3.9092亿千瓦，火电装机容量为12.9678亿千瓦，核电装机容量为
0.5326亿千瓦，风电装机容量为3.2848亿千瓦，太阳能发电为3.0656亿千
瓦，现有装机能力远不能满足"十四五"时期、"十五五"时期的全社会用

电需求，仍需增加电源侧的有效供给，解决无电可用的问题。围绕"碳达峰""碳中和"目标，构建清洁能源供给体系，关键在于创新打造数字分析平台，用仿真分析和数据支撑决定煤电机组和非化石能源发展的逻辑。

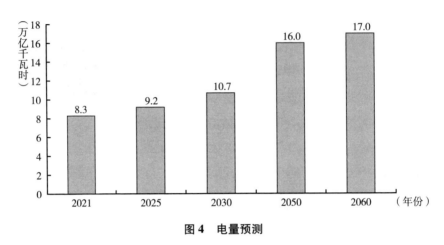

图4 电量预测

资料来源：全球能源互联网发展合作组织《中国2030年能源电力发展规划研究及2060年展望》。

加快新能源建设，是提高电力供应能力、实现能源电力行业"碳达峰""碳中和"目标的重要举措。据不完全统计，我国的新能源技术经济开发容量约为8.5×10^{13}千瓦。受资源、技术和政策影响，新能源资源禀赋动态变化，随着陆上风电、远海风电、光伏建筑一体化BIPV等技术进步和造价降低，戈壁光伏、风电新能源开发政策的放开，新能源技术的经济开发容量有望进一步扩大。为提升新能源的利用率，打造新能源资源禀赋动态普查、新能源与电网协同发展仿真分析两大数字化平台，依靠数据精准推进新能源高质量发展。某企业实验室研发的碳电协同规划设计智慧云平台见图5。

目前，国内利用数字化手段科学探查新能源资源禀赋的能力不足，实际上难以真正摸清新能源的家底。立足于国土规划、产业规划、城市规划、能源规划等"多规合一"，打造新能源资源禀赋动态普查平台，应用北斗卫星影像数字化技术、人工智能算法等，实现对分布式光伏、集中式光伏、分散式风电新能源资源禀赋的年度动态精准普查，可为制定发展规划提供科学的决策依据。加强新型电力系统演变机理突破，打造新能源与电网协同发展仿真分析平台，结合新能源资源禀赋分布，深入研究源网协同、多能协同下的新能源发展规模，既要提升绿色供电能力，也要确保安全可靠。

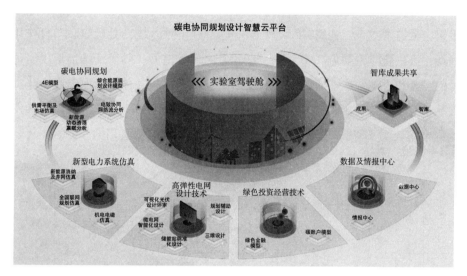

图5　某企业实验室研发的碳电协同规划设计智慧云平台

资料来源：笔者绘制。

（二）数据化支撑能源绿色低碳转型

1. 基于调控云平台的电煤管控应用

目前，煤电机组装机容量为1.08亿千瓦，其中约83%机组为大容量、低排放的机组，其是保障电力供应的基础。2021年，电网公司上线了基于调控云平台的电煤管控应用，细化了对燃煤供、耗、存数据的统计分析，及时提供准确电煤数据，为电力保供提供了坚实的数据基础。"碳达峰""碳中和"目标下，中长期控煤、减煤是发展趋势，煤电由电量主体逐步向容量主体转变应建立在电力安全可靠供应的基础上。新形势下的能源电力系统供需平衡要素更为复杂，电源发展路径要建立在多边界条件下以进行科学完整的数据分析，而打造基于多要素协同的先进电力供需数字化分析平台是实现各类电源发展可视化、透明化的关键。通过进行数据分析，煤电的发展总体经历三个阶段：第一阶段主要为"十四五"期间，并可能延续至"十五五"初期，新能源产生的电量难以满足全社会用电需求，煤电机组装机容量在现有基础上仍有 10% 左右的增长需求；第二阶段主要为"十五五"期间，煤电机组容量需求减少，利用时间将逐步降至 4000 小时内（见图 6），调节性作用显现；第三阶段主要为"十六五"期间及之后的时间，随着清洁能源供给体系的完善和成熟，在碳捕集、储存和利用（CCUS）等先进技术取得商业化突破的情况下，煤电机组装机容量占总装机容量的比例预计降至 6% 以内，发电量也将大幅下降，煤电机组要体现调节性和发挥应急备用的作用。

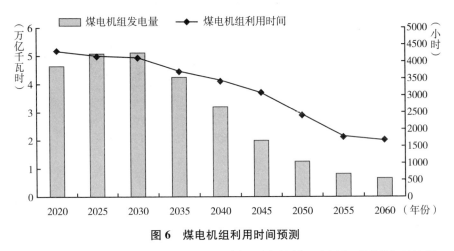

图 6　煤电机组利用时间预测

资料来源：舒印彪等《我国电力碳达峰、碳中和路径研究》，《中国工程科学》2021 年第 6 期。

2. 设备状态实时监测预警应用

发电数字化重点聚焦设备状态监测建设、电站智能巡视、新型状态监测装置应用等方面，依托强大的"电力+算力"，通过进行海量数据分析和借助高性能计算技术，立足于打造"全面可观、精确可测、高度可控"的发电系统，为能源绿色低碳转型赋能。

一是打造国内千万级抽水蓄能电站设备状态统一监测系统，以统一模型、统一编码、统一协议、统一平台完成电站设备状态监测系统测点数据接入，实现设备状态实时监测告警、分析评估及故障诊断并提出诊断结论，指导设备运行及检修。

二是建成行业内应用国产 AI 技术的数字化电厂，具备电厂内设备自动巡检、设备状态透明感知、环境异常主动预警等机器视觉透明感知系统，让光学/红外摄像头获得机器视觉，通过设备状态监测数据分析系统、工业电视系统全范围利用智能化省级改造技术，开展智能技术替代人工巡检应用，从而提升发电厂运行效率，运用数字化手段提质增效，支撑煤炭清洁高效利用，发挥火电的兜底安全保障作用。

（三）推进需求侧改革，处理好增量和存量需求

从电力系统运行情况来看，局部地区、局部时段电力供需矛盾加剧，峰谷差逐步拉大，电力系统运行呈现新特征。解决新时期的电力供需矛盾，要深入贯彻新发展理念，落实中央经济工作会议提出的"形成需求牵引供给、供给创造需求的更高水平动态平衡"，切实把握需求侧改革是"碳达峰""碳中和"目标下的电力保供体系构建的重要抓手，推动需求侧改革的关键在于合理控制电力消费总量和优化现有的电力消费结构两个路径。

1. 加强源网荷储弹性平衡数字化技术应用

一是采用大数据处理、云计算、微服务技术，聚合各类可调节负荷，为源网荷储分析决策、协同控制、分析评价等应用提供基础数据支撑，实现对源网荷储资源的实时聚合、数据质量稽查以及多层级、多维度的综合展示，全景感知源网荷储各环节实时运行状态，精准掌握可控负荷资源实时信息。二是基于源网荷储全景数据，感知电网运行态势，评估电网供电充裕度，开展源网荷储协同分析，有针对性地开展负荷侧调频、调峰、备用等需求侧响应，实现电网运行效能提升。三是通过与需求侧实时管理系统、资源聚合商等进行负荷调节策略和控制方案的友好互动，实现与综合能源、负荷聚合商以及电动汽车等负荷资源调节互动，深度挖掘电网的灵活调节能力，有效提升电网新能源消纳水平，促进电网经济高效运行，实现全国范围内批量负荷

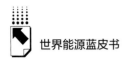
快速切除和频率紧急快速支援，确保电网运行安全。

2. 推动需求侧响应数字化共享共建共治

一是构建需求侧响应资源池。结合全年峰荷一般在 100 个小时以内的特点，细化分析行业、企业的用电特性、响应速度和时长，依靠电力大数据迭代分类更新不同级别和不同规模的需求侧资源，使需求侧资源池提升 10% 以上的规模。二是建成电力需求侧实时管理系统。支持负荷集成商、虚拟电厂等多种主体参与；进行协议签订、邀约发布、计划邀约、响应执行、效果评估全流程管理；实现信息咨询、客户申报、成效验证、补贴发放全过程线上办理；支持在线负荷监测、响应监控、业务监管和数据统计。三是丰富需求响应业务类型。完善"网上国网"等已具有 2 亿以上注册用户的 App，根据全省（区市）高低压用户容量、响应特性、用电行为等，灵活采用"定向式+广播式"邀约方式、"长期固定补贴+实时补贴报价"激励机制，全方位激发用户的调节潜力，实现用户负荷响应与电网调节需求精准对接。深度挖掘参与用户的报价报量、资源档案、响应行为等特征信息，探索公平型、经济型、可靠型等的负荷出清响应模式，以满足多目标电网调控需求。

总体来看，随着"碳达峰""碳中和"工作的深入推进，电力供需形势将发生新的变化，新型电力系统的建设将深刻影响电力安全机理，数字赋能是助力打破"安全、经济、绿色"能源"不可能三角"的重要手段。加快探索数字治理下的能源电力供应体系建设方式，护航社会经济发展，是新形势下能源电力事业发展的新命题。

B.16
2021年干热岩与可燃冰资源的
勘探开发现状与前景

张慕千*

摘　要： 干热岩与可燃冰是新型优质资源，我国干热岩资源储量约占世界资源总量的16.7%，可燃冰储量约占世界资源总量的70%，开发利用干热岩与可燃冰资源缓解我国能源紧张意义重大。本报告梳理了我国的干热岩与可燃冰资源类型与分布情况，发现我国干热岩与可燃冰主要分布在自然条件恶劣的地区，对以美国与日本为代表的国际干热岩与可燃冰项目进行了归纳总结，发现国际干热岩与可燃冰开发均处于初步探索阶段，尚未实现真正的商业化，国际干热岩的投资项目正逐步减少，国际可燃冰项目取得了新进展。此外，本报告分析了当前干热岩与可燃冰的主流开采利用技术，剖析了干热岩与可燃冰的发展前景及挑战，研究认为，干热岩与可燃冰的开采与存储技术对资源发展前景起到决定性作用。

关键词： 干热岩　可燃冰　新能源　能源勘探开发

一　引言

干热岩是一种可再生地热能源，一般是指温度在150~650℃，存在于地下2000~6000米，内部不存在液态流体或仅有少量地下流体的高温岩体，

＊ 张慕千，中国社会科学院大学经济学院博士研究生，主要研究方向为能源经济与政策比较。

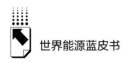

具有致密性与不透水性。干热岩的热能一般赋存于岩石中，其上覆有沉积岩。目前，具有工业开发价值的干热岩埋藏较浅，温度一般高于350℃。

首先，干热岩中蕴藏的热能储量十分丰富，全球陆区干热岩资源量相当于4950万亿标准煤，蕴藏的热能相当于煤炭、石油与天然气蕴含总能量的30倍。干热岩主要应用于发电领域，能源利用效率高，产生的热量是风力发电的3.5倍，是太阳能光伏发电的5.2倍[①]。其次，干热岩的发电过程不会产生有害物质，不会向大气中排放二氧化碳等温室气体，也不会影响生态地质环境的稳定性。此外，干热岩的稳定性较高，受气候变化与季节更替等自然条件的影响较小，并且在开发过程中安全性高，不会产生灾难性事故。

干热岩主要的应用方向在于提取热能发电与辅助原油开采，利用干热岩采热的关键是在致密的干热岩体中实现热能交换。辅助原油开采的原理与利用干热岩发热的原理类似，通过向干热岩所在岩层注水产生高温蒸汽，将吸收的地热能量提取到地面，用于油层加热，以提升原油的流动运输能力。

可燃冰是一种天然气水合物，是天然气与水在低温高压的状态下形成的类冰状固体结晶物质，它的外表与冰相似，与固体酒精一样遇火即会燃烧。它的生成温度为0~10℃，生成气压一般为30个大气压，主要构成分子是甲烷和水，常温下易分解融化，一般超过20℃即会开始分解。

自然界中的可燃冰主要呈白色，但含乙烷和丙烷大分子的可燃冰呈棕黄色，如墨西哥湾海底的可燃冰。自然界中的可燃冰的形态各异。数据显示，我国在珠江口盆地东部海域发现的可燃冰形态种类最为丰富，有厚层块状、薄层状、结核状、脉状以及分散状5种形态，祁连山冻土带的可燃冰呈薄层状与分散状。

据估计，全球可燃冰中所含有机碳的总资源量是已探明煤、石油与天然气能源中有机碳含量的2倍，可供人类使用1000年。可燃冰存在于大陆架边缘、陆上冻土带、离岸残留的冻土带及海底沉积层中。全球99%的可燃

① 李瑞霞、黄劲、张英、冯建赟、周号博：《干热岩开发利用现状及发展趋势分析》，《当代石油石化》2019年第3期，第47~52页。

冰存在于海底的可燃冰稳定带中，主要分布但不限于大西洋两岸、太平洋周边和印度洋北部。

可燃冰在同等条件下燃烧产生的能量比煤、石油与天然气高数倍，1立方米可燃冰燃烧产生的能量可转化为 160~180 立方米的天然气和 0.8 立方米的水，是一种优质的资源。对于可燃冰是不是清洁能源，目前尚存在一些争议。虽然可燃冰燃烧产生的二氧化碳量极低，对环境的损害极小，但是可燃冰尚未形成高效系统化的能源利用的技术体系，在经济性方面尚有欠缺。

二　国际干热岩与可燃冰勘探开发现状与进展

（一）国际干热岩勘探开发现状与进展

国际干热岩的实验探索于 20 世纪 70 年代开始，目前主要的干热岩开发技术为增强型地热系统（Enhanced Geothermal System）。

1. 主要国家开发现状与进展

美国、日本、德国、英国等国进行了干热岩的实验探索，陆续建设多个干热岩勘查开发实验场地，干热岩发电技术已经基本成熟。

（1）美国干热岩投资日渐减少

1970 年，美国首次提出运用地下干热岩体发电的设想，率先启动了干热岩资源的开发工作。1973~1990 年，美国洛斯阿拉莫斯国家实验室和能源部在新墨西哥州芬顿山进行干热岩发电的第一阶段的实验，在此期间提出采用水力压裂技术开采地热资源并成功实现干热岩的热流循环；1991~2000 年进行了干热岩发电的第二阶段的实验，日本与德国也加入该实验当中。两个阶段钻孔最深为 4500 米，岩体温度为 330℃，发电量由 3 兆瓦时上升到 10 兆瓦时。

2000 年，美国正式停止芬顿山干热岩实验项目。此后，美国对干热岩项目的投资逐渐减少。2001 年，美国能源部启动了名为"高级地热系

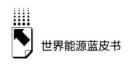
统"的干热岩实验计划，明确提出干热岩勘探开发的主攻方向为增强型地热系统。最近，美国地质调查局提出干热岩政府—私人部门合作计划，对干热岩在不同地区的利用情况进行遴选划分，并定期发布干热岩开发信息。

（2）英日德干热岩实验集中在20世纪七八十年代

1977年，英国卡尔波矿业学校（Cambone School of Mines）开始在Cornwall进行以花岗岩为岩体的干热岩实验项目，这是当前全球第二大干热岩实验工程，钻探深度从300米延伸到2000米，地热梯度为每千米35℃，每平方米热流值达120毫瓦。

日本的干热岩研发项目自1970年以来一直保持系统且有计划地研发，对国际干热岩技术的进步起到了十分重要的作用。当前，日本有四个大型干热岩工程实验项目，并且有若干野外实验项目。1980年，日本通商产业省（MITI）在日本山形县对干热岩发电技术可行性项目进行投资，在2000～2200米的深度进行钻井勘探，并在1991年、1995年和1996年进行了多次短期人工压力测试以测度干热岩系统的使用周期。1988年，日本电力行业中央研究所（CRIEPI）实施了Ogachi工程[1]。

1977～1986年，德国联邦研究和技术部在巴伐利亚东北部的Falknberg开展干热岩研究。

（3）澳大利亚库珀盆地干热岩实验项目

2003年，澳大利亚地球动力学有限公司在库珀盆地勘查出的干热岩热能储量高达500亿桶油当量，该公司通过钻探注水井成功生成干热岩地下连通系统以进行干热岩的循环发热实验。

2. 国际干热岩勘探技术现状及进展

（1）国际干热岩勘探技术现状

主流的干热岩的勘探开发采用增强型地热系统的方式，需要钻探多口深

[1] Shin K., Ito H., Oikawa Y., "Stress State at the Ogachi Site," *Proceedings World Geothermal Congress*, 2000, pp. 1749-1752.

井并利用高压水泵驱动水进行循环取热。其原理通过在干热岩所在岩层（2000～6000米）打入"注水井"，通过水力压裂使干热岩体产生裂隙；将高压低温水注入其中，高压低温水渗入岩层的裂缝中，形成面状的热储构造水库，将地热能量吸收进来；再通过从地表向下钻"出水井"（与注入井相距200～600米），封闭井孔后在"注水井"与"出水井"之间形成封闭地下热交换系统，将裂隙中的蒸汽和高温水提取到地面，再通过地面循环装置利用产生的高温蒸汽实现发电。在此过程中，高压水冷却后再通过高压装置循环使用。增强型地热系统原理见图1。

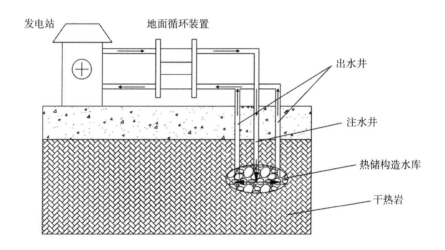

图1 增强型地热系统原理

资料来源：余毅、马艺媛《中国干热岩资源赋存类型与开发利用》，《自然资源情报》2022年第5期，第1～7页。

常用的地下热交换系统模式如下。

①人工高压裂隙模式

人工高压裂隙模式是最早的干热岩开采模式，由美国洛斯阿拉莫斯国家实验室提出，这种模式是通过人工手段将高压水注入"注水井"的底部，通过人工高压使干热岩产生裂隙，水在干热岩内的裂隙中流动，通过水循环最终实现热能交换。

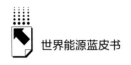

②天然裂隙模式

天然裂隙模式充分运用干热岩体中天然存在的裂隙网络，其原理与人工高压裂隙模式相同。

③天然裂隙-断层模式

天然裂隙-断层模式是干热岩热能发电的最新模式，由欧洲苏茨干热岩工程研发人员提出。这种模式同时利用干热岩的天然裂隙与天然断层，通过两者的叠加作用增强渗透性和热交换系统的连通性，通过水循环提取热能。

（2）国际干热岩勘探技术进展

干热岩的勘探技术包含钻井技术、裂缝激发技术与对流循环实验。当前前沿的钻井技术有激光钻孔、化学钻孔、火焰裂钻与弹丸钻，钻井材料硬度高、抗腐蚀性能强、深钻能力强。目前，干热岩储层的裂缝激发方法主要有水力压裂法、化学激发法和热激发法。对流循环实验是在干热岩裂缝激发完成后，评估地下交换系统热能的产生与交换效率。对流循环实验首先在"注水井"注入低温水，测试"出水井"中能否循环稳定产出高温流体，在实验中需要进行数据模拟与预测，把握干热岩储层的温度与渗透方向，确保增强型地热系统循环利用。

（二）国际可燃冰勘探开发现状与进展

1. 主要国家可燃冰勘探开发现状与进展

1968 年，苏联地质学家在西伯利亚麦索亚哈冻土层发现了第一座可燃冰矿藏——麦索亚哈气田。1979 年，美国"挑战"号钻探船首次发现了海底可燃冰。自 2000 年开始，世界各国对可燃冰的关注程度持续提升，美国、加拿大和日本等国对可燃冰进行了多次试采作业。

（1）美国持续支持可燃冰项目

2000 年，美国通过了《天然气水合物研究与开发法案》。2005 年，美国证实墨西哥湾的砂层的可燃冰具有开采可行性。2013 年，美国能源部投入 500 万美元支持 7 个全国性可燃冰项目的研究。2017 年 5 月，美国在墨西哥湾进行了两次海底可燃冰钻探研究。截至 2019 年底，美国开展的可燃冰项目有 14 个，已经结项的有 83 个。[①]

（2）加拿大放弃可燃冰开采

尽管加拿大西北部麦肯齐三角洲地区的可燃冰研究工作取得了诸多成果，但是，2013 年，加拿大哈珀政府因可燃冰的商业化开采在短期内无法实现，放弃持续了 15 年的可燃冰开采利用研究。

（3）日本首次开采海底可燃冰获取甲烷

日本是世界上首个掌握海底可燃冰开采技术的国家。日本对可燃冰的研究始于 20 世纪 90 年代。2012 年，日本将可燃冰列入《甲烷水合物开发计划》。2012 年，由日本北见工业大学和明治大学等组成的科研小组在距鄂霍次克海和日本海岸边 30~50 公里范围内成功获得表层性可燃冰样品。2012 年，日本石油天然气和金属矿物资源机构在爱知县渥美半岛以南 70~80 公里近海海底进行可燃冰钻探，从 800~1000 米海底向下开凿 400~500 米的可燃冰层，建设 4 口生产和监测井开采沙层型可燃冰。2013 年，该机构继续利用"地球"号深海探测船在渥美半岛水深 1000 米处向下拓展 330 米以对可燃冰进行试开采作业，成功在可燃冰中开采出甲烷。2013 年，日本政府将重点勘查可燃冰资源纳入"海洋基本计划草案"规定，同时计划于 2018 年完善海底可燃冰的商业化开采技术。

（4）印度与孟加拉国发现巨大储量可燃冰

印度称已在东海岸的孟加拉湾发现了可燃冰，印度能源管理局估计，印度的可燃冰中储藏的天然气可达 1894 万亿立方米。2013 年，由印度油气集团（ONGC）等公司组成的特别小组在印度东海岸开采可燃冰。2018 年，孟加拉国在其占领水域发现 17 万亿~103 万亿立方英尺的冰状水合物沉积物（其内含有大量甲烷）。[②]

2. 可燃冰的开采技术

目前，全球可燃冰规模性开发进展困难重重，还没有国家成功建设可商

---

① 邵明娟、张炜：《美国国家天然气水合物研发计划概述及启示》，《地质论评》2020 年第 S01 期，第 191~192 页。

② 1 立方英尺相当于 28.3168 升。

业化开采的可燃冰矿井，国际上也尚未形成从可燃冰中生产天然气的技术，日本正在积极进行研发，但尚未取得有效的成果。

可燃冰开采方法主要分为四类。

（1）热激发开采法

这种方法是用微波电磁等方法直接对可燃冰矿层进行局部加热，以获取分解出来的天然气资源。这种方法的优点是开采速度快，可实现循环助热，但具有热效率低下的缺点，不利于大规模开发。

（2）钻井降压法

钻井降压法的原理是降低可燃冰储层的压力以使可燃冰分解，主要方法是低密度泥浆钻井泵出可燃冰所在地层游离的气体或流体。这种方法不需要持续激发加热，进行一次性钻井即可实现逐步开采，开采成本相对低，适用于进行大规模勘探开发，是前景应用范围最广、利用效率最高的可燃冰开采技术。这种技术的局限性在于只有在可燃冰位于温压平衡边界附近时，才具备经济可行性。

（3）化学试剂注入法

化学试剂分为热力学抑制剂（如热盐水）、防聚剂和动力学抑制剂，这种方法是将化学试剂注入可燃冰层，让可燃冰实现自行分解。传统的水合物化学抑制剂的开采成本高昂，且容易对环境造成污染。随着可燃冰研发技术的不断进步，出现了以表面活性剂为基础的防聚结技术和阻止晶核成长的动力学技术两种新型抑制技术，这两种化学试剂在安全性、环境影响与脱水性能方面都有了一定改善。

（4）二氧化碳置换法

二氧化碳置换法是将二氧化碳注入可燃冰储层，将海底和冻土层区域的水合物中的甲烷置换出来以实现对可燃冰的开采，这种置换方法的设想由日本科研学者首次提出并第一次用实验予以证实[1]。二氧化碳置换法原理见图

---

[1] Ohgaki K., Takano K., Sangawa H. et al., "Methane Exploitation by Carbon Dioxide from Gas Hydrates-phase Equilibria for CO_2-CH_4 Mixed Hydrate System," *Journal of Chemical Engineering of Japan*, 1996, pp. 478-483.

2。该方法的优势在于，既可以将二氧化碳气体封存于海底，减缓温室效应，又可以保护可燃冰沉积层，避免引发海洋地质灾害。

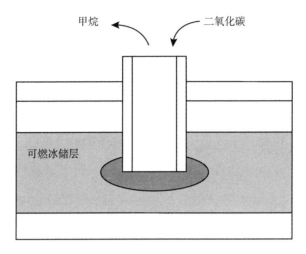

图2　二氧化碳置换法原理

资料来源：付亚荣《可燃冰研究现状及商业化开采瓶颈》，《石油钻采工艺》2018年第1期，第68~80页。

三　我国干热岩的勘探开发现状与前景

（一）我国干热岩赋存及分布情况

1. 干热岩资源赋存情况

我国干热岩资源储量丰富，2009~2011年，国土资源部对我国大陆地区3000~10000米的干热岩资源潜力进行了重新评估。数据评估结果表明，我国大陆地区3000~10000米深处干热岩资源总计相当于860万亿吨标准煤，约占世界干热岩资源总量的16.7%，是中国2011年能源消耗总量的26万倍。[①]　其中，深

[①] 《中国地热资源相当于860万亿吨煤》，国家能源局网站，http：//www.nea.gov.cn/2012-10/09/c_131894058.htm。

度位于3.5千米~7.5千米，温度在150~250℃的干热岩资源约为215万亿吨标准煤。若按照2%的资源可开采量计算，我国可开发的干热岩资源为17万亿吨标准煤。

2. 干热岩资源禀赋分布

我国的干热岩资源主要分布于青藏高原、松辽盆地、渤海湾盆地与东南沿海地区，这些地方大都属于沉积盆地区、近代火山活动地区以及高热流花岗岩地区。其中，青藏高原的干热岩占我国大陆地区干热岩资源总量的20.5%，渤海湾盆地（华北地区）与东南沿海地区（浙江、广东、福建）分别占我国大陆地区干热岩资源总量的8.6%和8.2%，松辽盆地占5.2%（见图3）。

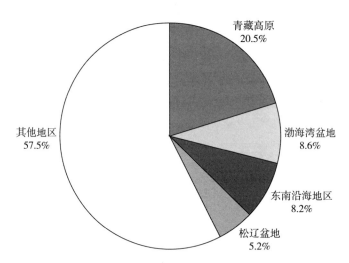

图3 干热岩分布情况

资料来源：中华人民共和国自然资源部。

3. 干热岩资源赋存类型

中国地质调查局根据干热岩的不同成因机制，将干热岩分为高热流酸性岩体型干热岩、沉积盆地型干热岩、近代火山型干热岩和强烈构造带型干热岩四种类型（见表1）。高热流酸性岩体型干热岩放射性产热相对稳定，主要分布于广东、福建、贵州、江西和湖南的花岗岩地区，其中，东南沿海漳州地区与广东惠州地区的该种岩体分布得最多。沉积盆地型干热岩由盆地覆盖层的热流与基底的热流碰撞形成，其特点是热流值高，主要分布于松辽盆地。近代火山型干热岩是随着地底岩浆活动导致热源从地表喷出而形成的，热源特征由岩浆活动的时间与岩浆冷却速度决定，主要分布于腾冲、琼北、长白山与黑龙江五大连池等地区。强烈构造带型干热岩是深度酸性岩浆侵入由于地壳活动断裂的上地壳形成的，主要分布在青藏高原。

表1 干热岩的类型与特征

	高热流酸性岩体型干热岩	沉积盆地型干热岩	近代火山型干热岩	强烈构造带型干热岩
赋存特征	产热稳定	热流值高	由岩浆活动时间与冷却速度决定	高辐射热
地质背景	花岗岩地区	中生界砂岩碳酸岩	火山岩	酸性岩
形成方式	地壳浅部局部受高温而形成	覆盖层的热流与基底的热流碰撞	地底岩浆活动导致热源从地表喷出	深度酸性岩浆侵入由于地壳活动断裂的上地壳
分布状况	广东、福建、贵州等	松辽盆地	腾冲、琼北、长白山与黑龙江五大连池等地	青藏高原

资料来源：余毅、马艺媛《中国干热岩资源赋存类型与开发利用》，《自然资源情报》2022年第5期，第1~7页。

（二）我国干热岩的开发现状

1. 干热岩资源的政策支持

2014年4月，《全国干热岩勘查与开发示范实施方案》正式出台。2013年，《国家能源局 财政部 国土资源部 住房和城乡建设部关于促进地热能开发利用的指导意见》指出，要通过发展干热岩发电提高地热综合利用水平。2017年，我国组织编制《干热岩勘查技术要求》，积极推动干热岩实现商业化运转。2021年，国家能源局在《关于促进地热能开发利用的若干意见》中指出，鼓励有条件的地方建设干热岩地热能发电工程。

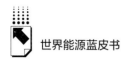

2. 我国干热岩勘探开发进展

（1）我国干热岩的勘查与试采进程

我国干热岩研究工作起步时间相对较晚，近十年来，国土资源局、中国地质调查局、国家发改委、中央与地方财政和企事业单位共同推动干热岩的研发工作，干热岩在实验靶区圈定与建设、储层改造机理与热能应用方面取得了诸多进步。2012年，自然资源部联合中国地质调查局启动对我国干热岩资源的勘查与试采工作。

2013年4月至2014年12月，青海省环境地质勘查局开展"青海省贵德县扎仓沟地热与干热岩勘查实验研究"的地勘项目，首次在青藏高原北部发现具有一定开发利用前景的干热岩资源。2014年4月，由中国地质调查局部署、青海省国土资源厅立项，青海省水文地质工程地质环境地质调查院承担，中国地质大学（武汉）等科研院所协助的"青海省共和县恰卜恰镇中深层地热能勘查"钻探项目中编号为"DR3"的钻孔在青藏高原腹地——青海共和盆地中北部地下2230米处钻获发现温度达153℃的干热岩，这是我国首次钻获发现干热岩。

2017年8月，青海省水文地质工程地质环境地质调查院在青海省共和盆地3700米深处首次钻获温度高达236℃的优质干热岩，工程人员综合考量地质地热条件，采用地球物理勘查钻探方法，并利用1∶50000高精度航磁测量数据，在共和盆地圈定总面积达3092平方公里的18处干热岩远景区。

2013～2014年，中国地质调查局部署了"全国干热岩资源潜力评价与示范靶区"综合调查研究项目，确定福建漳州地区是干热岩勘查的优先靶区。2015年5月，我国干热岩勘探开发正式进入实践阶段，全国首个干热岩钻探深井在漳州市龙海清泉林场施工。

2017年，在广东惠州黄沙洞地热梯田启动惠热1井的施工工作，钻探深度超过3000米。2018年，恒泰艾普清洁资源有限公司在海南琼北地区投资，自主钻探中国东部第一口干热岩钻井，该钻井在深度4387米处钻获超过185℃（非稳态测温）的高干热岩。

（2）我国干热岩开发的最新进展

2019年，河北省煤田地质局启动环渤海（唐山海港）干热岩勘查项目，在3965米深度探获了温度达150℃的干热岩。勘查结果显示，该区域4000米深度以内的干热岩远景资源量折合标准煤约为28亿吨。[1]

中国科学院广州能源研究所提出采用重力热管替代金属棒的方式，将干热岩中的热能传输到地面，可避免干热岩体与管内液体直接接触，以减少热能损失。[2] 2020年，中科院广州能源研究所与河北省煤田地质局进行合作，在唐山海港马头营干热岩地热深井内进行超长重力热管取热实验，取得了干热岩的"无泵式"开采技术突破。该技术通过向干热岩所在岩层安装密闭的超长重力热管，热管发热产生蒸汽将热能通过地下热管传输到地面。实验结果显示，在采用该技术开采的岩石平均温度为119℃时，地面持续采热功率接近200千瓦。

（三）我国干热岩发展面临的瓶颈和挑战

目前，全球只有少数几个国家建成规模较小的干热岩发电站，已建成的干热岩地下热交换系统有60余处[3]，受制于经济成本与技术障碍，干热岩发电尚未实现商业化。

1. 干热岩的岩体与储层地质风险

地下深处的干热岩岩体大都为变质岩和岩浆岩（花岗岩），岩体硬度很高，缺乏渗透与热交换能力，不易被钻穿。此外，干热岩地下储层的天然裂缝形态较为复杂，储层的稳定性差，在钻探过程中，干热岩储层容易产生破裂和坍塌。再者，干热岩储层的温度很高，钻井工具遇高温容易降解，这些

---

[1] 《"地下超级锅炉"可发电供暖》，国家能源局网站，http://www.nea.gov.cn/2020-05/13/c_139052527.htm。

[2] 黄文博、曹文炅、李庭樑、蒋方明：《干热岩热能重力热管采热系统数值模拟研究与经济性分析》，《化工学报》2021年第3期。

[3] Xu Tianfu, Joseph Moore, Jiang Zhenjiao, "The Special Issue on Hot Dry Rock Resource Exploration and Enhanced Geothermal Engineering Preface," *Acta Geologica Sinica* (English Edition), 2021, pp. 1-4.

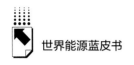

因素都给干热岩资源的开采增大了难度。

2.勘查干热岩资源的技术瓶颈

现有的干热岩钻井技术无法满足对地下储层的精准测量与监测，技术压裂产生的裂隙延伸的形态与方位辨识较为困难，裂缝扩展容易产生偏差，导致钻探周期长，进展速度慢。当前，我国已经进行了多项干热岩的地下循环实验，但实验场地存在场地循环流量小、温度低、裂隙连通能力弱与热交换能力不足的问题。

3.利用干热岩资源发电的经济性问题

干热岩发电的成本高昂，主要由三个部分组成：一是前期开发成本，主要包括土地使用成本、勘探成本、钻井成本、干热岩裂隙发展监测与跟踪成本；二是高压注水成本和维持地下热交换系统稳定（压力平衡）的注水设备成本；三是地表循环发电设备成本。

（四）"碳达峰""碳中和"背景下的干热岩开发利用前景及建议

2020年9月，习近平总书记在第七十五届联合国大会一般性辩论上向世界宣布了中国的"碳达峰"目标与"碳中和"愿景，提出"中国将提高国家自主贡献力度，采取更加有力的政策和措施，二氧化碳排放力争取于2030年前达到峰值，努力争取2060年前实现碳中和"。

在"碳达峰""碳中和"目标下，干热岩在发电、供暖和农业养殖等方面具有极其广阔的应用前景。对此，政府要制定干热岩勘探研发规划，积极开展国际交流与合作，详查干热岩地质条件，充分利用干热岩资源，开发更加高效、稳定、运行成本低的新型干热岩地热资源开采方式。攻关干热岩勘察开发关键技术，其中，促进增强型地热系统升级是实现干热岩利用的关键。微地震监测表明，储层改造能有效提升干热岩储层裂隙的循环能力，储层改造的主要措施为水力压裂。未来，技术改造的主要方向包括深部热储层精细刻画技术、高温定向钻井技术、靶向储层改造技术、高精度微地震监测技术、人工裂隙成像技术与地热能高效利用技术。

四 我国可燃冰的勘探开发现状与前景

中国于 1999 年启动海洋可燃冰的实质性勘探研发工作，迄今为止对可燃冰的勘探研究已开展了 20 余年，正处在集成现有技术的尝试阶段。虽然我国可燃冰的勘探研究已经初具规模，在海域可燃冰的勘探、实验合成领域已经具备世界平均水平，但是开发过程还面临一系列问题。

（一）我国可燃冰的开发现状

1. 可燃冰资源的政策支持

2011 年，可燃冰首次作为一种新型能源被纳入"十二五"能源发展规划中，我国主要侧重于进行可燃冰的勘探与科学研究。2014 年，国务院办公厅印发《能源发展战略行动计划（2014—2020 年）》，积极推动可燃冰勘探开发。2017 年，我国正式将可燃冰列为第 173 个矿种。

2. 我国可燃冰资源的禀赋分布

我国可燃冰资源主要分布在南海海域与青藏高原，目前，已勘探的可燃冰资源存量约为 1000 亿吨石油当量，南海海域有将近 800 亿吨石油当量，位居世界第一，青藏高原冻土区是全球可燃冰的重要陆域分布区。2011 年，我国科学家通过对可燃冰的地质条件与富集特征进行研究，评估发现南海北坡的神狐海域是我国可燃冰富集区，预测储量约为 194 亿立方米[1]，占全球的 70%。

3. 我国可燃冰资源的开发成果

1999 年，我国首次在南海西沙海域发现了可燃冰存在的地震反射证据——似海底反射界面（BSR）；2002 年，政府正式批准海域可燃冰资源勘查专项；2004 年，我国首次在台西南盆地发现"九龙甲烷礁"；2007 年 5 月，我国在南海北部钻获最高饱和度达 48% 的均匀分散状可燃冰实物样品，

---

[1] 《我国启动对可燃冰成矿规律的新一轮研究》，国家能源局网站，http://www.nea.gov.cn/2011-02/24/c_ 131068856. htm。

成为在美国、日本、印度之后第四个通过国家级研发计划在海底钻探获得可
燃冰实物样品的国家。

2009 年，我国首次在青海发现陆地可燃冰，勘测青海祁连山南缘永久
冻土带远景可燃冰和青藏高原五道沟永久冻土区的可燃冰超过 350 亿吨当
量。2010 年 6 月，青海省政府与中国海洋石油总公司签署《资源合作战略
框架协议》，共同组建可燃冰工程研究中心，进行可燃冰勘查研究实验，不
过，该协议出于多种原因未真正执行。2010 年底，由广州海洋地质调查局
完成的《南海北部神狐海域天然气水合物钻探成果报告》通过终审，科考
人员在我国南海北部神狐海域钻探目标区内圈定 11 个可燃冰矿体。

2011 年，我国启动了对可燃冰成矿规律研究的专门项目，该项目是国
家 973 计划重点项目，主要目的是对过去的研究工作进行经验总结，对可燃
冰开发技术及环境控制进行深入研究，推动我国可燃冰勘查工作更加科学与
可持续。2011 年，国土资源部拨调 3000 万元专项资金用于"青藏高原冻土
带天然气水合物调查评价"项目。2011 年 11 月，青海省政府与神华集团达
成战略合作，神华集团将在青海省开展可燃冰的研发工作。2012 年，我国
科研人员乘坐我国第一艘自行设计的可燃冰综合调查船"海洋六号"深入
南海北部区域进行可燃冰精确调查。

2013 年，我国首个可燃冰三维勘探项目——青海省天峻县聚乎更矿区
三露天天然气水合物三维地震调查评价项目的野外采集工作完成。2013 年
6~9 月，我国海洋地质科技人员首次在广东沿海珠江口盆地东部海域 600~
1100 米以下、220 米以内的两个矿层中钻获高纯度可燃冰样品并通过钻探获
得部分控制储量；2015 年，广州海洋地质调查局在神狐海域的 23 口天然气
水合物钻探井全部发现可燃冰；2016 年，地质调查人员在神狐海域的 8 个
钻探站位试采，8 个钻探站位全部发现可燃冰。

4. 我国可燃冰勘探最新开发进展

2017 年 3~5 月，由国土资源部、中国地质调查局组织在南海神狐海域设
立可燃冰勘探实验区，使用我国研制的"蓝鲸一号"钻井从水深 1266 米海底以
下、203~277 米首次试采可燃冰成功，实现了连续 187 个小时的稳定产气，此次

试采连续试气 2 个月，累计产气总量为 30.9 万立方米，平均日产 5151 立方米。[①]
2020 年，在南海神狐海域对可燃冰的第二次试采成功，此次试采持续产气 42 天，产气规模约为第一次的 4.8 倍，累计可燃冰产气总量达到 149.86 万立方米，日均产气量为 3.57 万立方米，创造了可燃冰产气总量与日均产气量的世界纪录。2021 年，国家重点研发项目"国产自主可燃冰钻探和测井技术装备海试任务"项目顺利完成海上实验，中国成为世界上第三个自主掌握海洋可燃冰钻探和测井技术的国家。

中国可燃冰的主要开采成果见图 4。

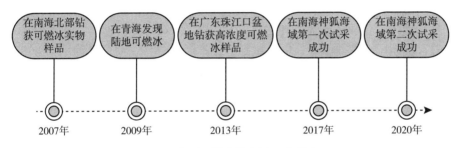

图 4　中国可燃冰的主要开采成果

资料来源：中华人民共和国自然资源部。

（二）可燃冰发展存在的问题和挑战

目前，不仅可燃冰开采成本高，开采技术瓶颈在短期内也难以克服。在开采的过程中还伴随着无法避免的环境污染和地质损害，目前尚未形成有效的解决方式。

1. 开采的高技术难度

可燃冰在全球范围内分布不均，大都位于陆上冻土带与海底沉积层，这些位置属于高纬度与高海拔地区，而且涉及无人区，人力很难企及，开采的成本极高。可燃冰的开采必须通过钻探的方式实现，主要依靠低温高压封

[①] 《可燃冰，未来"新能源"？》，河北新闻网，http：//hbrb. hebnews. cn/pc/paper/c/201711/23/c34885. html。

存，技术难度比海上油气钻探高得多。

2. 对环境与地质的损害无法避免

可燃冰开采需要在地下钻井，不仅会对海底与陆地沉积层造成破坏，还会影响海洋与陆地原有的生态环境。在开采过程中，环境温度上升可能会导致可燃冰中的甲烷泄漏，极易引发爆炸，加剧温室效应，同时，温度升高会导致可燃冰体积膨胀超过 100 倍，由此引起的海底地质环境膨胀容易引发海底塌方或者海啸。

3. 运输与存储技术面临压力

可燃冰易挥发分解的性质亦决定对其运输与存储具有较高难度，其在高温低压的状态中才能保持稳定，在提取过程中会因水压的降低迅速分解，分子结构发生变化（由固态转化成气态和液态），在开采过程中，需要使其全程保持密封，否则容易产生井喷的情况。

（三）"碳达峰""碳中和"背景下的可燃冰开发利用前景及建议

世界上约有 27% 的陆地是可燃冰的潜在地区，具备形成可燃冰的海区的面积为 18.9 亿平方千米，可燃冰在全球潜在储量丰富[①]。因此，作为新型环保能源，可燃冰的应用前景十分广阔，未来有望成为接替传统化石能源与支持经济发展的新能源。我国传统能源储量逐渐减少，需要依赖进口以支持经济发展，实现对可燃冰的商业性开发，能够有效降低对煤、石油与天然气的依赖程度，实现能源自给，满足能源与经济发展的稳定需求。

然而，可燃冰能否成为解决能源资源紧缺的有效方式取决于可燃冰的开采与存储技术，为此，要积极推动自主技术研发，推广应用现有相对成熟的开采技术。技术是解决环境问题与资金问题的关键。应通过技术手段最大限度地规避环境风险，尽可能不损害海底地质环境。要积极开展可燃冰环境效应研究，进行数据与资料采集，了解海底地质灾害类型和分布，对海底地质特征进行技术检测，做好防止甲烷泄漏与避免海底地质灾害的准备。

---

① 《只有可燃冰可接棒石油天然气》，国家能源局网站，http://www.nea.gov.cn/2013-09/30/c_132763638.htm。

B.17
2021年储能技术及产业发展动向

摘　要： "十四五"规划明确提出储能是建设现代化基础设施体系的重要一环，随着"碳达峰"的不断推进，中国在未来将使用更环保的可再生能源来替代传统能源，储能技术的发展和应用有助于促进可再生能源消纳，对实现"碳达峰"目标具有重要的作用。本报告首先描述了世界经济复苏及疫情背景下全球储能市场发展状况，各国对可再生能源的激励政策推动全球储能行业发展，从而使全球储能装机容量不断上升；其次分析了世界各国储能产业发展的主要特点，并在此基础上预测世界未来几年的储能需求量；最后进一步分析中国近年来的储能政策和技术的发展路线，认为物理储能、熔融盐储热和电化学储能在未来几年将进入加速发展时期。未来，资本市场对储能技术企业的关注将继续升温。

关键词： 储能技术　可再生能源　储能产业

一　全球储能市场发展状况及未来趋势

储能技术是指将剩余能源储存起来，并在有需求时释放出能量的技术。根据不同的场合和需求，可以选择不同的能量储存系统。根据储能技术原理和储能形式的不同，储能系统可分为电气式储能、机械式储能、化学式储能

---

* 黄雅迪，中国社会科学院大学经济学院国民经济学博士研究生，主要研究方向为能源经济与政策比较。

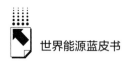

和热能式储能。

电气式储能包括电容器、超级电容和超导磁储能（利用超导体制成的线圈储存磁场能量），具有快速电磁响应特性和很高的储能效率。机械式储能包括飞轮储能（电力用于加速飞轮，通过该飞轮，能量被保存为旋转动能，当需要能量时，飞轮的旋转力用于转动发电机。一些飞轮使用磁性轴承，在真空中运行以减小阻力，并且可以达到每分钟 60000 转的转速）、抽水蓄能（当水从水库中释放出来时，它会流过涡轮机来发电）和压缩空气储能（当电力需求量大时，压缩空气被释放，通过涡轮膨胀机发电）。化学式储能可细分为电化学储能、化学储能以及热化学储能等。电化学储能涉及铅酸、镍金属氢化物、锂离子等常规电池，以及溴锌、全钒等液流电池；化学储能涉及燃料电池和金属空气电池；热化学储能则涉及太阳能储氢以及利用太阳能解离—重组氨气或甲烷等。热能式储能包括含水层储能、液态空气储能以及显热储能与潜热储能等高温储能。例如，电力可用于在低需求期间生产冷冻水或冰，然后在消耗高峰期间用于冷却。

在装机规模方面，中关村储能产业技术联盟（CNESA）全球储能项目库的统计数据显示，截至 2020 年底，全球储能项目运行装机总容量为 191.1 吉瓦，与 2019 年相比增长 3.4%。2020 年，抽水储能容量占各种储能装机容量的 90.3%（见图 1），为 172.5 吉瓦，相比上年增长 0.9%；电化学储能的累计装机规模为 14.2 吉瓦（见图 2），排名第二，其中，锂离子电池的装机规模达到 13.1 吉瓦，锂离子电池和电化学储能的累计装机规模均超过 10 吉瓦。

受全球新冠肺炎疫情影响，储能行业上半年呈现低迷态势，下半年市场逐渐回暖，全球新增电化学储能项目的装机规模有较为明显的增长，达到 4.7 吉瓦。公用事业规模的储能项目装机容量继续占据市场的主导地位，约占新增装机容量的 2/3。尽管关键市场的新政策和项目加速装机容量增长，但实现到 2050 年净零排放的目标，其还需要具有更快的增长速度，即到 2030 年电池储能装机容量接近 600 吉瓦。

到 2020 年，我国新建电化学储能项目装机容量达到一个新高度，新增投运电化学储能项目装机容量占世界总装机容量的 33%；美国、欧洲紧随

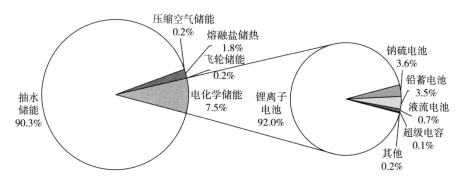

图1 全球储能市场累计装机规模占比（2020年）

资料来源：CNESA全球储能项目库，http：//www.esresearch.com.cn/#/resReport/Rdetail。

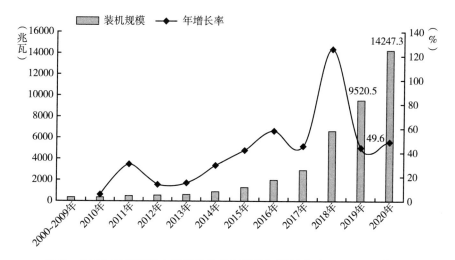

图2 全球电化学储能市场累计装机规模及年增长率（2000~2020年）

资料来源：CNESA全球储能项目库，http：//www.esresearch.com.cn/#/resReport/Rdetail。

其后，分别占30%和23%（见图3）；日本、韩国、澳大利亚、中国和美国的新增投运电化学储能项目的装机规模均超1吉瓦。①

———————————

① 《储能产业研究白皮书2021》，中关村储能产业技术联盟网站，http：//www.cnesa.org/index/index。

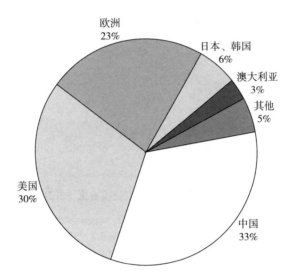

图 3　2020 年全球新增投运电化学储能项目装机容量的地区分布

资料来源：CNESA 全球储能项目库，http://www.esresearch.com.cn/#/resReport/Rdetail。

根据研究和分析机构 IHS Marki 发布的数据，截至 2021 年 1 月，中国在建设和规划抽水蓄能项目方面领先亚太地区其他国家。中国的能源公司在整个地区的总装机容量为 52.3 吉瓦，位居第一。澳大利亚位居第二，澳大利亚计划在建抽水蓄能项目的发电量为 7880 兆瓦，接着是印度尼西亚（4063 兆瓦）、印度（2780 兆瓦）和日本（2480 兆瓦）。①

2021 年，美国新增投运 3.1 吉瓦电池储能装机容量，比 2020 年有了相当大的增长。美国能源信息署统计的 2020 年底的累计装机容量为 1650 兆瓦。新增装机容量主要来自加利福尼亚州，LS Power 和 Vistra Energy 先后投产了 250 兆瓦/250 兆瓦时和 300 兆瓦/1200 兆瓦时规模的电池储能项目，这是美国乃至世界上最大的电池储能项目。此外，在得克萨斯州、佛罗里达州、纽约州等地还有几个将近 100 兆瓦的大型电池储能项目正在加速建设。

① "Underground Works Begin at 250MW Kidston Pumped Hydro Plant in Australia，" Energy Storage，Jan. 2022，https://www.energy-storage.news/underground-works-begin-at-250mw-kidston-pumped-hydro-plant-in-australia/.

在欧洲，清洁能源一揽子计划的实施为欧洲储能市场释放了一个积极信号，以英国为代表的电池储能表前市场和以德国为代表的家用储能市场异军突起。英国电池储能项目容量限制的解除和英格兰、威尔士储能项目规划的落地，正式拉开了英国大型储能项目建设的序幕。德国已经安装了超过30万个家用电池储能系统，疫情更加激发了人们对于能源安全性和实现能源独立性的强烈需求。[1]

展望未来，国际能源署预计世界储能项目装机容量在今后5年内将增加56%，到2026年将超过270吉瓦。主要是由于各国对储能系统灵活性和能源需求的日益增长，以将大部分可变可再生能源（VRE）完全利用和集成到电力系统中。

美国和中国是最大的两个市场，到2030年，二者装机容量之和将占全球储能装置装机容量的一半以上。其他主要市场包括印度、澳大利亚、德国、英国和日本。公用事业规模的电池储能将占据全球储能增长的大部分。特别是由于可变可再生能源的市场份额几乎覆盖了特定时间段的所有需求，激励对系统灵活性的需求增加，预计安装容量将增加6倍。

到2030年，亚太地区将引领以兆瓦级装机容量为基础的储能项目建设，但美洲地区将增加更多的以兆瓦时为电量单位的储能站，因为其拥有更多的储能时间。由于缺少具有针对性的储能政策和激励措施，欧洲、中东和非洲目前落后于其他地区的竞争者。但是，随着可再生能源的普及和化石燃料发电机组逐渐退出市场，以及逐渐本土化的电池供应链的出现，这些地区的储能增长可能会加速。

印度和德国在2020年签署了一份混合协议，将风能发电、太阳能发电和能源储存结合在一起，电价为40~60美元/兆瓦时。在美国，联邦税收优惠政策和一些市场的高昂价格共同推动电池储能市场扩张。

彭博新能源财经（BNEF）清洁能源专家表示："人们更加关注储能资源在许多电力系统中所展现出来的灵活性，同时由于电池成本下降和可再生

---

[1] "IEA Tracking Report，" Nov. 2021, https：//www.iea.org/reports/energy-storage.

能源普及率的激增，全球存储市场正在以惊人的速度发展。未来，储能项目的规模、调度持续时间以及与可再生能源配对的数量将不断增加。"住宅、商业和工业电池储存量也将继续增长。目前，德国和日本占据了住宅和企业类储能的主要市场，澳大利亚和美国加利福尼亚储能市场发展得极为迅速。BNEF 预计，到 2030 年，家庭和企业的储能装置容量将占全球储能装置容量的 1/4。消费者使用的电力更多来自太阳能发电，同时，其对备用电源的需求也逐年增加。

在储能技术方面，抽水蓄能（PSH）提供了全球 42% 的电力存储容量。今后 5 年内，抽水蓄能存储容量将增加超过 40 吉瓦，其依然是最大的储能来源，预计到 2026 年的累计设备存储容量超过 200 吉瓦。而聚光太阳能（CSP）存储容量将增至 2.6 吉瓦。

关于世界电力存储容量，预计到 2026 年将增加 40%，接近 12 太瓦时，抽水蓄能发电将依旧占据几乎全部的市场份额。印度通过使用现有大型蓄水池项目（试运营期间发电量超过 2.5 太瓦时），实现存储容量增长。由于在中国、阿联酋、摩洛哥、南非、智利、希腊等地的在建项目的保管时间较长（平均为 10 小时），聚光太阳能的存储容量几乎翻了一番。同样，全球电池存储容量到 2026 年将增长 8 倍。到 2030 年，全球范围内高于一半的储能将用于提供能源转换（例如，存储太阳能或风能以供稍后释放），"可再生能源+储能项目"，尤其是"太阳能+储能项目"将越来越多地被应用于市场。①

二 世界各国储能产业发展的主要特点

（一）美国："太阳能光伏+电池储能"成为今后的主要发展趋势

美国的电力市场正在经历重大的结构性变化，根据美国能源信息署的规

---

① "How Rapidly Will the Global Electricity Storage Market Grow by 2026？" IEA, Dec. 2021, https：//www.iea.org/articles/how-rapidly-will-the-global-electricity-storage-market-grow-by-2026.

划数据，大型电池储能系统的安装将在 2021~2023 年为电网贡献 10000 兆瓦时的电力，是 2019 年产能的 2 倍。美国能源信息署的统计数据显示，2021 年，美国新增投运 3.1 吉瓦电池储能装机容量。这比 2020 年的累计装机容量（1650 兆瓦）有了相当大的增长。[①]

未来两年，预计美国新增电池储能的装机规模将超过 10 吉瓦。当同时安装在一起并满足一定的充电条件时，"太阳能光伏+电池储能"有资格获得投资税收抵免（ITC）的待遇，从而降低投资成本。这一直是美国"太阳能光伏+电池储能"快速发展的强大驱动力，但该政策尚未被应用于独立储能中，没有太阳能光伏就不具有获得 ITC 的资格。行业组织者和倡导者继续游说将独立储能纳入 ITC，以及提供直接支付选项，以更快、更简单地释放 ITC 的好处。

美国能源信息署表示，未来两年，发电厂的开发商和运营商计划建设 41 吉瓦装机容量的公用事业规模的太阳能光伏电站和 10 吉瓦装机容量的电池储能装置，其占 2022~2023 年预计 85 吉瓦新增装机规模的 60%。

得克萨斯州、加利福尼亚州和纽约州将成为"太阳能光伏+电池储能"的主要市场，合计新增装机容量为 27 吉瓦。美国还将在未来两年内安装装机容量为 16 吉瓦的天然气电站和装机容量为 15 吉瓦的风电装置。

（二）欧洲：英、德分别领跑表前、表后市场，政府大力发展清洁能源

在欧洲，2015~2020 年，储能（电化学电池）市场装机容量从 0.257 吉瓦增加到 3.3 吉瓦。值得注意的是，尽管规模有所增长，但有些项目需要政府的规划许可才能推进，导致 2019 年大规模清洁能源储存项目建设速度放缓，储能市场装机容量出现了下滑。随着气候保护倡导者和行业本身的呼吁，欧洲立法者认识到储能的重要性，人们对清洁能源未来的前景也变得更

---

① "Battery Storage in the United States: An Update on Market Trends, " U. S Energy Information Administration, Aug. 2021, https: //www. eia. gov/analysis/studies/electricity/batterystorage/.

加乐观。

根据储能的应用场景，可以将其分为表前（包括发电和电网）与表后（包括户用和工商业用）。英国、德国目前分列领跑欧洲表前市场、表后市场，英国、西班牙贡献最大规模增长。德国在2020年主导住宅储能市场。随着越来越多的人转向光伏储能，光伏装置和电池价格的下跌以及电价的上涨正在推动储能市场发展。①

此外，锂电池储能项目预计在2022～2024年投入运营，到2025年将满足欧洲80%的锂电池储能需求。电池行业的振兴将创造大量的就业机会，这将缓解疫情带来的负面经济影响。

（三）日本：光伏产业呈上升趋势，鼓励居民使用住宅储能系统

由于日本土地面积小、人均需求占比大、地形特殊等因素，与大型光伏电站相比，近年来，屋顶光伏产业和分布式电站的发展呈现明显的上升趋势。同时，分散型太阳能发电的流入带来了网格管理的挑战，为了减轻这一问题的影响，日本采取奖励措施，鼓励居民使用住宅储能系统，从而带动电池储能需求。根据调查报告，到2022年，日本将超过澳大利亚和德国，在能源存储电池的部署方面位居世界第三。

日本经济产业省提出约9830万美元的预算，为装设锂电池的家庭和商户提供66%的费用补贴。此外，其还向工厂和小型企业拨款77900万美元，以提高能源利用效率，这一举动旨在激励太阳能发电厂和变电站对于储能系统的使用。为鼓励新能源走进住户，政府向进行零能耗住宅改造的家庭提供一定数额的补助金。补贴由中央政府和地方政府承担，到目前为止，政府补贴可能占到整个电池零售价格的40%～50%。除了强有力的财政支持外，新能源市场的政策导向也非常积极。为了稳定输出电力，政府要求发电厂部署一定比例的太阳能电池；为了稳定输电网频率，政府要求电网公司在输电网

---

① "Overview of Storage Market in Europe," Power Technology Research, Jan. 2021, https://powertechresearch.com/overview-of-storage-market-in-europe/.

上安装电池，或从供应商购买辅助服务；配电方面，政府针对配电网或微电网设置了奖励优惠政策，可以将电池业务委托给第三方；消费者可以同时安装家用太阳能电池，甚至可以以家庭为单位进行存储电池的出售。特斯拉、梅赛德斯—奔驰、宝马、尼桑等汽车公司大力宣传电动车、"太阳能+电池"的组合，这可能会成为日本电池销售的主流趋势，具有强大的潜力。

（四）韩国：锂电池储能行业发展迅速，安全隐患不容忽视

长期以来，韩国是储能行业的中心，是两家顶级锂电池制造商 LG Chem 和三星 SDI 的所在地，它们在产品技术性能和成本方面领先全球，不仅占据了韩国固定式储能市场的绝大多数份额，还垄断式地享受韩国在调频、可再生能源、海岛等领域的储能支持政策。但是锂电池储能行业发展迅速，韩国在安全方面没有跟上形势，2017 年 8 月至 2019 年 6 月，韩国共发生 23 起由锂电池造成的火灾，储能行业也因此陷入了长达半年的停滞期。2018~2019年，韩国的储能装机容量大幅下降，但在 2020 年增长 6%。2021 年 1 月，韩国联邦补助金被取消，短期内，储能装机容量将因此减少，但是该计划的实施在 2018 年帮助韩国排在世界储能装机容量的首位。同时，韩国电力公司宣布未来五年部署 1.8 吉瓦时电量的储能计划，旨在延迟输电网基础设施投资。这部分项目将成为近期韩国储能市场增长的最大动力。[①]

（五）澳大利亚：大力开展家用电池储能计划，"太阳能+储能"成为新运作模式

澳大利亚仍然是表后储能的主要市场，预计未来几年公用事业规模部署将占主导地位。截至 2020 年底，澳大利亚有 16 个大型电池项目正在建设中，新增装机容量超过 595 兆瓦。项目包括新南威尔士州政府承诺根据新兴可再生能源计划（AGL 计划）建造的四个新的大型电池项目和在西澳大利

---

① "South Korea Transformed Itself Into the World's Top Storage Market, But Can It Last?" Jan. 2019, https：//www. greentechmedia. com/squared/storage-plus/south-korea-transformed-itself-into-the-worlds-top-storage-market.

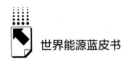
亚州的化石燃料发电场地上建造的大型电池电站（这是第一个在该州主电网上建造的电站）。

澳大利亚家庭对电池的热情在 2020 年持续升温，全年安装了 23796 块电池，总容量为 238 兆瓦，这比 2019 年安装的 22621 块家用电池有所增加。由于南澳大利亚州政府的家用电池计划的大力实施，南澳大利亚州在 2020 年安装了 7152 块家用电池，是澳大利亚安装家用电池最多的州，紧随其后的是新南威尔士州。①

澳大利亚政府全面支持储能行业发展，联邦政府在 2020 年的政策调整中，对安装容量小于 100 千瓦的住宅和商业太阳能发电装置保持扶持机制。政策的支持与太阳能和储能技术项目成本的降低，使储能行业在澳大利亚得到了进一步的发展。据澳大利亚太阳能产业协会介绍："太阳能+储能"的运营模式在澳大利亚开放区域逐渐成为新的功能标准。在西澳大利亚州，太阳能存储解决方案甚至成为新能源供应的主流模式。

三　世界各国储能政策及发展前景

（一）美国：集中发展太阳能光伏发电项目，力争实现净零排放

美国在 2021 年颁布了一些储能利好政策，包括减免独立能源存储系统投资税、延长太阳能投资税收减免期限。2020 年 12 月，美国国会批准了 9000 亿美元的新冠肺炎救济法案，其中包括延长太阳能投资税收减免两年（有助于与太阳能相关存储项目的部署），发布了《更好的能源存储技术法案》，批准了超过 10 亿美元的拨款。②

2021 年，美国储能规模占全球储能部署规模的 41%，其中，加利福尼亚州、内华达州、夏威夷州、纽约州领跑，弗吉尼亚州的储能目标也在提

---

① Clean Energy Council, https：//www. cleanenergycouncil. org. au/resources/technologies/energy-storage.

② "Tracking Report," IEA, Jan. 2021, https：//www. iea. org/reports/energy-storage.

高。同时，拜登就职后宣布了美国电力行业到 2035 年实现净零排放的高远目标，照亮了美国储能行业的发展前景。

根据美国能源信息署的数据，预计未来两年，美国将部署容量为 10 吉瓦的电池储能装置，其中 60% 以上的电池储能将被配置在太阳能光伏发电项目中。

（二）欧洲：通过加大对风能和太阳能等清洁能源的使用力度转向绿色电网

欧盟电力市场最重要的政策是清洁能源一揽子计划（CEP），由欧盟委员会于 2016 年 11 月 30 日推出。目前已有八项法案提案生效。与能源储存有关是《可再生能源指令》（为可再生能源发电设定目标)、《电力指令》和《电力监管指令》。这些法案将间歇性地使可再生资源使用量增加，这将增加对储能设备的需求，从而扩大能源存储市场。

《电力指令》概述了电力存储的条例，以确保"所有市场参与者公平地使用储能设施，并促进有效和高效地使用储能设施"。它还指出，除非有特殊情况，输配电系统运营商不应拥有存储设施。[1]

2022 年 2 月 23 日，英国商业、能源和工业战略部（BEIS）宣布将拨款 6800 万英镑用于支持英国正在开发的创新性的储能技术项目。项目涉及储热、储电、储氢或者储存的其他低碳能源。作为兑现净零排放承诺的一部分，英国正在加快向清洁、可再生能源过渡，并通过加大对风能和太阳能等清洁能源的使用力度转向绿色电网。这不仅有助于降低国家对昂贵化石燃料的依赖性，还将为消费者提供更便宜的能源，这意味着英国更多的能源是在国内生产的。因此，绿色能源转型涉及确保英国的电力基础设施能够应对更大份额的可再生能源，同时安全地满足电力需求。

---

① "Overview of Storage Market in Europe," Power Technology Research, Jan. 2021, https：// powertechresearch. com/overview-of-storage-market-in-europe/.

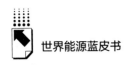

（三）韩国：电化学储能项目部署减少，可再生清洁能源成为未来的发展趋势

韩国于 2020 年 12 月 28 日公布了备受期待的《2020～2034 年长期电力供需第九次基本计划》。韩国电力部每隔两年到四年发布一项类似计划，计划由贸易、工业和能源部门共同制定，其是韩国电力工业的路线图。该计划引发广泛关注，韩国承诺到 2050 年实现"碳中和"目标。

韩国正朝着更清洁的未来迈进，到 2030 年，可再生能源产能将占总产能的 35%。根据最新计划，太阳能和风能将推动可再生能源产能增加。到 2030 年，太阳能光伏装机容量预计将比现在的 14 吉瓦增长 1 倍以上，达到 34 吉瓦；风能设施装机容量将从 2 吉瓦快速增长到 18 吉瓦。前几年，韩国储能工厂发生一系列火灾事故，导致政府削减了电化学储能开发项目。①

（四）日本：政府补贴政策效果显著，电网电池安装成本下降

2021 年，日本政府将 130 亿日元（1.14 亿美元）补充预算资金的一半用于对电池储能系统的开发和应用，以使其与其他类型的储能系统更具竞争力。大规模电池存储对于电力供应至关重要，随着需求不断增长，预计会有更多公司进入该领域。

日本政府决定将企业的电池储能发电设备连接到电网运营商的输电网络。日本的目标是将电网电池的安装成本降到每千瓦时 23000 日元（200 美元）——与抽水蓄能相当。目前，特斯拉日本公司已将其储能系统的价格降至每千瓦时 440 美元左右，其中包括建设费用。后续政府将通过补贴的方式降低一半的价格以使其接近规定的目标。

日本预计到 2030 年将太阳能和风能发电装机容量翻一番，为 127.1～141.2 吉瓦。专家表示，这相当于可再生能源发电装机容量的 1/10（在这种

---

① "South Korea Transformed Itself into the World's Top Storage Market, But Can It Last？" Jan. 2019, https：//www. greentechmedia. com/squared/storage-plus/south-korea-transformed-itself-into-the-worlds-top-storage-market.

情况下约为 10 吉瓦）的电网储能足以维持供应稳定。值得关注的是，除了实验项目外，日本现在几乎没有电网上的电池储能。[1]

（五）澳大利亚：抽水蓄能是目前大规模储能的首选

在澳大利亚的新南威尔士州，作为电力基础设施路线图的一部分，州政府承拨款 5000 万美元支持该州抽水发电项目的交付，水力发电的未来充满光明。澳大利亚能源市场委员会和澳大利亚能源市场运营商已经开始进行规划，让电池与虚拟发电厂在创建一个双边能源市场方面发挥关键作用，从而增加消费者的参与。2021 年，澳大利亚能源安全委员会对市场设计进行改革，确保电池与虚拟发电厂在能源储备项目建设中发挥重要作用。[2]

四 我国储能政策与技术发展路线

（一）储能市场前景光明，政策推动产业健康持续发展

根据中关村储能产业技术联盟全球储能项目库的不完全统计，截至 2021 年末，我国已启动的储能（包括物理储能、电化学储能以及熔融盐储热）项目设备总容量达到 45.74 吉瓦，相比上年增长了 29%。2021 年，电力储能装机容量增长了 2 倍，新增投运规模超过 10 吉瓦。其中，抽水蓄能规模达到 8.05 吉瓦，占比最大；电化学储能规模位居第二，预计在建规模超过 20 吉瓦；压缩空气储能新增投运规模为 170 兆瓦，相比 2020 年的累计规模增长了 15 倍。

2021 年上半年，除少数省区市外，储能项目均有分布。具体到项目数量，装机规模在 100 兆瓦及以上的占比达 10%，项目主要位于辽宁、山西、青海、安徽、湖南、福建；装机规模为 10~100 兆瓦的占比为 24%，项目主

---

① "Japan to Open up Power Grids to Battery Storage for Renewables," Nikkei Asia, Jan. 2022, https://asia.nikkei.com/Business/Energy/Japan-to-open-up-power-grids-to-battery-storage-for-renewables.

② Clean Energy Council, https://www.cleanenergycouncil.org.au/resources/technologies/energy-storage.

要位于新疆、青海、内蒙古、吉林、湖北、安徽、江苏、湖南、浙江、广东、台湾；装机规模为1~10兆瓦的占18%；规模为1兆瓦及以下的占11%；规模暂不明确的占37%（见图4）。

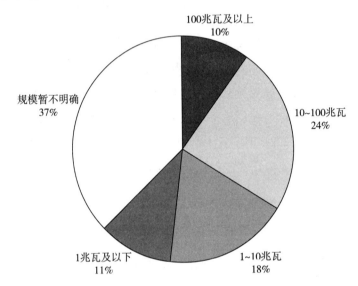

图4 2021年上半年中国不同规模储能项目数量分布

资料来源：《储能行业周报：新型储能2021H1高增长，行业景气确认》，东方财富网，https：//data.eastmoney.com/report/zw_industry.jshtml？encodeUrl=dAUuu7G4q bfmuBiBBFzgJ8qTWip7+3rXEoSInRH4bP4=。

在中国的新增储能投运项目中，新能源发电侧的装机规模占比最大，超过580兆瓦，同比增长438%。各个地区相继出台的储能政策使当地的储能规模不断扩大，随着"碳中和"和"碳达峰"目标的明确，这对今后可再生能源的应用和储能产业的发展具有重要的指导意义。①

我国在2021年提出了未来五年储能发展规划，计划到2025年，储能装机容量超过30吉瓦。我国已有五个省区市（山东、青海、浙江、湖南、内蒙古）达到这个目标。在更理想的场景下，我国的储能市场累计装机容量

---

① 《储能产业研究白皮书2021》，中关村储能产业技术联盟网站，http：//www.cnesa.org/index/index。

将达到 55.9 吉瓦，预计未来三年，装机容量将保持 72% 的年均复合增长率。①

2005 年，《可再生能源产业发展指导目录》的出台标志着我国储能产业战略的开启，在发展的初级阶段，电网企业应发展和应用智能电网、储能技术；到"十二五"时期、"十三五"时期，储能产业战略开始在五年规划中占据更加重要的位置，到"十四五"时期，储能产业战略已经进入发展的黄金时期，配套政策将更加完善。储能产业将在"十四五"时期后进入新的发展阶段，取得更加重要的地位。随着储能产业不断商业化，风电和新能源汽车产业完全市场化，储能产业的政策窗口期即将到来。② 2020~2021 年我国储能相关政策汇总见表 1。

表 1　2020~2021 年我国储能相关政策汇总

时间	政策/文件	重点内容
2020 年 1 月 9 日	《关于加强储能标准化工作的实施方案》	积极推进关键储能标准制定,鼓励进行新兴储能技术和应用的标准研究工作
2020 年 1 月 19 日	《省级电网输配电价定价办法》	抽水蓄能电站、电储能设施、已单独核定上网电价的电厂资产等不得纳入可计提收益的固定资产范围
2020 年 2 月 24 日	《关于有序推动工业通信业企业复工复产的指导意见》	将重点推动智能光伏、锂离子电池、5G、新能源汽车等战略性新兴产业复工复产
2020 年 2 月 25 日	《国家发展改革委　国家能源局关于推进电力源网荷储一体化和多能互补发展的指导意见》	坚守安全底线,强化主动消纳,发挥一体优势,区分推进节奏,实现利益共享
2020 年 3 月 5 日	《国家能源局关于 2020 年风电、光伏发电项目建设有关事项的通知》	严格落实监测预警要求,以明后两年电网消纳能力为依据,合理安排新增核准(备案)项目规模

---

① 《年度重磅｜2021 储能产业盘点：储能发展全面提速》，中关村储能产业技术联盟网站，http：//www. cnesa. org/index/service_ rh_ detail？sid=61f1faa4b1fd3712098b4567&type=4。

② 《重磅！2020-2021 年中国储能行业政策汇总（全）　十四五时期为储能产业黄金时期》，前瞻经济学人网站，https：//www. qianzhan. com/analyst/detail/220/210514-7f888c25. html。

续表

时间	政策/文件	重点内容
2020 年 3 月 10 日	《2020 年全国标准化工作要点》	推动新能源发电并网、电力储能、能源互联网、港口岸电、电力需求侧管理等重要标准研制
2020 年 4 月 3 日	《中华人民共和国能源法(征求意见稿)》	国家实行可再生能源发电优先和依照规划的发电保障性收购制度
2020 年 4 月 16 日	《2020 年新能源汽车标准化工作要点》	加快电动汽车整车、燃料电池、动力电池、充换电领域相关重点标准研制
2020 年 4 月 28 日	《工业和信息化部办公厅关于开展 2020 年度国家工业和通信业节能技术装备产品推荐工作的通知》	国家绿色数据中心先进适用技术产品征集范围包括能源资源利用效率提升技术产品、可再生能源利用、分布式供能和微电网建设技术产品等
2020 年 5 月 17 日	《中共中央　国务院关于新时代推进西部大开发形成新格局的指导意见》	加强可再生能源开发利用,开展黄河梯级电站大型储能项目研究,培育一批清洁能源基地
2020 年 6 月 1 日	《关于印发各省级行政区域 2020 年可再生能源电力消纳责任权重的通知》	确保实现非化石能源占比目标,促进消纳责任权重逐年提升,做到松紧适度,留有余地
2020 年 6 月 10 日	《电力中长期交易基本规则》	明确市场主体包括各类发电企业、电网企业、配售电企业、储能企业等
2020 年 6 月 18 日	《关于征求电力行业标准〈风光储联合发电站运行导则〉意见的函》	规定风光联合发电站的运行原则、电设备正常运行条件、联合发电站运行模式以及运行操作监视、遮检、异常运行及故障处理的技术要求
2020 年 8 月 25 日	《国家能源局综合司关于 2020 年能源领域拟立项行业标准制定计划项目征求意见的公告》	共涉及四个储能相关项目:电力储能基本术语、电化学储能电站建模导则、电化学储能电站模型参数测试规程、槽式太阳能光热发电站储热系统运行维护规程
2020 年 9 月 2 日	《国家能源研发创新平台管理办法》	鼓励能源领域优势企业、科研院所、高校等建立创新联合体,共同申报建设能源创新平台
2020 年 9 月 4 日	《华中区域并网发电厂辅助服务管理实施细则》《华中区域发电厂并网运行管理实施细则》	进一步扩大参与主体,将风电场、光伏电站、生物质电站和储能电站纳入实施范围
2020 年 9 月 29 日	《关于加快能源领域新型标准体系建设的指导意见》	在智慧能源、能源互联网、风电、太阳能、地热能、生物质能、储能、氢能等新兴领域率先推进新型标准体系建设,发挥示范带动作用

时间	政策/文件	重点内容
2020年12月9日	《集装箱式锂电池储能系统接入直流配电网技术要求(征求意见稿)》	规定了集装箱式锂电池储能系统的接入条件和储能配置,还规定了直流配电网的网架结构、电压等级、电气计算设备选型等技术要求
2020年12月10日	《2021年能源行业标准计划立项指南》	包含充电基础设施、发电侧储能、电网侧储能、抽水储能等行业标准计划
2021年2月26日	《关于2021年风电、光伏发电开发建设有关事项的通知(征求意见稿)》	推进"光伏+光热"、光伏冶沙、"新能源+储能"等示范工程,进一步探索新模式、新业态
2021年3月12日	《中华人民共和国国民经济和社会发展第十四个五年规划和2035年远景目标纲要》	在氢能、储能等前沿科技领域,组织实施未来产业孵化和加速计划,谋划布局一批未来产业。加快电网基础设施智能化改造和智能微电网建设,提升清洁能源消纳和储存能力
2021年4月21日	《关于加快推动新型储能发展的指导意见(征求意见稿)》	明确3000万千瓦储能发展目标,实现储能跨越式发展,强调规划引导,深化各应用领域储能布局等

资料来源:前瞻产业研究院。

(二)物理储能趋势显现,"十四五"时期迎来加速发展期

2021年,全国能源工作会议明确提出要大力提升新能源消纳和储存能力,大力发展抽水蓄能和储能产业。作为电力系统安全稳定经济运行的重要调节工具,抽水蓄能在"十四五"时期迎来更快的发展。有专家指出,"十四五"期间,电力系统对储能设施的需求将更强烈,抽水蓄能电站规模化储能的优势也将有更大的发挥空间。考虑在建抽水蓄能电站工程施工进度,初步预计到2025年总投运装机规模可达65吉瓦。

压缩空气储能技术发展迅猛,2020年6月,中科院工程热物理所储能研发中心完成了百兆瓦膨胀机的加工、集成性能测试,各项测试结果全部合格,达到或超过设计指标,是我国压缩空气储能向大规模、低成本应用突破的重要里程碑。"碳达峰""碳中和"目标的设立推动可再生能源高速发展,具备大容量、长寿命和高安全性等优势的压缩空气储能技术得到发电企业和

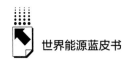

投融资机构的高度重视，未来的应用空间巨大。

飞轮储能在 2019 年实现兆瓦级商业应用突破后，从 2020 年开始更多地参与到储能项目中，主要集中在石油钻井行业、轨道交通领域、UPS 备用电源领域等。2020 年 8 月，工业和信息化部发布《新能源汽车生产企业及产品准入管理规定》，特别将高效储能器作为储备新能源的途径之一，将其作为高效储能技术的代表，未来，飞轮储能在汽车领域也将有巨大的应用潜力。

（三）熔融盐储热示范项目加紧落地，同期积极拓展新应用

根据 CNESA 全球储能项目库的统计，到 2020 年底，我国累计投运的光热项目规模为 520 兆瓦，2020 年仅新增内蒙古乌拉特中旗 100 兆瓦光热发电示范项目，该项目也是国家能源局首批光热示范项目中的一个。从 CNESA 追踪到的公开信息来看，这批示范项目中仍有 13 个项目尚未完成，规模共计 899 兆瓦。其中，玉门鑫能熔盐塔式 50 兆瓦项目和甘肃阿克塞熔盐槽式 50 兆瓦光热发电项目在 2021 年底完工。随着可再生能源大规模发展加速，多种能源高度协同发展的趋势日渐清晰，低成本且灵活可调的光热发电电源将有可能在可再生能源项目中迎来新的发展机会。

（四）电化学储能峰回路转，重启高速增长，呈现规模化发展趋势

2022 年，我国电化学储能产业将再次重启高速增长态势，即便是新冠肺炎疫情也不能阻挡其规模化发展的大趋势。在经历 2021 年的理性调整期后，国内市场将积聚更大的能量，这个能量在 2022 年得以爆发。中国电化学储能累计投运规模（理想场景）见图 5。

"十四五"期间是探索储能应用市场的"刚性需求"、实现系统产品商业化、获取稳定商业利益的重要时期。2021~2025 年，电化学储能累计规模的年复合增长率为 57.4%，市场将呈现稳步、快速增长的趋势。"十四五"期间，我国的电化学储能市场将正式跨入规模化发展阶段的主要原因是：从 2019 年底开始，"可再生能源+储能"的应用模式逐渐在各地铺开，目前已有 20 余个省区市发布鼓励或强制新能源场站配置储能的文件。2020 年"碳

达峰""碳中和"目标的提出，进一步促进可再生能源在我国广泛应用，推动以新能源为主体的新型电力系统建设，为大规模开发储能市场奠定了基础。另外，随着电力改革不断深入，市场规则将逐步向包括储能在内的新的市场主体开放，推动储能以独立身份深度参与电力市场交易，以获得合理价值。

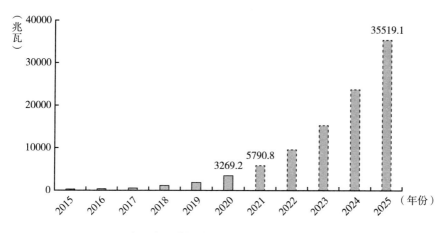

图 5　中国电化学储能累计投运规模（理想场景）

注：图中 2021～2025 年数据为预测数据，为与 2015～2020 年数据选取标准相区别，用虚线框标记。

资料来源：CNESA 全球储能项目库，http：//www.esresearch.com.cn/#/resReport/Rdetail。

（五）金融资本纷纷涌入储能行业，技术融合步伐加快

随着建立新型电力系统的发展理念的提出和激励政策的实施，储能产业发展的确定性不断得到提升，资本加大对二级市场的押注力度。CNESA 储能景气度指数显示，2021 年，储能指数大幅跑赢创业板，年末指数为 1648 点，全年整体上涨 64.8%，各储能相关上市公司预测 2022 年储能业务的增速普遍超过 100%。

资本市场对储能技术企业的关注继续升温。据中关村储能产业技术联盟的统计，2021 年，多家企业如远景能源、蜂巢能源、中储国能、中科海纳、采日能源、协能科技的融资超过 1 亿元；华控基金、人保资本、泰康创投、

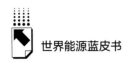

中兴银行等财务投资人以及一些地方产业引导基金也涌入储能赛道,2021年,高成长性优质储能企业投资席位出现"一票难求"的局面。从目前的发展趋势来看,战略投资方持续看好前瞻性储能技术,增加对钠离子电池、液流电池、压缩空气储能、氢能等技术的投资。预计2022年还将有更多的储能企业成功融资并顺利上市。

央企、国企纷纷进入储能产业链。以国家电网、南方电网、国家能源集团、国电投、华能、华电、三峡集团等为代表的央企,从储能需求出发,不断加强储能技术储备和储能业务培育,与储能技术企业展开深度战略合作。此外,储能产业链企业之间也开始强强联合,宁德时代、阳光电源、海博思创等企业创新大客户合作模式,与电网公司和央企发电集团成立合资公司,实现优势互补,协同开发。①

---

① 《〈储能产业趋势〉(2022年1月)》,中关村储能产业技术联盟网站,http://www.esresearch.com.cn/#/resReport/periodical。

B.18
中国城市绿色发展与碳排放达峰指数

王新策　董瑜亮　杨小卜*

摘　要： “碳达峰”“碳中和”目标实际对应经济发展的两个阶段，即“碳达峰”阶段是充分发展经济阶段，“碳中和”阶段是综合考虑经济、社会和环境因素的可持续绿色发展阶段。2020年9月，习近平主席在联合国大会上承诺力争于2030年前实现“碳达峰”目标。我国幅员辽阔，不同城市的发展阶段和碳排放差异显著，“碳达峰”目标约束下的城市转型将面临巨大的压力。在此背景下，我们综合Mann-Kendall和DEA模型在“碳达峰”约束条件下对各城市的绿色发展进行了评估，构建了城市绿色发展与碳排放达峰指数。该指数可以对城市发展的阶段和碳排放达峰的难易程度进行精准度量和监测，对推动城市绿色发展和碳排放达峰具有指导意义。

关键词： 碳达峰　Mann-Kendall　达峰指数　城市绿色发展　DEA

一　研究背景

（一）“碳达峰”和“碳中和”目标

根据世界气象组织（WMO）发布的统计数据，2020年是有完整气象观

* 王新策，博士，中国社会科学院大学（研究生院）国际能源安全研究中心研究员，主要研究方向为绿色金融、能源计量、量化风险等；董瑜亮，中国社会科学院研究生院博士后；杨小卜，兰州财经大学统计学院硕士研究生。

测记录以来气温最高的三个年份之一，全球平均气温相比工业化前升高了1.2℃。同时，2011~2020年，全球平均气温达到历史最高水平。2021年8月9日，联合国政府间气候变化专门委员会（IPCC）在《气候变化2021：自然科学基础》中指出近2000年全球加速变暖是由人类经济活动导致的，全球气候系统的整体变化带来包括海平面上升及冰川退化在内的诸多情况，这些情况在未来数个世纪甚至上千年之内都不可逆转，将进一步导致全球极端天气和自然灾害的发生频率不断增加与危害程度提升，诸如高温、山火、暴雨、洪灾等自然灾害对人类赖以生存的生态环境和经济产生严重威胁，积极有效应对气候变化已刻不容缓。

当前，全球气候变化主要是由人类活动产生的碳排放导致的。若要将全球变暖控制在特定限度之内，就必须有效限制碳排放量，至少在21世纪中叶实现二氧化碳净零排放，同时大力减少甲烷等其他温室气体的排放。2015年，在法国巴黎，中国国家主席习近平在《联合国气候变化框架公约》第21次缔约方会议暨《京都议定书》第11次缔约方会议的开幕式上发表讲话，表示中国二氧化碳排放将在2030年前后达到峰值。而后在2020年9月，在第七十五届联合国大会一般性辩论上，习近平主席明确提出"碳中和"目标，承诺中国将采取更加积极的政策与措施，力争在2030年前实现碳排放达峰，并于2060年前实现"碳中和"。随后，习近平主席多次在重大国际场合就"碳达峰"和"碳中和"目标（以下简称"双碳"目标）发表系列重要讲话，强调中国会切实履行气候变化、生物多样性等与环境相关的义务，如期实现"双碳"目标；积极调整能源结构、优化产业结构、提升碳汇能力等，并将"碳达峰""碳中和"纳入生态文明建设的整体布局，倡导绿色低碳的生产生活方式，"碳达峰""碳中和"相关规划与政策陆续落地，"碳达峰""碳中和"成为中国现代化建设的核心议题。

（二）"双碳"目标对我国经济发展的影响

具体来讲，碳达峰是指二氧化碳排放总量在某一个时间点达到历史峰值，然后开始平缓波动起伏再逐渐回稳；碳中和是指在一定时间内，人类活动带来的直接和间接的碳排放总量，与自然碳汇、工业固碳等方式吸收的碳排放总量相抵消，实现碳"净零排放"。碳达峰是碳排放量的拐点，意味着经济发展与碳排放脱钩；同时，碳达峰是碳中和的实现基础和前提条件，碳达峰实现的时间和峰值的高低影响碳中和实现的时间和难度。碳中和则是对碳达峰的约束，碳达峰的实现方案需在实现碳中和目标的引领下制定。顺利实现碳中和目标，我国不仅要在时间上尽早实现碳排放达峰，在总量上也要尽量抑制峰值的水平。

实现"双碳"目标是我国经济进入高质量发展阶段的内在要求和必然趋势，这是一场广泛而深刻的经济社会系统性变革，对国内经济增长和结构调整将产生深远影响。从消极方面来看，"双碳"目标约束下，节能减排、设备升级换代将在短期内增加经济运行成本，给宏观经济增长和企业生产经营带来一定压力；从积极方面来看，"双碳"目标约束将助推技术进步，带动产业结构优化调整，符合"双碳"目标的行业和个体或将迎来新的发展机遇。

要在经济稳定增长、人口自然增长以及城镇化持续的背景下实现"碳达峰""碳中和"目标，我国面临完成目标时限短、能源结构转型障碍多、工业产业转型影响经济发展、城镇化过程碳排放高等多重压力。我国具有经济体量大、能源消费多、碳排放总量大等特征，是全球碳排放量最大的国家。2020年，我国碳排放量为98.94亿吨，占全球的比重为30.93%。此外，作为世界工厂，中国社会经济发展对能源的依赖程度高。在当前中国以煤炭为主的能源体系下，能源的碳排放强度大，2020年，一次能源消耗总量为145.46艾焦，占全球的26.13%，其中，煤炭消费占我国一次能源消费的比重达57%。因此，中国"碳达峰""碳中和"目标的实现对于全球共同努力阻止气候恶化具有至关重要的作用。

（三）研究评估城市"碳达峰"的意义

作为人类生产、生活的主要场所，城市已成为人类碳排放的主要来源，因而城市也成为零碳转型发展的重要主体，对中国来说更是如此：2019年，我国常住人口城镇化率达到60.60%，在快速城镇化和工业化进程中，我国

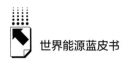

需要提升城市应对气候变化风险和解决生态环境问题的能力。严格意义上的城市"碳达峰"是指城市的二氧化碳排放（以年为单位）达到最高峰值，之后进入平台期（在一定范围内波动起伏），然后进入平稳下降阶段。我国幅员辽阔，各区域能源资源禀赋特点差异显著，各城市的碳排放情况也有明显的差异。本报告基于246个地级以上城市2006~2019年的各项能源消耗数据对二氧化碳排放量进行测算，分析各城市碳排放量的变化趋势，并与城市建设的投入和产出进行对比，对各城市实现"碳达峰"目标的难易程度进行量化评估，构建城市绿色发展与碳排放达峰指数。达峰指数等级可以定位城市碳达峰所处的发展阶段，达峰指数可以度量城市的达峰难度。该结果对于"碳达峰"目标下城市的绿色发展具有指导意义，结合城市禀赋、城市建设方针和"碳达峰"目标，可以为城市绿色发展进行客观的量化监测，提出有效的指导建议。

二 中国城市碳排放趋势分析

Mann-Kendall模型是一种用于检测时间序列变化趋势的方法，常用于分析温度、降水等自然因素的变化情况。本报告将Mann-Kendall模型用于对我国城市二氧化碳的排放趋势的分析中，评估碳排放的短期、中期及长期趋势及其显著性，以定位"碳达峰""碳中和"目标下城市的发展阶段，并最终构建中国城市绿色发展与碳排放达峰指数。

（一）Mann-Kendall模型原理

Mann-Kendall模型是由Mann最早提出来的，然后由Kendall改进，是用于分析随时间序列变化的非参数检验方法。Mann-Kendall模型的优势是不要求数据符合特定的概率分布，同时不会受到异常值的干扰，数据的检测范围宽、测度程度高等。

Mann-Kendall模型检验给出下述假设。

H_0：时间序列不存在单调趋势。

H_1：时间序列存在单调趋势。

样本的数据为时间序列 X（$x_1, x_2, \cdots, x_n$），则趋势检验统计量公式为：

$$S = \sum_{i=2}^{n} \sum_{j=1}^{n=1} Sgn(x_i - x_j)$$

其中，x_i 和 x_j 分别为时间序列里的第 i 项和第 j 项，Sgn（ ）为符号函数，其定义如下：

$$Sgn(\theta) = \begin{cases} 1, & \theta > 0 \\ 0, & \theta = 0 \\ -1, & \theta < 0 \end{cases}$$

S 大致服从正态分布，其均值为 0，方差为：

$$Var(S) = \frac{n(n-1)(2n+5) - \sum_{i=1}^{n} t_i(i-1)(2i+5)}{18}$$

其中，t_i 是第 i 组的数据点的数目。标准化统计量 Z_c 的公式如下：

$$Z_c = \begin{cases} \dfrac{S-1}{\sqrt{Var(S)}}, & S > 0 \\ 0, & S = 0 \\ \dfrac{S+1}{\sqrt{Var(S)}}, & S < 0 \end{cases}$$

当 $|Z_c| > Z_{(1-\alpha)/2}$ 时，拒绝 H_0 假设并接受 H_1 假设，其中，$Z_{(1-\alpha)/2}$ 为标准正态方差，α 为显著性检验水平。通常情况下，要求置信区间为 95%，当 α 取值为 0.05 时，$Z_{(1-\alpha)/2} = 1.96$；当 α 取值为 0.1 时，$Z_{(1-\alpha)/2} = 1.65$；当 α 取值为 0.01 时，$Z_{(1-\alpha)/2} = 2.56$。

在 Mann-Kendall 突变检验中，对于具有 n 个样本的时间序列 X（x_1，x_2，x_3，$\cdots$，x_n），构造一个秩序列，方式如下：

$$S_k = \sum_{i=1}^{k} r_i (k = 2, 3, \cdots, n)$$

其中：

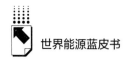
$$r_i = \begin{cases} 1, x_i > x_j \\ 0, x_i \leqslant x_j \end{cases} (j = 1, 2, \cdots, i)$$

秩序列 S_k 是第 i 时刻数值大于第 k 时刻数值的个数的累加。在时间序列服从随机样本独立的情况下，定义统计量：

$$U_{F_k} = \frac{[S_k - E(S_k)]}{\sqrt{Var(S_k)}}$$

其中，当 $U_{F_1}=0$ 时，$E(S_k)$ 和 $Var(S_k)$ 分别是 S_k 的均值和方差，且 x_1，x_2，x_3，$\cdots$，x_n 相互独立，具有相同连续分布，则可推算出：

$$E(S_k) = \frac{n(n+1)}{4}$$

$$Var(S_k) = \frac{n(n-1)(2n+5)}{72}$$

计算得到 U_{F_k} 符合标准正态分布，它是按时间序列（x_1，x_2，x_3，$\cdots$，x_n）计算的统计量序列。通过给定显著性水平，对 α 查正态分布表，当 $|U_{F_i}| > U_\alpha$ 时，表明序列存在明显的趋势变化。再按时间序列的逆序（x_n，x_{n-1}，$\cdots$，x_1）重复上述过程，同时令 $U_{B_k}=-U_{F_k}$（$k=n$，$n-1$，$\cdots$，1），$U_{B_1}=0$。当显著性水平 $\alpha=0.05$ 时，临界值 $U_{0.05}=\pm1.96$。将 U_{F_k} 和 U_{B_k} 两个统计量的序列曲线和 $y=\pm1.96$ 两条直线绘制在一张图上。

如果 U_{F_k} 和 U_{B_k} 的值大于 0，则表明序列呈上升趋势；如果小于 0 则呈下降趋势；当它们超过临界线时，表明上升或下降趋势显著。把超过临界线的范围确定为发生突变的时间区域。如果 U_{F_k} 和 U_{B_k} 两条曲线出现交点，且交点在临界线之间，则交点发生的时刻便是突变开始的时间。

（二）中国城市碳排放测算

本报告利用从《中国统计年鉴》中查询到的 246 个地级市 2006～2019 年天然气、液化石油气、用电和原煤的消耗量，分别计算出对应的二氧化碳排放量并进行加总，得到各城市在 2006～2019 年的二氧化碳排放量，也就是：

二氧化碳排放量 = 天然气排碳量 + 液化石油气排碳量 + 用电排碳量 + 原煤排碳量

其中：

天然气排碳量 = 天然气使用量 × 单位天然气排碳转换系数
液化石油气排碳量 = 液化石油气使用量 × 单位液化石油气排碳转换系数
用电排碳量 = 用电量 × 单位用电排碳转换系数
原煤排碳量 = 原煤使用量 × 单位原煤排碳转换系数

我们利用连续性动态分布方法[①]对中国城市碳排放量进行测算。2019 年中国部分城市天然气二氧化碳排放情况见表 1。

表 1　2019 年中国部分城市天然气二氧化碳排放情况

城市	天然气供应总量（万立方米）	单位天然气排碳转换系数	天然气产生的二氧化碳（万吨）
北京市	1924347	0.0021622	4160.8231
天津市	536544	0.0021622	1160.1154
石家庄市	111908	0.0021622	241.96748
唐山市	84190	0.0021622	182.03562
秦皇岛市	78904	0.0021622	170.60623
邯郸市	59750	0.0021622	129.19145
邢台市	26100	0.0021622	56.43342
保定市	55353	0.0021622	119.68426
张家口市	9999	0.0021622	21.619838
临沧市	31	0.0021622	0.0670282
西安市	315238	0.0021622	681.6076
铜川市	15484	0.0021622	33.479505
宝鸡市	29767	0.0021622	64.362207
咸阳市	32762	0.0021622	70.837996

---

① 吴建新、郭智勇：《基于连续性动态分布方法的中国碳排放收敛分析》，《统计研究》2016 年第 1 期，第 7 页。

续表

城市	天然气供应总量（万立方米）	单位天然气排碳转换系数	天然气产生的二氧化碳（万吨）
渭南市	7021	0.0021622	15.180806
延安市	30661	0.0021622	66.295214
汉中市	10958	0.0021622	23.693388
榆林市	35696	0.0021622	77.181891

资料来源：国家统计局能源统计司编《中国能源统计年鉴2019》，中国统计出版社，2020；笔者测算。

2019年中国部分城市液化石油气二氧化碳排放情况见表2。

表2　2019年中国部分城市液化石油气二氧化碳排放情况

城市	液化石油气供应总量(吨)	单位液化石油气排碳转换系数	液化石油气产生的二氧化碳（万吨）
北京市	434286	0.00031013	134.6851172
天津市	52996	0.00031013	16.43564948
石家庄市	44380	0.00031013	13.7635694
唐山市	18130	0.00031013	5.6226569
秦皇岛市	2128	0.00031013	0.65995664
邯郸市	297	0.00031013	0.09210861
邢台市	890	0.00031013	0.2760157
保定市	3498	0.00031013	1.08483474
张家口市	818	0.00031013	0.25368634
沈阳市	52799	0.00031013	16.37455387
大连市	451976	0.00031013	140.1713169
鞍山市	11130	0.00031013	3.4517469
抚顺市	30947	0.00031013	9.59759311
本溪市	4550	0.00031013	1.4110915
丹东市	6100	0.00031013	1.891793

城市	液化石油气供应总量（吨）	单位液化石油气排碳转换系数	液化石油气产生的二氧化碳（万吨）
锦州市	79	0.00031013	0.02450027
营口市	7390	0.00031013	2.2918607
阜新市	5200	0.00031013	1.612676

资料来源：国家统计局能源统计司编《中国能源统计年鉴2019》，中国统计出版社，2020；笔者测算。

2019年中国部分城市用电二氧化碳排放情况见表3。

表3　2019年中国部分城市用电二氧化碳排放情况

城市	全社会用电量（万千瓦时）	单位用电排碳系数	用电产生的二氧化碳（万吨）
北京市	11663964	0.7119	8303.58
天津市	8784332	0.7119	6253.57
石家庄市	2732904.385	0.7119	1945.55
唐山市	2572006.007	0.7119	1831.01
秦皇岛市	1088157.841	0.7119	774.66
邯郸市	2382239.998	0.7119	1695.92
邢台市	1067500.729	0.7119	759.95
保定市	1191529.66	0.7119	848.25
张家口市	1036421.999	0.7119	737.83
南京市	6676634.122	0.58955	3936.21
无锡市	3739309.488	0.58955	2204.51
徐州市	2304153.502	0.58955	1358.41
常州市	4681172.891	0.58955	2759.79
苏州市	6904043.307	0.58955	4070.28
南通市	2034253.146	0.58955	1199.29
连云港市	837041.1211	0.58955	493.48
淮安市	1560242.054	0.58955	919.84
盐城市	1847054.736	0.58955	1088.93

资料来源：国家统计局能源统计司编《中国能源统计年鉴2019》，中国统计出版社，2020；笔者测算。

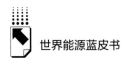

2019 年中国部分城市原煤二氧化碳排放情况见表 4。

表 4　2019 年中国部分城市原煤二氧化碳排放情况

城市	蒸汽供热总量（万吉焦）	热水供热总量（万吉焦）	供热总量（万吉焦）	单位原煤排碳系数	原煤产生的二氧化碳（万吨）
北京市	0	18995	18995	0.063622	1208.493528
天津市	937	16751	17688	0.063622	1125.328758
石家庄市	4956	2965	7921	0.063622	503.9619502
唐山市	0	4563	4563	0.063622	290.307186
秦皇岛市	75	2126	2201	0.063622	140.032022
邯郸市		3139	3139	0.063622	199.7349068
邢台市		764	764	0.063622	48.607208
保定市	363	1440	1803	0.063622	114.7193731
张家口市	687	1939	2626	0.063622	167.0898224

资料来源：国家统计局能源统计司编《中国能源统计年鉴 2019》，中国统计出版社，2020；笔者测算。

2019 年中国部分城市总二氧化碳排放情况见表 5。

表 5　2019 年中国部分城市总二氧化碳排放情况

城市	天然气产生的二氧化碳（万吨）	液化石油气产生的二氧化碳（万吨）	用电产生的二氧化碳（万吨）	原煤产生的二氧化碳（万吨）	总二氧化碳排放量（万吨）
北京市	4160.823083	134.6851172	8303.58	1208.493528	13807.5777
天津市	1160.115437	16.43564948	6253.57	1125.328758	8555.445795
石家庄市	241.9674776	13.7635694	1945.55	503.9619502	2705.247629
唐山市	182.035618	5.6226569	1831.01	290.307186	2308.976537
秦皇岛市	170.6062288	0.65995664	774.66	140.032022	1085.957775
邯郸市	129.19145	0.09210861	1695.92	199.7349068	2024.93512
邢台市	56.43342	0.2760157	759.95	48.607208	865.2704127
保定市	119.6842566	1.08483474	848.25	114.7193731	1083.738429
张家口市	21.6198378	0.25368634	737.83	167.0898224	926.7921677

资料来源：国家统计局能源统计司编《中国能源统计年鉴 2019》，中国统计出版社，2020；笔者测算。

2006~2019 年中国部分城市二氧化碳排放情况见表 6。

表 6 2006~2019 年中国部分城市二氧化碳排放情况

单位：万吨

城市	2006 年	2007 年	2008 年	2009 年	2010 年
北京市	7211.40407	8810.04372	9934.96618	10356.0571	10599.4134
天津市	5271.89915	6158.5772	6021.80994	6141.98837	6976.6492
石家庄市	1449.09361	1591.24841	1540.41312	1447.10348	1472.85714
唐山市	2906.10929	3727.58023	3610.13573	4164.41997	4480.21976
秦皇岛市	670.249365	784.042067	770.654848	738.446205	528.2439
邯郸市	784.716352	494.244004	477.32625	533.200934	596.016556
邢台市	467.841938	569.427598	561.57037	559.794531	560.33271
保定市	596.306255	638.740538	653.06752	657.289122	546.937003
张家口市	509.243283	586.775187	568.514275	591.488273	713.688385
承德市	339.996136	445.561937	438.887316	485.175012	499.36985
沧州市	220.647386	233.668097	229.89245	290.917357	509.099089
廊坊市	214.244968	266.866762	264.58736	320.034585	372.364198
衡水市	183.57066	205.981182	201.095542	201.766747	300.887408
城市	2015 年	2016 年	2017 年	2018 年	2019 年
北京市	12774.3713	13463.804	12901.422	13675.4771	13807.5777
天津市	7609.04664	7539.66814	7692.94259	8309.15935	8555.4458
石家庄市	2464.70122	2345.81838	2521.05558	2453.15113	2705.24763
唐山市	4095.16641	2697.49947	2486.65434	2421.65656	2308.97654
秦皇岛市	929.592391	936.68208	1041.25544	1112.72752	1085.95777
邯郸市	1336.65673	1533.11562	1709.34337	1901.69116	2024.93512
邢台市	448.549778	629.487543	695.815489	789.280775	865.270413
保定市	789.867695	833.585459	942.633862	1012.09072	1083.73843
张家口市	613.354453	747.800293	781.208519	892.214933	926.792168
承德市	418.743633	410.748671	458.219071	447.544332	465.965474
沧州市	663.45134	675.160615	746.482106	823.403061	873.573435
廊坊市	470.043184	515.173318	501.750788	553.722562	499.702824
衡水市	376.585423	451.170543	557.28693	636.436546	672.827268

资料来源：国家统计局能源统计司编《中国能源统计年鉴 2019》，中国统计出版社，2020；笔者测算。

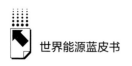
（三）中国城市碳排放趋势测算

在 Mann-Kendall 趋势检验中，为满足样本数量要求，我们将 2006～2019 年划分成 2006～2012 年、2009～2015 年和 2013～2019 年三个时间段，分别计算各个城市在这三个时间段内的碳排放变化趋势以及相应的统计量 Z_c。对于每个城市而言，如果 2013～2019 年这个时间段的 Z_c 不大于 2009～2016 年这个时间段的 Z_c，则说明，从中期来看，该城市的碳排放趋势有所放缓；如果 2013～2019 年这个时间段的 Z_c 不大于 2006～2013 年这个时间段的 Z_c，则说明从长期来看，该城市的碳排放趋势有所放缓。根据 Mann-Kendall 模型及碳排放数据，给出我国城市碳排放趋势指标，包括 2013～2019 年的 Z_3 值、2009～2015 年的 Z_2 值，2006～2012 年的 Z_1 值，2019 年时点是否达峰，2019 年时点增速是否放缓，中期与长期增长趋势是否减缓等（见表 7）。

在 Mann-Kendall 突变检验中，我们把各个城市 2006～2019 年的碳排放量作为样本，分别计算对应的 U_{F_k} 和 U_{B_k} 并绘图，以分析观察时间内趋势的变化并寻找趋势发生突变的时点，上述结果将在第四部分给出。

三 中国城市绿色发展效率分析

DEA（Data Envelopment Analysis）方法是一种根据输入与输出指标，利用线性规划，最终得出基于相对效率和规模的评估分析方法。基于 DEA 模型中的 CCR 模式和 BCC 模式，笔者构建了中国区域发展与能源消费转型体系[①]，该体系侧重分析能源消费转型在城市发展过程中的投入产出效应。在本部分，我们对"碳达峰"约束条件下的城市绿色发展投入产出效益进行分析，最终构建达峰指数。为此，我们将考虑"碳达峰"目标下的与经济、社会和能源相关的投入产出变量，从而评估城市绿色发展的效率。

---

① 王新策、郭嘉琦：《中国区域发展与能源利用效率评估体系》，载黄晓勇主编《世界能源发展报告（2021）》，社会科学文献出版社，2021。

表7 2019年中国部分城市碳排放趋势指标

城市	Z_3值 (2013~2019年)	趋势 (2013~2019年)	Z_2值 (2009~2015年)	趋势 (2009~2015年)	Z_1值 (2006~2012年)	趋势 (2006~2012年)	$Z_3 \sim Z_2$ (中期变化)	$Z_3 \sim Z_1$ (长期变化)	是否碳达峰	增速是否放缓	中期碳排放趋势是否减缓	长期碳排放趋势是否减缓
北京市	2.703381341	上升趋势	2.703381341	上升趋势	2.703381341	上升趋势	0	0	0	1	1	1
天津市	1.201502818	无趋势	2.102629932	上升趋势	2.102629932	上升趋势	-0.901127114	-0.901127114	0	1	1	1
石家庄市	1.802254228	无趋势	3.003757046	上升趋势	1.201502818	无趋势	-1.201502818	0.600751409	0	0	1	0
唐山市	-3.003757046	下降趋势	0.600751409	无趋势	2.403005637	上升趋势	-3.604508455	-5.406762683	1	1	1	1
秦皇岛市	2.703381341	上升趋势	1.201502818	无趋势	-1.501878523	无趋势	1.501878523	4.205259864	1	1	0	0
邯郸市	2.102629932	上升趋势	1.802254228	上升趋势	0.600751409	无趋势	0.300375705	1.501878523	0	0	0	0
邢台市	2.403005637	上升趋势	-1.802254228	无趋势	-0.901127114	无趋势	4.205259864	3.304132751	0	1	0	0
保定市	3.003757046	上升趋势	2.703381341	上升趋势	1.802254228	上升趋势	3.304132751	1.201502818	0	1	0	0
张家口市	2.102629932	上升趋势	-1.201502818	无趋势	1.802254228	上升趋势	2.703381341	0.300375705	0	0	0	0
承德市	0.901127114	上升趋势	-1.802254228	无趋势	0.600751409	无趋势	2.703381341	0.300375705	0	0	0	0
沧州市	2.403005637	上升趋势	1.802254228	无趋势	2.703381341	上升趋势	0.600751409	-0.300375705	0	1	1	1
廊坊市	-0.901127114	无趋势	1.802254228	无趋势	2.703381341	上升趋势	-2.703381341	-3.604508455	1	1	1	1
衡水市	3.003757046	上升趋势	2.102629932	上升趋势	1.802254228	上升趋势	0.901127114	1.201502818	0	0	0	0
太原市	1.802254228	无趋势	1.501878523	无趋势	2.102629932	上升趋势	0.300375705	-0.300375705	1	1	0	1
阳泉市	0	无趋势	0.600751409	无趋势	1.802254228	无趋势	-0.600751409	-1.802254228	0	0	0	0
长治市	0	无趋势	-2.403005637	无趋势	-0.600751409	无趋势	2.403005637	0.600751409	1	0	0	0
晋城市	0.300375705	无趋势	1.802254228	无趋势	0.901127114	无趋势	-1.501878523	-0.600751409	0	1	1	1

注："0"含义为"否"，"1"含义为"是"。
资料来源：笔者测算得到。

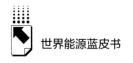
（一）DEA 模型原理

DEA 模型包括多种模式：CCR 模式、BCC 模式、交叉模式、A&P 模式等。其中，CCR 模式能够得到决策单元的综合效率，BCC 模式能够得到决策单元的技术效率，二者相除，即可得到决策单元的规模效率。技术效率、规模效率和综合效率是评价决策单元最重要的三个维度，因此，接下来将分别介绍 CCR 模式和 BCC 模式的原理及构建步骤。

1. CCR 模式

CCR 模式下的 DEA 效率评估模型的原理如下：先定义决策单元，每个评估的对象都被称为"决策单元"，设共有 n 个决策单元，每个决策单元都有 m_1 种投入和 m_2 种产出：

$$X = \begin{bmatrix} X_1 \\ X_2 \\ \vdots \\ X_n \end{bmatrix} = \begin{bmatrix} x_{11} & x_{12} & \cdots & x_{1m1} \\ x_{21} & x_{22} & \cdots & x_{2m1} \\ \vdots & \vdots & \ddots & \vdots \\ x_{n1} & x_{n2} & \cdots & x_{nm1} \end{bmatrix} \quad Y = \begin{bmatrix} Y_1 \\ Y_2 \\ \vdots \\ Y_n \end{bmatrix} = \begin{bmatrix} y_{11} & y_{12} & \cdots & y_{1m2} \\ y_{21} & y_{22} & \cdots & y_{2m2} \\ \vdots & \vdots & \ddots & \vdots \\ y_{n1} & y_{n2} & \cdots & y_{nm2} \end{bmatrix}$$

其中，x_{ij}（$i=1, 2, \cdots, n$；$j=1, 2, \cdots, m_1$）表示第 i 个 X 决策单元的第 j 项投入，y_{ij}（$i=1, 2, \cdots, n$；$j=1, 2, \cdots, m_2$）表示第 i 个 Y 决策单元的第 j 项产出。

定义效率评价指数，决策单元 k 的效率评价指数为：

$$e_k = \frac{u^T X_k}{v^T Y_k} \quad k = 1,2,\cdots,n$$

其中，$u = (u_1, u_2, \cdots, u_{m1})$、$v = (v_1, v_2, \cdots, v_{m2})$ 分别表示投入、产出权值向量。

从资源投入角度来看，在当前的产出标准下，把资源投入的使用情况作为评价效率的依据，这种模式称为"投入导向模式"。但 CCR 模式下的 DEA 效率评估模型如果不处理传统的线性规划问题，就无法直接求得最优解，需要先对其线性化取对偶问题求解，即转为如下模型，评价决策单元 k

效率的线性规划方程为：

$$\min OE_k$$

$$s.t \begin{cases} \sum_{i=1}^{n} \lambda_i\, x_{ij} \leqslant OE_k \cdot x_{kj} & \forall j = 1,2,\cdots,m_1 \\ \sum_{i=1}^{n} \lambda_i\, y_{ij} \geqslant y_{kj} & \forall j = 1,2,\cdots,m_2 \\ \lambda_i \geqslant 0 & i = 1,2,\cdots,n \end{cases}$$

其中，λ_i 为第 i 个决策单元的权重。上述方程将决策单元 k 的投入和产出表示为其他决策单元的线性组合。如果某些决策单元的产出达到决策单元 k 的水平，并在投入尽可能小的情况下，那么此时 $OE_k < 1$，这说明存在资源浪费。反之，如果决策单元的投入产出效率已经最高，那么任何决策单元都不能通过减少投入来获得同样甚至更多的产出，那么此时 $OE_k = 1$。

为了进行方程的求解及因子分析，在上述线性规划方程中引入松弛变量 s_j^- 和 s_j^+。s_j^- 称为差额变数，表示该决策单元为达到"DEA 有效"时应减少的投入；s_j^+ 称为超额变数，表示该决策单元为达到"DEA 有效"时应增加的产出，同时引入非阿基米德系数 ε。此时，CCR 模式线性规划问题转化为：

$$\min \left(OE_k - \varepsilon \left(\sum_{j=1}^{m_1} s_j^- + \sum_{j=1}^{m_2} s_j^+ \right) \right)$$

$$s.t \begin{cases} \sum_{i=1}^{n} \lambda_i\, x_{ij} + s_j^- = OE_k \cdot x_{kj} & \forall j = 1,2,\cdots,m_1 \\ \sum_{i=1}^{n} \lambda_i\, y_{ij} - s_j^+ = y_{kj} & \forall j = 1,2,\cdots,m_2 \\ \lambda_i \geqslant 0 & i = 1,2,\cdots,n \\ s_j^-, s_j^+ \geqslant 0 & \forall j = 1,2,\cdots,m_1 ; j = 1,2,\cdots,m_2 \\ \varepsilon \text{ 是很小的数} \end{cases}$$

这里的 ε 虽然很小，但由于无法明确 s_j^-、s_j^+ 的量级，直接进行计算可能会产生误差，因此在求解时引入二阶段分层序列法：第一阶段求 OE_k 的最小值；第二阶段在 OE_k 已知的情况下求 $\sum_{i=1}^{m_1} s_j^- + \sum_{j=1}^{m_2} s_j^+$ 的最大值，具体求解公式如下：

$$Obj_1 : \min OE_k$$

$$s.t \begin{cases} \sum_{i=1}^{n} \lambda_i \, x_{ij} \leqslant OE_k \cdot x_{kj} & \forall j = 1,2,\cdots,m_1 \\ \sum_{i=1}^{n} \lambda_i \, y_{ij} \geqslant y_{kj} & \forall j = 1,2,\cdots,m_2 \\ \lambda_i \geqslant 0 & i = 1,2,\cdots,n \end{cases}$$

$$Obj_2 : \max \sum_{j=1}^{m_1} s_j^- + \sum_{j=1}^{m_2} s_j^+ = s.t \begin{cases} \sum_{i=1}^{n} \lambda_i \, x_{ij} + s_j^- = OE_k \cdot x_{kj} & \forall j = 1,2,\cdots,m_1 \\ \sum_{i=1}^{n} \lambda_i \, y_{ij} - s_j^+ = y_{kj} & \forall j = 1,2,\cdots,m_2 \\ \lambda_i \geqslant 0 & i = 1,2,\cdots,n \\ s_j^-, s_j^+ \geqslant 0 & \forall j = 1,2,\cdots,m_1; j = 1,2,\cdots,m_2 \\ \varepsilon \text{ 是很小的数} \end{cases}$$

可通过二阶段分层序列法处理上述问题。

2. BCC 模式

与 CCR 模式不同，BCC 模式从产出的角度探讨效率，在同等投入水平下，比较产出的效率，这种模式称为"产出导向模式"，得到的是"技术效率"，当 $DEA = 1$ 时，投入产出模型被称为"技术有效"。计算方法如下：

$$e_k = \frac{u^T Y_k - u_k}{v^T X_k} \quad i = 1,2,\cdots,n$$

$$\min TE_k = s.t \begin{cases} \sum_{i=1}^{n} \lambda_i \, x_{ij} \leqslant TE_k \cdot x_{kj} & \forall j = 1,2,\cdots,m_1 \\ \sum_{i=1}^{n} \lambda_i \, y_{ij} \geqslant y_{kj} & \forall j = 1,2,\cdots,m_2 \\ \sum_{i=1}^{n} \lambda_i = 1 \\ \lambda_i \geqslant 0 & i = 1,2,\cdots,n \end{cases}$$

模型构建完成后，与 CCR 模式类似，可求解 TE_k。

3. 效率分析

效率分析主要包括三个部分，分别是技术效率分析（Technical Efficiency，TE）、规模效率分析（Scale Efficiency，SE）和综合效率分析（Overall Efficiency，OE）。技术效率分析从目标对象的运行效率方面进行评估；规模效率分析评估目标对象的规模效应；综合效率分析由技术效率和规模效率的数值相乘得到。对于上述三种效率来说，如果效率等于或接近 1，则认为此研究对象达到了 DEA 有效；如果效率远小于 1，则认为此研究对象的 DEA 无效。三者的关系为：

$$OE = TE \cdot SE$$

在 CCR 模式下求得最优解 OE_k 并将其定义为决策单元 k 的"综合效率"。根据 OE_k 取值的不同，可分为三种情况评估 DEA 的有效程度。

当 $OE_k = 1$ 时，对于任意 j，s_j^-，$s_j^+ = 0$，说明决策单元是"DEA 强有效"的，即任何投入都无法减少，任何产出都无法增加。此时，达到了技术有效和规模有效。

当 $OE_k = 1$ 时，某一 s_j^- 或 s_j^+ 为 0，说明决策单元是"DEA 弱有效"的，即无法等比例减少投入，也无法等比例增加产出。此时技术有效和规模有效只能满足一项。

当 $OE_k < 1$ 时，说明决策单元是"非 DEA 有效"的，说明投入的指标没有合理利用资源，此时既没有达到技术最佳，也没有达到规模最佳。

通过对 CCR 模式求解，可得出 OE_k 的值；通过对 BCC 模式求解，可得出 TE_k 的值；由于已知 OE、TE、SE 三者的关系，则可得出 SE_k 的值。

4. 规模报酬分析

规模报酬分析衡量了研究对象的规模是否达到了有效利用的状态。规模报酬会随着不同的生产规模的变化而变化。当生产规模比较小时，规模增加，投入产出比也会随之提高，这种状态为规模报酬递增；当生产进入高峰期时，产出与规模成正比，研究对象达到了最适合的生产规模，这种状态即为规模报酬固定；当生产规模过于庞大时，产出速度减缓，这种状态即为规模报酬递减。相应的关系为：

$$如果 \sum_{i=1}^{n} \lambda_i = 1,则该决策单元为"规模报酬固定";$$

$$如果 \sum_{i=1}^{n} \lambda_i < 1,则该决策单元为"规模报酬递增";$$

$$如果 \sum_{i=1}^{n} \lambda_i > 1,则该决策单元为"规模报酬递减"。$$

5. 差额变异分析

差额变异分析对评价对象指标投入过多或不足的情况进行测算，在优化研究对象效率时可精准定位目标指标。差额变异分析有两个衡量指标，分别为投入冗余率和产出不足率。二者的表达式如下。

投入冗余率：η_{kj} 为决策单元 k 的第 j 种投入资源的冗余率，计算方法为：

$$\eta_{kj} = \frac{s_j^-}{x_{kj}}$$

产出不足率：ρ_{kj} 为决策单元 k 的第 j 种产出资源的不足率，计算方法为：

$$\rho_{kj} = \frac{s_j^+}{y_{kj}}$$

（二）"碳达峰"目标下的中国城市绿色发展效率评估体系

"碳达峰""碳中和"目标实际上包含两个阶段的目标。"碳达峰"和"碳中和"阶段见图1。我国作为发展中国家，经济发展过程中的工业化和城镇化对能源的需求是巨大的，以化石能源为主的能源结构必然造成二氧化碳排放问题。"碳中和"目标不能简单地理解为通过降低能源消费水平而较少产生碳排放，因为碳排放的本质就是经济发展权。必须在满足人民生活水平的提高和社会稳定的前提下，通过优化能源消费结构，提高能源利用效率等方式，最终实现零碳排放并实现经济可持续发展。因此，"碳达峰"是"碳中和"的基础前提，"碳中和"是"碳达峰"的紧约束。其中，碳排放和能耗强度分别是"碳达峰"阶段和"碳中和"阶段的量化指标。

"碳达峰"的目标是充分发展经济，"碳中和"的目标是实现经济的可持续发展。"碳达峰"的定义是指对象的年度碳排放量达到历史最高值，在经历平台期后进入持续下降的过程，这是二氧化碳排放量下降的历史拐点，标志着经济发展与碳排放脱钩。"碳达峰"目标包括"碳达峰"的年份和峰值。实际情况是，如果没有较长的观察周期，那么我们无法确定当前的峰值是不是历史的拐点。此外，平台期的时间长短也不一样，而且其会由于不可抗力因素出现上涨波动的情况。因此，在考虑城市是否实现"碳达峰"目标时，我们定义时点达峰，即测算时刻的上一个观察期的碳排放达到了历史最高，本期碳排放比上期有所下降。该定义并不精确，有待以后进行讨论。

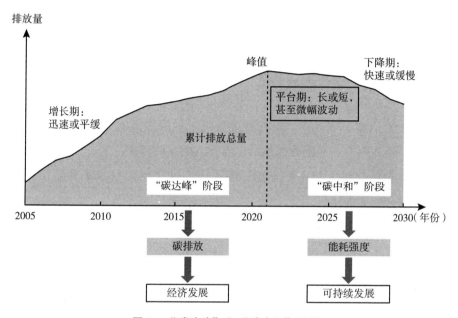

图1 "碳达峰"和"碳中和"阶段

资料来源：笔者绘制。

在"碳达峰"目标约束下，我们从投入与产出两个角度构建城市绿色发展效益分析的指标体系并进行效益分析。在该目标下，既要考虑促进城市经济可持续发展，又要稳步提升人民生活水平，促进社会稳定，还要优化能源消费结构，减少碳排放，提高能源利用效率。根据数据的可获得性，我们选取以下12个指标：投入指标包括总人口、公共财政支出、人口增长率、全体居民人均消费支出、能源总消费量和节能环保投入水平；产出指标包括GDP、公共财政收入、城镇登记就业率、全体居民人均可支配收入、能源利用效率和清洁能源消费占比。

投入指标方面，总人口和公共财政支出用于衡量城市劳动力和资本的经

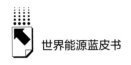

济资源投入情况，人口增长率和全体居民消费支出反映城市的社会资源投入情况，用于判断城市的医疗、教育、养老等社会福利水平是否较高，能够支撑人民安居乐业、繁衍后代。能源总消费量和节能环保投入水平表示能源方面的投入情况。

（1）总人口：人口数量体现该地区人力资源的规模水平，是城市经济发展的劳动力投入。

（2）公共财政支出：公共财政资金的规模，反映了地方政府对城市发展的资金投入能力；是对城市经济发展的资本投入。

（3）人口增长率：在一定程度上反映了地区对劳动力的吸引能力，是对城市教育、养老、医疗等领域的综合投入的实力体现。

（4）全体居民人均消费支出：衡量该区域居民消费水平和生活质量，是城市综合实力的体现。

（5）能源总消费量：是该区域在一定时期内的能源消费，主要包括煤、石油、天然气、可再生能源等的消费，体现了城市在发展过程中对能源的依赖程度。

（6）节能环保投入水平：是该区域地方政府对节能环保的财政投入资金，体现了地方政府对节能环保、绿色可持续发展的重视程度。

产出指标方面，GDP 和公共财政收入是用于衡量城市发展水平和城市政府收入的经济产出指标。城镇登记就业率和全体居民人均可支配收入体现了城市的社会价值。能源利用效率和清洁能源占比分别体现了该城市的能源利用效率和能源结构。

（1）GDP：体现了地区经济实力和市场规模，也是考核城市经济发展程度的产出指标。

（2）公共财政收入：指地方政府从企业、个人等社会目标群体处获得的发挥公共管理和服务职能的一切货币收入，是城市经济发展的直接货币产出。

（3）城镇登记就业率：是考核城市社会稳定性的重要指标。

（4）全体居民人均可支配收入：体现了剔除城市各种综合成本以外的

居民实际经济产出。

（5）能源利用效率（单位能耗 GDP 产出）：指产出单位经济所消耗的能源，能源利用效率越低，能源经济效率越高；是衡量经济发展与碳脱钩程度的指标。

（6）清洁能源消费占比：指天然气及可再生能源消费占能源总消费量的比例，是衡量经济绿色可持续发展的指标。

（三）中国城市绿色发展效率评估测算

本报告选取 2019 年数据作为构建中国城市绿色发展效率评估体系的观测变量，数据来源包括《中国城市统计年鉴》、《中国能源统计年鉴》、中华人民共和国国家统计局网站和地方统计局网站。数据大部分完整可用，但存在少量地级市经济类数据几乎完全缺失的情况，对于无法进行数据修补的（80%的数据缺失），直接进行删减；对于少量数据缺失的，通过多种渠道进行补充。最后，本报告获得了我国 266 个地级市（含直辖市）的测算结果（未全部列出）。

根据上述分析，我们得到 2019 年我国区域发展与能源利用效率评估体系相关结果，其中包括我国地级市及省级行政区的能源利用效率，如投入冗余率及产出不足率分析指标（见表 8，只列出部分城市）。

四　中国城市绿色发展与碳排放达峰指数

前文基于 Mann-Kendall 模型测算了 2006~2019 年我国城市碳排放趋势相关量化指标；基于 DEA 模型测算了 2019 年我国城市绿色发展效率量化指标。本部分我们基于上述结果构建中国城市绿色发展与碳排放达峰指数。

（一）中国城市绿色发展与碳排放达峰指数构建方法

"碳达峰"与"碳中和"实际是经济发展的两个阶段，"碳达峰"阶段，城市的经济发展通常伴随着对能源的巨大需求，尤其是城镇化和工业化

表8 2019年中国部分城市绿色发展投入产出效率评估结果

城市	效率分析			规模报酬分析		投入冗余率						产出不足率					
	技术效率（BCC）	规模效率（CCR/BCC）	综合效率（CCR）	有效性	类型	总人口	公共财政支出	人口增长率	全体居民人均消费支出	能源总消费量	节能环保投入水平	GDP	公共财政收入	城镇登记就业率	全体居民人均可支配收入	能源利用效率	清洁能源消费占比
铜川市	1	1	1	DEA强有效	规模报酬固定	0	0	0	0	0	0	0	0	0	0	0	0
汕尾市	1	1	1	DEA强有效	规模报酬固定	0	0	0	0	0	0	0	0	0	0	0	0
资阳市	1	1	1	DEA强有效	规模报酬固定	0	0	0	0	0	0	0	0	0	0	0	0
内江市	1	0.9986	0.9986	非DEA有效	规模报酬递减	0.22505	0.01257	0	0	0	0.70636	0	0.43896	0	0.00395	0	0
遂宁市	0.9887	0.9999	0.9885	非DEA有效	规模报酬递增	0.07905	0.00531	0	0	0	0.28148	0	0.25975	0.255	0.00624	0	0
渭南市	0.8847	0.9936	0.8791	非DEA有效	规模报酬递增	0	0.10341	0	0	0.0134	0	0.18152	0.50748	0	0	0.21695	0
周口市	1	0.9741	0.9741	非DEA有效	规模报酬递增	0.35493	0.29774	0	0	0	0	0	0.43653	0	0.2813	0	1.5258
荆州市	0.8954	0.9929	0.8891	非DEA有效	规模报酬递减	0.29206	-2E-08	0	0	0	0	0.05694	0.51749	0.20751	0	0	0.50716
濮阳市	1	1	1	DEA强有效	规模报酬固定	0	0	0	0	0	0	0	0	0	0	0	0

续表

城市	效率分析			规模报酬分析		投入冗余率						产出不足率					
	技术效率（BCC）	规模效率（CCR/BCC）	综合效率（CCR）	有效性	类型	总人口	公共财政支出	人口增长率	全体居民人均消费支出	能源总消费量	节能环保投入水平	GDP	公共财政收入	城镇登记就业率	全体居民人均可支配收入	能源利用效率	清洁能源消费占比
北京市	1	1	1	DEA强有效	规模报酬固定	0	0	0	0	0	0	0	0	0	0	0	0
阜新市	1	1	1	DEA强有效	规模报酬固定	0	0	0	0	0	0	0	0	0	0	0	0
哈尔滨市	0.9237	0.996	0.92	非DEA有效	规模报酬递增	0.11358	0	0	0	0.43361	0	0	0.14324	0	0.06885	0.75881	1.7051
鞍山市	1	1	1	DEA强有效	规模报酬固定	0	0	0	0	0	0	0	0	0	0	0	0
盐城市	0.9873	0.9129	0.9014	非DEA有效	规模报酬递减	0.1294	0	0	0	0	0	0	0.45465	0	0.04039	0	0.64228
本溪市	0.9743	0.9974	0.9718	非DEA有效	规模报酬递增	0.09908	0	0	0.04034	0	0	0	0.16466	0	0	0.16853	0.16888
朝阳市	0.9071	0.9598	0.8706	非DEA有效	规模报酬递增	0.21077	0	0	0	0	0	0.70928	0.73953	0	0	0.87505	2.04977
永州市	0.8916	0.9804	0.8741	非DEA有效	规模报酬递增	0.22728	0.13182	0	0	0	0	0	0.23429	0	0.04445	0	0.83746
汉中市	0.8372	0.9765	0.8175	非DEA有效	规模报酬递增	0	0	0	0	0	0.13627	0	1.10441	0	0.06015	0.29521	0

资料来源：笔者根据《中国能源统计年鉴2019》《中国城市统计年鉴2019》测算得到。

过程，以化石能源为主的能源结构必然造成二氧化碳排放问题。此外，城市为了实现经济快速发展通常以牺牲社会和环境为代价，因此该模式是不具备可持续性的。"碳中和"阶段是在谋求经济发展的同时，考虑社会和环境因素，通过优化能源消费结构、提高能源利用效率等方式，寻求一个绿色可持续发展的模式。在构建城市绿色发展与碳排放达峰指数时，基于上述逻辑，通过对比城市的综合发展水平、碳排放现状以及碳排放趋势，对测算时点城市所处的阶段进行判定及量化（见图2）。我们把城市的发展阶段分为"碳中和"前期、弱达峰、可达峰和不可达峰。

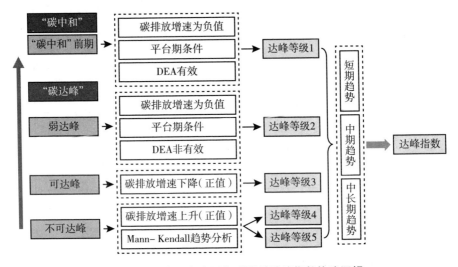

图2　中国城市绿色发展与碳排放达峰指数构建逻辑

资料来源：笔者绘制。

在上文中，我们讨论了由于平台期时间具有不确定性，很难通过时点碳排放数据判断是否达峰。不少研究根据国际经验、中国五年规划的政策周期以及Gilbert统计学原则等，对平台期的时间周期做出了严格的定义[①]。此外，在我国，"碳达峰"的实现更多的是通过政策引导和行政手段，而非类似欧美发达国家的自然达峰。因此，通过时序模型预测达峰时间原则上是无

---

① 《中国城市达峰指数》，公众环境研究中心（IPE），2020。

效的。

本报告构建达峰指数不是用于预测达峰的时间，而是为了评估达峰条件下我国城市绿色发展的水平。因此我们将构建弱达峰条件，即在满足观察期排放的同时满足平台期条件（Mann-Kendall 趋势突变检验非90%显著上升）和时点达峰（前期排放达到历史最高且本期下降）。满足弱达峰条件后即表明城市进入了平台期，此时如果城市的发展效率 DEA有效，则表明城市发展已经实现从"量"到"质"的转变。根据上述两类条件，我们定义达峰等级 1（碳中和前期）和达峰等级 2（弱达峰）。当城市未满足时点达峰条件，即碳排放还在增加时，在该情况下，城市碳排放未达峰，根据近期排放增速情况，可将其分为可达峰和不可达峰。对于前者，近期排放增速在下降收敛，表明城市的发展已经跨越了前期爆发式增长阶段；对于后者，其还处于该阶段。对于前者，我们将其定义为达峰等级 3；对于后者，如果满足中期排放趋势，则为显著下降，我们将其定义为达峰等级 4，否则为最差达峰（达峰等级 5），即无论中期趋势还是短期趋势都无显著下降趋势。完成达峰等级的构建后，我们将综合考虑短期趋势、中期趋势和长期趋势，并通过 Z 值转 P 值公式（Mann-Kendall 模型原理介绍）构建达峰指数。

（二）达峰指数测算结果与分析

根据上述指数构建原则，我们首先给出城市绿色发展与碳排放达峰等级与指数结果。下面我们根据达峰等级分别给出不同等级下的指数结果和进行案例分析。

1. 达峰等级1

由表 9 可知，从达峰等级 1 的城市碳排放趋势结果来看，根据定义，这部分城市基本已经进入碳排放的平台期，同时城市的绿色发展方面是强DEA 有效的。整体来看，这些城市分布在经济发达的沿海省区市，具有经济和自然环境的双重优势。从结构来看，具有经济优势的城市近年来的碳排放下降趋势远不如具有自然环境优势的城市。

表 9　城市碳达峰指数与趋势结果（达峰等级 1）

城市	达峰指数	2019 年排放（万吨）	2018~2019 年排放（万吨）	2018~2019 年排放增速	Z_3 (2013~2019 年)	P (2013~2019 年)	有效性	投入指标总冗余率	总人口
淄博市	1.07	1945.22	2210.02	-0.1198	-2.1026	0.0355	DEA 强有效	0	0
攀枝花市	1.14	492.41	537.87	-0.0845	-2.7034	0.0069	DEA 强有效	0	0
资阳市	1.29	72.96	80.74	-0.0964	-1.5019	0.1331	DEA 强有效	0	0
崇左市	1.44	21.48	23.13	-0.0712	-2.7034	0.0069	DEA 强有效	0	0
上海市	1.48	11454.40	11248.37	0.0183	-1.8023	0.0715	DEA 强有效	0	0
汕头市	1.50	345.50	349.64	-0.0119	-1.8023	0.0715	DEA 强有效	0	0
鄂尔多斯市	1.50	299.94	298.47	0.0049	-0.9011	0.3675	DEA 强有效	0	0
中山市	1.54	1420.80	1507.33	-0.0574	-1.5019	0.1331	DEA 强有效	0	0
葫芦岛市	1.54	564.28	635.25	-0.1117	-2.1026	0.0355	DEA 强有效	0	0
阜新市	1.60	430.36	441.20	-0.0246	-1.8023	0.0715	DEA 强有效	0	0
枣庄市	1.60	540.28	580.76	-0.0697	-0.9011	0.3675	DEA 强有效	0	0
苏州市	1.62	4327.63	4154.02	0.0418	-1.8023	0.0715	DEA 强有效	0	0
乌海市	1.67	1314.88	1255.71	0.0471	-1.2015	0.2296	DEA 强有效	0	0
河源市	1.69	153.63	148.59	0.0339	0.0000	1.0000	DEA 强有效	0	0
阳泉市	1.69	844.33	865.22	-0.0241	0.0000	1.0000	DEA 强有效	0	0
舟山市	1.69	261.65	249.70	0.0478	-1.5019	0.1331	DEA 强有效	0	0
廊坊市	1.73	499.70	553.72	-0.0976	-0.9011	0.3675	DEA 强有效	0	0
潮州市	1.82	547.21	748.57	-0.2690	1.2015	0.2296	DEA 强有效	0	0
东莞市	1.85	4547.90	4497.49	0.0112	0.9011	0.3675	DEA 强有效	0	0
广州市	1.89	5425.85	5509.49	-0.0152	0.3004	0.7639	DEA 强有效	0	0

续表

城市	公共财政支出	人口增长率	全体居民人均消费支出	能源总消费量	节能环保投入水平	产出指标总不足率	GDP	公共财政收入	城镇登记就业率	全体居民人均可支配收入	能源利用效率	清洁能源消费占比
淄博市	0	0	0	0	0	0	0	0	0	0	0	0
攀枝花市	0	0	0	0	0	0	0	0	0	0	0	0
资阳市	0	0	0	0	0	0	0	0	0	0	0	0
崇左市	0	0	0	0	0	0	0	0	0	0	0	0
上海市	0	0	0	0	0	0	0	0	0	0	0	0
汕头市	0	0	0	0	0	0	0	0	0	0	0	0
鄂尔多斯市	0	0	0	0	0	0	0	0	0	0	0	0
中山市	0	0	0	0	0	0	0	0	0	0	0	0
葫芦岛市	0	0	0	0	0	0	0	0	0	0	0	0
阜新市	0	0	0	0	0	0	0	0	0	0	0	0
枣庄市	0	0	0	0	0	0	0	0	0	0	0	0
苏州市	0	0	0	0	0	0	0	0	0	0	0	0
乌海市	0	0	0	0	0	0	0	0	0	0	0	0
河源市	0	0	0	0	0	0	0	0	0	0	0	0
阳泉市	0	0	0	0	0	0	0	0	0	0	0	0
舟山市	0	0	0	0	0	0	0	0	0	0	0	0
廊坊市	0	0	0	0	0	0	0	0	0	0	0	0
潮州市	0	0	0	0	0	0	0	0	0	0	0	0
东莞市	0	0	0	0	0	0	0	0	0	0	0	0
广州市	0	0	0	0	0	0	0	0	0	0	0	0

资料来源：笔者测算得到。

如图 3、图 4 所示，淄博市的年度碳排放量整体上呈持续下降趋势，在 2015 年发生突变，其中，2009 年、2015～2019 年碳排放量统计值超过临界线，下降趋势显著。整体来看，淄博市由于碳排放量呈下降趋势，且从"十三五"时期以来下降趋势愈发显著，已经基本实现城市"碳达峰"目标，同时根据 DEA 模型评测，该市在发展过程中不存在投入冗余或产出不足等问题，因而，该市在本报告的分类中处于第一档水平。

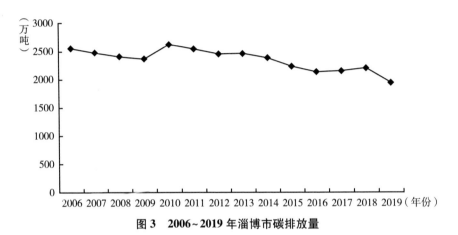

图 3　2006～2019 年淄博市碳排放量

资料来源：笔者测算得到。

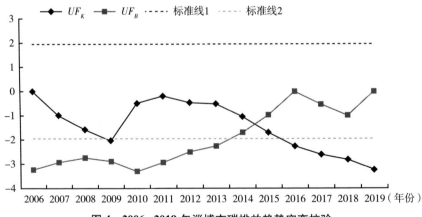

图 4　2006～2019 年淄博市碳排放趋势突变校验

资料来源：笔者测算得到。

2.达峰等级2

由表10可知，从达峰等级2的城市碳排放趋势结果来看，根据定义，这部分城市基本已经进入碳排放的平台期，但城市绿色发展效率方面是非DEA有效的，即存在经济、社会和环境资源的投入产出不平衡问题，单位经济产出的质量比达峰等级1的差。具体来看，四川、宁夏、甘肃等西部省区市存在投入冗余的效率问题，而内蒙古、辽宁、黑龙江等北部省区市存在产出不足的效率问题。

如图5、图6所示，抚顺市的年度碳排放量整体上呈持续上升趋势，统计期间没有突变点，其中，2013~2016年碳排放量统计值超过临界线，上升趋势显著。整体来看，抚顺市碳排放量在统计期间呈上升趋势，但从"十三五"时期以来上升趋势逐渐减弱。从2013~2019年的数据来看，2015年以后城市碳排放量显著下降，2019年的排放量较2018年的下降幅度超过10%，基本实现"碳达峰"目标；同时根据DEA模型评测，该市在发展过程中存在一定的产出不足问题，因而，该市在本报告的分类中处于第二档水平。

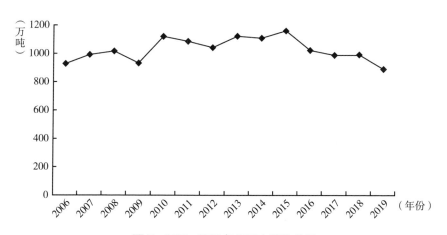

图5　2006~2019年抚顺市碳排放量

资料来源：笔者测算得到。

表10 部分城市碳达峰指数与趋势结果（达峰等级2）

城市	达峰指数	2019年排放（万吨）	2018年排放（万吨）	2018~2019年排放增速	Z_3（2013~2019年）	P（2013~2019年）	有效性	投入指标总冗余率	总人口	公共财政支出
本溪市	2.02	848.57	891.87	-0.0486	-3.0038	0.0027	非DEA有效	0.1394	0.099077741	0
六盘水市	2.11	100.56	129.49	-0.2234	-3.0038	0.0027	非DEA有效	0.3678	0.054332489	0
湘潭市	2.15	555.37	541.79	0.0251	-2.7034	0.0069	非DEA有效	0.0017	0.00171545	0
锦州市	2.15	413.66	451.59	-0.0840	-2.4030	0.0163	非DEA有效	0.5337	0.157129545	0
唐山市	2.18	2308.98	2421.66	-0.0465	-3.0038	0.0027	非DEA有效	1.0025	0.20021335	0
白银市	2.23	435.73	439.71	-0.0091	-1.8023	0.0715	非DEA有效	0.6549	0.284549469	0
怀化市	2.23	138.38	131.89	0.0493	-0.6008	0.5480	非DEA有效	0.6493	0.23340047	0.265488813
韶关市	2.31	318.88	311.27	0.0244	-2.4030	0.0163	非DEA有效	0.1685	0	0
临汾市	2.34	301.15	288.69	0.0431	-0.9011	0.3675	非DEA有效	0.1552	6.12258E-08	0.091915649
抚顺市	2.38	890.66	992.31	-0.1024	-2.1026	0.0355	非DEA有效	0.2514	0	0
承德市	2.48	465.97	447.54	0.0412	0.9011	0.3675	非DEA有效	0.1384	0	0.022940278
梧州市	2.58	170.23	170.61	-0.0022	-1.2015	0.2296	非DEA有效	0.5532	0.365334793	0.187903212
银川市	2.85	979.73	985.94	-0.0063	1.2015	0.2296	非DEA有效	1.0269	0	0.33059203
赤峰市	2.89	631.70	613.93	0.0289	0.0000	1.0000	非DEA有效	0.4942	0	0
呼和浩特市	2.89	1297.64	1256.95	0.0324	1.2015	0.2296	非DEA有效	0.6122	0	0
大连市	2.93	3161.98	3402.55	-0.0707	0.9011	0.3675	非DEA有效	0.4425	0	0.008237577
哈尔滨市	2.94	2514.28	2580.94	-0.0258	0.3004	0.7639	非DEA有效	0.5472	0.113579619	0
天津市	2.95	8555.45	8309.16	0.0296	1.2015	0.2296	非DEA有效	0.4954	0.212994101	0.045665167
日照市	2.96	1178.69	1215.32	-0.0301	1.5019	0.1331	非DEA有效	0.2667	0.266706702	0
德州市	2.98	696.53	700.92	-0.0063	1.2015	0.2296	非DEA有效	0.5512	0	0

续表

城市	人口增长率	全体居民人均消费支出	能源总消费量	节能环保投入水平	产出指标总不足率	GDP	公共财政收入	城镇登记就业率	全体居民人均可支配收入	能源利用效率	清洁能源消费占比
本溪市	0	0.040335709	0	0	0.5021	0	0.164657136	0	0	0.16852621	0.168875425
六盘水市	0	0	0	0.313505598	0.2824	0	0	0	0	0.217871048	0.064530512
湘潭市	0	0	0	0	0.5910	0	0.329301789	0	0	0.007313048	0.254401418
锦州市	0	0	0.376600796	0	4.5506	0.244413658	0.16477635	0	0	1.252392917	2.889022095
唐山市	0.007757869	0	0.360876101	0.433642393	0.9581	0	0.485176041	0	0	0.472907428	0
白银市	0	0	0	0.370378402	0.7422	0	0.10140868	0	0.098568479	0.542263585	0
怀化市	0.127628118	0	0	0.021856959	1.1029	0.111233151	0.367573696	0.062523512	0.133245542	0	0.428341213
韶关市	0	0	0	0.168491081	0.3780	0	0.244342851	0.087810422	0	0	0.045798101
临汾市	0	0	0.251401258	0.06333084	0.9134	0.25944939	0.082048929	0	0	0.529710622	0.042170205
抚顺市	0	0	0	0	2.9578	0.030290771	0	0	0	0.701629738	2.225866526
承德市	0	0	0	0.115471713	0.5371	0.051458737	0	0	0	0.412809558	0.072861643
梧州市	0	0	0	0	0.0971	0.097085207	0	0	0	0	0
银川市	0	0	0.606514724	0.420367504	5.2365	0	0.119128768	0	0	3.844240975	1.273093581
赤峰市	0	0	0.163578784	0	2.6913	0.416663349	0.447119566	0	0	1.676102737	0.1514023
呼和浩特市	0	0	0.612212492	0	3.7136	0	0.063426724	0	0	2.830443774	0.819760356
大连市	0	0	0.434239414	0	1.9623	0	0	0	0.039638162	0.990362322	0.932269728
哈尔滨市	0	0	0.433609522	0	2.6760	0	0.143239738	0	0.068851757	0.758811172	1.705104338
天津市	0	0	0.236774852	0	0.5553	0	0	0	0	0.455737173	0.099516748
日照市	0	0	0	0	0.6171	0	0	0	0	0	0.617131391
德州市	0	0	0.010217687	0.541020562	0.4498	0	0.190234688	0	0.16890896	0	0.090686207

资料来源：笔者测算得到。

387

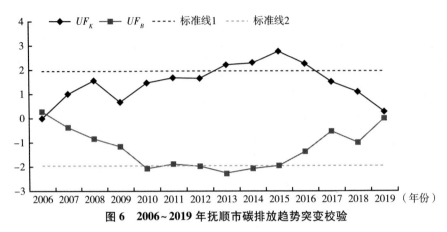

图6　2006~2019年抚顺市碳排放趋势突变校验

资料来源：笔者测算得到。

3.达峰等级3

如图7、图8所示，兰州市的年度碳排放量在2007~2010年呈上升趋势，在其他时间呈下降趋势，其中，2016~2019年碳排放量统计值超过临界线，下降趋势显著，突变点出现在2014年；从中长期趋势来看，该市的碳排放量呈下降趋势，但从2017年起碳排放量持续增加，2019年，碳排放量同比增速较2018年有所下降，从短期来看，碳排放量有触及平台区的迹象，因而，该市在报告的分类中处于第三档水平。部分城市碳达峰指数与趋势结果（达峰等级3）见表11。

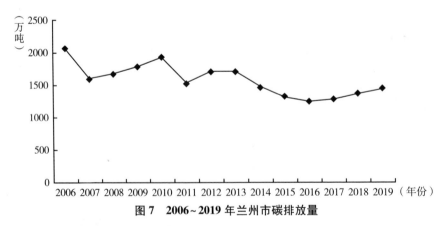

图7　2006~2019年兰州市碳排放量

资料来源：笔者测算得到。

表 11　部分城市碳达峰指数与趋势结果（达峰等级 3）

城市	达峰指数	Z_3（2013~2019 年）	P（2013~2019 年）	2019 年增速	2018 年增速	有效性	投入指标总冗余率	总人口
兰州市	3.17	−0.6008	0.5480	0.0575	0.0644	非 DEA 有效	0.2963	0
武威市	3.74	1.80225	0.0715	0.0068	0.1360	非 DEA 有效	0.8666	0.3
辽阳市	3.80	1.80225	0.0715	0.0007	0.0761	DEA 强有效	0.0000	0
中卫市	3.83	0.60075	0.5480	0.0867	0.1430	非 DEA 有效	0.7174	0.1
张家口市	3.83	2.10263	0.0355	0.0388	0.1421	非 DEA 有效	0.2286	0
吴忠市	3.83	2.70338	0.0069	0.1388	0.2114	非 DEA 有效	0.5081	0
张家界市	3.90	2.10263	0.0355	0.0322	0.0629	DEA 强有效	0.0000	0
泰安市	3.91	2.10263	0.0355	0.0534	0.1372	非 DEA 有效	0.3713	0.2
秦皇岛市	3.93	2.70338	0.0069	−0.0241	0.0686	非 DEA 有效	0.1523	0.2
云浮市	3.94	2.40301	0.0163	0.8200	0.8222	DEA 强有效	0.0000	0
包头市	3.99	2.10263	0.0355	0.0317	0.0825	非 DEA 有效	0.7425	0.1
威海市	3.99	2.70338	0.0069	0.0295	0.0708	非 DEA 有效	0.2131	0
阳江市	3.99	3.00376	0.0027	0.0636	0.0810	DEA 强有效	0.0000	0
晋中市	4.00	2.70338	0.0069	0.3057	0.3716	DEA 强有效	0.0000	0
北京市	4.00	2.70338	0.0069	0.0097	0.0600	DEA 强有效	0.0000	0
东营市	4.00	2.70338	0.0069	−0.0806	0.1053	DEA 强有效	0.0000	0
保定市	4.00	3.00376	0.0027	0.0708	0.0737	非 DEA 有效	0.7664	0.3
延安市	4.00	2.70338	0.0069	0.1396	0.2690	非 DEA 有效	0.2117	0
湛江市	4.00	2.70338	0.0069	−0.0900	0.2487	DEA 强有效	0.0000	0
庆阳市	4.00	3.00376	0.0027	0.1475	0.2495	非 DEA 有效	0.3360	0.2

续表

城市	公共财政支出	人口增长率	全体居民人均消费支出	能源总消费量	节能环保投入水平	产出指标总不足率	GDP	公共财政收入	城镇登记就业率	全体居民人均可支配收入	能源利用效率	清洁能源消费占比
兰州市	0.1	0	0	0.2	0	0.9414	0	0.1	0	0.3	0.5	0
武威市	0	0	0	0	0.6	0.8199	0	0.1	0	0.1	0.6	0
辽阳市	0	0	0	0	0	0.0000	0	0	0	0	0	0
中卫市	0	0	0	0.6	-0	5.5658	0	0.4	0	0	3.7	1.4
张家口市	0.2	0	0	0	0	1.1056	0.5	0	0	0	0.6	0.1
吴忠市	0	0	0	0.3	0.2	4.1532	0	0.3	0	0	2.9	1
张家界市	0	0	0	0	0	0.0000	0	0	0	0	0	0
泰安市	0	0	0	0.2	0	1.4887	0	0.1	0	0	0.2	1.1
秦皇岛市	0	0	0	0	0	0.6120	0	0	0	0	0.4	0.2
云浮市	0	0	0	0	0	0.0000	0	0	0	0	0	0
包头市	0	0	0	0.7	0	5.4860	0	0.6	0.1	0	3.3	1.4
威海市	0	0	0	0.2	0	1.0765	0	0	0	0	0.1	0.9
阳江市	0	0	0	0	0	0.0000	0	0	0	0	0	0
晋中市	0	0	0	0	0	0.0000	0	0	0	0	0	0
北京市	0	0	0	0	0	0.0000	0	0	0	0	0	0
东营市	0	0	0	0	0	0.0000	0	0	0	0	0	0
保定市	0.2	0	0	0	0.4	0.5012	0	0.3	0	0	0.2	0.1
延安市	0	0	0	0	0	0.2062	0	0	0	0	0.1	0
湛江市	0	0	0	0	0	0.0000	0	0	0	0	0	0
庆阳市	0	0	0	0	0.2	0.4069	0	0	0	0	0.4	0

资料来源：笔者测算得到。

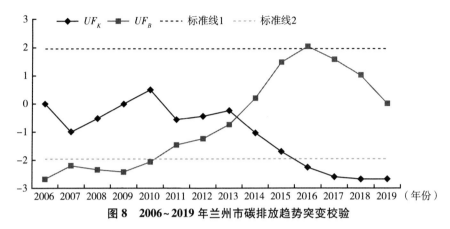

图8 2006～2019年兰州市碳排放趋势突变校验

资料来源：笔者测算得到。

4. 达峰等级4

如图9、图10所示，郑州市的年度碳排放量呈上升趋势，其中，2011～2019年碳排放量统计值超过临界线，上升趋势显著，突变点出现在2011年；2019年，该市的碳排放量同比增速达到12%，超过2018年碳排放量同比增速，从短期来看，碳排放量没有将要触及平台区的迹象，但从中期来看，该市在2013～2019年的碳排放量上升趋势弱于2009～2015年的上升趋势，中期呈现略有放缓的趋势，因而，该市在本报告的分类中处于第四档水平。部分城市碳达峰指数与趋势结果（达峰等级4）见表12。

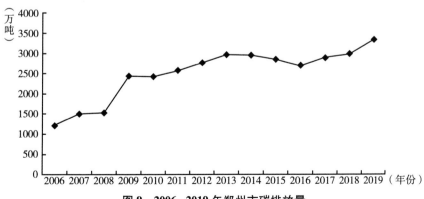

图9 2006～2019年郑州市碳排放量

资料来源：笔者测算得到。

表 12 部分城市碳达峰指数与趋势结果（达峰等级 4）

城市	达峰指数	Z_3 (2013~2019 年)	P (2013~2019 年)	Z_2 (2009~2015 年)	有效性	投入指标总冗余率	总人口	公共财政支出
宜昌市	4.11	-2.1026	0.0355	-1.5019	非 DEA 有效	0.1367	0	0
永州市	4.29	-1.5019	0.1331	0.0000	非 DEA 有效	0.3591	0.227284459	0.131821048
临沧市	4.31	-1.8023	0.0715	0.3004	非 DEA 有效	0.5463	0.42202295	0.084824123
南阳市	4.50	-1.5019	0.1331	0.9011	非 DEA 有效	0.2958	0.295813564	0
徐州市	4.52	-1.8023	0.0715	1.5019	非 DEA 有效	0.4810	0.238622677	0.14169686
定西市	4.58	-0.6008	0.5480	2.1026	非 DEA 有效	0.5181	0.376424	0
商丘市	4.58	-0.3004	0.7639	-0.3004	非 DEA 有效	0.1076	0.107633906	0
岳阳市	4.66	0.0000	1.0000	1.2015	非 DEA 有效	0.3224	0.056345687	0
淮南市	4.67	-0.9011	0.3675	1.5019	非 DEA 有效	0.3967	0.396721146	0
池州市	4.69	-0.9011	0.3675	1.5019	非 DEA 有效	0.2582	0.25815945	0
黄石市	4.69	0.6008	0.5480	1.2015	非 DEA 有效	0.1169	0	0
大同市	4.73	0.0000	1.0000	2.1026	非 DEA 有效	0.5098	0	0.005406369
绍兴市	4.83	0.0000	1.0000	2.1026	DEA 强有效	0.0000	0	0
郑州市	4.91	0.6008	0.5480	1.8023	DEA 强有效	0.0000	0	0
深圳市	4.93	0.6008	0.5480	2.7034	DEA 强有效	0.0000	0	0
武汉市	4.97	1.5019	0.1331	2.1026	DEA 强有效	0.0000	0	0
厦门市	4.98	1.8023	0.0715	2.4030	DEA 强有效	0.0000	0	0
杭州市	4.99	2.1026	0.0355	2.7034	DEA 强有效	0.0000	0	0
重庆市	5.00	2.7034	0.0069	2.7034	DEA 有效	0.0000	0	0
西安市	5.00	2.7034	0.0069	2.7034	非 DEA 有效	0.8366	0.186156112	0

续表

城市	人口增长率	全体居民人均消费支出	能源总消费量	节能环保投入水平	产出指标总不足率	GDP	公共财政收入	城镇登记就业率	全体居民人均可支配收入	能源利用效率	清洁能源消费占比
宜昌市	0	0	0.047839846	0.088893996	0.6801	0	0.615089066	0	0.064963551	0	0
永州市	0	0	0	0.03949983	1.1162	0	0.234292007	0	0.044446065	0	0.837456589
临沧市	0	0	0	0	0.4930	0	0.458712022	0	0	0.034270502	0
南阳市	0	0	0	0.192932614	0.7555	0	0.550643717	0	0.007037477	0	0.197792688
徐州市	0	0	0.049414476	0	0.2023	0	0.172088299	0.00359988	0.015375397	0	0.011211392
定西市	0	0	0	0	1.4874	0.485590776	0.334299634	0	0.012830409	0.654678278	0.412036044
商丘市	0	0	0	0	0.8511	0	0.145868378	0	0.1372881	0.155890241	0.350510226
岳阳市	0.091954215	0	0	0.174122678	1.2475	0	0.896989575	0	0	0	0
淮南市	0	0	0	0	0.8566	0.08084009	0	0	0	0	0.768471283
池州市	3.13068E-07	0	0	0.11691097	1.0017	0	0	0	0	0	1.001684162
黄石市	0	0	0.504443498	0	0.0534	0.053386331	0	0	0	0	0
大同市	0	0	0	0	5.0771	0.171001454	0	0	0	3.045841035	1.860282941
绍兴市	0	0	0	0	0.0000	0	0	0	0	0	0
郑州市	0	0	0	0	0.0000	0	0	0	0	0	0
深圳市	0	0	0	0	0.0000	0	0	0	0	0	0
武汉市	0	0	0	0	0.0000	0	0	0	0	0	0
厦门市	0	0	0	0	0.0000	0	0	0	0	0	0
杭州市	0	0	0	0	0.0000	0	0	0	0	0	0
重庆市	0	0	0	0	0.0000	0	0	0	0	0	0
西安市	0.388696001	0	0.261721554	0	0.4861	0	0.305816241	0	0	0.180268386	0

资料来源：笔者测算得到。

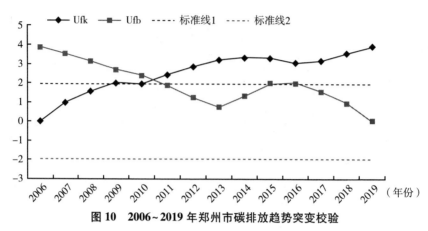

图10　2006～2019年郑州市碳排放趋势突变校验

资料来源：笔者测算得到。

5. 达峰等级5

如图11、图12所示，平顶山市的年度碳排放量呈上升趋势，其中，2012～2019年碳排放量统计值超过临界线，上升趋势显著，突变点出现在2015年；2019年，该市碳排放量同比增速达到30%，大幅超过2018年碳排放量同比增速。从短期来看，碳排放量没有将要触及平台区的迹象；从中期来看，该市在2013～2019年的碳排放量上升趋势强于2009～2015年的上升趋势，中期也呈现明显增强的趋势，因而，该市实现"碳达峰"目标的任务较为艰巨，在本报告的分类中处于第五档水平。部分城市碳达峰指数与趋势结果（达峰等级5）见表13。

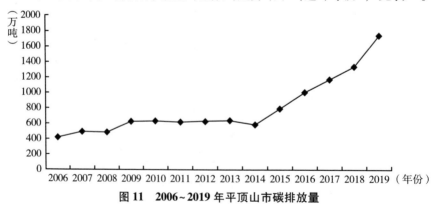

图11　2006～2019年平顶山市碳排放量

资料来源：笔者测算得到。

表 13 部分城市碳达峰指数与趋势结果（达峰等级 5）

城市	达峰指数	Z_3（2013~2019 年）	P（2013~2019 年）	Z_2（2009~2015 年）	有效性	投入指标总冗余率	总人口	公共财政支出
自贡市	5.09	-0.9011	0.3675	-2.4030	非 DEA 有效	0.3991	0.113013568	0
长治市	5.18	0.0000	1.0000	-2.4030	非 DEA 有效	0.6778	0	0
曲靖市	5.24	-0.6008	0.5480	-1.8023	非 DEA 有效	0.7465	0.333514101	0.133464976
洛阳市	5.44	-0.3004	0.7639	-1.2015	非 DEA 有效	0.1118	0	0
三门峡市	5.52	2.1026	0.0355	-2.1026	非 DEA 有效	0.0452	0.045157209	0
宜宾市	5.56	0.0000	1.0000	-0.9011	非 DEA 有效	0.2168	0.06763795	0
玉林市	5.79	1.2015	0.2296	0.0000	非 DEA 有效	0.7197	0.49349521	0.226241571
遵义市	5.82	2.4030	0.0163	-0.9011	非 DEA 有效	0.2904	0	0.110454989
南京市	5.83	2.1026	0.0355	-0.3004	非 DEA 有效	0.1735	0.02902014 1	0
乌鲁木齐市	5.84	2.1026	0.0355	0.0000	非 DEA 有效	0.8491	0	0
桂林市	5.92	2.7034	0.0069	0.3004	非 DEA 有效	0.1927	0.06059365 3	0.1321166
济南市	5.94	2.7034	0.0069	0.3004	非 DEA 有效	0.1452	0	0
太原市	5.96	1.8023	0.0715	1.5019	DEA 强有效	0.0000	0	0
平顶山市	5.97	2.7034	0.0069	0.6008	非 DEA 有效	0.1522	0.152159435	0
福州市	5.97	2.7034	0.0069	1.8023	非 DEA 有效	0.0239	0.023941827	0
昆明市	5.97	3.0038	0.0027	0.6008	DEA 强有效	0.0000	0	0
南宁市	5.98	2.4030	0.0163	1.8023	非 DEA 有效	0.3749	0.136986132	0.17142237
成都市	5.99	2.4030	0.0163	1.5019	DEA 强有效	0.0000	0	0
天水市	5.99	2.7034	0.0069	1.8023	非 DEA 有效	0.1113	0.111316108	0
贵阳市	5.99	2.7034	0.0069	2.1026	非 DEA 有效	0.3524	0	0

续表

城市	人口增长率	全体居民人均消费支出	能源消费总量	节能环保投入水平	产出指标总不足率	GDP	公共财政收入	城镇登记就业率	全体居民人均可支配收入	能源利用效率	清洁能源消费占比
自贡市	0.286133392	0	0	0	0.6444	0	0.56931763	0.060572809	0.014542278	0	0
长治市	0	0	0.377020151	0.300743909	2.7677	0	0	0	0	1.858865924	0.908822673
曲靖市	-7.43238E-07	0	0.279536236	0	0.5220	0	0.15012544	0	0.011782083	0.371829901	0
洛阳市	0.011699457	0	0	0.100062146	0.0392	0	0.027391364	0	0	0	0
三门峡市	0	0	0	2.42612E-05	0.6959	0.282089127	0	0	0.007541023	0	0.406258119
宜宾市	0.149167094	0	0	0	0.0549	0	0.03275838	0.022144929	0	0	0
玉林市	0	0	0	1.16059E-07	0.0759	0.003076046	0.072809442	0	0	0.665497025	0
遵义市	0	0	0.179965604	0	0.7481	0	0	0	0.082610935	0	0.092475208
南京市	0.068756826	0.075716189	0	0	0.1419	0	0	0	0	0.049457178	0
乌鲁木齐市	0	0	0.849117948	0	6.7442	0.035178164	0	0	0.106484123	6.637710151	0
桂林市	0	0	0	0	0.0592	0	0	0	0	0.024065652	0
济南市	0.132060383	0	0.013148318	0	0.7660	0	0.101332167	0	0.122103709	0.542574113	0
太原市	0	0	0	0	0.0000	0	0	0	0	0	0
平顶山市	0	0	0	0	0.4974	0	0	0	0.000789797	0.126945328	0.369650421
福州市	0	0	0	0	0.5303	0	0	0	0.015693997	0	0.514603595
昆明市	0	0	0	0	0.0000	0	0	0	0	0	0
南宁市	0.066477861	0	0	0	0.0225	0.022502701	0	0	0	0	0
成都市	0	0	0	0	0.0000	0.689358193	0.193400292	0	0	0	0
天水市	0	0	0	0	1.9799	0	0	0	0.117200005	0.979940474	0
贵阳市	0.13532083	0	0.217101958	0	0.6309	0	0	0	0.291115898	0.314274959	0.025533164

资料来源：笔者测算得到。

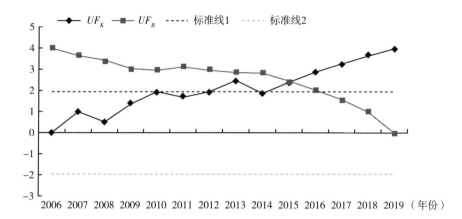

图12　2006~2019年平顶山市碳排放趋势突变检验

资料来源：笔者测算得到。

（三）达峰指数区域分析

1. 中国31个省区市能耗强度与能源消费量分布

如图13所示，我国新疆、青海、宁夏、内蒙古和山西等省区市能耗强度较高，北京、广东、上海和江苏等省区市的能耗强度处于较低水平。

2. 中国部分省区市"碳达峰"进度分布

如图14所示，我国新疆、湖北、云南、福建和广西等省区市"碳达峰"进度较慢，上海、黑龙江、天津、内蒙古和宁夏等省区市的"碳达峰"进度处于领先水平。

3. 中国部分省区指数级别分布

如图15所示，内蒙古、河北和广东等省区的城市平均达峰进度较快，云南、湖北、河南等省区的城市平均达峰进度较为落后；广东和内蒙古等省区达峰进度领先的城市数量多于达峰进度滞后的城市，四川、河南、广西等省区达峰进度领先的城市数量少于达峰进度滞后的城市。

4. 中国部分省区达峰程度结构

如图16所示，辽宁、山东及河北等省区时点已达峰城市数量占比较高；陕西、甘肃和内蒙古等省区时点可达峰城市数量占比较高；江苏、浙江、

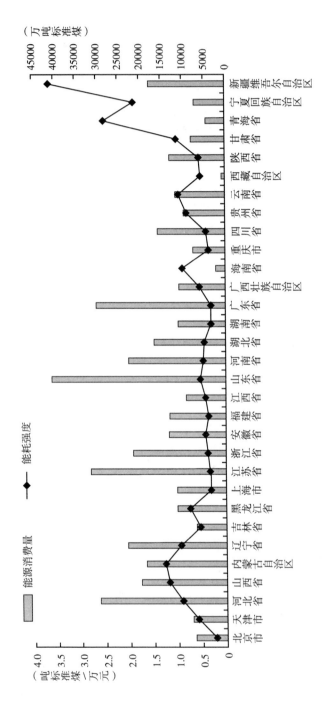

图 13 中国 31 个省区市能耗强度与能源消费量分布

资料来源：笔者测算得到。

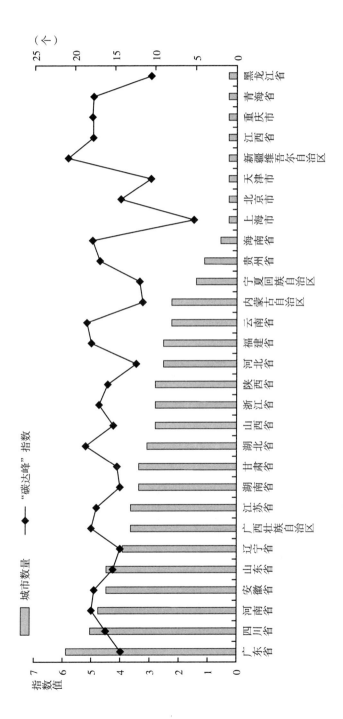

图 14 中国 29 个省区市"碳达峰"指数

注：由于吉林、西藏缺失 DEA 模型所需数据，因此图中无"吉林省""西藏自治区"。

资料来源：笔者测算得到。

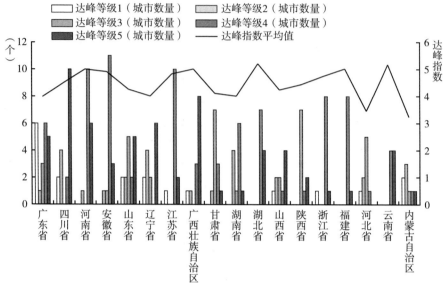

图 15　中国部分省区达峰指数级别分布

资料来源：笔者测算得到。

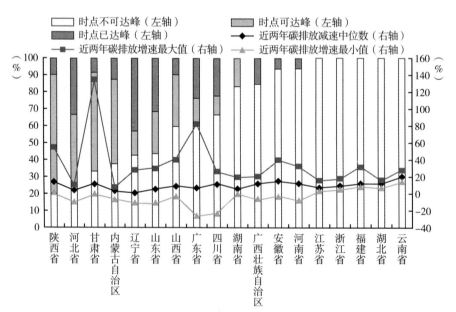

图 16　中国部分省区达峰程度

资料来源：笔者测算得到。

福建、湖北和云南等省区时点不可达峰城市数量占比较高。云南、安徽和陕西等省区近两年碳排放减速中位数较高，辽宁、内蒙古和河北等省区近两年碳排放减速中位数较低；甘肃、广东和陕西等省区近两年碳排放增速最大值较高，江苏、内蒙古和河北等省区近两年碳排放增速最大值较低；云南、福建和湖北等省区近两年碳排放增速最小值较高，广东、四川和山东等省区近两年碳排放增速最小值较低。

5. 中国部分省区达峰趋势变化

如图 17 所示，河北、甘肃及陕西等省区碳排放短期趋势放缓的城市占比较高，江苏、浙江、湖北和云南等省区碳排放短期趋势放缓的城市占比较低；福建、浙江及江苏等省区碳排放中期趋势放缓的城市占比较高，河北、广西及陕西等省区碳排放中期趋势放缓的城市占比较低；内蒙古、湖南及安徽等省区碳排放长期趋势放缓的城市占比较高，河北、广东和山东等省区碳

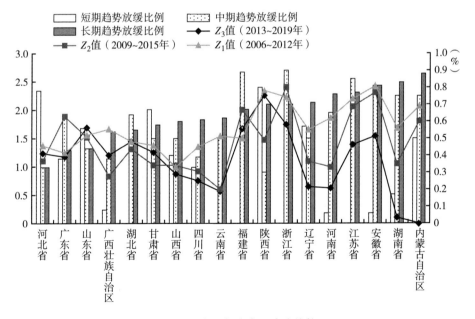

图 17　中国部分省区达峰趋势

资料来源：笔者测算得到。

排放长期趋势放缓的城市占比较低。山西、广东和四川等省区 2006~2012 年的 Z_1 值较低，浙江、陕西和安徽等省区 2006~2012 年的 Z_1 值较高；云南、广西和四川等省区 2009~2015 年的 Z_2 值较低，浙江、江苏和安徽等省区 2009~2015 年的 Z_2 值较高；内蒙古、湖南和云南等省区市 2013~2019 年的 Z_3 值较低，陕西、浙江和山东等省区 2013~2019 年的 Z_3 值较高。

（四）研究结论

本报告基于城市经济发展与"碳达峰""碳中和"目标的关系提出了城市碳达峰的五个阶段的判定逻辑。其中，碳排放趋势和综合发展效率是判定城市所处阶段的关键。为此，本报告分别通过 Mann-Kendall 模型和 DEA 模型对城市的碳排放趋势和综合发展效率进行了测算。基于上述结果构建了 2019 年我国城市绿色发展与碳排放达峰指数，并对不同达峰等级和区域进行了分析，结论如下。

（1）进入碳中和前期（达峰等级1）的城市分布在经济发达的沿海省区市，并同时具有经济和自然环境的双重优势。从结构来看，具有经济优势的城市近年来的碳排放下降趋势远不如具有自然环境优势的城市。此类城市早已进入平台期，利用早期积累的经济优势，产业结构重点逐步转向高附加值和知识型产业，正在迈向"碳中和"目标的路途中。

（2）弱达峰（达峰等级2）城市虽然已经进入碳排放的平台期，但存在经济、社会和环境资源的投入产出不平衡问题，具体来看，四川、宁夏、甘肃等西部省区市存在投入冗余的效率问题，而内蒙古、辽宁、黑龙江等北部省区市存在产出不足的效率问题。结果客观反映了我国区域资源不平衡导致经济发展模式不同的情况，进一步说明"碳达峰""碳中和"目标的实现路径需要充分考虑城市的区域特点和发展模式。

（3）可达峰与不可达峰（达峰等级3~5）城市基本处于工业化和城镇化阶段，城市的发展权非常重要，它决定了人民的生活水平和社会的稳定。不能简单地用碳排放指标约束城市的发展，应在充分考虑经济发展和社会稳定的前提下，从碳排放趋势方面引导城市的发展。达峰等级5的城市处于工业化的初期，经济发展排在首位，达峰等级 4、5 的城市处于工业化中后期，需要加强对社会稳定和环境因素的考量。

（4）与传统的双控目标相比，能耗总量与能耗强度指标侧重碳排放规模与经济之间的关系，忽略了经济发展中的社会成本与环境代价，"碳达峰""碳中和"目标的核心价值在于在平衡经济、社会和环境的同时实现可持续发展。碳达峰指数的构建充分考虑了上述因素，从两者对比来看，双控指标能够突出能耗总量和经济的影响，而达峰指数能够考虑到环境因素。

（5）从我国各地区的达峰指数分布、达峰程度结构和达峰趋势变化来看，沿海经济发达省区市在"碳达峰"方面较为领先。第二梯队主要集中在辽宁、山东及河北，这主要得益于近年来北方工业转型的政策支持和推动，进一步说明我国"碳达峰"的实现需要通过政策引导和行政手段，而非类似欧美发达国家的自然达峰。因此，后续的城市达峰路径的规划需要发挥我国的制度优势，充分利用政策调控手段并结合市场化工具稳步推动我国城市"碳达峰"。

附　　录

Appendix

B.19

2021年能源大事记

臧少虎 *

表1　2021年国际能源大事记

时间	事件	影响
1月初	OPEC+第13次部长级会议结束,减产规模略有调整,国际油价飙升	纽约商品交易所2月交货的轻质原油期货价格上涨2.31美元,收于每桶49.93美元,涨幅为4.85%,创近一年以来新高;3月交货的伦敦布伦特原油期货价格上涨2.51美元,收于每桶53.60美元,涨幅为4.91%
1月5日	欧亚经济联盟加快推动建立统一油品市场	其提出建立统一的电力、天然气、石油和成品油市场
1月13日	德国投入7亿欧元开展氢能重点研究项目	项目希望解决德国发展氢能经济过程中的技术障碍,落实国家氢能源战略,这是德国能源转型领域迄今为止投入最多的资助计划
1月15日	法国道达尔公司宣布退出美国石油协会	其成为第一家退出该组织的大型能源公司,主要原因是该协会在天然气、交通脱碳、碳定价、对《巴黎协定》的立场等方面与法国道达尔公司的立场存在很大的分歧。

---

* 臧少虎,法律硕士,中国社会科学院大学哲学院主任科员。

续表

时间	事件	影响
1月21日	土库曼斯坦和阿塞拜疆签署了关于里海"友谊"油气田联合勘测和开发的谅解备忘录	该备忘录为两国天然气管道的直连铺平了道路,并使土库曼斯坦的油气能够经阿塞拜疆运往欧洲
1月21日	欧洲议会通过决议叫停"北溪-2"天然气管道项目	这份决议是在俄罗斯反对派人士纳瓦利内回国被捕的背景下通过的,决议还要求欧盟成员国对俄罗斯涉事人员和机构进行更为严厉的制裁
1月29日	西方石油公司推出世界首批碳中和石油	西方石油公司在二叠纪地区生产的首批碳中和石油,即整个原油生命周期(从原油开采到终端产品燃烧过程)所产生的排放已经被消化,这是为环境友好型差异化原油开辟新市场的第一步
2月4日	埃克森美孚上年亏损224.4亿美元,这是40年来其首次出现全年亏损的情况	埃克森美孚不是美国传统能源行业中唯一面临严峻挑战而出现财务吃紧的公司,目前,该行业正在遭遇现代史上最严重的危机
2月6日	丹麦筹划在北海建造世界上第一个人工风能中心	中心由丹麦气候、能源和公用事业部下属的丹麦能源署牵头,预计建成后能够为1000万个欧洲家庭提供足够的电力
2月中旬	石油巨头英国石油公司大幅缩减石油勘探部门	工作重点已缩小到在现有油气田附近寻找新资源,以抵消产量下降的影响,并将支出降至最低,表明该公司正迅速将能源重点从石油和天然气转向可再生能源
2月15日	美国得克萨斯州电价一度飙升超过100倍	受极地寒流影响,得克萨斯州此次大停电直接导致500万名得克萨斯州人在寒潮降临的时候无电可用,大约1400万名当地居民因停电面临缺水等情况,一度电的价格高约10美元(约为65.03元)
2月17日	壳牌以9亿加元(约合45.74亿元)出售加拿大一处页岩油资产	剥离上述资产有助于壳牌进一步优化上游投资组合,专注于核心生产区块,支持集中上游投资组合
2月19日	美国正式重新加入《巴黎协定》	气候变化将被纳入美国重要的各级别多边和双边对话中,其将成为一系列内政外交的重点之一
2月25日	EDP宣布5年内进行240亿欧元的能源转型投资	其进一步巩固了EDP在能源转型方面的领导者地位
3月初	中国对澳大利亚动力煤的进口归零	随着中国与俄罗斯的煤炭合作不断深化,加上全球都在推进实现零碳排放的目标,恐怕澳大利亚煤炭可能不只是失去中国买家这么简单,煤炭企业最终可能面临倒闭的危机

续表

时间	事件	影响
3月3日	航空燃油成全球油市最大变数	受益国际油价回升至 60 美元/桶以上,航空燃油价格在 2 月底冲上近 13 个月以来的最高水平
3月7日	沙特石油重镇港口遭无人机袭击,助推油价走高	其促使布伦特原油价格在 3 月 8 日一度触及 71 美元/桶
3月中旬	日立拿下全球首座海上无功补偿站——欧洲海上风电的所有权和运营权	由日本的工业巨头日立牵头的联合体赢得了目前已投运的世界上最大的海上风电场——1.2 吉瓦的 Hornsea One 项目的输电设施的所有权和运营权
3月15日	亚洲 LNG 需求颠覆全球定价模式	亚洲作为全球天然气贸易超级大洲的崛起,将越来越多地影响欧洲天然气的市场价格,天然气这种本地化商品的价格一度仅与石油价格相关
3月23日	22.4 万吨巨型集装箱船"长赐号"(Ever Given)在苏伊士运河搁浅	苏伊士运河航道瘫痪一度导致国际市场油价飙升,24 日,布伦特和 WIT 原油期货价格均上涨约 6%
3月31日	GE 拿下有史以来最大陆上风电项目	GE 历史上最大的陆上风电联合项目通过与 Invenergy 和 AEP 合作,可以为美国中北部地区带来大量便宜的可再生能源
4月1日	页岩油生产商先锋自然资源公司(Pioneer Natural Resources)以约 64 亿美元的价格收购 Double Point Energy	这预示着以"灵活性"著称的美国页岩行业在油价回升的推动下逐渐开始复苏
4月8日	新加坡实现亚洲首个集装箱船液化天然气加气作业	亚洲首次在新加坡进行船舶对集装箱船的液化天然气加气作业,为这个全球最大的加气中心使用更清洁的燃料为船只加气铺平了道路
4月9日	沙特阿美石油公司以 124 亿美元出售部分石油管道业务股份	这有助于沙特阿美石油公司释放资产基础潜力并为投资者创造最大的回报,同时沙特阿美石油公司将通过新组建的合资公司保留其对现有原油管道网络的全部所有权和运营控制权
4月13日	日本排放核污水入海遭国内国际反对	福岛周边的海洋不仅是当地渔民赖以生存的渔场,也是太平洋乃至全球海洋的一部分,核污水排入海洋会影响到全球鱼类迁徙、远洋渔业、人类健康、生态安全等方方面面,因此这一问题绝不仅是日本国内的问题,而且是涉及全球海洋生态和环境安全的国际问题

续表

时间	事件	影响
4月上旬	全球最大主权财富基金(GPFN)与全球最大海上风电开发运营商丹麦沃旭能源达成首单绿色交易	通过这笔交易,GPFN不仅将成为丹麦沃旭能源的重要清洁发电伙伴,还为其全面涉足可再生能源行业奠定了基础
4月30日	埃及签署75亿美元协议建造最大的石化工厂	该协议将把埃及转变为石油和天然气贸易和商业的区域中心
5月4日	欧盟碳价突破50欧元/吨关口,创下欧盟碳市场创立以来的最高价格	50欧元/吨的价格意味着欧盟碳市场跨入了新的发展阶段,长期上涨的碳价有助于刺激欧盟各行业加大对清洁技术创新的投资
5月7日	美国最大燃油运输管道商Colonial Pipeline公司遭受勒索软件攻击	这导致5500英里(相当于8851.392千米)输油管被迫停运,美国东部沿海的燃油网络陷入瘫痪
5月9日	美国最大燃油运输管道停运	燃油运输管道运营商被迫关闭整个供应网络,造成成品油运送受阻,这可能导致成品油供应出现紧缺,推动汽油、柴油、航空煤油等燃油价格上涨
5月26日	荷兰法院判决壳牌公司须在2030年前大幅削减净碳排放量	这是全球首例法院强制要求油气公司遵守《巴黎协定》减少碳排放的判决
6月1日	Worthen Industries正式完成收购帝斯曼先进太阳能(DSM Advanced Solar),并宣布成立Endurans Solar	Endurans Solar将发挥至关重要的作用,促进全球光伏产业加速朝着清洁能源和循环经济方向发展
6月4日	土耳其在黑海发现了1350亿立方米天然气	这是土耳其历史上最大的天然气田,对于土耳其减少对进口天然气的依赖具有重要意义
6月7日	美国能源部启动《能源地球计划》	美国加快在未来10年内推出更丰富、更经济和更可靠的清洁能源解决方案,投入5250万美元改进电解水制氢设备,开展生物制氢研究、电化学制氢研究和燃料电池系统设计等共31个氢能项目
6月16日	挪威的伦丁能源公司(Lundin Energy AB)宣布其海上Johan Sverdrup油田成为全球第一个"碳中和"油田	这标志着油气企业向实现"碳中和"的目标迈出了坚实的步伐,伦丁能源公司为国际油气行业提供了可供借鉴的经验,其实现"碳中和"的路径有望成为业界范例,对推进全球油气行业实现"碳中和"的目标起到了积极的示范作用
6月19日	日本经济产业省更新《2050年碳中和绿色增长战略》	其指出日本需大力加快能源和工业部门的结构转型,并确定海上风电、太阳能发电和氢能等产业的具体发展目标

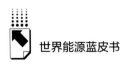

续表

时间	事件	影响
6月中下旬	全球首个无补贴荷兰"Hollandse Kust Zuid"海上风电场开始启动施工	随着碳中和政策在世界各国的推行,海上风电等清洁能源迎来新一轮发展高潮
6月25日	伊拉克与阿联酋新能源巨头Masdar签订光伏项目战略协议	其将为伊拉克中部和南部地区提供太阳能发电项目,是中东地区最大的可再生光伏太阳能项目之一
7月2日	壳牌在德国正式启动了一个总装机容量为10兆瓦的绿氢电解槽项目	其是欧洲最大的绿氢项目,进一步提升了在这一领域的领先地位。该项目将帮助项目所在地德国北莱茵—威斯特伐利亚州规划出一条通向气候中和的道路,同时保持项目所在地的经济创新水平
7月中旬	欧盟提出的碳关税政策引发争议	其是欧盟的新气候计划,欧盟应对气候变化的历史性尝试面临欧盟各国政府的反对,因为该计划将使各家庭面临更高的能源成本,导致人员失业和大规模抗议,甚至可能拖垮欧盟本身
7月16日	苏格兰海上风电竞标吸引力巨大,新能源和油气巨头悉数入场	ScotWind租赁竞标项目是十多年来苏格兰水域第一轮涉及海上风电的海床租赁项目,将为新的大规模海上风电项目开发授予产权,其中包括首次授权于浮动风电项目
7月18日	OPEC+第19次部长级会议就从8月起逐步增加产量达成一致意见	从8月起,将总产量日均上调40万桶,直至逐步取消上年4月达成的协议中规定的"现阶段日均减产580万桶";与会各国还将继续举行月度会议,来评估市场情况并决定下个月的产量水平,努力在2020年9月底前结束减产
7月26日	荷兰皇家壳牌宣布开发墨西哥湾新油田的计划	这是壳牌自荷兰法院下令加速实现碳减排目标以来首个获批的大型项目
7月26日	石油巨头加倍投资巴西海上石油领域	从壳牌到埃克森美孚,许多大公司继续在巴西近海勘探石油。巴西预计将成为未来十年全球石油供应的主要非OPEC成员贡献者之一
7月下旬	欧盟委员会发布Fit for 55一揽子计划,修订欧洲《可再生能源指令》	其明确指出欧洲能源转型的首要目标是,2030年将可再生能源消费在欧盟能源消费中的占比从当前的32%提升至40%
7月27日	欧盟委员会批准法国305亿欧元可再生能源国家援助计划	计划刺激关键可再生能源发展,以符合欧盟绿色协议目标
8月11日	松下将建立世界首个绿色氢工厂	其是世界上首个完全由可再生能源驱动的氢燃料工厂,主要对能源供应系统进行改造,使其生产完全由可再生能源驱动

续表

时间	事件	影响
8月17日	必和必拓同意将石油业务售予Woodside	与必和必拓的油气业务合并后Woodside成为澳大利亚油气行业的头号供应商,这将增强其资产负债表、增加现金流,使其具备持久的财务实力,为近期的开发计划和未来获取新增能源提供资金
8月23日	美国计划抛售2000万桶石油	美国市场对汽油和其他燃料的需求会下降,炼油厂会减缓石油购买速度,并关闭设备以进行维修和保养
8月29日	飓风"艾达"导致美国墨西哥湾附近超过95%的石油生产设施关闭	墨西哥湾附近超过95%的石油生产设施已经关闭,对美国能源供应造成重大影响
8月31日	电缆业巨头Prysmian集团投资打造的全球最大敷缆船正式交付	达·芬奇号敷缆船是目前全球最高效的CLV,其将支持Prysmian集团在海底电缆安装业务方面的长期增长,加强在海底互联和海上风电场市场的领导地位
9月5日	韩国企业联合体成功拿下越南50亿美元LNG发电厂建设合同	韩国企业联合体将以此次Hailang LNG发电厂的订单为基础,正式进军越南能源市场
9月5日	道达尔能源公司与伊拉克政府、电力部及国家投资委员会签署价值270亿美元的能源合作协议	这是伊拉克迄今为止获得的最大一笔西方企业投资,进一步释放伊拉克能源资源潜力,从根本上解决伊拉克电力短缺和停电的困境,帮助伊拉克实现能源经济多元化
9月7日	加拿大输油管道运营商恩桥公司以30亿美元收购美国最大的石油出口中心	其是加拿大重质原油的重要炼制中心,将扩大美国在墨西哥湾沿岸的业务,并使加拿大重质原油的需求有所增加
9月10日	"北溪-2"项目的管道铺设任务全部完工	德国无形中就成了欧洲的一个天然气枢纽,这可以提升德国的能源战略地位
9月18日	欧盟与美国联合发布《全球甲烷减排倡议》	其是对共同开发甲烷排放量进行实时监测的工具,从而精确量化甲烷减排量
9月20日	壳牌以95亿美元向康菲石油公司出售其二叠纪业务完成	这标志着壳牌的业务重心加速向低碳资产转移,同时令总部位于休斯敦的康菲公司成为产量上可与先锋自然资源公司、雪佛龙匹敌的二叠纪石油生产商之一
10月2日	欧洲能源吃紧,俄罗斯开始向"北溪-2"管道注气	"北溪-2"管道接近启用,正逢欧洲天然气储备量走低、价格连续数月攀升之际,有望缓解欧洲能源危机

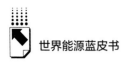

续表

时间	事件	影响
10 月 4 日	第一家"碳中和"合成煤油工厂在德国开业	这是世界上第一次以工业规模生产合成煤油,在正常运营之后,该工厂在 2022 年的产能将为每天 1 吨原料煤油
10 月 6 日	"能源危机"扩散,亚洲多国掀起恐慌性抢购浪潮,天然气价格一天暴涨超 40%	亚洲液化天然气价格重要指标 JKM 的价格达到 56.326 美元,较前一日上涨 42%,为 12 年来最大涨幅
10 月 7 日	世界最大的海上风力涡轮机开始运行,功率为 14 兆瓦	GE 可再生能源公司的涡轮机已成为业内第一个以 14 兆瓦运行的涡轮机
10 月 8 日	道达尔能源公司联手法国工业气体公司、液化空气公司等成立全球最大的氢基金	通过项目合作加速美洲、亚洲和欧洲清洁氢资产增长
10 月 18 日	华为签约全球最大储能项目	该项目储能规模达 1300 兆瓦时,是迄今为止全球规模最大的储能项目,也是全球最大的离网储能项目,对全球储能产业的发展具有战略意义和标杆示范效应
10 月 28 日	拜登宣布 1.75 万亿美元"重建更好未来法案"	该法案对清洁能源和气候项目的拨款为 5550 亿美元,这是美国历史上应对气候危机的最大投资
10 月底	全球海上风电最大并购交易诞生	丹麦能源巨头沃旭将其持有的德国 900 兆瓦 Borkum Riffgrund 3 海上风场(项目公司)100% 股权中的一半,即 50% 的股权出售给基金公司 Glennmont Partners,这是 2021 年全球海上风电并购市场最大的一笔交易
11 月 1 日	白宫公布长期战略,力求到 2050 年实现净零排放	根据该战略,美国将努力消除或抵消所有气候污染
11 月 1 日	俄气公司在 1~10 月对非独联体国家天然气出口量接近历史最高纪录	俄气公司在 1~10 月对非独联体国家的天然气出口量同比增长 10.4%,达到 1588 亿立方米,接近历史最高纪录
11 月 2 日	英国宣布有史以来最大规模的 CfD 计划,海上风电成最大受益者	其在推动绿色能源投资方面作用巨大,为前期成本高的项目开发商提供了保护,使其免受能源价格波动的影响,起到鼓励投资的作用
11 月 3 日	阿联酋在 COP26 上宣布与国际可再生能源署(IRENA)携手启动价值 10 亿美元的可再生能源发展促进平台	作为全新推出的解决全球气候问题的融资机构,其将加快发展中国家向可再生能源转型的步伐

续表

时间	事件	影响
11月4日	石油输出国组织（欧佩克）与非欧佩克产油国第22次部长级会议决定继续保持原定逐步增产方案	各方再次确认欧佩克与非欧佩克产油国第19次部长级会议批准的产量调整计划和月度产量调整机制，决定在2021年12月将产量日均上调40万桶
11月9日	康菲石油斥资15亿美元在挪威开发天然气和凝析油	这会提升康菲石油在挪威海和海德兰地区的地位，Warka的发现和未来潜在的机会意味着极低的资源供给成本，延续了康菲石油在挪威大陆架数十年的成功
11月15日	壳牌公司将其全球总部从荷兰迁往英国	通过简化和规范公司的股权结构，公司与其他竞争对手以及多数全球化公司一致，降低股东风险，提供更灵活的管理产品组合，提高壳牌应对能源转型挑战的能力
11月15日	美国煤炭价格飙升至12年来的最高水平	因全球经济从新冠肺炎疫情中复苏，用电需求大涨，全球多地的天然气供应紧缺，能源供给紧张
11月16日	国际能源署官员表示，全球化石燃料发电量在电力供应中的占比为30年来的新低	包括风能、光能等在内的可再生能源发电量占比明显上升，占总量的30%左右，尤其在光伏发电领域出现大幅增长；核能发电量大致提供10%的全球电力供应
11月16日	阿联酋力推能源转型加速器融资平台	这旨在加快发展中国家向可再生能源转型的步伐，为解决全球气候问题提供必要的资金支持
11月23日	美国宣布从战略石油储备中释放5000万桶原油	这会缓解经济从新冠肺炎疫情中复苏时出现的石油供需不匹配问题并降低油价，韩国、日本、印度宣布一道参与美国提议的共同释放石油储备计划
11月24日	日本建成全球最大的海上风电作业船	其是全球起重力最大并以自身动力航行的海上风电安装船
11月25日	美国宇航局计划在10年内建造月球核电站（Kilopower项目）	Kilopower项目是由美国能源部协助研发的，其是美国40年来打造的首个全新核反应堆，有可能改变太空探索内容，尤其是太阳系永久性人类前哨基地的能源制造方式
11月29日	在中国用人民币结算中东石油首单后，沙特宣布考虑终止石油美元协议	石油美元的市场份额和地位正在被削弱，为有需求的产油国和参与者提供了一个石油货币的选择，这将改变全球市场，从而打破"石油—美元—美债"这个主导了半个世纪的原油交易体系
12月初	韩国发布首个氢能规划，2050年，氢能超过石油成为规模最大的能源	韩国将在全国建立2000多处加氢站，韩国氢能消耗将占最终能源消耗的33%，氢能发电量占总发电量的23.8%，其成为超过石油的最大能源

续表

时间	事件	影响
12月6日	普京访印为深化双边关系铺路,聚焦防务、能源多项合作	这是普京在新冠肺炎大流行以来的第二次外访,目的是加强与美国想要拉拢的一个传统盟友的军事和能源关系
12月14日	阿联酋发现储量超过10亿桶的陆上油田	这将进一步巩固甚至提升阿联酋在全球油当量方面的排名,有利于阿联酋寻求加强石油和天然气勘探以增加产量,助力其实现新目标
12月15日	欧洲最大电网侧单体电池储能电站二期工程开工	其是欧洲目前最大的电网侧单体电池储能电站,也是中国电力企业在发达国家建设的首个大型电池储能项目
12月16日	海湾国家推动清洁能源建设	其驱动海湾国家努力推进能源转型,加快清洁能源发展的愿景
12月21日	全球最大海上风电场霍恩西二号首次发电	这是该设施发展的一个重要里程碑,成为世界上正在运营中的最大的海上风电场
12月24日	全球首艘液氢运输船启航,日澳氢能合作迈出实质性一步	这标志着亚太氢能供应链(HESC)试点项目迈出里程碑式的一步,也意味着日本和澳大利亚在氢能领域的协同合作迈出了实质性的一步

表2　2021年中国能源大事记

时间	事件	影响
1月初	全国碳市场首个履约周期正式启动	明确纳入配额管理范围的发电行业重点排放单位名单,首次从国家层面将温室气体排放控制责任压实到企业,这对推动供给侧结构性改革和经济高质量发展具有重大意义
1月1日	中国石油实现两大历史性突破	中石油实现天然气产量油当量略超石油产量,说明中国石油将进入稳油增气的发展新阶段,中国石油工业进入稳定发展、天然气工业进入跨越式发展新阶段
1月4日	国家发展改革委、科技部、工业和信息化部、财政部、自然资源部、生态环境部、住房和城乡建设部、水利部、农业农村部和国家市场监督总局等10个部门共同印发了《关于推进污水资源化利用的指导意见》	其提出从健全法规标准、构建政策体系、健全价格机制、完善财金政策、强化科技支撑等五个方面完善污水资源化利用体制机制

续表

时间	事件	影响
1月5日	7家大型煤炭集团联合倡议稳定煤炭价格	供给问题是影响2021年港口动力煤市场的核心因素:一方面,全国及沿海地区动力煤消费增长或将提速;另一方面,内蒙古煤炭产量将继续受到影响,山西和陕西继续增产的潜力不足等因素也会制约供给增加
1月12日	我国重型火箭发动机研制取得新进展,可填补我国氢氧发动机型谱和技术空白	这标志着我国突破了大推力补燃循环氢氧发动机系统技术及高压大流量预燃室、高效多级涡轮泵等核心组件的关键技术,为工程研制奠定了坚实的技术基础
1月12日	国内首条10千伏三相同轴高温交流超导电缆型式实验成功	其为全球解决特大型城市供电问题提供新样板,是对未来电力系统具有影响力的新技术,促进电力工业进行重大变革
1月14日	全球首座十万吨级深水半潜式生产储油平台——"深海一号"能源站在山东烟台交付启航	其实现了凝析油生产、存储和外输的一体化功能,具有较好的经济效益和技术优势,标志着中国深水油气田开发能力和深水海洋工程装备建造水平取得重大突破
1月中旬	中国在核聚变领域首个ISO国际标准提案《核聚变堆高温承压部件的热氦检漏方法》成功立项	其提升了中国在国际核聚变领域的影响力,填补了ISO核聚变领域的标准空白,开创了聚变国际标准化工作新局面
1月22日	国家能源集团联合中国国新、中国东方成立百亿新能源产业基金(国能基金)	国能基金是国家能源集团设立的首只基金,国家能源集团将通过自主建设、投资基金等多种方式,加快推动清洁能源规模化发展
1月30日	全球第一台"华龙一号"核电机组福建福清核电5号机组已完成满功率连续运行考核,投入商业运行	其对优化中国能源结构、推动绿色低碳发展,助力"碳达峰"、实现"碳中和"目标具有重要意义,也标志着我国在三代核电技术领域跻身世界前列,成为继美国、法国、俄罗斯等国家之后真正掌握自主三代核电技术的国家
1月30日	《国家能源局综合司关于印发2021年电力安全监管重点任务的通知》发布	通知要求,加强发电安全监管,引导煤电企业加快进行尿素替代液氨改造;加强对电力可靠性的管理,探索开展光伏发电、风力发电和增量配电网领域可靠性信息统计工作
2月19日	习近平主持中央深改会:统筹制定2030年前碳排放达峰行动方案	会议确定在高效利用资源、严格保护生态环境、有效控制温室气体排放的基础上,推动我国绿色发展迈上新台阶

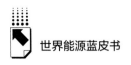
时间	事件	影响
2月20日	《乘用车燃料消耗量限值》强制性国家标准发布	标准的发布、实施是落实《汽车产业中长期发展规划》的重要举措,对推动汽车产品节能减排、促进产业健康可持续发展、支撑实现我国"碳达峰"和"碳中和"战略目标具有重要意义
2月22日	《国务院关于加快建立健全绿色低碳循环发展经济体系的指导意见》发布	指导意见涵盖中国发展的各个方面,如包含研发与监管等重要内容,同时涉及各个重要产业,如农业、制造业与服务业,为中国的绿色发展道路指明了宏伟全面的方向
2月23日	绿色金融先行出发,首批64亿元碳中和债完成发行	在助力"碳达峰""碳中和"目标实现方面,资本市场具有提供直接融资支持、发挥价格发现作用、进行资源配置和风险管理等四个方面的优势
2月24日	国家发改委、财政部、中国人民银行、银保监会、国家能源局等五部委联合发布《关于引导加大金融支持力度 促进风电和光伏发电等行业健康有序发展的通知》	从金融机构通过补贴确权贷款解决企业补贴拖欠问题,到国家核发绿色电力证书解决贷款产生的利息成本问题,通知构建了一个由金融机构和政府合力解决存量电价补贴拖欠问题的途径
2月25日	《国家发展改革委 国家能源局关于推进电力源网荷储一体化和多能互补发展的指导意见》发布	符合新一代电力系统的建设方向和能源电力绿色低碳发展的相关要求,有助于促进非化石能源加快发展,提高我国在应对气候变化中的自主贡献度,提升能源清洁利用水平、电力系统运行效率和电力供应保障能力
3月8日	中国首个国家级页岩油示范区首批自主产能井建设启动	这标志着新疆油田吉木萨尔国家级陆相页岩油示范区的首批自主产能井建设全面启动
3月10日	国家能源集团龙源工程设计公司编制国内首部《海上升压站钢结构设计、建造与安装规范》	其对指导海上升压站建设施工、提升海上风电行业的发展水平具有重大意义
3月13日	中国清洁能源建设又一里程碑——乌东德水电站打造中国版水电新奇迹	该水电站投产后将成为南方电网供电范围内调管的最大水电站,可以有效缓解当前广东电力供需趋紧局面,进一步提升粤港澳大湾区清洁低碳电力供应比例,为粤港澳大湾区经济社会高质量发展提供绿色能源保障
3月15日	中央财经委员会第九次会议谋划"十四五"碳达峰、碳中和工作"施工图"	确定"碳达峰""碳中和"工作在国家经济社会中的定位,把"碳达峰""碳中和"纳入生态文明建设整体布局

续表

时间	事件	影响
3月17日	《国家能源局综合司关于印发〈清洁能源消纳情况综合监管工作方案〉的通知》发布	方案重点对地方政府主管部门、电网企业、电力调度机构、电力交易机构、发电企业落实清洁能源消纳目标任务、可再生能源电力消纳责任权重、并网接入、优化调度、跨省区市交易、参与辅助服务市场等情况进行监管
3月18日	国家发展改革委、科技部、工业和信息化部、财政部、自然资源部、生态环境部、住房和城乡建设部、农业农村部、国家市场监管总局、国家机关事务管理局等10个部门印发《关于"十四五"大宗固体废弃物综合利用的指导意见》	推进大宗固废综合利用对提高资源利用效率、改善环境质量、促进经济社会发展全面绿色转型具有重要意义
3月19日	《太阳能光热发电站调度命名规则》通过审查	其为太阳能光热电站调度命名提供了全面、科学、有效的规范要求,规定了不同类型太阳能光热电站及其设备调度的命名规则和事例,具有较强的前瞻性、普适性和可操作性
3月24日	全国核安全标准化技术委员会成立	这是推进我国标准化战略和深化标准化工作改革的重要举措,加强核安全标准化工作对于在确保安全的前提下积极有序发展核电、助力"碳达峰""碳中和"具有重要意义
3月30日	生态环境部发布《碳排放权交易管理暂行条例（草案修改稿）》	其首次提出设立国家碳排放交易基金,明确了原有地方碳市场试点与全国碳市场的衔接过渡方案等
4月1日	全国首个区域调频辅助服务市场启动结算试运行	其成为全国首个实际结算的区域调频辅助服务市场,标志着南方区域电力市场化改革进入全新阶段
4月2日	粤港澳大湾区首个大容量海上风电项目投产	其对推动粤港澳大湾区能源结构转型升级、加快实现"碳达峰""碳中和"目标具有积极意义
4月16日	财政部、国家发展改革委、工业和信息化部、海关总署、国家税务总局和国家能源局发布《关于"十四五"期间能源资源勘探开发利用进口税收政策管理办法的通知》	这有利于提升我国油气勘探开发能力和应急救援水平,促进天然气资源引进利用,为保障国家能源安全发挥重要作用

续表

时间	事件	影响
4月19日	《国家能源局关于印发〈2021年能源工作指导意见〉的通知》公布	2021年的主要预期目标如下:煤炭消费比重下降到56%以下;新增电能替代电量为2000亿千瓦时左右,电能消费占终端能源消费的比重为28%左右;单位国内生产总值能耗降低3%左右
4月20日	首个新能源开放服务平台——"国家电网新能源云"正式上线	核心功能是以服务能源互联网、培育新能源平台经济为方向,推动构建以新能源为主体的新型电力系统,全力服务"碳达峰""碳中和"目标的实现
4月21日	管道气预售交易开创天然气交易新模式	交易顺应了我国天然气市场化改革趋势,订单预售后可在符合管输条件的前提下进行转让,价格由市场决定,为我国天然气市场参与者提供了保供、稳价、锁量的交易新模式
4月21日	全国首单CCER碳中和服务信托成功发行	其是中国海油首单以"碳达峰""碳中和"为目标开展的绿色信托业务,在信托基础资产、交易结构设计与资产管理等方面均具有创新内涵,为打造绿色资产、支持绿色产业发展提供了解决方案
4月21日	国家发改委、国家能源局联合发布《关于加快推动新型储能发展的指导意见(征求意见稿)》	其在改善能源利用格局、优化能源利用环境方面再次强调了能源储蓄的重要作用,以宏观引导向我们证明了解决储能问题是开拓能源市场的关键
4月27日	《应急管理部 国家矿山安监局 国家发展改革委 国家能源局关于印发煤矿生产能力管理办法和核定标准的通知》发布	其对露天矿的核增要求、煤矿安全生产要求更为严格,煤矿生产能力核定结果的审查和确认流程时间明显缩短
4月29日	中国首个海上智能气田群建成	其将通过数字化转型促进管理变革,实现降本增效,实现从传统管理模式向现代化、数字化、智能化模式跨越,为中国海洋石油工业的高质量发展提供重要支撑
5月8日	中国中化正式成立,打造万亿元资产"化工航母"	其是全球规模最大的综合性化工企业
5月9日	《国家发展改革委关于印发〈污染治理和节能减碳中央预算内投资专项管理办法〉的通知》发布	国家发展改革委下达中央预算内投资75亿元,支持各地污水处理、污水资源化利用、城镇生活垃圾分类和处理、城镇医疗废物及危险废物集中处置等污染治理重点项目建设,助力深入打好污染防治攻坚战

续表

时间	事件	影响
5月11日	《国家能源局关于2021年风电、光伏发电开发建设有关事项的通知》发布	其明确提出推广新能源云平台,加快煤矿智能化技术装备研发应用并指导地方推进
5月18日	石油央企加速绿色低碳转型,迈进"双碳"时代	由中国石油、中国石化、中国海油、国家管网等共同发起的中国油气企业甲烷控排联盟正式在北京成立,旨在加速绿色低碳转型,助力国家实现"碳达峰""碳中和"目标
5月21日	国家能源局联合国家发展改革委印发了《关于2021年可再生能源电力消纳责任权重及有关事项的通知》	其向各省区市下达2021年可再生能源电力消纳责任权重和2022年预期目标,建立健全可再生能源电力消纳保障机制
5月21日	中国首创"电力高频数据碳排放"智能监测分析平台正式上线	其首次实现对青海全省碳排放日频度监测、月频度分析,这标志着青海省在"碳排放"大数据监测分析领域的探索取得了里程碑式的突破
5月31日	《国家能源局综合司关于印发〈天然气管网和LNG接收站公平开放专项监管工作方案〉的通知》发布	这将彻底落实油气体制改革精神和天然气管网设施公平开放相关要求,推动天然气管网设施互联互通,促进管网设施统一高效调度运行,提高管网设施运行效率和天然气多元化保障供应能力
6月1日	中国电力行业史上最大规模IPO——三峡能源A股IPO申购完成	三峡能源将以227亿元的募资规模成为我国电力行业有史以来最大的IPO,该公司极有可能成为A股新能源发电投资领域总资产第一、营收第一、净利润第一、市值第一的超级新能源投资巨头
6月5日	《国家能源局 国家矿山安全监察局关于印发〈煤矿智能化建设指南(2021年版)〉的通知》发布	指南明确了煤矿智能化建设的总体要求、主要任务和保障措施
6月7日	《国家发展改革委关于印发〈天然气管道运输价格管理办法(暂行)〉和〈天然气管道运输定价成本监审办法(暂行)〉的通知》发布	这是适应国家管网集团统一运营大部分跨省区市天然气管道的市场情况,构建相对统一、简洁明了的运价结构,有利于市场主体自主选择气源和管输路径,促进资源流动和多元竞争市场形成,提高资源配置效率
6月7日	《关于印发〈能源领域5G应用实施方案〉的通知》发布	其对煤炭领域5G技术装备研发网络部署和应用、应用标准制定等方面提出了落实举措

续表

时间	事件	影响
6月8日	超高纯氧化镁技术取得突破,推动我国钢铁行业进入超洁净时代	这意味着通过大幅提高电弧炉钢的比例,可以快速实现钢铁行业的节能减排,降碳工作将对我国顺利实现"碳达峰""碳中和"目标产生重要影响
6月9日	我国自主研发的全球最大容积LNG储罐开工建造	这标志着中国超大容积LNG储罐设计及建造技术实现全面突破,达到全球领先水平
6月11日	中国石化首个"海上移动加油站"润吉1号启航	这将为国际航行船舶提供低硫重质清洁船用燃料油,标志着中国石化全球船供油品牌建设取得重大突破
6月17日	塔里木油田建成中国最大超深层油气生产基地	超深层油气勘探开发已成为塔里木油田高质量发展的主力,标志着塔里木油田已全面建成超深层油气生产基地
6月20日	中石油探明国内首个超10亿吨级页岩油大油田,页岩油勘探取得重大突破	油气勘探是保障国家能源安全的重大举措,这表明中国页岩油勘探技术取得重大突破
6月21日	全球首台百万千瓦水轮发电机组并网发出第一度电	白鹤滩水电站是世界单机容量最大、在建规模最大的水电站,装机容量为1600万千瓦,建成后是仅次于三峡工程的世界第二大水电站
6月21日	我国原油期权在上海正式挂牌交易	我国原油市场形成了现货、期货、期权"三位一体"的有机格局
6月22日	上海环交所发布《关于全国碳排放权交易相关事项的公告》	公告明确挂牌协议交易的成交价格在上一个交易日收盘价的±10%之间确定;大宗协议交易单笔买卖最小申报数量应当不小于10万吨二氧化碳当量,大宗协议交易的成交价格在上一个交易日收盘价的±30%之间确定
6月25日	我国首个自营1500米深水大气田"深海一号"投产	这使我国深水油气开发能力和深水海洋工程装备建造水平取得重大突破,标志着中国海洋石油勘探开发能力全面进入"超深水时代"
6月25日	亚洲陆上最大页岩油长水平井平台在长庆油田建成,产油能力增长超10倍	其实现了以最少的用地开发地下最多的储量,这是长庆油田贯彻新发展理念、以页岩油开发新模式推进土地集约节约利用的有力实践
6月25日	我国首个自营超深水大气田"深海一号"建成投产	这标志着我国海洋石油勘探开发进入"超深水时代"

续表

时间	事件	影响
6月28日	我国自主设计研发的首艘浮式液化天然气储存及再气化船完工	这标志着中国造船工业在国际高端海洋装备建设方面取得新突破
6月28日	白鹤滩水电站投产发电,长江干流成为世界最大清洁能源走廊	这证明了我国在水电工程方面技术的突破、供电能力的迅速提高,并推动长江干流成为世界最大清洁能源走廊
6月29日	国内最大海上风电场——华能如东海上风电场全部建成	这对于助力"碳中和""碳达峰"目标实现、打破国外的技术垄断和封锁、实现海上风电全产业链国产化和海上风电平价化具有重要意义
7月1日	我国正式对绿色贷款、绿色债券等开展综合评价并将其纳入机构评级范围——金融机构需将"碳达峰""碳中和"目标嵌入业务全流程	金融机构会更有针对性地将"碳达峰""碳中和"目标嵌入自身的政策标准、风险控制、产品开发、业绩评价全流程,进一步加快投融资结构的低碳转型步伐
7月1日	《国家发展改革委关于印发"十四五"循环经济发展规划的通知》发布	通知要求规范发展二手商品市场流通法规,建立完善车辆、家电、手机等二手商品鉴定、评估、分级等标准,规范二手商品流通秩序和交易行为,鼓励"互联网+二手"模式发展
7月10日	我国首个千万千瓦级多能互补综合能源基地建设项目启动	这是我国首个由单一主体规划建设的清洁主导、多能互补、千万千瓦级绿色智慧综合能源基地
7月13日	全球首个陆上商用模块化小型堆"玲龙一号"开工建设	"玲龙一号"小型堆将带动我国核能相关产业群高水平发展,形成又一重要堆型品牌,对于开拓国际小型堆市场、实现"走出去"的战略目标具有重大意义
7月13日	全球首台抗台风型漂浮式海上风电机组在广东阳江安装成功	这标志着我国漂浮式海上风电机组安装取得零的突破,为未来深远海风电规模化开发奠定了良好的基础。同时为广东省加快能源结构转型,实现"碳达峰""碳中和"目标,助力交通强国、海洋强国和粤港澳大湾区建设贡献了"广州打捞力量"
7月15日	《国家发展改革委 国家能源局关于加快推动新型储能发展的指导意见》发布	意见明确规定到2025年新型储能装机规模在3000万千瓦以上,这是国家政策层面第一次明确储能装机目标

续表

时间	事件	影响
7月16日	全国碳排放权交易市场正式启动,首日成交额达2.1亿元	通过价格信号引导碳减排资源优化配置,从而降低全社会减排成本,推动绿色低碳产业投资,引导资金流动
7月22日	青海建成国内首个用电数据碳透视图,并首次发布《基于电力高频数据碳排放监测报告》	其为碳排放在线计算探索出一个崭新的路径,大大缩短了碳排放监测分析周期,提升了监测精度,开创了大规模微观个体碳排放实时监测的先河
7月26日	《国家发展改革委关于进一步完善分时电价机制的通知》印发	其明确了分时电价的范围,将其扩大到了除国家有专门规定的电气化铁路牵引用电外的执行工商业电价的电力用户
8月2日	我国首个自营深水油田群"流花16-2"全面投产	油田水深达到437米,创造了我国深水油田开发水深的最新纪录,进一步完善了我国具有自主知识产权的深水油田开发工程体系
8月3日	中国石油"乙烷制乙烯"助推产业链迈向中高端	两大"乙烷制乙烯"工程的建成投产,助推我国化工产业迈向全球价值链中高端,为从赶超世界到引领世界的角色转变发挥示范带动作用
8月11日	《关于印发〈2021年生物质发电项目建设工作方案〉的通知》发布	其明确按照"以收定支"的原则合理确定新增补贴项目装机规模,并明确从2021年开始实行竞争配置和央地分担政策
8月16日	盛虹集团宣布进军新能源新材料领域,民企率先启动中国石化行业战略转型	作为市场感知最为敏感的民营企业,盛虹集团率先启动战略转型,对中国石化行业健康发展意义重大
8月19日	《国家能源局关于印发全面推行电力业务资质许可告知承诺制实施方案的通知》发布	其明确充分运用信用监管手段,将承诺人履行承诺情况全面纳入信用记录范围,按照信用状况进行分类监管
8月19日	《工业和信息化部 科技部 生态环境部 商务部 国家市场监管总局关于印发〈新能源汽车动力蓄电池梯次利用管理办法〉的通知》发布	其明确提出动力蓄电池生产企业应采取易梯次利用的产品结构设计,这有利于高效梯次利用
8月29日	全球首款无钴电池量产装车蜂巢能源引领电池行业进入无钴时代	这标志着中国锂电池企业在材料基础研发方面取得了创新突破,随着无钴电池的大规模量产,动力电池行业将正式步入无钴时代
9月7日	我国绿色电力交易试点正式启动	以绿色电力交易试点为标志和起点,我国绿电消费将开启一个全新的模式

续表

时间	事件	影响
9月8日	国际首套100兆瓦先进压缩空气储能国家示范项目定子吊装成功	这标志着张家口国际首套100兆瓦先进压缩空气储能国家示范电站进入核心设备安装的关键阶段
9月9日	我国首套自主知识产权氢膨胀制冷氢液化系统调试成功	其填补了我国具有自主知识产权的液氢规模化生产方面的空白,不仅在保障运载火箭燃料供给方面具有重要战略意义,也为我国氢能产业中氢的规模化储运提供了技术和装备基础
9月11日	国内首座高水平放射性废液玻璃固化设施在四川广元正式投运	这标志着我国已经实现高水平放射性废液处理能力零的突破,成为世界上少数几个掌握高水平放射性废液玻璃固化技术的国家,对我国核工业安全绿色发展具有里程碑式的意义
9月13日	兵器工业集团实现超临界电站用大型三通产品国产化制造	这拓展了北重集团管道产品的种类,使管道产品系列化、成套化,是北重集团打破锻制三通产品国外垄断的第一步
9月中旬	我国首套全国产化成品油SCADA系统上线,管道输送用上国产"心脏"	自主工业领域芯片、数据库、操作系统、工业软件、自动化技术与大型油气管道运输行业技术的完美耦合,对保障国家能源安全具有重要意义
9月22日	《中共中央 国务院关于完整准确全面贯彻新发展理念做好碳达峰碳中和工作的意见》印发	其明确了我国做好"碳达峰""碳中和"工作的重要意见,强调能源绿色低碳发展在实现"碳达峰""碳中和"目标中的关键作用,并提出"双轮驱动"的工作原则,再次强调深化能源和相关领域改革,发挥市场机制的作用
9月23日	《国家能源局关于印发〈核电厂非生产区消防安全管理暂行规定〉的通知》发布	其填补了我国部分核电厂非生产区建设工程消防验收和监督管理存在的空白,规范核电厂非生产区消防管理,保证消防监管全覆盖
9月28日	华北地区最大氢燃料电池供氢项目成功投产	其可满足目前天津市全部加氢站的用氢需求,有效提高华北地区氢气生产和供应能力,促进天津氢能产业快速发展
9月30日	科远智慧助力世界首个非补燃压缩空气储能电站成功并网	该项目对于提高电网消纳新能源的能力、推动能源绿色转型具有重要意义,是中国实现"碳达峰"和"碳中和"目标、实现应对气候变化目标的重要支撑之一
9月底	部分地区出现电力短缺的情况,多部门采取措施保障能源供应	此次"拉闸限电"的原因既有部分地区经济复苏强劲、用电量增长快的因素,也有煤炭供应紧张导致价格大涨、火电企业亏损导致发电出力不足的因素

时间	事件	影响
10月4日	《中国银保监会关于服务煤电行业正常生产和商品市场有序流通 保障经济平稳运行有关事项的通知》印发	通知提出将保持监管高压态势,严查银行保险资金被挪用于投机炒作、囤积居奇、哄抬价格等违法违规行为
10月7日	世界海拔最高风电项目全部机组吊装完成	其为我国超高海拔风电项目开发提供了建设运行数据支撑,并推动风电行业在超高海拔区域进行技术探索,对服务国家"碳达峰""碳中和"目标和促进超高海拔地区经济社会发展具有重要意义
10月9日	李克强主持召开国家能源委员会会议,强调保障能源稳定供应和安全,增强绿色发展支撑能力	会议部署能源改革发展工作,审议"十四五"现代能源体系规划、能源碳达峰实施方案,完善能源绿色低碳转型体制机制和政策措施的意见等
10月13日	能源互联网进入加速发展通道,配电网成"主战场"	其实现最大化接纳新能源发电和新型柔性负荷,实现运行的经济高效和最优化,支撑现代能源体系加速构建
10月13日	国家能源互联网产业及技术创新联盟电力碳中和专业委员会正式成立	其通过搭建开放的交流平台,在战略研究、能力建设、技术交流、标准制定、产学研合作、创投融资、国际合作等方面积极助推全国电力行业实现"碳达峰"和"碳中和"目标。电力碳中和专业委员会的成立,建立了一个具有广泛代表性、专业度强、实现跨界合作、推动创新技术应用的服务平台,具有重要意义
10月14日	中国电子云通过中央网信办云计算服务安全评估	其标志着中国电子云行业云平台的安全水平和成熟度经过权威认证,意味着中国电子云已建立全生命周期、健全的网络安全管理体系,完全满足党政机关、金融、能源、制造等关键领域及重点行业上云的高安全要求
10月18日	《国家发展改革委等部门关于严格能效约束推动重点领域节能降碳的若干意见》发布	其指出通过能效约束推动节能降碳和绿色转型,坚决遏制"两高"项目盲目发展,既有助于广大企业从源头减碳,也将为"碳达峰""碳中和"目标如期实现提供有力保障
10月19日	国内民企第一家——中曼石油获得自然资源部颁发的温北区块油气采矿许可证	其采用石油公司运营模式,充分发挥民营企业机制的灵活性和集团化运作的成本、技术、协同优势,油气勘探工作取得巨大进展,成为自然资源部主导的我国油气行业改革的先行试点和成功典范

时间	事件	影响
10月19日	国家能源局与非洲联盟签署《中华人民共和国国家能源局和非洲联盟关于中国-非盟能源伙伴关系的谅解备忘录》	双方同意建立中非盟能源伙伴关系,并成立联合工作组。双方将开展政策和信息交流、能力建设、项目合作以及三方合作等领域的合作
10月20日	中国成为全球覆盖温室气体排放量最大碳市场,应对气候变化成效积极	通过调整产业结构、优化能源结构、节能、提高能效和推进碳市场建设、增加林业碳汇等一系列措施,中国应对气候变化取得显著成效
10月21日	中国海油首个海上风电项目全容量并网发电	其探索"风光发电+油气产业""风光发电+天然气发电""海上风电+海洋牧场"等融合发展新模式,推动绿色能源转型再提速
10月24日	《国务院关于印发2030年前碳达峰行动方案的通知》发布	通知要求,到2030年,非化石能源消费比重达到25%,抽水蓄能电站装机容量为1.2亿千瓦左右,省级电网基本具备5%以上的尖峰负荷响应能力,风电、太阳能发电总装机容量为12亿千瓦以上。主要目标是:到2025年,非化石能源消费比重在20%左右,单位国内生产总值能源消耗比2020年下降13.5%,单位国内生产总值二氧化碳排放量比2020年下降18%,为实现"碳达峰"目标奠定坚实基础;到2030年,非化石能源消费比重为25%左右,单位国内生产总值二氧化碳排放量比2005年下降65%以上,顺利实现2030年前"碳达峰"目标
10月28日	工信部启动新能源汽车换电模式应用试点,11个城市被纳入试点范围	这进一步促进新能源汽车换电模式应用,推动新能源汽车与能源深度融合发展
10月29日	《国家发展改革委等部门关于印发〈"十四五"全国清洁生产推行方案〉的通知》发布	方案明确地方政府要落实主体责任,加大力度鼓励和促进清洁生产,结合实际确定本地区清洁生产重点任务,制定具体实施措施
10月31日	我国建成全球最大规模充电设施网络	全国充电基础设施累计达222.3万台,同比增长56.8%,我国建成全球最大规模充电设施网络
11月5日	《国家发展改革委 财政部 自然资源部关于印发〈推进资源型地区高质量发展"十四五"实施方案〉的通知》发布	方案准确把握新发展阶段资源型地区转型发展面临的新形势新问题,提出了相应的重大任务和政策举措,对于引导资源型地区进一步强化保障国家资源能源安全重要职能、科学确定本地区发展定位、合理谋划转型发展思路、着力推动高质量发展、服务和融入新发展格局具有重要意义

续表

时间	事件	影响
11月6日	比亚迪获颁国内首张SGS承诺碳中和符合声明证书	这是国内首张SGS承诺碳中和符合声明证书,标志着比亚迪工业园区在2021年在碳中和方面做出的努力得到了国际权威第三方机构的认可
11月8日	世界最大新能源分布式调相机群"安家"青海	这是世界上首次探索在电源侧大规模安装分布式调相机,对于推动新能源大规模开发利用、构建清洁低碳安全高效的能源体系具有重要的示范引领价值
11月8日	央行推出碳减排支持工具	其对引导金融机构和企业更充分地认识绿色转型的重要意义,鼓励社会资金更多投向绿色低碳领域,向企业和公众倡导绿色生产生活方式、循环经济等理念,助力实现"碳达峰""碳中和"目标具有重要作用
11月10日	《国家能源局综合司关于推进2021年度电力源网荷储一体化和多能互补发展工作的通知》发布	重点通过引导用户积极性,最大化调动(或发挥)负荷侧调节响应能力,加强源网荷储多向互动
11月12日	全国首个特厚煤层智能化快速掘进系统顺利通过验收	这标志着全国首个特厚煤层智能化快速掘进成套装备成功落地,开创了在复杂煤体结构条件下智能化快速掘进装备高效应用的先河,为全国智能化快速掘进系统的建设提供了经验
11月15日	《国家发展改革委等部门关于发布〈高耗能行业重点领域能效标杆水平和基准水平(2021年版)〉的通知》公布	科学界定了石化、化工、建材、钢铁、有色五大行业相关重点领域能效标杆水平和基准水平,对有效遏制"两高"项目盲目发展、确保"碳达峰""碳中和"目标如期实现都具有十分重要的意义
11月15日	《"十四五"工业绿色发展规划》发布	规划明确了发展目标和重点任务举措,对未来五年工业领域绿色转型、推动实现"碳达峰""碳中和"必将产生深远影响
11月17日	我国设立2000亿元专项再贷款支持煤炭清洁高效利用	煤炭清洁高效利用专项再贷款将和前期推出的碳减排支持工具形成合力,提供增量低成本资金以支持企业绿色低碳转型,助力我国实现"碳达峰""碳中和"目标
11月20日	首座沿海液化天然气船舶加注站正式投运	其填补了国内沿海LNG船舶加注站的空白,对我国推广海洋船舶应用LNG具有示范引领作用

时间	事件	影响
11月24日	中央全面深化改革委员会第二十二次会议审议通过《关于加快建设全国统一电力市场体系的指导意见》	其是深化电力体制改革的重要部署,是构建新型电力系统的重大举措,也是建设高标准市场体系的重要组成部分
11月24日	习近平主持召开中央全面深化改革委员会第二十二次会议,强调加快科技体制改革,攻坚建设全国统一电力市场体系	会议指出,从体制机制上增强科技创新和应急应变能力,突出目标导向、问题导向,抓重点、补短板、强弱项,锚定目标、精准发力、早见成效,加快建立保障高水平科技自立自强的制度体系,提升科技创新体系化能力
11月24日	《国家发展改革委办公厅 国家能源局综合司关于印发第一批以沙漠、戈壁、荒漠地区为重点的大型风电光伏基地建设项目清单的通知》发布	这有利于推动风电光伏大规模、高水平发展,加快构建清洁低碳、安全高效的现代能源体系,为经济社会发展提供稳定优质的绿色电力支撑,促进实现"碳达峰""碳中和"目标和完成"十四五"规划任务
11月26日	华能成功研制世界单槽产能最大制氢水电解槽	其标志着我国已成功掌握高性能大型电解制氢设备的关键技术,向大规模"绿氢"制备研制迈出坚实一步
11月30日	中国石化新建库车绿氢示范项目启动,全球最大光伏绿氢生产项目落户新疆	项目不仅可以提升国内氢能产能、推动绿色低碳发展,还是氢能自主技术突破的关键需求动力
11月30日	《国家发展改革委等部门关于印发〈贯彻落实碳达峰碳中和目标要求 推动数据中心和5G等新型基础设施绿色高质量发展实施方案〉的通知》发布	通知鼓励使用风能、太阳能等可再生能源,通过自建拉专线或双边交易,提升数据中心绿色电能使用水平,促进可再生能源就近消纳
12月9日	中国首座大型超临界二氧化碳循环发电试验机组在西安投运	这标志着我国在该领域打破了国外公司的长期垄断地位,对于我国构建以新能源为主体的新型电力系统、减少温室效应、实现"碳达峰""碳中和"目标具有积极推动意义
12月10日	全球首例一体化建造LNG工厂首个核心工艺模块在青岛完工交付	全球首次实现核心工艺模块加管廊模块一体化联合建造,开创性地完成多项LNG模块化建造新工艺新技术应用,标志着中国LNG模块化工厂建造能力已达到国际行业先进水平

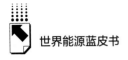

续表

时间	事件	影响
12月15日	全球首个零碳码头智慧绿色能源系统在天津港成功并网	其采用先进的能源监测技术,对码头各类能源消耗进行实时统计分析,率先实现在能源生产和消耗两侧的二氧化碳"零排放"
12月16日	亚洲最大滩涂渔光互补发电项目在温州并网发电	温州电网清洁能源发电装机容量将提升约26%,助力全国光伏发电量创新高,每年可减少二氧化碳排放64.8万吨
12月17日	中国船舶旗下大船集团正式挺进大型LNG船领域	这不仅开启了中国船舶集团大型LNG船建造"双龙戏珠"新纪元,而且增强了中国造船工业整体的国际竞争力
12月19日	中国海油碳中和LNG首供香港	其将为香港探索实现"净零发电"提供新的尝试,为香港提出的"加强零碳能源区域合作,与周边地区探索更多零碳能源供应"的战略思路提供积极的范例
12月20日	华能石岛湾高温气冷堆并网发电,全球首个四代特征核电机组并网发电	这标志着我国在该领域跃居世界核电技术的第一方阵,成为世界少数几个掌握第四代核能技术的国家之一
12月20日	全球首座球床模块式高温气冷堆核电站并网发电	这标志着中国成为世界少数几个掌握第四代核能技术的国家之一,中国成为世界核电技术的领跑者
12月21日	《三部委关于印发"十四五"原材料工业发展规划的通知》发布	"十四五"期间,我国不再分别制定石化化工、钢铁、有色金属、建材等行业规划,而是首次将原材料工业整合起来以进行规划
12月21日	《国家能源局关于印发〈电力辅助服务管理办法〉的通知》和《国家能源局关于印发〈电力并网运行管理规定〉的通知》发布	这有助于释放电力系统调节性资源潜力,支撑新能源大规模接入,对于形成源网荷储协调发展,安全、优质、经济运行的新型电力系统具有重要意义
12月22日	世界海拔最高风电场在西藏并网发电	其填补了国内和国际超高海拔风电开发领域的空白,为今后提供建设运行数据支撑,推动风电行业在超高海拔区域进行技术探索
12月22日	中国电建设计的世界首条35千伏公里级超导电缆示范工程正式投运	这是新型电力系统建设领域一项重大核心技术突破,标志着我国超导输电应用迈入全球领先行列
12月23日	中国稀土集团有限公司成立	组建中国稀土集团,是遵循稀土产业历史发展规律的必然要求,是稀土行业绿色发展转型的迫切需要,也是稀土产业实现高质量发展的客观需要

续表

时间	事件	影响
12月24日	《工业和信息化部 国家发展改革委 科技部 生态环境部 住房和城乡建设部 水利部关于印发工业废水循环利用实施方案的通知》发布	实施方案对工业废水处理提出循环利用的资源化要求。这是在《"十四五"工业绿色发展规划》发布之后针对工业发展领域水处理的又一次规范,其将促进工业发展加快脚步,尽早完成全方位的绿色转型升级
12月26日	"十四五"首个特高压输变电工程投运	这将大幅提高江西和湖南两省电力交换能力,显著提升大电网的安全水平,有力扩大甘电入湘和川电入赣规模,有效缓解电力供需矛盾
12月27日	中国新能源发电量年内首超1万亿千瓦时	我国新能源发电量达到10355.7亿千瓦时,年内首次突破1万亿千瓦时,同比增长32.97%,占全国全社会用电量的比例达到13.8%,同比提升2.14个百分点,基本相当于2021年同期的全国城乡居民生活用电量
12月27日	特变电工新能源助力中国石油绿色低碳转型,首个大型项目顺利并网	特变电工新能源以高标准服务和质量助力传统油气行业实现低碳、绿色、高质量发展转型,这是积极践行"碳达峰""碳中和"目标的重要举措
12月27日	国家能源集团高效甲醇合成催化剂技术通过技术鉴定	这标志着国家能源集团低碳院具备自主知识产权的甲醇合成催化剂技术在向更大规模工业装置推广应用方面迈出了更加坚实的一步,有望实现甲醇催化剂国内供货。其成为百万吨级甲醇市场上极具竞争力的技术,推动甲醇生产行业向提质、增效、减碳的目标前进
12月28日	国家管网西气东输管道系统年输气量首次突破1000亿立方米	其是西部大开发战略的标志性工程,对于带动我国国产天然气资源的开发、进口气入网量的增加和下游清洁能源的利用具有重要意义
12月29日	天然气消费增量近400亿立方米,全年表现"淡季不淡、旺季不旺"	我国跃升为全球第一大LNG进口国,长期LNG进口资源地多量足
12月29日	国内建设难度最大的海上风电项目建成投产	这标志着行业公认的国内建设难度最大的海上风电项目建成投产
12月30日	世界规模最大抽水蓄能电站投产发电	其创造了四项"世界第一":装机容量"世界第一"、储能能力"世界第一"、地下厂房规模"世界第一"、地下洞室群规模"世界第一"

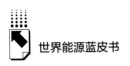

续表

时间	事件	影响
12月31日	中国"人造太阳"运行时间突破千秒,创造新纪录	其挑战了世界托卡马克纪录,我们全面验证了未来聚变发电的等离子体控制技术,推动其从基础研究向工程应用迈进了一大步
12月31日	工业和信息化部、住房和城乡建设部、交通运输部、农业农村部和国家能源局共同印发《智能光伏产业创新发展行动计划(2021—2025年)》	目标是到2025年,光伏行业智能化水平显著提升,产业技术创新取得突破,新型高效太阳能电池量产化转换效率显著提升,智能光伏特色应用领域大幅拓展
12月底	我国可再生能源装机容量突破10亿千瓦,新能源年发电量首破1万亿千瓦时	中国在新能源和可再生能源发展领域取得显著成就,在应对全球气候变化过程中做出了实实在在的贡献

B.20
后　记

　　由黄晓勇教授于 2007 年受命组建并担任主任的中国社会科学院研究生院国际能源安全研究中心，自 2013 年开始，在不断推出国际能源安全论丛、国际能源安全译丛等成果的基础上，组织专家团队推出《世界能源发展报告》（世界能源蓝皮书）。到 2022 年，该报告已经成功推出了十本。

　　十年来，黄晓勇教授携来自油气国企研究部门、专业高校、中国社会科学院各相关研究所等机构多年深耕国际能源经济、国际能源安全领域的 20 余位专家，以专业视角挖掘海量数据和事实，在重点分析石油、天然气、煤炭等传统能源在国际市场中的"悲喜沉浮"的同时，对核能、风能、光伏、锂电、可燃冰等可再生能源和新能源给予了热切地关注；当然，世界各国对于传统能源和新能源及可再生能源的政策以及围绕能源发生的国际经济关系和政治关系，也是黄晓勇团队分析和论述的重点。因此，十年来，《世界能源发展报告》已经成为学界、业界人士洞悉全球能源市场变动及趋势的、可信赖的案头工具书。

　　《世界能源发展报告》作为新型智库中国社会科学院大学（研究生院）国际能源安全研究中心的重要成果，凝聚了以黄晓勇、陈卫东、王能全、王海燕、王永中、宋梅、周杰、钟飞腾等为代表的资深能源经济学者多年来的学术积淀，同时，余家豪、陈星星、白桦、刘先云、黄庆、李圣刚、王新策、李贺、马建胜、张然、刘媛媛、王印等新锐学者也以此为舞台展现出巨大的研究潜力，同时还有刘增明、黄亚迪、张慕千、王雅楠、陈醒、张国坤等科研新生力量加入进来，还培养出负责全书英文翻译校对的李阳，负责附录大事记的贾潇、臧少虎和负责稿件编辑整理校对等工作的于晓洋等一支质量和效率、热情和责任感兼具的优秀保障团队。因此，《世界能源发展报

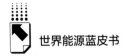

告》在过去的十年以及可以展望的未来，得以充满活力！

十年的时间，对于一部智库报告而言，意味着初创时的摸索、成长时的野心和成熟时的充实，而对于一个有幸参与了全部过程、经历了几乎所有环节的主创团队成员，每一年的新报告问世前，那些来自社会科学文献出版社祝得彬分社长、王晓卿编辑带领的皮书编辑团队在书稿一校二校三校的每一页上的圈圈画画，始终在脑海中盘旋，那是作者和编者共同努力的见证。甚至每一年当似乎还留有印刷余温的新报告拿在手中时，我都不敢轻易开启那个漂亮的、宝蓝色的封面，虽然我知道，在散发着油墨芬芳的报告中，是一行行严谨的文字和一组组可信的数据，这些都是专家团队、行政团队和编辑团队精心打造的成果！

感谢黄晓勇教授的带领，感谢各位专家的共同努力，感谢十年来所有给予《世界能源发展报告》宝贵支持的科研管理部门的领导和同仁，感谢给予《世界能源发展报告》关注和关怀的媒体朋友！感谢读者朋友！

未来，我们仍将砥砺前行！

中国社会科学院大学（研究生院）国际能源安全研究中心秘书长
《世界能源发展报告》（《世界能源蓝皮书》）执行副主编

王炜

2022 年 7 月 31 日于河北新居

Abstract

As the COVID-19 epidemic gradually eased, the world economy has entered an upward channel as evidence that the demand for oil in the world energy market rebounded strongly. The Russian-Ukrainian conflict in addition has reshaped the global geopolitical pattern, impacted the international energy market, and accelerated the global energy transition. Since 2021, international crude oil prices have continued to rise sharply and fluctuated at high levels. In the upcoming one to two years, the relaxation of epidemic prevention and control and the relatively stable economic recovery will drive the oil consumption. High prices will generally attract capital to the oil exploration and development industry though the carbon peaking and carbon neutrality movement will, to some extent, inhibit the investment from energy companies. Furthermore, the high oil prices collaborating with the reduction of Europe's energy dependence on Russia will facilitate the development of oil alternatives.

In the international natural gas market, the 2021 growth from supply side was not as good as expected due to multiple factors. The global gas supply and demand tightened, and the soaring gas prices in the three major international markets continued to their record highs, becoming the "king" among energy commodities in price hikes. The global LNG market has tilted in favor of sellers from buyers. In China, the development of natural gas will encounter a critical phase during the "14th Five-Year Plan" implementation when the market-oriented reform of natural gas happens. As a result of the "14th Five-Year Plan", a market pattern of "gas-gas competition" (competition among different gas sources) will be realized, and the natural gas pricing system in China will shift from government pricing to market pricing to achieve the goal of natural gas marketization.

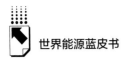

2021 global coal consumption rose at an annual rate of 6%, and the international coal prices reached the record highs going with the ever largest coal-fired electricity generation. In the process of carbon neutrality, the precise positioning of coal by different countries will help to form a new low-carbon energy system that ensures economic and social security. The power industry is the most critical sector for non-fossil energy replacement to coal. Since the "dual carbon" goal was proposed in 2020, energy industry in China, especially the coal industry, has experienced some big impacts. And in 2021 there was even a temporary electricity shortage resulted from the coal use control.

China's economic deceleration after the outbreak of the COVID-19 epidemic has been mainly attributed to the shrinkage of final consumption expenditures, external demand, however, has played a positive role. Although the overseas pandemic in 2021 repeatedly exacerbated the tension of the global supply chain, the domestic exports of China have grown better than expected, and the demand for electricity production has exceeded expectations for many consecutive months. The electricity consumption in the secondary industry has increased by more than 10%, and the average growth rate in the two years has exceeded 6%, much higher than the GDP growth rate over the same period. Throughout 2021, the market performance of either new energy power generation or traditional thermal power surpassed the market broad-based index. In China, significant increases continued in installing new capacities and power generation. The proportion of installed capacity and power generation from renewable energy got a substantial growth, and the electricity generation structure has become greener in carbon emission. In terms of electricity consumption, traditional high-energy-consuming industries were still the main users, and the advanced industries partitioned the share with a rapid growth rate as well as those rising energy consumption entities such as new energy vehicle producers. Despite the fact that the coal remained the main contributor to power generation, renewable energy sources such as wind and solar power developed apace in China. In addition, taking the green power trade as an example, new power consumption models appeared and the pace of green and intelligent transformation of the power industry is further accelerated.

Under the "dual carbon" goal, the green transformation for electricity industry will accelerate, power consumption will maintain a steady growth, and the curves of power load and electricity consumption will gradually separate. The power supply situation is complex, and it is unprecedentedly difficult and challenging to ensure the supply. Therefore, to build a secure supply system for cleaner electricity, advanced technologies should be implemented, further coordination of supply-side and demand-side reforms would be conducted, and contradictory difficulty in electricity availability and limit should be solved.

After 2020, the total global carbon dioxide equivalent emission needs to be controlled within 500 billion tons. Otherwise, it will be difficult to achieve the net zero goal by the middle of this century in accordance with the current development trend, and the carbon emission from fossil energy consumption will continue and increase. China further promotes the large-scale deployment of renewable energy, and the industry and manufacturing upgrades for emission reduction, the green transformation of transportation industry, the efficiency improvement in construction industry, and the development and utilization of carbon-negative technologies become key areas of zero-carbon development. Yet the current global energy supply from non-fossil fuels and renewable alternatives is not enough to meet the total demand, and higher energy prices and energy security attention of various countries have further increased the necessity and urgency of energy diversification.

Consumption and the market price of lithium have reached a new high under the circumstance of world economy recovery. In the context of international carbon neutrality, the international lithium market increasingly becomes a crucial factor affecting the global energy and economic pattern with the continuous expansion of electric vehicles, energy storage power stations and other industries. The China's "14th Five-Year Plan" clearly states that energy storage is an important part of building a modern infrastructure system. In the continuous advancement of carbon peaking, the development and application of energy storage technology will help promote the consumption of renewable energy, which will be consequential in achieving carbon peaking goals.

The international community paid greater attention to nuclear energy for its low-carbon value in 2021, which made nuclear energy fully renewed its role in the

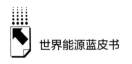
energy system. Other new high-quality resources, namely hot dry rock and combustible ice are very abundant in China. Research on these new resources is of great significance to protect ecological civilization and to achieve the goals of carbon peaking and carbon neutrality.

Green finance could be another key with the concept of which relies on financial mechanisms such as emissions trading, credits, bonds and ESG investments to reduce greenhouse gas emissions. The development stages and carbon emissions of cities in China are significantly different, and the urban transformation under the carbon peaking target will face enormous pressures. Comprehensive Mann-Kendall and DEA models assess green development in cities under the carbon peak constraint and quantify the green development and carbon emission peak index for cities.

The Russian-Ukrainian conflict and geopolitical risks have accelerated the "eastward shift" of the energy supply pattern and the adjustment of the global energy security strategy. In the long term, enormous market forces and political will try to redraw the map of global energy supply. While accelerating energy transition, many countries continue to deepen energy structure adjustment. In the process of promoting green energy transition in a safe and affordable way and implementing the climate policies, countries have deepened the process of global energy structure adjustment and energy resource reconstruction. At the same time, the United States returned to the "Paris Agreement", announcing the realization of carbon neutrality and new emission reduction goals by 2050. Many launched policies such as carbon emissions trading, carbon tax and carbon border tax, and at the 26th Conference of the Parties to the United Nations Framework Convention on Climate Change (COP26), nearly 200 countries signed the Glasgow Climate Pact, which will have a profound impact on the international economic and trade pattern and global resource allocation.

Keywords: Carbon Neutrality; Carbon Peak; Energy Consumption; Green Finance; Energy Pattern

Contents

I General Report

Abstract: With the acceleration of vaccination against COVID－19, the strong rebound in economic growth and oil demand, the superimposed influence of geopolitical factors such as the conflict between Russia and Ukraine, the world crude oil price fluctuated for many periods in 2021. As the structural imbalance between supply and demand in the regional natural gas market, the global coal-fired power generation hit a new high, the growth rate of renewable energy decreased, and various factors promoted the growth of global power demand by more than 6%. In 2022, the zero carbon campaign further reduced investment in oil development, the conflict between Russia and Ukraine pushed up the global natural gas price, the coal demand and renewable energy installed capacity reached a new record, and the growth rate of global power demand slowed down. In 2021, the contradiction between supply and demand of coal in China continued to increase, and ensuring supply and stabilizing prices promoted the return of coal prices to a reasonable range, but the LNG import price was still low. Renewable energy power generation increased steadily, and the trend of green and low-carbon power production was significant. In the future, China's imported pipeline gas will mainly come from Russia. China's coal power installation is expected to peak before 2030, and the opportunity of power informatization market reappears. It is

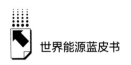

suggested that China form a gas competition market, promote the evolution, innovation and multiple iteration of power system, power grid structure and energy system, build a digital energy trading center, and promote the smooth achievement of the zero carbon goal.

Keywords: Global Energy; Russia-Ukraine Conflict; China's Energy; Carbon Target

II Special Report

B . 2 Russia-Ukraine Conflict Reshapes the World Energy Pattern

Chen Weidong / 035

Abstract: Russia-Ukraine Conflict reshaped the world's geopolitical pattern, impacted the international energy market, and accelerated the global energy transformation. 40% of Europe's natural gas and 30% of oil rely on Russia. The superposition of Russia-Ukraine conflict on energy transformation has caused huge oil and gas supply gaps, short-term high and wide fluctuations in oil prices, imbalances in natural gas supply and demand, and high global LNG prices will last longer. Energy transformation reshapes the world, and the world political pattern and energy transformation are mutually shaping. It is unrealistic for China to significantly increase Russia's oil and gas imports after the war, which is mainly restricted by its own consumption capacity, infrastructure and compliance with international trade rules and commercial credibility.

Keywords: Oil; Natural Gas; Russia-Ukraine Conflict; Energy Transition; LNG Price

Ⅲ   Markets

B.3   Review and Prospect of International Crude Oil Price

Wang Yongzhong, Chen Zhen / 047

Abstract: Since 2021, under the influence of accelerated vaccination, relaxation of epidemic prevention measures, stable economic recovery, poor supply chain, slower-than-expected OPEC+ production increase, US expansionary fiscal and monetary policy, and Russia-Ukraine conflict, international crude oil prices have risen sharply with high volatility. Looking forward to the next one to two years, the relaxation of epidemic prevention and control measures, and the relatively stable economic recovery will drive oil consumption demand increase. High oil prices will generally attract funds to the oil exploration and development industry. However, the carbon peak and neutrality will lower the willingness to invest in oil industry. The combination of high oil prices and the reduction of Europe's dependence on Russia's fossil energy industry will speed up the process of oil substitution. The Fed's interest rate hike and balance sheet shrinkage will curb the upside of international oil prices. Geopolitical events such as the Russia-Ukraine conflict are the most important factors affecting the trend of international crude oil prices, which depend on the intensity of sanctions imposed by the United States and the West on Russia and the degree of Russian countermeasures. It is expected that in 2022 and 2023, the average price of international crude oil will be US $ 100 and US $ 90 per barrel respectively.

Keywords: Crude Oil Price; Crude Oil Supply; Crude Oil Demand; Monetary Policy and Finance Market; Geopolitics

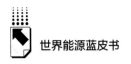

B.4 Global Natural Gas Market: Supply and Demand Analysis

and Outlook *Bai Hua* / 064

Abstract: In 2021, significant changes happened to the global natural gas market. With the recovery of global economy, the growth of global demand for natural gas is higher than expected, but the growth of the supply is lower than expected due to multiple factors. The supply and demand of global natural gas are tightened, and gas prices in the three major international markets have been soaring to record highs, making natural gas the "Price King" among all the energy commodities. The global LNG market has tilted from a buyer's market to a seller's market. It is expected that the regional structural imbalance between supply and demand in the international natural gas market will intensify in 2022, and gas price will reach a new high. Attention should be paid to the European market, key regions and events such as as European gas market, the withdrawal of energy giants from Russia and future carbon storage. In the future, with the continuous advancement of the carbon neutrality process, the tight supply and demand of global natural gas may frequently happen within 5－10 years, and the diversified competition situation on both sides of supply and demand will be further intensified.

Keywords: Global Natural Gas Market; Natural Gas Supply; Natural Gas Demand; LNG; Energy Transition

B.5 Review and Outlook of the World Coal Market in 2021:

Status and Trends of Global Coal-fired Power Generation

and Coal Prices *Song Mei, Li Mengxue and Zhao Xinxin* / 089

Abstract: Energy is the driving force for economic and social development. After the carbon neutrality goal was proposed, the global energy low-carbon transition has been significantly strengthened, and the development of non-fossil energy has accelerated. In 2021, under the background of extreme weather,

COVID⁻19 and geopolitical turmoil, the global energy supply shortage caused by the energy transition occurs frequently. Soaring natural gas and oil prices in Europe have driven up demand for coal-fired power generation and coal prices. IEA states: Global coal consumption in 2021 increases by 6% year-on-year. Among them, coal-fired power generation and coal prices in the international market both hit record highs. In the process of carbon neutrality, countries must re-examine the role of traditional fossil energy sources such as coal, oil and natural gas in the energy transition. The accurate positioning of coal will help shape new low-carbon energy systems that ensure economic and social security. The power industry is the most critical field for non-fossil energy to replace coal. This report focuses on the current situation of global coal-fired power generation and coal prices, and focusing on the analysis of policies and measures for coal-fired power generation in major countries. To study and judge the future trend of global coal-fired power generation and coal price changes in the context of carbon neutrality.

Keywords: Energy System; Low-carbon Transition; Coal-fired Power Generation; Coal Price

B. 6 World Electricity Markets in 2021: Supply, Demand and New Energy　　　　　　　　　*Ma Jiansheng, Zhao Haoyue* / 110

Abstract: In 2021, China's GDP will increase by 8. 1% year-on-year, China's economic slowdown since the outbreak has been mainly dragged down by final consumption expenditures, and external demand has played a positive role. That is to say, in 2021, the foreign epidemic will repeatedly exacerbate the tension of the global supply chain, my country's domestic exports will increase more than expected, production electricity demand will exceed expectations for many consecutive months, the electricity consumption of the secondary industry will increase by more than 10% year-on-year, far exceeding the GDP growth rate over the same period. At the same time, from the demand side, electricity demand is closely related to economic growth, which basically keeps pace with GDP

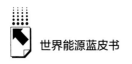

growth, and the secondary industry consumes the largest amount of electricity. From the perspective of supply, the domestic power generation structure in 2021 will still be dominated by thermal power, hydropower, wind power, nuclear power, and photovoltaics as the five most important power generation methods. Finally, under the "dual carbon" goal, the installed capacity and power generation of new energy sources (mainly wind power and photovoltaics) have increased significantly. In the whole year of 2021, whether it is new energy power generation or traditional thermal power, the market performance will greatly exceed the market broad-based index.

Keywords: Electricity Market; Electricity Demand; Electricity Supply; Electricity Consumption; New Energy

B.7 The Abstract of Optimizing the New Role, New Effect and New Value of Nuclear Energy under Carbon Neutral Policy

Zhou Jie, Yin Xiangyong, Deng Di and Yin Zhipeng / 122

Abstract: In 2021, the operating nuclear power capacity in the world is getting smaller, but the nuclear energy plays a more and more important role in the carbon neutral roadmap of more countries. This report concludes the change of nuclear energy roadmap for different countries, summarizes the low-carbon properties of nuclear energy, compares nuclear energy with new energy in the aspect of the grid-friendly property, the cost of the electrical end-users and the support of the strategy of energy security for each country, and analyzes the new roles, new effects, and new values of nuclear energy under the environment of the optimization of the global carbon neutral roadmap. Nuclear energy is a capable low-carbon electrical power source, which can help reduce the dependence on fossil fuels. It's also a stable and economical clean energy, which can cooperates with renewable energy to give plays to social and economical values. Besides, nuclear energy is a mature carbon neutral technique , which embodies the international competitiveness of a country in the energy sector. For this purpose, each major countries stand firm to develop nuclear energy, the technical innovation investment of nuclear energy doesn't decrease, all of above, the recovery of the global nuclear energy is beginning. Nuclear energy will plays an unique role in the future electrical system, especially when the world works diligently to achieve the climate goal and to guarantee energy security of supplement. Therefore, we should stand firm to the "active, safe and well-organized development of nuclear energy" policy, focus on developing the SMR, MNSR, and advanced reactor, and expand the application in hydrogen production, heating and desalination in order to play a new role, create new value of and make new distribution to achieving the sustainable development and the carbon peaking and carbon neutrality goals.

Keywords: Energy Transimit; Carbon Neutrality; Low Carbon; Nuclear Energy Strategy

B.8 The Review of World Renewable Energy in 2021

and the Outlook of the Market in 2022 *Liu Xianyun* / 157

Abstract: Addressing climate change, world renewable energy saw a rapid growth in 2020 – 2021, especially the increase of installed capacity of renewable energy broke a record high in 2021. The total investment on energy transition in the entire world reached 775 billion US dollars. China still led the world in the increase of installed capacity of renewable energy, and the increase of installed capacity of China's renewable energy accounts for more the 50% of that in the world. Europe was next to China in the development of renewable energy. With the decrease of cost and favorable policies, the installed capacity of renewable energy will continue to grow in years to come, and the electric fence will become more flexible in order to keep in line with new development trends.

Keywords: Renewable Energy; Photovoltaic Power Generation; Wind-powered Electricity Generation; Generator Installation

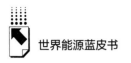

Ⅳ　Hotspot Issues

B.9　Influencing Factors, Trends and Policy Suggestions of China's Coal Rigid Demand under the "Dual Carbon" Target

Li Shenggang / 171

Abstract：Influenced by resource endowment, historical development and economic development level, coal plays an important role in China's energy structure. Since the "Dual Carbon" Target was put forward in 2020, China's energy industry, especially the coal industry, has been greatly affected. In 2021, there was even a power shortage due to the control of coal consumption. This report analyzes the sources of China's rigid demand for coal in detail from two aspects of endogenous power and external influencing factors, and points out that under the long-term good trend of China's economic fundamentals, the demand for energy security and stability, and the support of corresponding policies, China's coal market will maintain a relatively stable trend for a long time in the future, but with the gradual decline of total consumption, the industry will also face various challenges. Therefore, China should make a difference at the macro, meso and micro levels, comprehensively improve the supply and demand structure level of the coal industry, support the stable development of economy and society, and ensure the smooth realization of China's energy security and "double carbon" goals by improving the carbon trading mechanism, exploring the development path of industry as infrastructure, and strengthening technological innovation.

Keywords："Dual Carbon" Target; Coal Market; Coal Industry; Rigid Demand

B . 10   Research on the Future Direction of China's Natural Gas
Utilization and the Improvement of Market-oriented Reform

Huang Qing, *Ding Dapeng* / 201

Abstract: In 2014, China began to start the market-oriented reform of natural gas. During the 13th Five Year Plan period, the Chinese government issued a number of policies to promote the development and market-oriented reform of natural gas utilization, which achieved remarkable results, and listed and established PipeChina in 2019, preparing for the success of market reform. In 2021, the Chinese government decided to promote the energy revolution, build a clean, low-carbon, safe and efficient energy system, clarify the fundamental key for the energy development direction of the "14th Five Year Plan", and formulate an action plan for peaking carbon emissions by 2030 to further promote the utilization of natural gas. The "14th Five Year Plan" is a key period for the development of natural gas in China, and it is also a practical period for the market-oriented reform of natural gas. At the end of the "14th Five Year Plan", the market pattern of "competition between gas and gas" will be realized. China's natural gas pricing mechanism will also change from government pricing to market pricing, so as to realize the goal of natural gas marketization and promote the utilization and development of natural gas. However, there are still many problems to be solved in the market-oriented reform. Facing the international environment of high gas prices and complex and changeable geopolitics, it is conducive to the success of market-oriented reform, which includes overall planning for natural gas utilization and reform, promoting the listing of natural gas futures, and issuing practical policies for fair and open supervision.

Keywords: China; Natural Gas; LNG; Carbon Neutrality; Market-oriented Refor

B . 11   Sino-US Strategic Petroleum Reserve and World Oil Market

Zhong Feiteng / 216

Abstract：China and the United States share common interests in energy trade and energy security. In November 2021, for the first time, China, the US and other countries released strategic petroleum reserves without the coordination of the IEA, a signal of expectations for warmer relations between China and the US. For the Biden administration, curbing the oil prices rise is a key reason. But the market didn't react positively to the U S signal because the U S hasn't stopped importing crude oil from Russia. The paradox for the US is that further sanctions on Russian energy exports are needed to win the trust of the markets, but if they are tightened that it will not only endanger energy consumption in Europe but also further increase fears of supply disruptions. Finally, on March 8, a week after the second SPR release, the Biden administration decided to end energy imports from Russia. In the wake of the Russia-Ukraine Conflict, the US released an unprecedented 180 million barrels of strategic petroleum reserves on March 31, significantly increasing the geopolitical weight in the oil and gas market. But domestic inflationary pressures from rising gasoline prices, and the resulting worries about the upcoming midterm elections, are more immediate and important drivers. The release of the SPR comes amid intense jockeying between Republicans, who are trying to blame Russia for rising gasoline prices, and Democrats, who are trying to blame the Biden administration's clean energy policies.

Keywords：Strategic Petroleum Reserve；Crude Oil Price；Geopolitics；China；The United States

B . 12   Analysis on the Change of Electricity Consumption and the

Growth Rate of Renewable Energy Power Generation in China

Li He / 239

Abstract：The operation of the electric power industry is a barometer and thermometer that reflects the quality of the development of the national economy. Since the reform and opening up, my country's power generation installed capacity and power generation have increased significantly. The installed capacity and power generation of renewable energy have increased significantly. The power structure is more green and low-carbon. In terms of electricity consumption, traditional high-energy-consuming industries are still the main power consumers, but the growth rate of power consumption in high-precision industries has increased rapidly. At the same time, new power consumers such as new energy vehicles are also growing. In terms of development trend, although the power generation of new energy sources such as wind power and solar power is growing rapidly, coal power is still the main power supply in China. New power consumption models such as green power trading are emerging, and the pace of green and intelligent transformation of the power industry is further accelerated.

Keywords: Electricity Consumption; Power Generation; Renewable Energy; China

B.13   Existing Circumstances and Trend of Global Lithium Market

Liu Zengming / 275

Abstract: With the rapid development of new energy vehicles and other related industries, the global demand for lithium resources is growing rapidly. Especially since the Covid−19 epidemic, with the recovery of the world economy, lithium consumption has reached an unprecedented scale, and the market price has reached a new high. The investment and development of lithium resources from important economies have further increased, and the international market is gradually dominated by five major transnational corporations. China is playing an increasingly important role in the global lithium market and lithium industry chain. In the context of international "carbon neutrality", with the continuous expansion of electric vehicles, energy storage power stations and other industries, the further development of lithium extraction and recovery technology

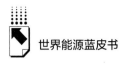
and the improvement of the attention from governments, the international lithium market will increasingly become an important factor affecting the global energy and economic pattern.

Keywords: Lithium; Lithium Market; New Energy

V   Frontier Issues

B.14   Research on Green Finance and Energy Investment Outlet

Yu Jiahao, Xu Yifei / 290

Abstract: The "carbon" problem as a result of climate change has already become a key challenge for the energy sector, begging the question of how to reform the energy supply chain. A variety of responses are required, including the advancement of transition policy, energy market reform, clean technology innovation, and public awareness-raising. By analyzing the characteristics, policy environment, and market development of green finance, this article attempts to study the impact it could have on the energy sector. This report considers green finance as a key solution to low carbon transition of energy companies. Therefore, policymakers should strengthen financial mechanisms such as emissions trading, credit, bond and ESG investment, as a way to reduce emissions of greenhouse gases.

Keywords: Carbon Finance; Carbon Market; Green Finance; Energy Transition; ESG

B.15   Analysis of China's Electric Power Security Supply
　　　　　System under Digital Governance
Yu Dan / 303

Abstract: In 2021, successively affected by the cold weather, summer peaks, tight fuel supply, increasing of electricity consumption demand, control of energy consumption, the power supply and demand is tight. Power supply and demand is expected to balance in 2022, except for summer peaks and winter peaks. To ensure the safe and stable supply, we need to coordinate the reformation of supply-side and demand-side, solving the problem of interweaving with no-power use and limited-power use. The digitalization of electric power system can realize the connection of all links and scheduling of power resource, also can monitor and respond to the power system in real time. All in all, it is embodied in the digitalization of power-generation system, power-transmission and distribution system, powe-use system, which can tap into power-supply capacity, strengthen power-demand management and support energy transition. In power-supply, we will build a dynamic survey platform for new energy resources and a simulation platform for collaborative development of new-energy & power-grid. In power-demand, we will strengthen digital application of elastic balance of load & storage in source network and drive the digital application in demand side. In energy-transition, we will ensure cleaner and more efficient use of energy, relying on the application of coal control platform and monitor of equipment status.

Keywords: Reliable Power Supply; Digitization; Reformation of Supply-side; Reformation of Demand-side; Energy Transition

B.16 Present Situation and Prospect of Exploration and Development of Hot Dry Rock and Combustible Ice *Zhang Muqian* / 319

Abstract: Hot dry rock and combustible ice are new high-quality resources. The reserves of dry hot rock resources in China account for about 16.7% of the total resources in the world, and the reserves of combustible ice account for about 70% of the total resources in the world. The development and utilization of hot dry rock and combustible ice resources is of great significance to alleviate the energy shortage of China. The chapter combs the resource types and distribution of hot dry rock and combustible ice resources in China. Hot dry rock and combustible ice in China are mainly distributed in areas with poor natural conditions. The paper summarizes international hot dry rock and combustible ice projects represented by

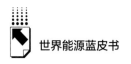

the United States and Japan, finding that the development of international hot dry rock and combustible ice is in the preliminary exploration stage, having not yet realized real commercialization. And, the investment projects of international hot dry rock are gradually decreasing, the international combustible ice project has made new progress. In addition, the paper analyzes the current mainstream mining and utilization technology of hot dry rock and combustible ice, analyzes the development prospect and challenges of hot dry rock and combustible ice, and illustrates that the mining and storage technology of hot dry rock and combustible ice plays a decisive role in its resource prospect.

Keywords: Hot Dry Rock; Combustible Ice; New Energy; Energy Exploration

B.17 Energy Storage Technology and the Trend
of Industrial Development   *Huang Yadi* / 337

Abstract: The "14th Five Year" Plan clearly put forward energy storage is one of the most important aspects of the construction of modern infrastructure system, with the advancement of "peak carbon dioxide emissions", we will use more environmentally friendly renewable energy to replace the traditional energy in the future, the development and application of energy storage technology is helpful to promote renewable energy given, it is important to reach the peak of carbon dioxide emissions. Firstly, this report describes the current situation of the global energy storage market during the epidemic. The incentive policies of various countries for renewable energy have promoted the development of the global energy storage industry, which leads to the growth of global installed energy storage capacity. Secondly, we analyzed the main features of the development of energy storage industry in the world, and predicted the energy storage demand in the future. Finally, we describe the development path of China's energy storage policy and technology in recent years, and it is believed that the development of physical energy storage, molten salt heat storage and electrochemical energy storage will accelerate in the next few years. It is considered that the capital market continues to pay more attention to energy storage industry.

Keywords: Energy Storage Technology; Renewable Energy; Storage Industry

B. 18　China Urban Green Development and Carbon

　　　　Peaking Index　　*Wang Xince, Dong Yuliang and Yang Xiaobu* / 357

Abstract: The dual carbon goal is actually a two-stage goal of economic development. The carbon peaking is aim for fully developing the economy, and the carbon neutralization is to seek a model for sustained development of economy with comprehensive consideration of economic, social and environmental factors. In September 2020, President Xi made a commitment to strive to achieve the carbon peaking goal by 2030 at the UN General Assembly. China has a vast territory, and there are significant differences in the development stages and carbon emissions of different cities. The task of urban transformation under the pressure of dual carbon goal is arduous and challenging. In this paper, we integrated Mann-Kendall and DEA models to evaluate the green development of urban under the constraint of carbon peaking, and constructed the urban green development and carbon peaking index. The index can measure and monitor the stage of urban development and the difficulty of reaching the carbon peaking, and has guiding significance for promoting urban green development and carbon peaking.

Keywords: Carbon Peaking; Mann-Kendall; Carbon Peaking Index; Urban Green Development; DEA

VI　Appendix

社会科学文献出版社

皮 书

智库成果出版与传播平台

❖ 皮书定义 ❖

皮书是对中国与世界发展状况和热点问题进行年度监测,以专业的角度、专家的视野和实证研究方法,针对某一领域或区域现状与发展态势展开分析和预测,具备前沿性、原创性、实证性、连续性、时效性等特点的公开出版物,由一系列权威研究报告组成。

❖ 皮书作者 ❖

皮书系列报告作者以国内外一流研究机构、知名高校等重点智库的研究人员为主,多为相关领域一流专家学者,他们的观点代表了当下学界对中国与世界的现实和未来最高水平的解读与分析。截至2021年底,皮书研创机构逾千家,报告作者累计超过10万人。

❖ 皮书荣誉 ❖

皮书作为中国社会科学院基础理论研究与应用对策研究融合发展的代表性成果,不仅是哲学社会科学工作者服务中国特色社会主义现代化建设的重要成果,更是助力中国特色新型智库建设、构建中国特色哲学社会科学"三大体系"的重要平台。皮书系列先后被列入"十二五""十三五""十四五"时期国家重点出版物出版专项规划项目;2013~2022年,重点皮书列入中国社会科学院国家哲学社会科学创新工程项目。

权威报告·连续出版·独家资源

皮书数据库
ANNUAL REPORT(YEARBOOK)
DATABASE

分析解读当下中国发展变迁的高端智库平台

所获荣誉

- 2020年，入选全国新闻出版深度融合发展创新案例
- 2019年，入选国家新闻出版署数字出版精品遴选推荐计划
- 2016年，入选"十三五"国家重点电子出版物出版规划骨干工程
- 2013年，荣获"中国出版政府奖·网络出版物奖"提名奖
- 连续多年荣获中国数字出版博览会"数字出版·优秀品牌"奖

皮书数据库

"社科数托邦"
微信公众号

成为会员

登录网址www.pishu.com.cn访问皮书数据库网站或下载皮书数据库APP，通过手机号码验证或邮箱验证即可成为皮书数据库会员。

会员福利

- 已注册用户购书后可免费获赠100元皮书数据库充值卡。刮开充值卡涂层获取充值密码，登录并进入"会员中心"—"在线充值"—"充值卡充值"，充值成功即可购买和查看数据库内容。
- 会员福利最终解释权归社会科学文献出版社所有。

数据库服务热线：400-008-6695
数据库服务QQ：2475522410
数据库服务邮箱：database@ssap.cn
图书销售热线：010-59367070/7028
图书服务QQ：1265056568
图书服务邮箱：duzhe@ssap.cn

社会科学文献出版社 皮书系列
SOCIAL SCIENCES ACADEMIC PRESS (CHINA)
卡号：745671418192
密码：

基本子库
SUB DATABASE

中国社会发展数据库（下设12个专题子库）

　　紧扣人口、政治、外交、法律、教育、医疗卫生、资源环境等12个社会发展领域的前沿和热点，全面整合专业著作、智库报告、学术资讯、调研数据等类型资源，帮助用户追踪中国社会发展动态、研究社会发展战略与政策、了解社会热点问题、分析社会发展趋势。

中国经济发展数据库（下设12专题子库）

　　内容涵盖宏观经济、产业经济、工业经济、农业经济、财政金融、房地产经济、城市经济、商业贸易等12个重点经济领域，为把握经济运行态势、洞察经济发展规律、研判经济发展趋势、进行经济调控决策提供参考和依据。

中国行业发展数据库（下设17个专题子库）

　　以中国国民经济行业分类为依据，覆盖金融业、旅游业、交通运输业、能源矿产业、制造业等100多个行业，跟踪分析国民经济相关行业市场运行状况和政策导向，汇集行业发展前沿资讯，为投资、从业及各种经济决策提供理论支撑和实践指导。

中国区域发展数据库（下设4个专题子库）

　　对中国特定区域内的经济、社会、文化等领域现状与发展情况进行深度分析和预测，涉及省级行政区、城市群、城市、农村等不同维度，研究层级至县及县以下行政区，为学者研究地方经济社会宏观态势、经验模式、发展案例提供支撑，为地方政府决策提供参考。

中国文化传媒数据库（下设18个专题子库）

　　内容覆盖文化产业、新闻传播、电影娱乐、文学艺术、群众文化、图书情报等18个重点研究领域，聚焦文化传媒领域发展前沿、热点话题、行业实践，服务用户的教学科研、文化投资、企业规划等需要。

世界经济与国际关系数据库（下设6个专题子库）

　　整合世界经济、国际政治、世界文化与科技、全球性问题、国际组织与国际法、区域研究6大领域研究成果，对世界经济形势、国际形势进行连续性深度分析，对年度热点问题进行专题解读，为研判全球发展趋势提供事实和数据支持。

法律声明

"皮书系列"（含蓝皮书、绿皮书、黄皮书）之品牌由社会科学文献出版社最早使用并持续至今，现已被中国图书行业所熟知。"皮书系列"的相关商标已在国家商标管理部门商标局注册，包括但不限于LOGO（）、皮书、Pishu、经济蓝皮书、社会蓝皮书等。"皮书系列"图书的注册商标专用权及封面设计、版式设计的著作权均为社会科学文献出版社所有。未经社会科学文献出版社书面授权许可，任何使用与"皮书系列"图书注册商标、封面设计、版式设计相同或者近似的文字、图形或其组合的行为均系侵权行为。

经作者授权，本书的专有出版权及信息网络传播权等为社会科学文献出版社享有。未经社会科学文献出版社书面授权许可，任何就本书内容的复制、发行或以数字形式进行网络传播的行为均系侵权行为。

社会科学文献出版社将通过法律途径追究上述侵权行为的法律责任，维护自身合法权益。

欢迎社会各界人士对侵犯社会科学文献出版社上述权利的侵权行为进行举报。电话：010-59367121，电子邮箱：fawubu@ssap.cn。

社会科学文献出版社